中国社会文化史的理论与实践三编

A Third Episode of Theories and Practice in the Socio-Cultural History of China

首都师范大学社会文化史研究中心　主办

梁景和　主编

社会科学文献出版社
SOCIAL SCIENCES ACADEMIC PRESS (CHINA)

目　录

下编　纪要与综述

炽盛在持续——中国社会文化史研究的
四年历程（2015~2018）[*]
（代序）

梁景和

中国本土萌生的社会文化史从 1988 年起至今已经走过 30 年的历程，并经历了萌生阶段（1988 年至 1998 年）、发展阶段（1998 年至 2010 年）和繁荣阶段（2010 年以来）。2010 年由社会科学文献出版社出版了《中国社会文化史的理论与实践》一书，这本书对中国社会文化史萌生阶段和发展阶段 22 年（1988~2010）中国社会文化史的发展历程进行了梳理，主要对 22 年以来的研究成果、理论探索、研究基地、基本特征等问题进行了总结与分析（参见该书"代序"），全书共分理论与方法、书序与书评、纪要与综述三部分。2015 年由社会科学文献出版社出版了《中国社会文化史的理论与实践续编》一书，这本书对中国社会文化史繁荣阶段五年（2010~2014）间中国社会文化史的发展历程进行了梳理，主要对 5 年以来的学术活动、研究成果、理论探索等问题进行了总结与分析（参见该书"代序"），全书同样共分理论与方法、书序与书评、纪要与综述三部分。自 2015 年至2018 年的四年间，中国社会文化史研究的繁荣状态一直持续着，本书就是对这四年中国社会文化史的发展历程进行再梳理，并依然从学术活动、研究成果、理论探索三个方面进行分析和总结。

---

[*] 作者与武婵曾共同发表《炽盛与深化——中国社会文化史研究的五年历程（2010—2014）》（《山西师大学报》2015 年第 3 期）一文，本文是该文的接续，故仍然使用了"炽盛"这一关键词。

一 四年的主要学术活动

这里的学术活动以学术会议为主要形式，具体而言有如下会议。

（1）由中国社会科学院近代史研究所与河北大学共同主办的"'华北城乡与近代区域社会'暨第六届中国近代社会史国际学术研讨会"2015年9月19日至20日在保定召开。会议提交的论文包括社会文化史的内容，肖红松等撰写的会议综述的第四部分专门介绍了社会文化史研究论文的主要内容。①由中国社会科学院近代史研究所、近代社会史学会主办，杭州师范大学民国浙江史研究中心、中国社会科学院近代史研究所社会史研究中心承办，浙江省"之江社科青年"协办的"地方文献、区域社会与国家治理暨第七届中国近代社会史国际学术研讨会"2017年8月21日至22日在杭州召开，会议提交了部分社会文化史方面的论文。

（2）由华东师范大学主办的"中国革命中的性别与女性解放国际学术会议"2015年9月4日至7日在上海召开，会议就女性与性伦等有关社会文化史方面的议题进行了讨论。

（3）由中国社会文化研究会、首都师范大学社会文化史研究中心主办的"第五届中国二十世纪婚姻·家庭·性别·性伦文化学术研讨会"2015年3月14日至15日在北京召开，会议围绕婚姻、家庭、性别、性伦等专题，进行了深入的研讨。由中国社会文化研究会、首都师范大学社会文化史研究中心主办的"第六届中国二十世纪婚姻·家庭·性别·性伦文化学术研讨会"2017年4月14日至15日在北京召开，会议就社会生活的反思与探索、社会文化的断裂与延续、性别秩序的松动与紧张、社会生活的新史料与新问题等进行了讨论。

（4）由中国社会文化研究会、首都师范大学社会文化史研究中心主办的"第二届中国社会文化史研究的回顾与走向座谈会"2015年6月6日在北京召开，会议就学派意识、本土化概念、二元互动的方法论、研究领域的扩展、发展脉络及走向与展望等问题进行了讨论。由中国社会文化研究会、首都师范大学社会文化史研究中心主办的"当代中国与社会学术研讨会"2016年4月8日至9日在北京召开，会议就相关研究领域的延续与探

---

① 肖红松、杨豪：《"华北城乡与近代区域社会"暨第六届中国近代社会史国际学术研讨会综述》，《历史教学》2016年第5期。

索、争鸣与共识以及史料与阐释等问题进行了讨论。

（5）由中国社会文化研究会、首都师范大学社会文化史研究中心主办的"第二届西方新文化史与中国社会文化史的理论与实践学术研讨会"2015年9月25日至26日在北京召开，会议就社会生活的发掘、社会文化史的热点与前沿、社会文化史的扩展与反思等问题展开了讨论。由中国社会文化研究会、首都师范大学社会文化史研究中心主办的"第二届全国青年学者社会文化史理论与方法学术研讨会"2017年9月22日至23日在北京召开，会议就社会文化史研究的范式与史料以及社会文化史视野中的政治、社会文化史领域的日常生活、妇女性别史等问题进行了研讨。

（6）由中国社会文化研究会、首都师范大学社会文化史研究中心主办的"第四届中国近现代社会文化史国际学术研讨会"2016年9月23日至24日在北京召开，会议就中国社会文化史的理论与方法以及中国近现代的社会生活、思想观念、婚姻、家庭、女性等议题展开了热烈而深入的讨论。由中国社会文化研究会、首都师范大学社会文化史研究中心主办的"第五届中国近现代社会文化史国际学术研讨会"2018年9月21日至22日在北京召开，会议就婚姻家庭、性别伦理、宗族族谱、社会治理、社会生活，抗日战争时期的教育、文化名人，以及新中国成立后的三线建设和知青等问题展开了讨论。

以上会议只是举其要者，相关的学术会议还有很多，此不赘述。

二　四年的主要研究成果

四年来社会文化史的研究成果很多，这里仅以中国社会科学院近代史研究所社会史研究室与首都师范大学社会文化史研究中心出版的著作为中心，介绍有关研究成果。

（1）由首都师范大学社会文化史研究中心主办、梁景和主编的"中国近现代社会文化史论丛"第一辑十册全部由社会科学文献出版社出版。第一辑的前四册是2011年至2014年出版的，曾在《中国社会文化史的理论与实践续编》的"代序"中介绍过，这里从略。第五册是李秉奎的《狂澜与潜流——中国青年的性恋与婚姻（1966～1976）》（2015），本书选取1966～1976年中国青年的性恋与婚姻为研究对象，探察他们的私密生活同政治运动的迎拒向背，试图勾勒"'文革'之子"这代人政治生活、社会生活的历

史轨迹；第六册是黄巍的《自我与他我——中国的女性形象（1966～1976）》
（2016），本书选取 1966～1976 年中国女性与形象为研究对象，对女性形象
政治化做了梳理，以新颖独特的视角和细致严谨的笔触刻画了"文革"中
的女性形象；第七册是王栋亮的《自由的维度：近代中国婚姻文化的嬗变
（1860～1930）》（2016），本书梳理了 1860～1930 年中国婚姻文化的变迁历
程，清晰地把握两性伦理和婚姻功能的变化脉络，得出该段时间中国两性
的解放和个体自由度的提高，使人的个性得以彰显的结论；第八册是董怀
良的《改革开放以来中国婚姻"私事化"研究（1978～2000）》（2016），
本书试图分析 1978～2000 年中国婚姻逐渐走向私事的过程中，国家、单位、
家庭与个人关系的变化，得出国家对婚姻干预逐渐弱化的趋势，婚姻由国
家包办逐渐转向尊重个人自主，这无疑有利于形成既能保障个人自由的权
利，又能维护国家、社会、家庭的和谐秩序的结论；第九册是刘荣臻的
《故都济困：北平社会救助研究（1928～1937）》（2016），本书探索了 1928～
1937 年北平社会救助事业的基本发展态势，通过检视社会救助活动来梳理其
救助实践的多重面相，以期为探寻社会救助事业的制度化、法制化建设及
其良性发展提供镜鉴；第十册是李俊领的《天变与日常：近代社会转型中
的华北泰山信仰》（2017），本书从区域社会与日常生活的角度，探讨了近
代华北泰山信仰的演进及其境遇，从一个侧面揭示近代华北社会变迁的路
径与机制。泰山信仰在近代内外交困中仍然滋润着华北民众的日常生活，
并呈现更为丰富的文化面相。"中国近现代社会文化史论丛"第二辑在 2018
年也已出版了两册，第一册是姜虹的《北京市民家庭生活研究（1949～
1966）》，本书从北京市民的户籍人口、家庭收入、妇女就业、居住出行、
家庭关系、家庭娱乐等方面关注新中国十七年（1949～1966）北京市民的
日常生活状态；第二册是王胜的《河北农村医疗卫生与合作医疗制度研究
（1949～1984）》，本书以河北省为个案，充分挖掘利用相关原始档案，结合
报刊、地方志和老赤脚医生、社员等群体的口述史料，考察 1949 年至 1984
年河北农村医疗卫生与合作医疗制度建设和实践的历史，其利弊得失也是
今天的借鉴。①

（2）中国社会科学院近代史研究所李长莉等学者于近几年出版的几本
著作值得关注。其一，由李长莉、闵杰、罗检秋、左玉河、马勇等学者著

---

① 以上均参照了每册书的封底语。

述的《中国近代社会生活史》一书 2015 年由中国社会科学出版社出版。社会生活既是社会制度变革的基础和土壤，又与社会制度变革互相促进，同时社会生活变动还成为人们思想观念变革的社会基础。社会生活既与我们每个人的日常生活相关，也与国家社会的变革与进步相连。本书是第一部中国近代社会生活的通史性著作，从社会文化史视角，全面系统地描述了1840 年至 1949 年中国社会生活变迁的历史过程及全景画面。其二，由李长莉、唐仕春主编的《社会文化史 30 年》一书 2017 年由中国社会科学出版社出版。本书是中国社会科学院近代史研究所以"中国近代社会文化史"为研究方向的研究团队历时 20 多年的学术研究结晶，由刘志琴、李长莉、闵杰、左玉河、罗检秋、赵晓阳、吕文浩、唐仕春、毕苑、李俊领等学者合作撰写。主要内容包括中国近代社会文化史研究的理论与方法，晚清士人与近代知识分子，近代社会风尚与民间伦理的演进，近代生活方式与民众观念的变迁，近代公共空间与公共时间，近代的祀典与仪式，近代修身教科书与公民教育，社会文化史视野中的民初京剧，废除旧历运动与二元社会，以及近代社会秩序与民间社会治理等。其三，由李长莉、唐仕春、李俊领、吕文浩等学者著述的《当代中国近代社会史研究》一书 2017 年由中国社会科学出版社出版。本书系统梳理了 20 世纪 80 年代中期至 2015 年大陆学者在中国近代社会史领域的研究成果，并对此前相关的学术源流稍作追述。本书回顾了中国近代社会史研究的理论与方法、范式与视角、学术流派与风格等基本问题，分析了该学科不同发展阶段的特点与趋势；对近代中国的人口与家庭、性别与婚姻、社会群体与团体、城乡与区域社会、社会问题与社会治理、社会生活、大众休闲娱乐、中国宗教与民间信仰等专题的研究状况，述其脉络，析其得失，还特别对中国近代社会文化史研究的历程与特色进行了专门介绍。本书比较全面地反映了过去 30 年间中国近代社会史研究的基本状况，从理论方法到具体研究领域皆有所展示，评述简明扼要，是中国近代社会史研究与教学的基础性参考书。①

（3）由郭莹、唐仕春主编的《社会文化与近代中国社会转型》一书2016 年由中国社会科学出版社出版。本书是 2013 年 8 月 24 日至 26 日在湖北襄阳召开的"第五届中国近代社会史国际学术研讨会"的学术论文集。本次会议的主题为"社会文化与近代中国社会转型"，所以本书主要是围绕

---

① 以上主要参照了这三本书的内容简介。

社会文化史的内容展开的。本书主要由八部分内容组成，即社会文化史理论反思、文人与商人、社群与社团、秩序与治理、城市空间与社会生活、乡村政治与社会生活、女性与婚姻、宗教与民间信仰。

（4）由梁景和主编的《新时期婚姻伦理与生活质量研究（1980—2014）》由中国社会科学出版社于2018年出版。本书是第一本从社会文化史的视阈来研究生活质量问题的学术著作。本书把婚姻、婚姻伦理、婚姻生活质量这些以往只作为单独研究的个体融为一体进行学理探索，这是从更为复杂的视阈来讨论问题，本书是为研究生活质量问题进行摸索和探路，只是希望能够积累一些粗浅的研究经验和研究方法。

（5）由首都师范大学社会文化史研究中心出版的几本书籍，在此只做简略介绍。其一，由梁景和主编的《社会生活探索》第六辑由首都师范大学出版社于2015年出版，本书分为理论卷、婚恋卷、性别卷、性伦卷、综合卷等；由梁景和主编的《社会生活探索》第七辑由首都师范大学出版社于2016年出版，本书分为理论卷、婚姻卷、性别卷、性伦卷、综合卷等。其二，由梁景和主编的《中国现当代社会文化访谈录》第五辑由首都师范大学出版社于2016年出版，本辑是首都师范大学中国近现代史专业社会文化史研究方向的董怀良、黄巍、姜虹三位博士研究生在撰写学位论文时，所做的访谈记录的集结，内容涉及20世纪下半叶50年间中国社会的婚姻、家庭、女性等问题。其三，由梁景和主编的《婚姻·家庭·性别研究》第五辑由社会科学文献出版社于2016年出版，本辑涉及汉代"子报母恩"问题、太平天国等级婚姻问题、晚清在京西方女性活动问题、清末民初女子家事教育问题、20世纪90年代性伦理嬗变问题等。其四，由梁景和主编的《社会·文化与历史的思想交汇》第三辑由社会科学文献出版社于2015年出版，本辑是历史学、文学、社会学、艺术学等学科的20余名学者学术讲演的汇编。学者们的演讲中蕴藏着新奇而深刻的思想，并通过现场对话讨论，不但能碰撞出新的思想火花，而且有助于体味学术、理解人文、品尝一种探索性的文化生活。其五，由梁景和主编的《第三届中国近现代社会文化史国际学术研讨会论文集》由社会科学文献出版社于2015年出版，本文集的论文就中国近现代社会文化史研究的新理念和新方法以及婚姻、性别、性伦、医疗、卫生、教育、司法等多个领域的学术问题进行了交流和研讨，展示了中国近现代社会文化史的最新研究成果；由余华林主编的《第四届中国近现代社会文化史国际学术研讨会论文集》由社会科学文献出版社于 2017 年出版，本文集的论文就中国近现代社会文化史研究的理论与方法、婚姻、家庭、女性、儿童等问题展开了讨论，彰显了社会文化史学术研究的前沿动态。

三 四年的主要理论探索

四年来在社会文化史的理论方法方面也有新的探索，下面仅做扼要介绍。

刘志琴在《历史教学》2017 年第 3 期发表了《重建百姓日用之学》一文，文章认为，儒家自古就有重视"百姓日用"的传统，这是古人对器物和生活态度的理论与表述。各种流派无不从日常生活中阐扬哲理，并将其提升为中国思想史一系列的思想观念。百姓日用之学是一把双刃剑，既有压抑个性的层面，又在发展中滋生出异己的因素，甚至成为张扬个性的先导，在明末引发早期启蒙思潮。日用之学这个内在的矛盾使它具有重新建构的可能性。百姓日用之学的实践是传统文化结构性的特征，从古代向现代社会的转型中，中国文化结构已经一变再变。文章指出，作为传统的思想命题，在新的文化结构中可以生发全新的作用。百姓日用之学与 21 世纪高扬人文精神的主题天然合拍，重建现代百姓日用之学是传统文化现代化研究的重要路向。

梁景和在《史学理论研究》2016 年第 2 期发表了《生活质量：社会文化史研究的新领域》一文。[①] 文章认为，生活质量作为社会文化史研究的一个新领域，重点要探讨生活质量概念、研究价值与研究方法，并要探讨从社会文化史的视角如何研究生活质量以及研究它的可行性等问题。若从现在做起，再过十几年，几十年或更长时间，生活质量的研究成果、研究价值和研究功效将会不断地显现出来。文章指出，以生活质量为切入点研究历史问题，将成为社会文化史研究的新方法、新角度、新视阈和新亮点。

李长莉在《安徽史学》2015 年第 1 期发表了《中国社会文化史研究：25 年反省与进路》一文。文章认为，我国史学界社会文化史学科兴起 25 年来，经过了前十年"兴起奠基期"、继十年"发展兴盛期"、近五年"深化扩散期"三个阶段。学术贡献有：理论方法创新、开辟史学新生长点、推

---

① 本文可与《生活质量：社会文化史研究的新维度》（《近代史研究》2014 年第 4 期）参照阅读，两文的关键词基本相同，但两文的视角和侧重点则有差异。

动中国近代史研究超越"革命史范式"及"现代化范式"而走向"本土现代性"、关注民间社会、挖掘内在社会文化资源等。但存在的问题与瓶颈是学科意识模糊、研究"碎片化"、平面描述性、意义稀薄及理论缺失等。该文章指出，当今社会转型呼唤社会文化史的理论创新成果，未来将会引起关注的关键论题有：民间社会、社会治理、生活方式、价值系统等。这些"关键论题"，可能会成为社会文化史学者为中国社会发展理论创新做出贡献的几个生长点。

常建华在《南京社会科学》2017 年第 2 期发表了《开放与多元：新世纪中国社会史理论探讨与学科建设》一文。文章认为，近十年的中国社会史研究日益呈现出开放与多元的趋势，其中历史人类学与区域社会史结伴而行，根植于深厚的社会经济史，特色突出。社会生活的研究也悄然变化，向日常生活史转变，并呈现出社会文化史的特色。该文章指出，探讨中国历史上的生命、生计与生态，融合生命史学、环境史学、日常生活史学于一体，构成"三生"的问题意识，将推动社会史的向前发展。

左玉河在《河北学刊》2017 年第 2 期发表了《寻求意义：深度解释与社会文化史研究的深化》一文。文章认为，21 世纪以来，中国文化史发展新趋势是社会文化史的勃兴。但目前的中国社会文化史研究大多停留在历史描述的层面上，属于表层的社会现象描述和浅层的表象研究。社会文化史研究必须将研究水平从"生活"层面提升到"文化"层面，关注这些生活现象背后所蕴含的"文化"含义，探究社会生活背后隐藏的历史意义。该篇文章指出，寻求意义是社会文化史研究的根本目标，而对社会生活进行"深度解释"是寻求意义的可行途径。社会文化史研究为什么要探究生活现象背后的历史意义？历史描述、历史解释与历史意义之间究竟有着怎样的关联？如何通过深度解释来探究历史意义？这些问题无疑都是需要做深入探究的。

梁景和在《河北学刊》2017 年第 2 期发表了《社会文化史行进的四重维度》一文。文章认为，西方新文化史与中国社会文化史有相似之处，有一定的交叉性，也有明显的差异。国内学术界对西方新文化史有一定程度的了解、认识和研讨。但进一步探讨西方新文化史、西方新文化史对中国史学的影响以及两者的关系等问题，是中国史学研究的一项重要工作，需做专门细致的研讨。该篇文章指出，中国社会文化史是一个在行进中的研究主题，既要回首研究历程，也要探究未来走向，而重点的问题主要是团队重镇、理论方法、领域维度、史料文风等。

陈廷湘在《四川大学学报》2018 年第 5 期发表了《从"革命史观"到"社会文化史观"——中国近代史解释体系的演变与趋向》一文。文章认为，中国近代史学经过了百年发展的历程，走出了与西方史学不同的特殊道路。百年中国近代史学在唯物史观统率下，形成了众多解释体系。其中最具代表性的"革命史观"和"现代化史观"解释体系因所处时代特征相对同一，很快形成了近代史学的主潮，产生了各自对应的时代史学。文章指出，中国特色现代化建设的"新时代"，使中国近代史学进一步多元化，其中以社会生活与社会文化为研究对象的"社会文化史观"展现出最具时代"兴趣"的本色，有希望成为中国近代史解释的主流而产生又一个时代的史学。

李宏图在《史学集刊》2018 年第 1 期发表了《观念史研究的回归——观念史研究范式演进的考察》一文。文章考察了 20 世纪初至今观念史研究范式的演进，梳理出了在这一演变过程中所发生的种种变化。文章认为，如果说过去诺夫乔伊所开创的观念史只是研究的基本"观念单元"，那么现在的新观念史则表现为，在以语言哲学为理论基础后走向了以语境、修辞与行动等为核心的研究路径，同样，"新社会文化史"在以社会建构为导向的指引下，强调考察观念与社会建构之间的关系。无论哪一种维度的研究，都并未导致观念史研究的衰落，反而丰富了其研究的范式，扩展了其研究的视角。文章指出，观念史在经历了这些转换之后正迎来新的繁荣，或者说观念史研究正在复兴与回归。

吕文浩在《南京社会科学》2015 年第 5 期发表了《本土崛起与借镜域外——社会文化史在中国的若干发展》一文。文章认为，中国社会文化史兴起于 20 世纪 80 年代末 90 年代初，经过 20 余年的发展，在生活方式、社会伦理、知识人社会、生活质量、礼俗互动等方面的研究取得比较突出的成绩。这些研究结合了历史文化和现实社会的情况，具有浓厚的时代气息和理论创新意识。对于世纪之交传入中国的西方新文化史，国内学者除一部分青年学者热情接受以外，绝大多数学者对其采取了选择性吸收的态度，即排斥其后现代意识而接受其研究内容和研究方法的多元化。文章指出，本土社会文化史学者吸收新文化史的理论和方法，用于完善自己的研究实践和理论表述，促进了社会文化史在中国的进一步发展。

张立程在《河北学刊》2017 年第 2 期发表了《从微观史、日常生活史到社会文化史》一文。文章认为，第二次世界大战后，史学界经历了前所未有的变革，其中，年鉴史学致力于建构全球总体史，强调经济、社会、地理等因素在历史中的作用，形成宏观史学的范式。微观史学、日常生活史学则以细微、具体的人或事，阐幽发微，深描重叙，力图纠年鉴史学之偏。新文化史深受后现代思潮影响，力图解构现代性的权威，由此带来史学研究的"碎片化"现象。中国自改革开放以来，因社会重心的转向，社会史、文化史相继复兴，由此产生社会文化史这门史学新兴分支，与西方史学研究对象日趋细微，研究视角下移的趋向渐趋一致，史学在微观层面取得了显著进步。文章指出，"碎片化"现象反映的是目前史学研究渐入精深的现实，未来必然会在具体、细微的研究之上，走向更高层次的宏观的整体研究。①

四　余论

从上文挂一漏万的叙述中，我们基本能够认同 2015 年至 2018 年中国社会文化史仍然在繁荣阶段中行进，在学术活动、研究成果、理论探讨等诸多方面都有一些可圈可点之处。

社会文化史作为后发的史学领地，有人把它视为文化史的一支，有人把它视为社会史的一支，有人把它视为一个新兴学科，有人把它视为一个新视角和新方法，还有人把它视为一种史观或范式。在我看来，可以把它进行初步的定性，主要是为了加深对社会文化史的认识和理解。但定性还不是非常重要的事情，重要的工作是对它进行深入的理论探索以及在特定理论的框架内进行科学的历史研究，能把更为丰富多彩的研究成果呈现在读者面前，能够让更多的读者和同行受益于社会文化史。回顾 30 年来，社会文化史领域的学者们孜孜不倦地工作，为其添砖加瓦，使其增色不少，故今天仍能彰显其旺盛的生命力。

根据以往学者对社会文化史理论、方法的研究和探索，我觉得中外社会文化史已经有了一系列的关键词和命题，诸如生活观念、人类心智、文化心理、心理感受、价值系统、文化转向、路标转换、社会生活、日常生活、百姓日用、民间社会、生活方式、社会风尚、精英文化、大众文化、

---

① 以上均参照了各篇论文发表时的相关提要。

风俗习惯、社会伦理、世俗理性、礼俗互动、意义寻求、生活质量、社会治理、访谈口述、多元史料、常态动态、微观深描、碎片整合、生动形象、真实建构、雅俗共赏、封闭开放、一元多元、学科交叉、"三生"史学、生活第一主题、精神进化理论、社会文化史观，等等。把其中的一部分重要概念进行梳理、分类、提炼、分析，可以看清近30年来中国社会文化史理论、方法的探索历程及其学术观照。

毋庸讳言，中国的社会文化史研究还有很多瓶颈与短板。主要表现在如下方面。其一，根据上文的阐述，我们对本土萌生的社会文化史的研究历程和研究状态缺乏精细、透彻和全面性的学理总结。事实上，通过这样的总结，汲取我们以往研究的经验和教训是进一步推动社会文化史研究向前发展的重要动力，很有必要。其二，在既有自身理论框架内的标志性研究成果不够凸显，这些年来我们进行的社会文化史的理论探索有了一定的收获，也有按自身理论进行探索的研究所得，但这类研究还缺乏高质量标志性的研究成果。其三，根据社会的发展需要，中国当代社会文化史研究的内容要有新的突破，以往学者有过探索，但探索的领域非常广阔，还要进一步思考有益于社会文明发展进步的研究领域；那么还需要在哪些地方突破，怎么突破，这是需要社会文化史研究者深入思考的一个重要问题。

理论与方法 《

重建百姓日用之学

刘志琴

一　百姓日用之学，是儒家的经典之教

百姓日用是古人对衣食住行物质生活器物的用语，自古以来就受到各种学派和经典著作的重视，从《尚书》的"无有远迩，毕献方物，惟服食器用，王乃昭德之致于异姓之邦"，① 《诗经》的"民之质矣，日用饮食。群黎百姓，遍为尔德"，② 《易经》的"备物致用，立成器以为天下利"等经典著作，莫不表示对服食器用的关注。有关"服""食""器用"的用词，出现在《论语》中有 111 次，《孟子》中 218 次，两者相加共有 329 次。与此相比，在这两部书中"礼"字出现 138 次、"德"字出现 75 次。③ 服食器用以如此高的频率出现在儒家的经典著作中，甚至高于儒家一贯崇奉的"礼"和"德"，不能不是高度重视生活的反映。

值得注意的是，"生活"在古人的观念中并不复杂，遍查它在经史子集中的含义，无非是活着，过日子的一种表述。古人对生活的重视主要表现在以高度的理念对待服食器用，并形成百姓日用之学。

生活的主体是人，服食器用是人类赖以生存和发展的前提，也是生活的主要内容。人类社会的进步离不开生活方式的变革，文明的进化与差异往往表现在吃穿用，以及吃什么、穿什么、用什么及怎样吃、怎样穿、怎样用等方方面面上，从而发展自己的智慧，创造出独特的文化观念和民族文化形态，所以生活是观念之源。

---

① 顾迁注译《尚书》，中州古籍出版社，2010，第 161 页。
② 程俊英撰《诗经译注》，上海古籍出版社，2004，第 257 页。
③ 杨伯峻译注《论语译注》，中华书局，1980，第 311 页；杨伯峻译注《孟子译注》，中华书局，1960，第 474 页。

但是，生活与观念是人类分别在物质生活和精神生活不同领域的行为与反映，在认知方面有感官和思维以及感性和理性认识的差异，所以这两者各有相应的范畴，从而有一定的间距，并不等同。但在百姓日用之学中，生活与观念之间相互胶着，难分难解，甚至混为一体。所谓："形而上者谓之道，形而下者谓之器。"这句出自《易经》的名言，在该书的注疏中释为：

　　　　道是无体之名，形是有质之称。凡有从无而生，形由道而立，是先道而后形，是道在形之上，形在道之下。故自形外已上者谓之道也，自形内而下者谓之器也。形虽处道器两畔之际，形在器，不在道也。既有形质，可为器用，故云"而下者谓之器"也。[1]

　　王夫之说得更明白，"无其器则无其道"，[2] 可见道能生器，无道不成器，故道在形之上，器为形之下，这上下之别，是因为道为器物之本源，但是无器也就没有道的存身之处，所以这道和器虽有形上和形下之分，两者却密不可分，道是器的内涵，器是道的外在形式，器有粗细之别，道也有深浅之分，两者相依共存。不仅如此，这器还与性通用，因此有器性、器质之谓，即便"器物"这一名称，起初也是指贵的尊彝之类，后来才成为各种用具的统称。[3] 所以，这器物并非简单的用品而是寓有深刻的道理的；然而，这器中之道的哲理并非一般愚夫愚妇所能感知，这就是《论语》所说："民可使由之，不可使知之。"对此，《论语注疏·序》做了权威性的解释："由，用也。可使用而不可使知者，百姓能日用而不能知。"《周易注疏》说："'百姓日用而不知者'，说万方百姓，恒日日赖用此道而得生，而不知道之功力也。""至于百姓，但日用通生之道，又不知通生由道而来，故云'百姓日用而不知'也。"[4] 这些话的要领在于，百姓日用器物而不知其器物之所以然，只有君子才懂得其中的道理，让平民百姓认识日用器物蕴含之道，是君子教化百姓的使命。历来儒家所提倡的"以礼化俗""导德齐礼"等都不外乎是阐明这一真谛。

---

① （魏）王弼、（晋）韩康伯注，（唐）孔颖达正义《宋本周易注疏》，中央编译出版社，2013，第 373 页。

② 王夫之：《周易外传》，中华书局，1977，第 203 页。

③ 崔高维校点《周礼·仪礼》，辽宁教育出版社，1997，第 72 页。

④ （魏）王弼、（晋）韩康伯注，（唐）孔颖达正义《宋本周易注疏》，第 351 页。

综观一部思想史，从先秦儒学、汉代经学、魏晋玄学到宋明理学，历代的鸿儒硕学无不从日常生活中阐扬此中的哲理，并从具体的器物层面，上升到抽象的理念，从而创造出中国思想史的一系列概念，如道和器、理和欲、义和利、形上和形下等。其实质就是将伦理观念寓入日用器物之中，将有形可见的器物内化为理性的东西，使之秩序化、信仰化；在这内化的过程中，器物已超越它的使用价值，成为人们沟通道体的媒介。因此，形上有外在的形下表现，形下有内在的形上寓意，道器有分，而又无分，促使人们达到道器合一，即道即器的境界。这种从日用实践中体悟人伦的理念，可归结为实践的形上学。在这实践的形上学中，概念的形成不是依靠推理思辨，而是基于人人可以感受的生活经验，这是中国思想史一系列概念的特征，也是与西方思想史相区别的民族思维方式。

这种思维习惯强调感悟的认知方式，宋明理学认为道器的上下之别，可以用"格物"的方法来贯通，以达到下学上达的功效，朱子认为：

> 盖衣食作息只是物，物之理乃道也。将物便唤做道，则不可。且如这椅子有四只脚，可以坐，此椅之理也。若除去一只脚，坐不得，便失其椅之理矣。"形而上为道，形而下为器。"说这形而下之器之中，便有那形而上之道。若便将形而下之器作形而上之道，则不可。且如这个扇子，此物也，便有个扇底道理。扇子是如此做，合当如此用，此便是形而上之理。天地中间，上是天，下是地，中间有许多日月星辰，山川草木，人物禽兽，此皆形而下之器也。然这形而下之器之中，便各自有个道理，此便是形而上之道。所谓格物，便是要就这形而下之器，穷得那形而上之道理而已，如何便将形而下之器作形而上之道理得！饥而食，渴而饮，"日出而作，日入而息"其所以饮食作息者，皆道之所在也。[1]

这一番话深入浅出地阐明了格物致知乃领悟的过程。

日用器物本是人类劳动的生产品，按照人们的意愿，用自然界的原料加工做成适合人们使用的器物，以改善和提高人们的生活，这是社会的文明和生产者聪明才智的表现，就这些成品本身乃无知无识的客观存在，但

---

① （宋）黎靖德编，王星贤点校《朱子语类》，中华书局，1986，第1496～1497页。

在理学家的心目中则赋以道的含义，道是什么，是伦理化的观念，把伦理观念融入生活日用之中，使日用器物伦理化。所谓："理在事中，事不在理外，一物之中，皆具一理。就那物中见得个理，便是上达。"① "格物"即是从普通器物中体认天理人情的无处不在，能体会者即能做到下学上达，这是为学的境界，这就是要有从小处着眼的功夫，一事一物都要仔细琢磨出其中的义理，"日用之间，只在这许多道理里面转，吃饭也在上面，上床也在上面，下床也在上面，脱衣服也在上面，更无些子空阙处"。② 能不能有这修养就在于能不能正心诚意，屏除私欲。关于这点朱子在回答问题时做了透彻的说明，记载说：

> 问："五典之彝，四端之性，推寻根源，既知为我所固有，日用之间，大伦大端，自是不爽，少有差失，只是为私欲所挠，其要在窒欲。"曰："有一分私欲，便是有一分见不尽；见有未尽，便胜他私欲不过。若见得脱然透彻，私欲自不能留。大要须是知至，才知至，便到意诚、心正一向去。"③

因此强调"圣人千言万语，只是要人收拾得个本心，不要失了。日用间著力屏去私欲，扶持此本心出来"。④ 此种看法在宋明理学中是非常有代表性的，如果说日用之学在先秦主要是阐明百姓日用中的无知，愚夫愚妇们需要君子去做教化工作，以加强君子的使命感的话，那么到宋明理学则明确表白崇天理，灭人欲的宗旨，从吃饭穿衣等日常琐事中调节和克制人有可能产生的各种欲望。服食器用在这些思想家的眼中，不仅是供人温饱也是实践礼的手段，百姓日用之学实质是人伦日用之学，以伦理来统率生活，首先要使生活日用伦理化，这是百姓日用之学的最大特色。

二　百姓日用的伦理政治化是文化结构性的特征

日用器物的制作本是满足人们的生存、发展和享受欲望的，为什么在

① （宋）黎靖德编，王星贤点校《朱子语类》，第1141页。
② （宋）黎靖德编，王星贤点校《朱子语类》，第2926页。
③ （宋）黎靖德编，王星贤点校《朱子语类》，第2740页。
④ （宋）黎靖德编，王星贤点校《朱子语类》，第558页。

中国却要伦理化，给以压抑人性的导向？究其根由，这是中国传统文化模式的反映。

中国传统文化模式，通常是指封建文化模式，这是封建时代人们在器用、认知、情感、道德和法权方面的综合表现。这种文化模式在中国表现为以礼为中心的一系列的意识形态和社会制度，它从周代以来就以礼制的形态区分尊卑贵贱的社会地位和生活方式，既是血缘、权力和财产的等分，也是财产分配的原则和人际交往的规范。财产不仅是固定资产，还包括器物的消费，什么等级该用什么，不该用什么都有详细的规定，历代王朝都以"会典""律例""典章"，或"车服志""舆服志"等各式法制条文和律令，管理和统制人们的物质生活与精神生活。这是权力统制财产的体制，没有地位和权力的，有钱也不能随意购买不该享用的消费品。权力通过器物消费的等级分配，物化为各个阶层消费生活的差异。所以，礼制不仅以"三纲五常"为道德信念，还以日用消费品的等级分配作为物质内容，规范各阶层的行为和需求。因此，任何物质器用不仅同时具有物质文明和精神文明的双重功能，对消费者来说还兼有物质待遇和精神待遇的双重价值。由此而形成以等级分配为核心，以伦理道德为本位的文化体系和社会制度，并渗透政治、经济、文艺、教育、人际交往、道德风尚、社会生活的各个领域，从权力财产的分配到日用器物的消费，几乎无所不在。因此，就其含有的文化因素来说，林林总总，不一而足；就其构成来说，它具有生活方式、伦理道德、等级序列"三位一体"化的内容。

早在先秦，思想家们就为建树这种文化模式提供了思想理念，荀子明确宣告："德必称位，位必称禄，禄必称用，由士以上则必以礼乐节之，众庶百姓则必以变数制之。"① 这就是说，德、位、禄必须相称，有德才有位，有位才有禄，道德表现、社会地位和财禄器用一体化；因此，此物可以观位，以德又可以量物，贵贱之别不仅溢于形表，君子小人这内在道德上的良莠也力图物化为消费生活的等级之别，充分体现了以伦理为本位的价值取向。这种文化模式促成道德意识渗进衣食住行中，穿衣着装是衣食住行的第一宗，它最显著、最充分地表现人们的身份地位，封建制度的等级性在衣冠服饰方面有强烈的表现，管子所说的"衣服所以表贵贱也"成为经典之教。如果说这人人不可须臾或缺的衣服，在各种文化形态中都有等级

---

① （唐）杨倞注《荀子》，上海古籍出版社，2014，第109页。

之别的话，那么就可以说衣服在中国作为道德化为表征，成为礼制的重要内容，在世界服装史上也是独特的现象。东汉的班固在《白虎通义》中提出一个著名的命题，那就是圣人制作衣服，不仅为了防寒蔽体，还是"表德劝善，别尊卑也"。一身衣衫从质料、色彩、款式、花纹无不被历代的礼制所规范，赋以天道、伦理和身份地位的诸多含义，成为封建伦理政治的图解和符号，由此形成衣冠之治的规章和传统。官僚权贵、士农工商在穿靴戴帽，怎样着装、穿什么、不该穿什么上，都有明文规定和限制，冒犯的被认为僭礼逾制，要受到法律制裁，因穿衣不当而获罪的史不绝书。所以古人的衣冠服饰不仅是防寒、实用、审美的消费品，也是等级序列、伦理政治物化的形态。

当然这是思想家们的一厢情愿，在现实中经常遭受挫折，礼制中烦琐的规章和僵硬不变的程序并不便于实际生活的发展，用群体性的等级之别限制人们的穿衣着装，使得这纯属私人的行为很难有自主的选择，这与人们生活的基本欲望会发生冲撞。而来自敌对势力的破坏和本阶级不安分守己者的干扰，更是难以控制的社会问题，所以常常引发越礼逾制和循礼守法的尖锐矛盾。百姓日用的伦理化，旨在从道义上教化人们信守礼制的规范，调节和克制有可能无限膨胀的欲望，这是防范物欲横流、实践礼治的社会理想。

人类的生存、发展也包括享受生活，这是人类本能的欲望。它既可以成为推动社会前进的动力，也可以滋生罪恶，危害他人和社会，需要法制和道德的约束，而不是一概禁绝。传统文化模式对个性压抑强度最大的表现在，从意识形态扩大到生活领域，从器用消费、生活行为等方方面面教化民众遵循等级之别。

这种在生活中传授封建伦理的文化模式，最能适应以小农业生产为基础的自然经济形态，使极端分散的小农户从居家生活开始就笼罩在同一的伦理政治氛围中，无处没有等差，无处不受到教化。目不识丁的"愚夫愚妇"正是从日常生活中接受伦理思想的影响，世世代代相沿为习，积淀到民族文化心理的最深层中，成为群体无意识的自发倾向，这对凝聚广土众民的国家起了重要的作用。然而，正是这种在各种波澜曲折中得到稳定传承的机制，又导致民族心理承载礼教的重负，使个性压抑达到最大限度。所以，生活方式、伦理道德和等级序列"三位一体"的文化模式，使得衣食住行等百姓日用器物高度的伦理政治化，这是中国传统文化结构性的特征。

三 百姓日用之学蕴有丰富的人文因素

百姓日用之学虽然维护的是封建伦理，但这是适应生活需求而建构的学问，是以承认、满足人们的基本欲望为前提的，所以这是一把双刃剑，既有压抑个性的层面，又有优容欲望的人文思想，甚至成为张扬个性的先导。日用之学这内在的矛盾使它具有重新建构的可能性。

人是有欲望的生物，中国自古以来并不缺乏对欲望的优容。在众多的欲望中，以食、色为人类生存、发展的最大欲求，饥渴生死、爱恨情仇，都是人性本能的表现，告子一句"食、色，性也"① 享誉千古，因为它揭示了求食和求色是人性的源头，中国恰恰在这两方面都得到最充分的发展。

就饮食文化来说，烹调技艺的精良在世界上名列前茅，孔子就提倡"食不厌精，脍不厌细"，② 形成一套精选细作的饮食理论，所谓切割不正、颜色不美、烹饪不得法、调料不当、沽酒市脯等都在不食之列。孟子说："口之于味也，有同耆焉；耳之于声也，有同听焉；目之于色也，有同美焉。"③ 这就是说吃要吃好的，听要听动听的，看要看美丽的，天下人都一样。孔子也是如此，他早就估计："吾未见好德如好色者也。"④ 又说："富与贵，是人之所欲也，不以其道得之，不处也。"⑤ 在他看来，喜好食、色，追求富贵，是人的本能，无可厚非，应该指责的是对富贵的取之不当。

再就"色"来说，性爱是最贴己、最隐私的欲望。中国人对性爱的态度是相当豁达的，在西方中世纪，同性恋者要被处死，而在中国，汉哀帝与董贤的恋情成为艳事，雅称为"断袖之欢"；男宠之风在民间也颇为盛行，世界上第一例同性恋小说《弁而钗》就出现在中国。《金瓶梅》以性为主线表现男女的情爱，淋漓尽致地描写性心理、性行为，尤其是对市井妇女性生活感受的刻画，远远超过西方的《十日谈》。荷兰高罗佩在《中国古代房内考》和《秘戏图考》中所收集的性学著作与图像多达 200 余种。中国古代有关性爱的专书和专论，对性技巧进行科学化、艺术化、娱乐化，广涉医学、文学、宗教、艺术和哲学的各个领域，其著作数量之多，题材

---

① 万丽华、蓝旭译注《孟子》，中华书局，2006，第 241 页。
② 张燕婴译注《论语》，中华书局，2006，第 140 页。
③ 万丽华、蓝旭译注《孟子》，第 247 页。
④ 张燕婴译注《论语》，第 126 页。
⑤ 张燕婴译注《论语》，第 42 页。

之丰富，堪称世界之最。可以说"食、色，性也"这一认识在中国学界和民间，从未退出主流性的观念。

正是因为如此，当宋明理学在压抑人性方面步步进逼的时候，王艮的日用之学如异军突起，对"崇天理，灭人欲"命题，做了重新解释。他说："天理者，天然自有之理也。才欲安排如何，便是人欲。""天性之体，本是活泼。鸢飞鱼跃，便是此体。"① 这是"自然天则，非人力安排"的，"人性上不可添一物"。② 又说："君子之学以己度人，己之所欲，则人之所欲，己之所恶，则人之所恶。"③ 人的本性是自然，自然趋向快乐，因此作《乐学歌》称"人心本是乐"，以歌颂快乐人生。他儿子王襞解释说："鸟啼花落，山峙水流，饥食渴饮，夏葛冬裘，至道无余蕴矣。"穿衣吃饭是自然要求，顺应自然要求，就是至道和快乐。这就从理论上提出了"人同此欲"是"自然天则"的命题，强调人欲与天理并非天生对立；顺应自然的发展，以己欲度人欲，乃顺人意应天理的行为。由肯定人欲进而提出"尊身"的思想，认为"身与道原是一体"，"道尊则身尊，身尊则道尊……以天地万制依于身，不以身依天地万物，舍此皆妾妇之道也"。④ 由此相应的又提出"爱身如宝"的思想说：

> 知保身者，则必爱身如宝。能爱身则不敢不爱人。能爱人，则人必爱我。人爱我则我身保矣。能爱人，则不敢恶人。不恶人，则人不恶我。人不恶我则身保矣，能爱一家，则一家必爱我矣。一家者爱我，则吾身保矣。吾身保，然后能保一国矣。以之治国，则能爱一国矣。能爱一国则一国者必爱吾也。一国者爱我，则吾身保矣。以之平天下，则能爱天下矣。能爱天下，则天下凡有血气者莫不尊亲。莫不尊亲，则吾身保矣。吾身保，然后能保天下矣。⑤

把尊身提到尊道的地位，认为保身与保国、保天下是一致的，这是对"身"的最高评价；显然，这"身"是依托个体的人而存在的，有身尊才能做到道尊，实际上已超越群体，属于个体性的范畴。在群体为本位的文化

---

① 王艮撰，陈祝生等校点《王心斋全集》，江苏教育出版社，2001，第11页。
② 王艮撰，陈祝生等校点《王心斋全集》，第9页。
③ 王艮撰，陈祝生等校点《王心斋全集》，第29页。
④ （清）黄宗羲著，沈芝盈点校《明儒学案》，中华书局，1985，第711页。
⑤ 王艮撰，陈祝生等校点《王心斋全集》，第29页。

形态中，突出"身"的观念是个性苏醒的呼唤。

所以王艮的日用之学不同于先秦的百姓日用而不知，他认为："圣人知便不失，百姓不知便会失。""圣人经世，只是家常事。"① 在这方面百姓与圣人是平等的，经义如果只停留在圣人之中而不在百姓中传播就会失去它存在的意义，圣人也要像百姓一样经历日用家常事，这就突出了日用之学的价值和百姓在文化传播中的重要作用。所以王艮的日用之学在认识人的个体性、人欲即是天理方面突破传统思想的禁锢，萌动了个人意识的觉醒。虽然他所宣扬的依然不脱伦理说教，但在缺少个体意识的封建伦理中，增加了个性化的色彩，这在当时是前无古人的成就。

明末出现非圣无法，倒翻千古是非的"危言邪说"，学术上以异端自诩，追新求异成为时尚，童心说、市道之交说、尊身说、情教说以及非君论等种种"异端"思想引得倡和者如痴如狂，蔚为社会思潮，究其学术源头，莫不与王艮学说有关。

值得注意的是，这是在没有任何西方思想影响下的新思潮，这也说明在原装的传统社会中的儒家思想也能孕育新的元素，这给我们发掘儒家体系中的活性思想提供了历史借鉴。

四　重建日用之学的历史因缘

百姓日用之学将百姓日用的寻常事上升为思想史的命题，为后代留下了宝贵的思想资源，也为中国传统思想与现代文明接轨留下历史的因缘。

一种社会形态的文化，自有一种核心的意识形态作为国家和民族的共同价值取向，封建社会的意识形态，是以等级为核心，以伦理为本位，使生活方式、等级序列和伦理道德"三位一体"化的；这种文化体系和社会制度，使生活方式超越生活领域进入政教范畴，日用之学的伦理政治化是其本质性的特征。但是，从古代社会向现代社会的转型中，文化核心结构已经一变再变。百年来，以等级为核心的封建主义文化转化为以民权、平等为核心的民主主义文化，社会生活的等级之别遭到革命浪潮的颠覆，"三位一体"的文化模式解构，并冲淡了生活方式伦理的政治性。新中国成立后曾仿效苏式社会主义，将衣食住行普遍政治化。改革开放后建设有中国

---

① 王艮撰，陈祝生等校点《王心斋全集》，第 5 页。

特色的社会主义，以经济建设为中心，生活方式才得以摆脱泛政治的影响。这一百年社会变革的行程，伴随着生活方式意识形态化的淡化、强化、再淡化，终于在 21 世纪转向以人为本，这就意味着，生活的一切内容都要以提高中国人的生存、发展、享受、素质为宗旨，不再以政治为转移，这才使生活回归日常的生活世界。

作为中国传统的思想命题，在新的文化核心结构中可以生发全新的作用，这有许多先例可参照。儒家的"民贵君轻"在黄宗羲的《明夷待访录》中是抨击君主理论的依据，这在封建社会乃不失为替王朝补台的异端思想；在近代民主革命中成为推翻封建王朝，召唤社会变革的思想号角；梁启超、孙中山都曾散发《明夷待访录》就是一个明证。它作为封建文化的经典命题，却对瓦解封建主义发生作用，是因为开创了民权、平等的新时代。"民贵君轻"在封建主义文化体系中对君民关系只能起到调节的作用，一旦与民权、平等思想相结合，就具有了反封建专制主义的新意义。旧的思想命题之所以能发挥新的作用，关键是文化主体结构的转型。在当今社会文化核心构成已有改变的情况下，发掘儒家日用之学的合理因素，使之重新焕发光彩，已有现实的可能性。

21 世纪的到来使中国思想史研究面临一次新的挑战，这不仅要继往开来，发展既有的成果，还要面对信息社会、科学技术的迅猛发展，做出应有的回应。这两者所蕴有的内涵并非我国传统思想的长处，有的还是短缺处，但这并不意味着没有与时更进，后来居上的条件和机遇。高科技愈发展，愈要呼唤人文精神，这是学术界的共识，所以说 21 世纪是人的世纪，是高扬人文精神的世纪，这是人类社会持续关注发展的主流。这一主题与儒家的百姓日用之学天然合拍，思想史本是人文遗产的精粹，但是人文遗产并不限于文本的观念，还有大量的非文本资源，且没有得到充分使用。历代儒家对日用之学的重视和阐释，表明儒家思想是从生活中提升观念，也是从生活中向民众传授的；用这一观念重新审美思想史的研究对象，将视角下移到生活领域，发掘日用之学的现代意义是一重要路向。

值得注意的是，国内外思想研究的新动向已经把生活问题提上了日程。20 世纪西方文化哲学一个重要倾向就是将日常生活提高到理性层次来思考，使思想史研究贴近生活，胡塞尔对"生活世界"的回归，维特根斯坦对"生活形式"的剖析，海德格尔有关"日常共在"的观念，余英时在《现代新儒学》序言中表示关心"形而下"的取向，诸如此类的种种言说都表明一代哲人已把注意力转向日常生活的研究。对此国内哲学界已有回应，哲学研究者已经提出建立人间哲学，让哲学融于生活，使哲学与生活保持同步发展，如李泽厚在《历史本体论》中提出生活是本体的论题。毫无疑问，与生活最贴近的儒家思想首先是日用之学。在这方面儒家拥有丰富的思想资源，也最有发言权，问题是在于怎样用现代生活理念将日用之学推陈出新，建树新时代的日用之学，这是传统文化现代化深化研究的大趋势。

生活质量：社会文化史研究的新领域[*]

梁景和

　　本文把生活质量作为社会文化史研究的一个新概念进行讨论，重点探索生活质量的概念与研究价值、生活质量的研究方法，以及从社会文化史的视角研究生活质量与生活质量研究的可行性等几个重要问题。

一　概念、价值与一般方法

　　美国经济学家加尔布雷斯于 1958 年在其所著《富裕社会》一书中首次提出"生活质量"这一学术概念，此后生活质量在欧美国家作为学术用语成为多学科的研究领域与研究视角；20 世纪 80 年代以后，中国的医学、社会学、心理学等学科也开始探讨生活质量问题，但至今为止历史学对此却鲜见研究。人们对生活质量的理解主要有两大视角。其一是从客观生活条件发展程度来理解生活质量，[①] 认为生活质量是指"一定经济发展阶段上人口生活条件的综合状况。换言之，生活质量就是生活条件的综合反映"。[②]这里强调生活条件，是偏向客观性的一个维度，实质是指客观生活质量。其二是从主观的感受和评价来理解生活质量，[③] 认为生活质量是"对于生活及其各个方面的评价和总结"。[④] 这里强调感受和评价，是偏向主观性的一个维度，实质是指主观生活质量。如果从史学角度来研究生活质量，史学

---

　　* 本文发表在《史学理论研究》2016 年第 2 期时有删改，兹按原稿补充。本文可与《生活质量：社会文化史研究的新维度》（《近代史研究》2014 年第 4 期）参照阅读，两文的关键词和主要理念基本相同，但两文的视角和侧重点有差异。
　　① 它反映了社会物质发展、经济发展、科学发展的某种程度。
　　② 冯立天主编《中国人口生活质量研究》，北京经济学院出版社，1992，第 4 页。
　　③ 这种主观感受和评价，虽与客观生活条件有联系，但不完全成正比。
　　④ 林南等：《生活质量的结构与指标》，《社会学研究》1987 年第 6 期。

既可以研究客观生活质量，也可以研究主观生活质量，还可以把两者结合起来，研究两者的互动以及综合关系。所以站在历史学角度来看，所谓"生活质量"就是指人们客观生活①的实际状况以及对其的满意程度和幸福感受程度。② 这里既包含客观生活质量，即社会生活条件的实际状况，也包含主观生活质量，即生活满意度和主观幸福感。生活满意度是指"人们对生活各方面的'理想状态'与'现实状态'之间差距的主观认知和评价，它是人们对于'生活应该如何'与他们所看到的'生活实际如何'之间差距的一种主观反映"；而主观幸福感是指"人们的一种满足的、满意的、愉悦的、快乐的心理和情绪的感受、体验或感觉"。③

研究生活质量有其重要的理论意义和现实意义。

理论意义在于：肯定和确立提高生活质量是人类社会的目的与欲求，是人类整体生活和人类个体生活的目的与欲求。生活质量既反映在社会生活条件方面，也反映在人们的幸福感上，幸福感是人类生活永恒美好的追求，正如休谟所说："一切人类努力的伟大目标在于获得幸福。"④ "对幸福生活之向往和追求，可以说是不同时代、不同经济和文化背景下人们的共同欲求。从这一意义上说，幸福似乎可以成为一种普遍主义的价值理想。"⑤ "幸福的内涵是开放着的，幸福的理解是历史性的。"⑥ "人们对幸福的理解，是伴随着时代变迁与文化价值的转移而不断发生变化的。不同的幸福观，使人们对'什么是好的生活'或'什么是人们应该追求的生活'作出不同的回答，并进而影响其获得幸福的方式。"⑦ 研究生活质量的理论意义还在于要探寻生活质量在不同历史阶段的基本概念或界定；设计并确定生活质量这一崭新学术研究领域在不同时代的基本框架体系；探讨不同时代不同

---

① 客观生活主要包括经济生活、文化生活、劳动生活、政治生活、社会生活、环境生活等多方面的生活。

② 这个概念界定虽然与其他人文社会科学的界定没有本质的差异，但史学的研究方法和问题意识与其他人文社会科学比较，则有自己的独到之处。

③ 风笑天：《生活质量研究：近三十年回顾及相关问题探讨》，《社会学研究》2007年第6期。

④ 《休谟散文集》，上海三联书店，1988，第81页。

⑤ 王露璐：《幸福是什么——从亚里士多德与密尔的幸福观谈起》，《光明日报》2007年11月13日，第11版。

⑥ 苗元江：《从幸福感到幸福指数——发展中的幸福感研究》，《南京社会科学》2009年第11期。

⑦ 王露璐：《幸福是什么——从亚里士多德与密尔的幸福观谈起》，《光明日报》2007年11月13日，第11版。

需求层次的人①对生活质量认识、理解和判断的合理性、差异性和谬误性及其造成此种现象的历史、文化和社会等的基本缘由；研讨客观生活质量与主观生活质量的联系与相互作用所产生各种功能的基本根据；探求不同时期人类个体主观生活质量复杂性形成的基本原因；探索不同时代生活质量的主观满意度和幸福感表现出的层次相同以及 "处于相同物质生活水平的人们，对其自身生活的评价和满意度可以大相径庭；反之，生活满意度相同的人，其实际物质生活水平可以相距甚远"②的基本因由；研究实现人的全面自由发展目标与提高人们生活质量要求的两者间内在的基本逻辑；等等。对上述问题的探究均具有重要的理论意义。

现实意义在于：以史为鉴，了解和认识以往社会人们生活质量的实际状况，使今人可以从中获取经验教训，获取人生和生命的智慧，启迪人们去感悟人生，去选取适当的生活方式，去提高个体人生的生活质量和生活品位，进而树立科学、平和、适时、适度的生活价值观。史学不但有鉴古知今的效能，还有参与建构社会新模型的未来学功能，从这个意义上讲，从历史学的角度研究生活质量等社会文化问题可以直接服务于当今与未来社会的建设和发展，这种建设和发展不能忽视与脱离提高人的生活质量这样一个处于核心地位的价值问题；只有这样，史学的现实应用性效能才可以得到更多体现，并增强和拓展历史学多功能的学科价值。

研究生活质量的一般方法主要包括两个方面。

其一，宏观与微观的研究方法。关于生活质量，既可以宏观研究，又可以微观研究。③宏观研究和微观研究主要关涉时间、空间、人群等相关概念。诸如既可以研究长时段的生活质量问题，也可以研究短时期的生活质量问题；既可以研究大区域的生活质量问题，也可以研究小区域的生活质量问题；既可以研究多群体的生活质量问题，也可以研究单一群体的生活质量问题。关注不同时段、不同地域、不同人群、不同问题的研究，有助于宏观与微观的相对研究，有助于研究的理论化以及细化和具体化。

其二，综合与分解的研究方法。研究生活质量，既可以把客观生活质

---

① 按马斯洛的理论，人的需求有 5 个层次，即生理需求、安全需求、友爱与归属需求、自尊需求和自我实现需求。

② 冯立天主编《中国人口生活质量研究》，第 107 页。

③ 宏观和微观都是相对概念，宏观是相对微观而言的，微观是相对宏观而言的，所以这里舍弃了中观的概念。

量与主观生活质量两者结合起来进行综合研究，也可以把客观生活质量与主观生活质量两者分开进行分解研究。① 综合研究既关注客观生活质量与主观生活质量两者的互动，即相互之间的影响，也关注影响生活质量的诸多因素如物质生活、精神生活、政治生活、社会生活、环境生活、劳动生活、公民素质等多方面的相互制约、共同作用的综合结果，比如，"居民收入增加、消费水平提高，但环境污染严重，社会保障程度很低，社会秩序恶化，则不能说生活质量好。所以，生活质量不仅表现在生活的某个或某几个方面，更重要的是物质、精神生活等各方面的综合"。② 分解研究既包括对客观生活质量的研究，也包括对主观生活质量的研究，两种研究是分别进行的。其中客观生活质量的研究，主要是研究社会条件发展的程度和水平，社会的政治、经济、文化、环境等大范畴和大背景在具体的教育、医疗、居住、就业、养老、保险、娱乐、健康等诸多方面为人们的物质生活和精神生活提供了什么，它反映了社会整体的发展状态和发展水平。而主观生活质量研究则注重生活满意度和主观幸福感的研究，这种心灵的感受更显至关重要，它主要是通过问卷、心理测量和研究者的逻辑分析、判断来完成的。

以往对生活质量的研究主要反映在社会学等领域，研究成果较为丰富，在研究方法上主要是设置一些指标体系，通过具体指标来对生活质量进行分析和评价，并得出相应的结论。③ 另外在医学、经济学、心理学、政治学、人口学、性别学、休闲学等领域，研究成果亦很丰厚，此不赘述；但在历史学领域至今还未看到相关的研究成果。

① 国外生活质量主要指国内的"主观生活质量"，而客观生活质量已经演变为"社会指标"，越来越淡出社会质量研究的领域，成为人类发展研究领域的一种指标了。参见风笑天《生活质量研究：近三十年回顾及相关问题探讨》，《社会学研究》2007 年第 6 期。

② 王海敏、陈钰芬：《我国各地区城镇居民生活质量的综合评估》，《商业经济与管理》2004 年第 8 期。

③ 如冯立天主编《中国人口生活质量研究》，北京经济学院出版社，1992；风笑天《生活质量研究：近三十年回顾及相关问题探讨》，《社会学研究》2007 年第 6 期；王海敏、陈钰芬《我国各地区城镇居民生活质量的综合评估》，《商业经济与管理》2004 年第 8 期；李莹《天津市青年主观生活质量的调查分析》，《青年研究》2003 年第 3 期；卢淑华《中国城市婚姻与家庭生活质量分析》，《社会学研究》1992 年第 4 期；王培刚、衣华亮《中国城市居民主观生活质量满意度评价分析》，《社会科学研究》2007 年第 6 期；张鸿武、王亚雄《恩格尔系数的适用性与居民生活水平评价》，《统计与信息论坛》2005 年第 1 期；等等。

二　从社会文化史的视角研究生活质量

从社会文化史的视角研究生活质量问题，这在以往做得很少，面临的困难和问题自然很多，研究路径和研究方法需要学人们不断地开辟与创新，在此笔者仅谈三点意见，抛砖引玉，作为参考。

1. 在关注人们的社会生活和思想观念的同时，还更要关注人们的主观感受。生活质量作为一个研究概念，与传统史学的研究概念在感觉上似有不同。传统史学的研究概念更多地体现在它的显现性上，研究的概念似乎是看得见、摸得着的，感觉它确确实实的存在；一般而言，传统的史学是一种"事件的历史"，给人以存在和清晰的感觉。相比之下，希望运用于史学领域的生活质量的概念还需要人们逐渐地认同和理解。生活质量在感觉上似乎不易看得见、摸得着，所以作为这样的史学概念怎么能研究或如何去研究呢？提出这样的问题很有必要，也很有价值和意义，要引起关注，而且需要认真地对待并加以解决。以往我们理解的社会文化史是指"研究社会生活与其内在观念形态之间相互关系的历史"。[1]　相对而言，这里的社会生活更直观、更外显、更实在，更容易理解和把握，而观念形态则相对显得虚幻一些。但观念也是一种事实存在，也是一种客观现象，只是由于它肉眼看不见，身体触不着，所以需要用人的思维去感知它。观念形态就是思想意识。思想意识从最为宏观的群体划分，一般可以分为两大类：一类是指精英思想，另一类是指民众意识。精英思想是系统化和抽象化甚或理论化了的观念形态，而民众意识是粗浅的和庞杂的观念形态。正如有学者认为的，一般民众的意识是"零散的、不自觉的、缺乏理论色彩的观念和信仰"，而精英思想则是"思想史、哲学史聚焦于思想家、哲学家具有理论色彩、成系统的思想和观念"，精英思想"追求更严肃、准确的分析和论证"。[2]　精英思想一般有思想史专门研究，而民众意识一般则由社会文化史去探讨，当然社会文化史不排除对精英思想的观照，就如思想史也需要观照民众意识一样，只是两者的侧重点不同罢了。

研究社会文化史中的生活质量问题，在关注社会生活与思想观念的基

①　梁景和：《关于社会文化史的几个问题》，李长莉、左玉河主编《近代中国社会与民间文化》，社会科学文献出版社，2007，第4页。
②　罗检秋：《从"新史学"到社会文化史》，《史学史研究》2011年第4期。

础上，关注和研究群体或者个体的主观感受是至关重要的，这里可以展开讨论。我们知道，感受与观念有不同之处，观念主要的特点是指人们对主客观事物的一种认识、判断、理解和评价，而感受则是客观事物作用于人的心灵之后，受其影响而产生的一种身心的反应和感觉，这种感受不是指那种一时的短暂的心灵波动，而是一种比较稳定、比较深刻的主观体验或体会，"比如，责任感、幸福感、荣誉感、骄傲感、廉耻感等，都较深刻地反映出个人意识或群体意识"。① 那么，这种感受为什么会是长时段的，为什么会是稳定和深刻的，它无可避免地要影响到人们的主观生活质量；从这个意义上讲，我们所谓的感受由于与生活质量有着紧密的联系，所以它是可以成为社会文化史的研究对象的。从主观感受的视角去研究生活质量，就是从生活满意度和主观幸福感去研究生活质量。生活满意度和主观幸福感与客观生活质量有关，同时也与个体的世界观、人生观、价值观的趋向有关，与个体经济收入和生活状态的历史、现状与理想有关，与个体的期望值有关，② 与个体的社会关系诸如婚姻关系、家庭关系、朋友关系是否和谐等有关，与个体视野的宽隘及与他人生存状态的比对有关，③ 正如"自己优于别人，就感到幸福；低于他人，就感到不幸。许多研究发现，向上比较会降低主观幸福感，向下比较会提高主观幸福感"，④ 就是这个道理。可见，关注人们的主观感受是研究社会文化史的一个重要视点和方法。

2. 具体的研究方法。上文我们曾简略讨论过研究生活质量的一般方法，这里再谈几种具体的研究方法。

其一，传统的史学文献研究法。我们认为不是物质生活越丰富，生活质量就越高，正如上文所言，物质生活的丰厚与个体的幸福感未必成正比。历史学研究主观生活质量的一个关键任务就是要找到群体或者个体的真实感受，包括幸福的感受和痛苦的感受。而要真实地了解到这样的实际情况，一个重要的方法就是我们传统的史学文献研究法，通过对文献的分析和解

① 沙莲香：《社会心理学》，中国人民大学出版社，1987，第 185 页。
② 期望值理论认为，期望值与实际成就之间的差异与 SWB（主观幸福感）相关，高期望值与个人实际差距过大会使人丧失信心和勇气，期望值过低则会使人厌烦。参见吴明霞《30 年来西方关于主观幸福感的理论发展》，《心理学动态》2000 年第 4 期。
③ "与他人生存状态的比较"的观点在"社会比较理论"中也持此种观点，认为"个人与周围人比较，如果自己优于别人则感到幸福"。参见吴明霞《30 年来西方关于主观幸福感的理论发展》，《心理学动态》2000 年第 4 期。
④ 苗元江、余嘉元：《幸福感：生活质量研究的新视角》，《新视野》2003 年第 4 期。

读，深入剖析和阐释历史上的群体或个体的身心感受。比如，台湾学者蒋竹山运用传统的文献研究法，通过阅读《有泰驻藏日记》对驻藏办事大臣有泰日常生活的研究，就是一例。① 蒋竹山认为，"这部日记可视为是晚清拉萨城市生活史的缩影，内容包含：拉萨的环境与气候、宗教仪式、藏人饮食、礼物文化、古物收藏、皮毛买卖、民俗活动、城市景观、河川变化、物价与货币、休闲娱乐、官员日常作息、洋务局的政事、花卉癖好、园艺、市场买卖、马市、拉萨的气味、服饰穿着、城隍庙会、官方宗教等等"，② 这些内容是可以用来探索某些人群的生活质量和身心感受的。比如，日记中谈到高原上的物质纵乐：上好的各式各样的毛皮洋布、舶来品颇多，相机、留声机、足球、望远镜、寒暑表、西洋镜、洋表、洋药、瑞士刀等应有尽有；日记中记述了有泰自己的花卉消费，谈到他如何搜集拉萨的奇花异草，他周遭的官员及部属知道他的喜好，常会帮他到处张罗花花草草，有的是商家当作礼品送的，有的是部属孝敬的，也有许多是有泰命令部属到各地找寻的；日记还有对通过礼物文化关系建构人际网络的记述；日记中还经常谈论拉萨天气的燥热，大风、尘土，阴晴雪雨雷电的无常变化，以及空气中臭味弥漫，蚊子很多，老鼠窜行，令人难耐等事象。③ 通过这些日记的内容是能够反映有泰本人以及周围人群的某种程度的生活感受，或曰其生活质量及其生活幸福感之类的。正如蒋竹山所说："我们觉得'感觉的历史'是个可切入的角度，如何透过有泰在拉萨的嗅觉、味觉、听觉、视觉等个人性的感官，转化成晚清的社会群体的身体经验，是日后要处理的当务课题。"④ 蒋竹山所要表述的一个核心理念就是：群体和个人的主观感受与身心体验，是可以成为史学的研究对象的，而我们再深入一层，即把主观感受和身心体验放到生活质量的框架内进行研究，把它视为社会文化史研究的一个新视角和新领域。根据蒋竹山的研究，我们可以扩而广之，就是运用传统的史学文献研究法，诸如利用日记、回忆录、传记、游记、

---

① 蒋竹山：《当代史学研究的趋势、方法与实践：从新文化史到全球史》，"第五章 从日记看日常生活史研究——以《有泰驻藏日记》为例"，台北，五南图书出版股份有限公司，2012。

② 蒋竹山：《当代史学研究的趋势、方法与实践：从新文化史到全球史》，第138页。

③ 蒋竹山：《当代史学研究的趋势、方法与实践：从新文化史到全球史》，"第五章 从日记看日常生活史研究——以《有泰驻藏日记》为例"，第137~169页。

④ 蒋竹山：《当代史学研究的趋势、方法与实践：从新文化史到全球史》，"第五章 从日记看日常生活史研究——以《有泰驻藏日记》为例"，第168页。

书信、文集、图录等文献资料，是可以在特定范围内研究和探讨生活质量问题的。

其二，指标体系与幸福指数的研究方法。在研究生活质量时，可以把指标体系与幸福指数作为具体研究时的一个问题阈。无论是宏观研究还是微观研究，无论是长时段研究还是短时期研究，无论是大区域研究还是小区域研究，无论是多群体研究还是单一人群研究，都要有各自关注的指标体系。比如，对世纪之交大区域内不同区域生活质量的比较研究，大致要关注的主要指标体系有：人均国内生产总值、人均可支配收入、人均消费支出、人均居住面积、自来水普及率、液化气普及率、每万人拥有公共汽车数、人均公共绿地面积、工业废水处理率、文化教育娱乐消费占总消费支出比重、城市就业率、每万人拥有医生数等。① 再如，对世纪之交城市青年主观生活质量研究，大致要关注的主要指标体系有：身体健康状况、个人精神状况、日常饮食与衣着、个人婚恋、个人娱乐消遣、受教育程度和再学习、目前从事的职业、工作条件、目前个人收入、个人社会交往状况等。② 各类指标体系很多，诸如国家统计局的全国小康生活质量指标体系、人民生活质量指标体系、全国农村全面小康社会监测指标体系、生活质量综合评价指标体系等，③ 这些指标体系均可以用来作为观察和研究生活质量问题的一个参考。与此同时，我们还可以通过幸福指数来研究生活质量问题。21世纪以来，特别是2006年以来，国内很多城市在关注国内生产总值（GDP）的同时，开始关注社会发展的另一个维度，即老百姓的幸福感（SWB），把"国民幸福指数"作为社会发展的一个重要目标，纳入社会发展计划和考核内容中。那么幸福指数也可以作为观察和研究生活质量问题的一个参考依据。幸福感可以通过幸福指数来反映，所谓"幸福指数"就是把人们对幸福的感受，通过一套测量体系进行数字化的比较和分析而得出的数据与结果。幸福指数的方法就是通过对人们知足充裕、心理健康、社会信心、成长进步、目标价值、自我接受、身体健康、心态平衡、人际适应、家庭氛围等诸多方面的数字化考察，将人们的幸福感用数字展现出来，更加直观和具体，进而反映社会经济的发展和人们生活状态等民生问

① 王海敏、陈钰芬：《我国各地区城镇居民生活质量的综合评估》，《商业经济与管理》2004年第8期。
② 李莹：《天津市青年主观生活质量的调查分析》，《青年研究》2003年第3期。
③ 刘延年、陈正：《生活质量评价方法研究》，《统计教育》2006年第9期。

题。① 比如，深圳市把幸福感概括为由生活和事业的满足感、心态和情绪的愉悦感、人际与社会的和谐感构成。② 而北京的国民幸福指数在问卷设计上的主要指标体系是，以人们的公平感、成就感、归属感、安全感、愉悦感、和融感、满足感等为架构，以日常生活中影响人们主观幸福感受的主要因素的现实表象为内容，涵盖了家庭、事业、健康、人际关系、社会环境等各方面的情况。③ 以上以深圳和北京为例，旨在说明把城市对幸福指数设计的内容作为研究生活质量的具体问题，显得实际而有说服力，的确不失为研究生活质量的一个重要方法。所以，研究生活质量就特别要关注社会的各类指标体系。不同时期设置的指标体系是不同的，不同历史阶段设计指标的具体内容不同，所反映的是社会历史发展程度的不同以及人们关注的具体问题不同，这恰恰反映了时代的变迁以及不同时代与生活质量相关的不同要素是什么。比如，21 世纪初，人们注重追求饮食质量、住房条件、教育水平、交通状态、文化娱乐等生活要素，而十多年后的今天，人们在关注以往生活要素的基础上又开始注重追求绿色环境、绿色食品、信息条件、医疗保障、空气质量、生态旅游等生活要素。追求的指标不同，反映着人们的主观感受不同，也就体现了具体时代人们生活质量的高低优劣。

其三，多学科理论方法互鉴的研究方法。生活质量及其幸福感是哲学、心理学、经济学、文学、医学、社会学、历史学等诸多学科关注的重要问题。"人类的发展史就是一部对幸福的追求史，就是一部通过对幸福追求而不懈深入探究人的存在意义、存在方式、存在内容的反思史。"④ 哲学与伦理学有"快乐主义幸福观"和"完善论的幸福观"等理论，"快乐主义幸福观"将快乐的最大化作为生活的目标和幸福的源泉，而"完善论的幸福观"认为，一个人在生活中"善"的程度是评价幸福的关键因素。⑤ 心理学主要有"主观幸福感、心理幸福感和社会幸福感三种研究取向，它们从不同视角丰富着人们对幸福的理解，这些视角的互补、交融、统合而成的有机体

---

① 方舟等：《对幸福指数研究的哲学思考》，《西安社会科学》2010 年第 1 期。

② 乐正：《幸福指数的构成和影响因素》，《南方日报》2006 年 6 月 22 日。

③ 马士龙：《北京先行试算国民幸福指数》，《数据》2006 年第 8 期。

④ 苗元江：《从幸福感到幸福指数——发展中的幸福感研究》，《南京社会科学》2009 年第 11 期。

⑤ 苗元江：《从幸福感到幸福指数——发展中的幸福感研究》，《南京社会科学》2009 年第 11 期。

构成了幸福的总体框架"。① 经济学则是运用多种统计方法来评价人们的物质生活条件和生活水平，进而透视人们的幸福感受。文学是对现实生活的观察反思，再通过文学艺术的形象塑造反映人类对幸福的认识、理解和价值追求。医学是通过将人的身体健康与寿命长短作为观察的视点，进而同人生的生活质量和幸福联系起来。而社会学则注重具体问题的探索，关注具体地域、具体时段、具体阶层等方面的具体问题，例如，要研究婚姻家庭问题，有学者就注重挑选某个地域对不同年龄段、不同婚姻状况、不同文化程度有一个切实的调研，② 进而研讨生活质量和幸福感问题。历史学探索生活质量和幸福感问题时则更为关注一种宏观景象的底色，一个发展变化的脉络，追问发展变化背后的原因以及给予人们的经验教训，等等。以上各学科的理论与方法显然不同，比如，历史学与社会学相比，社会学注重运用某些具体的具有统计精确意义的研究方法，并注重对数据的采集，对问题进行量化的分析，给人以清晰实体的具体图像。③ 历史学的方法则更具归纳性和提炼性，注重一般特征的描述，而研究社会文化史则还要关注社会生活与观念形态之间的互动关系。观念形态是一个广义的概念，它不但包括理性的认知成分，还包括感性的情感成分。理性的认知成分与客观条件的发展变化有关，感性的情感成分与身体、性格遗传的关系较大。综上所述，以上多学科的理论方法无疑有助于启发人们对生活质量和幸福本质的深入认识和理解。各学科的理论、方法不同，各学科在以本学科理论、方法为本位和立场的同时，还可以关注其他学科的理论、方法，或受启发，或可借鉴。历史学同样在以史学的理论、方法为本位和立场的同时，也可关注其他学科的理论、方法，或受启发，或可借鉴。

具体而言，历史学运用其他学科的研究方法有助于对生活质量的研索。比如，青年历史学者李慧波运用社会学的方法，对民众婚姻生活质量问题进行采访就能够说明这一点。在她的大量访谈中，我们发现其中涉及幸福的婚姻生活，如因为夫妻有稳定的收入，子女孝敬，尤其是儿媳孝敬，而感到婚姻家庭幸福；④ 因为恋爱阶段女方对男方的关照，婚后男方与女方家

---

① 苗元江：《从幸福感到幸福指数——发展中的幸福感研究》，《南京社会科学》2009 年第 11 期。

② 卢淑华：《中国城市婚姻与家庭生活质量分析》，《社会学研究》1992 年第 4 期。

③ 卢淑华：《中国城市婚姻与家庭生活质量分析》一文所采用的方法就是如此。

④ 李慧波访谈《有钱就有权，没钱就没权》，梁景和主编《中国现当代社会文化访谈录》第三辑，首都师范大学出版社，2013，第 9~17 页。

人相处很好，而感到婚姻幸福；① 因为生活和睦，有满足感，而感到婚姻幸福。② 在她的访谈中也涉及不幸福的婚姻，如因为老伴不爱清洁，不爱干家务，不会处理邻里关系而感到婚姻不幸福；③ 因为觉得妻子文化水平低，生活中没有共同的语言和爱好，而感到婚姻不幸福；等等。④ 这些访谈资料，无疑是我们研究生活质量可供参考的史料。历史学可以运用社会学的访谈方法来进行生活质量的研究。此外，我们还可以运用现代社会心理学、伦理学等的方法和手段，通过心理测量⑤、实验研究、调查研究、档案研究⑥，来深入思考和挖掘人们的心理状态与感受，依然可以从事生活质量的研究。也可以运用心理学的理论、方法从事生活质量的研究，诸如"中国式"的"亚健康状态"就是一个关乎人们生活质量的重要概念。通过"身心亚健康状况的量化标准"，可以对中国劳动力人口的健康状况进行监控和筛查。而"造成亚健康状态的一个非常关键的因素就是心理因素。人们内心的不稳定、不平衡会造成个人的身体负荷及其社会适应不良，多数人的心理失衡会引发社会的不稳定"，⑦ 这恰是运用心理学的方法从事生活质量研究的一个很好的视角和例证。

　　其四，多维史料运用的研究方法。研究生活质量，需要把多学科的研究成果作为史学研究的多维史料。社会学、经济学、人口学、心理学、统计学、管理学等众多学科的研究课题和成果是史学研究的重要史料。每年此类相关课题和研究成果的数量很大，诸如"七五"期间中国社科院社会学研究所"社会发展和社会指标"的课题和成果；⑧ 国家社会科学基金项目"生活质量测度和评价的理论与方法研究"（04BTJ017）的课题和成果；⑨

---

① 李慧波访谈《我完全按照回民的生活习惯生活》，梁景和主编《中国现当代社会文化访谈录》第三辑，第 339～343 页。
② 李慧波访谈《现在说离婚就离婚，那会儿没有》，梁景和主编《中国现当代社会文化访谈录》第三辑，第 65～69 页。
③ 李慧波访谈《我们两个人是"抓阄"夫妻》，梁景和主编《中国现当代社会文化访谈录》第三辑，第 83～86 页。
④ 李慧波访谈《文化层次差异太大，在生活中就没有共同的语言》，梁景和主编《中国现当代社会文化访谈录》第三辑，第 273～275 页。
⑤ 关于心理测量是心理学的重要方法，随着交叉学科的繁荣，青年学者知识结构的扩通，未来历史研究者是可以掌握这种方法并把它运用到史学研究领域的。
⑥ 时蓉华主编《现代社会心理学》，华东师范大学出版社，1989，第 28～34 页。
⑦ 小白：《迈向心理学研究的中国化》，《社会科学报》2013 年 9 月 19 日，第 4 版。
⑧ 潘祖光：《"生活质量"研究的进展和趋势》，《浙江社会科学》1994 年第 6 期。
⑨ 刘延年、陈正：《生活质量评价方法研究》，《统计教育》2006 年第 9 期。

国家社会科学基金项目"马克思自由观视阈中的人类发展指数扩展研究"（08BKS003）的课题和成果；[①] 教育部哲学社会科学重大课题攻关项目"中国居民的生活质量评价"（03JZD0012）的课题和成果；[②] 全国教育科学"十一五"规划课题"教育与幸福的理论与实证研究"（DAA080081）的课题和成果；[③] 国家统计局统计科研重点项目"恩格尔系数改进与国民生活水平统计评价方法研究"（编号：2002－3）的课题和成果；[④] 教育部人文社会科学重大项目"全面小康与生活质量：生活质量主观指标的构建及其评价"的课题和成果；[⑤] 等等，类似的课题与成果较多，以上只是举例而已。1999年就有学者估计"全国至少有 50 个以上的生活质量课题组曾经或正在从事这一问题的研究"。[⑥] 21 世纪以来类似研究的数量就更多了。改革开放后，20 世纪 80 年代初期以来，国内社会学、经济学、人口学、统计学、心理学、教育学、管理学、医学等学科都在关注和探索生活质量问题，这些学科的研究成果都是历史学重要的研究资料。相关国家机关、高等院校和研究机构的科研成果也是历史学重要的研究资料。比如，国务院发展研究中心、国家统计局统计科学研究所、北京大学社会学系、武汉大学生活质量研究与评价中心、山东大学生活质量与公共政策研究中心、中国社会科学院社会学研究所、中国社会科学院的人口研究所、上海社会科学院社会学研究所社会生活研究室、中国科学院心理研究所，以及众多高等院校等单位[⑦]多年来发布相关的统计数字[⑧]和科研成果，均是历史学的多维研究史料。同时，我们还要把相关的诸如以生活方式或生活质量为主题的众多学术研讨会的论文，作为历史学研究生活质量的参考史料。此外，还可运用文学的方法，如通过阅读和观看小说、戏剧、电影、电视剧等使史料多元化，

---

① 朱成全、汪毅霖：《自由发展视野下幸福指数体系的构建》，《北京社会科学》2009 年第 11 期。

② 王培刚、衣华亮：《中国城市居民主观生活质量满意度评价分析》，《社会科学研究》2007 年第 6 期。

③ 苗元江、朱晓红、陈浩彬：《从理论到测量——幸福感心理结构研究发展》，《徐州师范大学学报》2009 年第 2 期。

④ 张鸿武、王亚雄：《恩格尔系数的适用性与居民生活水平评价》，《统计与信息论坛》2005 年第 1 期。

⑤ 王凯、周长城：《生活质量研究的新发展：主观指标的构建与运用》，《国外社会科学》2004 年第 4 期。

⑥ 陈义平：《关于生活质量评估的再思考》，《社会科学研究》1999 年第 1 期。

⑦ 类似这样的单位是很多的。

⑧ 如《中国统计年鉴》等类似的年鉴。

把这些文艺作品视为与其他史料融为一体的研究生活质量和身心感受的史料之一。

3. 研究生活质量的基本内容。西方的新社会史、新文化史、后社会史，中国的历史人类学、区域社会史、新社会史、新史学、社会文化史、医疗社会史、日常生活史等研究的内容，无论宏观研究还是微观研究，均可谓蔚为大观，极为丰富多彩。研究内容概括起来包括十大类别。一为人群研究：包括人口、老人、妇女、儿童、个人、群体、阶级、阶层、等级、流民、移民、仕宦、劳工、妓女、秘密团体、族群、种族、民族等；二为家庭婚姻研究：包括宗族、家族、家庭、姓氏、亲属、谱牒、婚姻、夫妻、情爱、抚养、隐私等；三为衣食住行研究：包括居宅、家具、衣冠、服饰、时装、内衣、鞋、装饰、头发、美发、肌肤、文身、饮食、菜场、人参、营养、农作物、烟草、宠物、消费、咖啡馆、茶馆、饭店、酒店、宴会、旅店、旅游、交通、街道、建筑等；四为休闲娱乐研究，包括收藏、礼物、文物、书籍、书写、书场、阅读、出版、语言、聊天、叙述、声音、视觉、色彩、幽默、搞笑、品位、游乐场、跑马场、跑狗场、剧场、赌场、公园、艺术、戏曲、舞蹈、体育、时尚、节日、庆典等；五为日常用品研究，包括商品、洋货、货币、花卉、镜子、五金等；六为表象情感研究，包括图片、图像、表象、形象、想象、感官、感觉、感知、记忆、心态、心性、情绪、情感、情调、色情、调情、友谊、接吻、恐惧、喜怒哀乐、哭泣、眼泪、失眠等；七为卫生医疗身体研究，包括疼痛、排气、气味、厕所、垃圾、沐浴、清洁、卫生、疾病、麻风病、瘟疫、辐射、医学、医疗、保健、医药、迷药、毒品、肉体、性、性别、性伦、怀孕、乳房、男根、阳痿、自慰、成长、健康、身体、生命等；八为信仰习俗研究，包括自杀、死亡、丧葬、迷信、魔鬼、巫术、祭祀、神幻、宗教、信仰、民谣、民谚、礼仪、廉耻、礼俗、习俗、仪式、行为、伦理、节日、庆典、岁时风俗等；九为时空物质研究，包括历法、时间、空间、广场、环境、污染、气候、景观、建筑、城市、村落、学校、校园、冶金、能源、煤、石头、地震、灾荒等；十为文明野蛮研究，包括考试、教育、教士、权力、刑法、组织、"国族"、实践、科学、技术、网络、骚动、暴力、枪炮、凶杀、贪婪、欲望、罪犯、犯罪、流浪、慈善、救济等。以上所举，是已经有了研究成果的相关内容，还有更广泛的领域等待开发，可见文化史以及社会史研究的内容是多么的丰富和广博。社会文化史在研究生活质量时，以上内容可作参考，因为上述很多内容是可以用来探讨生活质量问题的。

如果仅就中国社会文化史的主要知识架构体系而言，研究生活质量问题也可以从"衣食住行、婚丧嫁娶、两性伦理、休闲娱乐、流行时尚、装饰美容、强身健体、休养生息、医疗救治、心理卫生、生老病死、福利保障、民俗风情、节日旅游、日常消费、宗教信仰、迷信祭祀、求职就业"① 等诸多内容中进行探索。而刚刚开始从生活质量的视角来研究社会文化史，首先要考虑的问题就是从庞博的社会生活中选择什么样的具体内容来着手研究，社会生活的内容太多太广，而且随着时代的发展，又会不断地增大。然而社会生活无论怎样庞杂多样，其中贯穿人类社会过往时代的基本范畴却是几种相对恒常的具体内容，那就是衣食住行、婚姻家庭、两性伦理、休闲娱乐、生老病死，等等。这些最为基本的生活内容贯穿于长时段的历史阶段中，它们的现状以及发展变化恰恰与人们的生活质量息息相关，所以研究生活质量首先可以从这些社会生活的基本范畴做起，既实际又可行。

研究上述最为恒常的基本范畴的具体生活内容，从学术的角度而言，其目的在于，探讨特定历史时期内人们对生活质量的认识和理解；研究特定历史阶段中的生活方式、物质发展，以及特定时代生活质量的标准认同；探究特定历史阶段特定人群具体生活的实际状况，以及客观生活质量和主观生活质量的实际状态；研讨为什么在特定的历史阶段，特定的人群会是追求那样的生活质量，会去那样地生活，会有那样的生活态度和生活向往，是什么样的"社会存在、文化传统、历史经验等因素"② 决定的，只有如此，我们的研究才有价值。

三　生活质量研究的可行性问题

按照罗斯托经济增长阶段理论③可知，经济增长的最后一个阶段是"追求生活质量的阶段"。④ 受这种理论的启发，可以认为追求生活质量是相当长历史阶段中人们的生活目的和所要追求的一种生活目标，那么也就自然

---

① 梁景和主编《社会生活探索》第一辑，序，首都师范大学出版社，2009，第3页。
② 王露璐：《幸福是什么——从亚里士多德与密尔的幸福观谈起》，《光明日报》2007年11月13日，第11版。
③ 罗斯托把经济增长阶段最终划为6个阶段，即"传统社会阶段""为起飞准备前提的阶段""起飞阶段""成熟阶段""高额群众消费阶段""追求生活质量阶段"。
④ 详见冯立天主编《中国人口生活质量研究》，第10~14页。

凸显了研究生活质量的重要性。

在界定了生活质量的概念和探讨了生活质量的研究价值、研究方法、研究内容等问题之后，我们可以进一步思考历史学研究生活质量的可行性问题了。研究历史有两个常识性的前提问题：一个是研究什么，另一个是能否研究。研究什么，一般而言是由时代决定的，即时代的政治、经济、文化、社会的实际需要而决定我们去研究什么，回顾以往历史以及新中国成立 60 多年以来中国史学研究内容的变迁就可以理解和说明这一点，研究什么即史学研究的内容，一般是由时代的客观需要决定的。而能否研究是由时代的具体条件是否成熟决定的，其中最基本的条件就是有没有为从事研究提供的基本资料，资料是我们能否从事史学研究最基本的条件。从社会文化史的角度来研究生活质量特别是研究主观生活质量问题，从今天的实际看，距今较近时期的历史资料相对会多一些。如果仅从这个意义讲，历史时期离我们较近，对生活质量的研究或许更方便些，这不但与资料的丰缺多寡有关，还与是否能够近距离体察人们的切身感受有关。历史上的生活质量问题，要通过爬梳大量的史学典籍和各种文献资料包括日记、书信、笔记、文集、墓志铭、宗谱、文书、契据、民间传说、小说、诗歌、歌曲、绘画、戏曲、竹枝词等资料而后才能进行研究，以此探讨不同时代的物质生活条件、经济发展水平、衣食住行现状、娱乐休闲生活的特征等，进而探索历史上人们的客观生活质量。并通过类似问题的研究，研究者可以深入思索、想象和判断历史上人们的主观生活感受，从而探讨历史上人们的主观生活质量。

而研究新中国成立 60 多年以来（即 20 世纪下半叶至今，包括改革开放 30 余年）的生活质量，条件似乎好一些。这 60 余年是中国近现代史专业所要研究的一个时段。改革开放前 30 年虽然文献资料相对有限，但可以借助社会学与心理学的口述、测量、个别访谈、集体座谈以及问卷等方法来获取更多的资料，能为我们的研究提供诸多便利。当然比较起来，研究改革开放以后的生活质量问题，条件就显得更为充分。然而，人们往往会对此质疑，认为从事历史研究要与今天有一段距离，要相隔一段时间，等到尘埃落定之后再进行研究评述才会更加客观而贴近事实和接近真实，而研究改革开放以来 30 余年的生活质量因时间距今太近是否有些不妥。这话当然有些道理，但不绝对如此。历史研究的可能性是时代和条件决定的，不是某个时间点决定的，不能说距今天 5 年、10 年、20 年之前的历史才能研究，而之后的就不能研究。条件不具备，几千年前的历史也无法研究；条件具备了，昨天的历史也可以研究。关键看是否具备了研究的条件和可能性。其实研究当下时期的严谨史学著作并不少见，如魏源在咸丰年间就撰写了《道光洋艘征抚记》，这是一部研究当代史的杰出史著，记述鸦片战争的经过，揭露英国走私鸦片、发动战争、侵略中国的事实，是记述鸦片战争史事的学术名著。这本书是鸦片战争刚刚过去十几年后撰写成的。李剑农的《最近三十年中国政治史》从戊戌维新写到南京国民政府成立和东北易帜，这部书 1930 年就已经出版，距离东北易帜仅仅两年。蒋廷黻的名著《中国近代史》写到 1926 年国民革命军誓师北伐，而这部书是 1938 年写成的，距离誓师北伐也不过相隔 12 年的时间，也是一部当代史名著。李新等主编的《中国新民主主义革命时期通史》（四卷本），从 1919 年五四运动写到 1949 年中华人民共和国成立，这套书 1962 年就正式出版了，距离中华人民共和国成立仅 13 年，而初稿完成是在 1959 年，距离中华人民共和国成立只有 10 年。金冲及撰写的《二十世纪中国史纲》2009 年出版发行，距离 21 世纪的钟声仅有 9 年。可见，条件具备了，任何时段包括近时段的历史都可能进行研究。戴逸在 1996 年指出："在下一个世纪的历史研究中，近现代史将更加被重视。尽管尘埃尚未落定，盖棺犹难论定，但人们惯常要回顾刚刚走过的那段路程，迫切地希望从刚刚逝去的历史中寻找经验，获取教益，增长智慧。"① 如此，我们现在不但要研究 20 世纪上半叶的历史，也可以思考并着手研究 20 世纪下半叶的历史，包括思考并着手研究改革开放时代以来的历史。当然我们仍然强调要在条件许可的条件下进行研究。研究近期历史，可能会有这样那样的不便和困难，但可以把这种研究视为一个初步的探索，是研究的起步，是为未来再研究和更为深入的研究做一个铺垫或奠定一个基础。

研究改革开放以来的生活质量有其独到的便捷之处。如上文所说，我国许多学科诸如社会学、心理学、人口学、经济学、文学、伦理学、医学等从 20 世纪 80 年代就开始了这一问题的研究和探索，② 这些学科对于生活质量的研究直接为史学研究提供了基本史料；同时，史学研究者仍然可以通过口述访谈以及问卷的方式来获取更为丰富的历史资料，有了资料就为

① 戴逸：《中国历史学如何走向二十一世纪》，《光明日报》1996 年 12 月 31 日。
② 参见风笑天《生活质量研究：近三十年回顾及相关问题探讨》，《社会学研究》2007 年第 6 期。

我们历史研究提供了基本条件。生活质量是时代发展到今天社会文化史研究的一个重要问题，它是历史学科发展的需要，是民生文明前行的需要，是社会不断进化的需要。以改革开放为界，研究历史上的生活质量问题和研究改革开放以来的生活质量问题，前后分为两个阶段，两个阶段的研究条件不同，资料来源不同，研究方法亦会有所差异。但两个阶段都已经具备了相应的研究条件，可以着手进行尝试性探索。

四　结语

本文把生活质量作为社会文化史研究的一个新领域进行了讨论，不但探索了生活质量的基本概念，同时对它的研究价值、研究方法也进行了讨论，尤其是对从社会文化史的视角研究生活质量以及研究它的可行性问题做了进一步的阐释。文章强调历史学研究生活质量问题，不但要靠传统的史学方法即文献研究法，而且也要借助多学科的研究方法，多学科的交叉互动能发挥其积极的催化作用。若从现在做起，再过十几年、几十年或更长的时间，生活质量的研究成果、研究价值、研究功效将会不断地显现出来。我们相信，以生活质量为切入点研究史学问题将成为当代社会文化史研究的一个新方法、新角度、新视阈和新亮点，这是时代赋予史学研究的新任务。

中国社会文化史研究：25年反省与进路

李长莉

社会文化史作为一个新兴交叉学科，自中国史学界自1988年提出学科概念，至今已经过去了25年。反省其实践探索轨迹，清理缺失与盲点，诊断症结与瓶颈，有利于我们思考今后的进路，调整方向，促使学科进一步深入发展。

社会文化史是社会史与文化史相结合的新兴交叉史学流派，其兴起与发展有多条路径，学者们从不同路径进行探索与开拓，汇聚成社会文化史（或称"新社会史""新文化史"）大方向，可谓殊途同归。依循不同路径进行探索的学者，对这一新兴史学流派进行过一些回顾与反省，迄今这类综述性文章已有多篇，① 各有不同的角度和侧重。在此笔者对社会文化史自1988年以来的25年发展做一宏观回顾与反省，并对学科现存的缺陷及未来可行的进路提出一些个人看法，供同道交流与讨论。

一 1988～1998年约十年：兴起奠基期

这一时期社会文化史新学科逐渐兴起到基本成形，主要取得以下三方面成就。

---

① 2010年前的社会文化史相关文章大多收入梁景和主编《中国社会文化史的理论与实践》（社会科学文献出版社，2010）论集中；此外还有一些社会史方面的综述文章也有所涉及。近年还有李长莉《交叉视角与史学范式——中国"社会文化史"的反思与展望》（《学术月刊》2010年第4期）；李长莉、毕苑、李俊领《"中国近代社会与文化史" 2009—2011年度研究综述》（《河北学刊》2012年第3期）；李长莉、唐仕春、李俊领《2011—2012年中国近代社会与文化史研究》（《河北学刊》2013年第2期）；李长莉、唐仕春、李俊领《中国近代社会史研究扫描：2013》（《河北学刊》2014年第3期）等。

（一）提出了社会文化史学科概念，形成了基本理论与方法

社会文化史是社会史与文化史相结合的新兴交叉学科。社会史与文化史相交叉的研究领域，如风俗史等，早就有人开始进行研究，也有一些研究成果。① 但一般成果比较宏观、综合，运用一般性的史学理论方法，没有自觉的学科交叉意识及学科特色的理论方法。明确标明社会文化史为一种新的史学研究路向或学科概念，是在 20 世纪 80 年代，即随着改革开放、思想解放的进行，史学逐步发生变革，在文化史和社会史相继复兴的基础上，于 20 世纪 80 年代末 90 年代初提出来的。

较早明确提出将文化史与社会史相结合作为一种研究路向的是刘志琴，她于 1988 年发表《复兴社会史三议》②《社会史的复兴与史学变革——兼论社会史和文化史的共生共荣》③ 两篇文章。两篇文章虽然还没有明确提出"社会文化史"这一学科概念，但提出了社会史与文化史相结合、相交织的"社会文化"及"社会的文化史"这一新研究思路，可以说这标志着社会文化史这一新学科的初步形成。其后的 20 世纪 90 年代初，李长莉撰文明确提出了"社会文化史"学科概念，并对其研究内容、理论方法等做了比较完整的界说。④ 此后十余年间，一些学者在社会文化史理论方法上做了一些探索，⑤ 达成了一些基本共识，可归纳如下。

1. "社会文化史"学科概念的内涵与定义。有人认为可称为一个新学科，有人认为是一种新研究视角和新方法。虽然学者们说法不尽一致，但于社会文化史是社会史和文化史相结合的交叉学科或交叉视角，应当打通社会史与文化史，综合运用两种学科的方法进行研究这一点上，取得了基本共识。关于社会文化史学科定义，广义而言，主要指其研究范围，即社会文化史是研究以往社会发展过程中各种社会文化交织现象的历史；狭义而言，主要指其研究视角或研究方法，即社会文化史是研究以往社会发展

---

① 早期著作如张亮采《中国风俗史》（商务印书馆，1911）；陈东原《中国妇女生活史》（商务印书馆，1928）等。后来还有一些社会风俗史的研究成果。

② 史薇（刘志琴）：《复兴社会史三议》，《天津社会科学》1988 年第 1 期。

③ 刘志琴：《社会史的复兴与史学变革——兼论社会史和文化史的共生共荣》，《史学理论》1988 年第 3 期。

④ 李长莉：《社会文化史：历史研究的新角度》，收入赵清主编《社会问题的历史考察》，成都出版社，1992。

⑤ 其中大部分相关文章后来收入梁景和主编《中国社会文化史的理论与实践》论集中。

过程中社会生活与文化观念互动关系的历史，是从社会的视角来研究历史上的文化问题，或从文化的视角来研究历史上的社会现象。

2. 社会文化史的研究对象和内容。广义而言，凡属社会与文化交织领域如社会生活、风俗习尚、礼仪信仰、大众文化、民众意识、社会心理等，以及它们之间的相互关系，都属研究范围；狭义而言，强调社会与文化的交叉视角，重心在于二者的联系与互动，即社会生活、大众文化与观念的联系，大众文化与精英文化的互动等。总体取向是关注民间与民众，目光向下。就研究范围而言，社会文化史与社会史和文化史有较多重合，至于具体的研究论题可能有所偏重，故此，社会文化史与新社会史或新文化史可以互通。

3. 社会文化史的研究方法。由于研究对象具有复杂性和互渗性，在主要运用社会史和文化史相结合方法的基础上，根据研究内容的需要，综合而灵活地借鉴社会学、文化人类学等其他人文社会学科的任何方法进行研究，因而社会文化史的研究方法具有鲜明的综合性、交叉性、多样性特点。最为突出的是注重交叉性视角，体现为社会与文化相结合、微观与宏观相结合、大众文化与精英文化相结合、具体与抽象相结合、生活与观念相结合等。

4. 社会文化史研究所依据的主要史料。与以往历史研究的"政治取向"以官方档案、政书等为主体史料不同，由于社会文化史目光向下，以民间社会为关注重心，因而民间史料是其史料主体，如报刊读物、家谱族谱、日记笔记、私人文集、戏剧唱本、蒙学读物、民间善书、神话传说、民谚俚语、野史小说，以及实地调查、口述资料、图片影像等，即使利用一些官方资料，也主要是从中搜求与民间有关的记载，特别是方志、判案记录及社会调查报告等。这是由社会文化史主要关注民间社会这一特点所决定的。

综上所述，关于社会文化史的理论与方法，在初创时期经过十余年的讨论和积累，虽然在各个问题上都存在着诸多不同的表述，但也已初步形成了一些基本共识。如果大而化之做一概括的话，依笔者之见，那么社会文化史学科可以定义为：它是一门社会史和文化史相结合的新兴交叉学科，是综合运用社会学、文化学、文化人类学、社会心理学等人文社会科学方法，研究社会生活、大众文化与思想观念相互关系变迁历史的史学分支学科。

（二） 出现了一批具有学科色彩的基础性研究论著

从社会史与文化史相结合的视角来考察一些历史论题，其实早就有人做此尝试，只是以往没有明确的新学科意识，研究者或是由于研究内容属于社会史与文化史交叉领域，因研究内容的需要而涉及社会史与文化史领域，如风俗史、社会生活史即是典型一例；或是有一定的社会史与文化史相结合的自觉，如社会心态史研究。在社会文化史作为一种新学科方向提出后，一些学者开始有意识地从社会文化史交叉学科的视角，运用这一新研究方法进行研究，积累研究成果。这类研究方向更为明确，社会文化史的新学科特色也更突出一些。

综观这些初期的中国近代社会文化史研究成果，可归纳出以下几个特点。

1. 出现一些社会文化史方面的专史著作。这些研究大多是沿着社会史或文化思想史前行，有的是旧领域的新成果，有的是有意识地对旧方法进行改造或创新，自觉地将社会史与文化史结合研究而进入新领域。这些成果既可属于原领域，如果从社会文化史角度看，也可划入新领域，因而也是社会文化史研究的基础性成果。如社会风俗史方面，较早的有严昌洪的《西俗东渐记——中国近代社会风俗的演变》（湖南出版社，1991）和《中国近代社会风俗史》（浙江人民出版社，1992）二书，这两书是有关中国近代社会风俗史的开拓之作。此后还有如李少兵的《民国时期的西式风俗文化》（北京师范大学出版社，1994）和梁景和的《近代中国陋俗文化嬗变研究》（首都师范大学出版社，1998），这两书分别对西式风俗和陋俗文化做了系统研究。社会心态史方面，乐正《近代上海人社会心态（1860—1910）》（上海人民出版社，1991）一书，运用城市史与心态学相结合的方法，就清末时期上海社会生活的变化对上海人社会心态的影响做了比较深入的研究。周晓虹《传统与变迁：江浙农民的社会心理及其近代以来的嬗变》（三联书店，1998）一书，对江浙农民群体的社会心理做了专门研究。社会生活史方面，忻平《从上海发现历史——现代化进程中的上海人及其社会生活（1927—1937）》（上海人民出版社，1996）一书，是较早的近代社会生活史专著。社会与思想互动史方面，有杨念群《儒学地域化的近代形态——三大知识群体互动的比较研究》（三联书店，1997）、罗志田《权势转移——近代中国的思想、社会与学术》（湖北人民出版社，1999）。

2. 出现社会文化史色彩的新概念。这一时期的研究成果，起初是旧有领域研究"自然长入"社会文化史新路向，如风俗史、社会生活史等，且大多沿用旧有的概念、框架、词语及分析工具，一般没有新学科特色的新概念、新理论和新词语，因而对于新学科基本处于一种非自觉状态。但自20 世纪 90 年代中期开始，研究论著中出现了一组明显具有社会文化史色彩的新概念，即"公共领域"及"公共空间"、"公民社会"、"市民社会"等概念群。① 这组相互关联的概念群，是从西方社会理论中引入的，显然相关学者认为这些概念对于解释中国近代社会文化比较有效，因而加以借鉴、运用与讨论。这一现象也可说是中国史学界开始引入西方当代社会理论来研究中国近代社会史实践的一个发端。此后"公共领域"和"公民社会"等论题仍然受到学界的持续关注，其意涵和应用也有所演化与拓展，成为社会文化史研究中一个比较有代表性的概念组。

3. 出现综合性学科通史著作。一个学科的成形，往往以综合性学科通史的出现为一个标志。这一时期具有代表性的社会文化综合通史性著作是刘志琴主编，李长莉、闵杰、罗检秋执笔编写的三卷本《近代中国社会文化变迁录》（浙江人民出版社，1998）。这套书明确以"社会文化变迁（史）录"为标题，是综合性、基础性、开拓性的近代社会文化通史著作。

（三）出现一批学科基地，形成基本研究队伍

新学科的成长、发展，需要有一批研究基地和一定规模的研究队伍作为"孵化器"和发展平台。自 20 世纪 80 年代末开始，一些与社会文化史相关的研究基地、团队先后建起。如北京地区有中国社会科学院近代史研究所文化室群体以及首都师范大学、中国人民大学清史研究所的一些学者陆续进行社会文化史研究。华南地区有中山大学和厦门大学的一些学者，主要借鉴文化人类学方法进行华南地区社会史研究。此外，还有华中师范大学、湖北大学、上海社会科学院、山西大学等更多分散在各地高校的学者，也自觉或不自觉地引入社会文化史方法进行研究。

自 1988 年以后的十余年间，社会文化史学科理论方法的提出与形成，

---

① 如杨念群《近代中国研究中的"市民社会"——方法及限度》（《二十一世纪》1995 年第32 期）；王笛《晚清长江上游地区公共领域的发展》（《历史研究》1996 年第 1 期）；马敏《历史中被忽略的一页——20 世纪苏州的"市民社会"》（《东方》1996 年第 4 期）；熊月之《张园：晚清上海的一个公共空间研究》（《档案与史学》1996 年第 6 期）、《晚清上海私园开放与公共空间的拓展》（《学术月刊》1998 年第 8 期）；等等。

一批相关领域的专史和综合史著作的出版，以及一些研究基地和研究团队先后建立，标志着社会文化史这一新学科基本成形，这段时间可以说是中国社会文化史学科的兴起与奠基期。

二 1998～2008 年约十年：发展兴盛期

经过约十年的发展，社会文化史研究进入了兴盛发展时期，表现为研究论著持续增多，逐渐成为一个新兴热门领域。在此期间社会文化史的发展具有以下两个特点。

（一）自觉运用社会文化史交叉视角进行研究的专题论著增多，并出现具有学科特色的热点领域和新概念群

社会文化史新视角被越来越多研究者认同和吸收，更多的学者开始自觉地以这种新视角来进行研究，研究论著开始成批量出现，并稳步持续发展。笔者据《近代史研究》附载的历年论著目录，统计 2003～2007 年五年间国内发表的中国近代史论文和出版的著作，论题明确具有社会与文化双重意涵与交叉视角，因而可列为较严格意义上的社会文化史取向的研究成果，这五年间共有专著 78 部，论文 346 篇。可以说社会文化史已经具有了一定的学术空间和生命力，形成了一个具有一定特征的分支研究领域。

从这些论著的论题分布情况可以看到以下几个特点。

1. 出现热点论题。这些论著出现一些比较集中的论题，如生活史、风俗信仰、大众文化（传播）、社会认同、公共领域（公共空间）等论题，总数都在 40 篇（部）以上，平均每年 8 篇（部）以上。其中有些是与传统旧领域重合的，如风俗史、大众文化史；有的虽然是旧领域，但是一直被忽视而如今则上升为热点领域，如生活史，在这一时期该领域的论著数量升至第一位，可见其得到研究者集中关注而成为热点。这些论题无论新旧，都大多有自觉的社会文化交叉视角的色彩，因而多具有一定的新意。

2. 出现新领域。除了上述这些旧有领域之外，还出现了更多具有社会文化史学科特色的新研究领域和论题，如公共领域（公共舆论、公共空间）、话语分析、概念史、文化建构史、表象史、记忆史、身份认同史、身体史、休闲文化史、物质文化史、区域社会文化史等。这些新领域和新论题，都有一套相应的有一定新意的理论方法，可以说是学术研究中层理论

的创新性发展。

3. 出现新词语。词语是进行学术研究、逻辑分析的最小概念单位，也是史学研究的分析工具，因此具有一定学科色彩的学科性词语，是一个学科用以分析、解释、建构研究对象的基本工具。这一时期的大量论著中，可以看到一些不同于传统史学词汇而具有社会文化交叉特色的新词语，并被日益广泛地运用。如"公共领域""公共空间""公共舆论""语境""话语""文化建构""文化想象""历史记忆""表象""现场"等。这一系列新词语的出现及广泛应用，标志着社会文化史学科特色更为突出，理论方法更具创新性。同时也与传统史学形成更大反差，进而出现扩散渗入效应。

（二）与西方社会文化史合流

这一时期另一个突出特点，就是与西方社会文化史合流。[①] 如果从国际史学界范围来看，社会史与文化史交叉视角的社会文化史（或称为"新文化史""新社会史"），作为新的研究路径和理论方法，最早出现于西方，[②] 比我国早约十年。其研究成果及理论方法到 20 世纪 90 年代后开始被陆续引介进来，我国史学界也开始借鉴、吸收这些理论方法，引入运用一些新的学科概念和理论进行研究，前述 20 世纪 90 年代后期出现的"公共领域"讨论就是典型一例，此后国内外社会文化史逐渐合流。

我国学界之所以热衷吸收西方社会文化史理论方法，究其原因大致有二。

一是西方社会文化史理论源自法国年鉴学派及西方文化人类学、社会理论等的交汇流变，具有深厚的哲学传统和史学理论基础优势，因此社会文化史理论作为西方理论的分支发展，无论是理论体系、概念工具，还是研究方法，都更加成熟、规范与适用，我国学者引为己用，自然相对便利，这是学术发展的自然规律。

二是我国近代以来处于从传统社会向现代社会的转型期，西方社会文化史理论大多基于对西方社会现代化过程的研究，与我国近代社会发展阶段相近，因而具有较强的对应性。同时，社会文化史以关注民间社会的视角研究近代社会与文化的交叉领域，而我国原有史学理论方法对于这一新领域的研究，分析力度和解释力度较弱，借助这些西方已有的社会文化史

---

① 关于我国学界与西方社会文化史合流以及两者的异同，笔者曾在《交叉视角与史学范式——中国"社会文化史"的反思与展望》（《学术月刊》2010 年第 4 期）一文中有所述及。

② 〔英〕彼得·伯克：《西方新社会文化史》，刘华译，《历史教学问题》2000 年第 4 期。

理论方法则分析和解释更为有效，特别是一些概括性和建构性的中层理论，如"公共领域""公民社会"等概念，"文化建构""语言分析"等方法，"记忆史""表象史"等领域，对于中国近代社会文化相关领域的研究都更为有效和适用，因而被我国学者拿来应用，就是顺理成章的事了。

当然，作为由西方人研究西方社会而形成的理论方法，移入我国后会有一定的"水土不服"现象，一些理论概念可能与我国实际社会文化状况显得隔膜不适，我们更需要的是真正由研究我国社会文化状况而产生出的既有"地方性"又具"普遍性"的本土社会文化理论，但这需要一个过程，而首先吸收、逐渐消化西方理论即是最为便捷的一条路径。可以乐观地预见，我国学者久已呼唤的"本土理论"，最有可能是在西方理论与我国实际相结合的深入研究中经再度创造而产生。

三　2008～2013 年约五年：深化扩散期

关于 2009～2012 年中国近代社会文化史方面的研究概况，已有专文进行了梳理，[①] 在此不再详述。总体而言，近五年社会文化史向着各个领域的分支路向深化发展，特别是在一些集中的热点领域向纵深发展，同时社会文化交叉视角的理论方法出现扩散化趋势。下面仅归纳近五年社会文化史发展的一些特点。

（一）热点领域的研究成果出现系列化、规模化、国际化发展态势

如社会生活史原是旧研究领域，较早进入社会文化史研究视野，到 20 世纪 90 年代以后上升为社会文化史的热点论题，同时也加入了"公共领域（公共空间、公共生活）""物质文化史""休闲文化史""个人史""微观史""区域史"等社会文化史新理论元素。经过二十余年的积累，近五年进入成熟期和收获期，不仅研究成果层见叠出，呈"涌出"状态，而且成果出现系列化、精细化、规模化的新动向。"上海城市生活史"系列研究成果就是一个典型例子。上海学者群体组织出版"上海城市生活史丛书"（上海辞书出版社），在 2009～2011 年短短三年间，共推出了两批共 25 部有关上

---

① 可参看李长莉、毕苑、李俊领《"中国近代社会与文化史" 2009—2011 年度研究综述》，《河北学刊》2012 年第 3 期；李长莉、唐仕春、李俊领《2011—2012 年中国近代社会与文化史研究》，《河北学刊》2013 年第 2 期。

海城市生活史的专题研究著作，将这一领域的研究推向了相当精细、深入及成系列、成规模的水平。

（二）有学科特色的热点论题推动一些新研究路向的发展

"仪式节庆"是近年引起诸多关注的新论题。仪式节庆作为国家礼仪，是向社会大众传达一定的政治或文化意义，有的也是历史记忆的固化形式，是塑造大众文化、民众习俗、民众观念的一种社会管理方式。近年这一论题逐渐受到研究者关注，一些学者运用文化建构、历史记忆与政治文化等新理论方法，对近代以来的仪式节庆及其意涵的变迁进行研究，出现了一批颇具新意的成果。

除了由热点论题推进一些研究路径向深化延展之外，一些新研究方法的应用也得到开创。如通过关键词语的建构与传播，考察中国近代文化观念变迁和知识传播过程，这种"词语分析法"是近年兴起的一种新研究方法，海内外都有一些有关的新研究成果。①

（三）研究路径向分化与综合双向延伸，学科影响弥散性扩展

1. 分化。伴随研究的深化，研究领域进一步分解，出现更多分支路向，并有持续性发展。如在原有的社会文化史、历史人类学、区域史之外，又有城市社会文化史、概念史、文化建构史、生活方式史、身体史、图像史等更加细化的分支，成果不断增多。

2. 综合化。与细化分化相反的另一趋向，是综合化的总体史，其成果也有所增多。如山西大学社会史研究中心倡导的区域总体史，已经取得了富有特色的系列成果。上海、天津、北京、成都、武汉等各大城市史研究也带动了城市史研究呈现兴旺局面。

3. "时段后延"。近年社会文化史拓展的另一趋向，是出现由近代史向当代史延伸的"时段后延"现象。相对于政治的断裂性，社会文化则更具连续性，因而，一些研究近代社会文化史的学者，沿着近代以来社会文化变迁的轨迹而延伸到了新中国成立后的当代阶段。如首都师范大学社会文化史研究中心，其研究范围由近代向新中国成立后扩展，组织人员对新中国早期婚姻家庭变迁进行口述史研究，取得了系列成果。又如山西大学对

---

① 〔德〕郎宓榭、阿梅龙编著《新词语新概念：西学译介与晚清汉语词汇之变迁》（山东画报出版社，2012）；黄兴涛：《近代中国"黄色"词义变异考析》（《历史研究》2010 年第 6 期）。

新中国成立后集体化时代的研究等。这些都反映了这种"时段后延"趋向。

4. 学科交融。近年社会文化史与其他学科领域相互交融的趋势日益显著，彼此界限更加模糊。如社会生活史，从其内容来说，同属于社会史领域，如果更多地运用社会与文化交叉视角、多元联系的观点，关注民间社会，运用公共领域、词语分析、符号象征等方法进行研究，也可说是社会文化史。与此同时，社会文化史交叉视角及研究方法，也被其他领域一些研究者吸收，引入其研究中去。如一些政治史研究者，也从社会文化交叉视角，运用公共领域、词语分析、文化建构等理论方法进行研究，做出一些具有新意的研究成果。如王奇生的民国政治史著作《革命与反革命：社会文化视野下的民国政治》（社会科学文献出版社，2010）一书，就比较典型地反映了这种政治史引入社会文化视角的探索。这反映了社会文化史理论方法的优势及其影响，有日益向其他研究领域渗入的趋向。

四　学术贡献与问题反省

回顾中国社会文化史25年间从兴起到发展再到日渐成熟的历程，既有对史学革新与推进的学术贡献，也存在局限与发展瓶颈；由这些回顾与反省，我们方可更清晰地展望未来发展进路。

（一）学术贡献

综观社会文化史在中国25年的兴起发展、日渐成熟历程，可以看到，这一新兴交叉学科成为历史学中一个以理论方法创新为主要特征，具有鲜明特色的新学科路向。这一学科的发展对于历史学创新具有以下意义。

1. 理论方法创新，开辟史学新生长点。以往的学科分野是以研究领域和对象不同来区分的，是一种平面式、领地式的划分，是有限资源的分割。而社会文化史研究路向，主要是研究视角与理论方法上的创新，开辟了观察和解释历史的新角度、新路径。社会史与文化史的交叉，打破了传统学科以研究内容相区分的隔阂，架构了社会生活与文化观念、社会状况与精神世界的关联，形成了一系列具有学科特色的新概念、新理论，为新的研究视角提供了更加有效的分析工具。这种理论方法创新，丰富了历史学，开辟了一条史学革新之路，推动史学由"描述性研究"向更加深入的"解释性研究"趋进，成为史学深入发展的一个生长点。其丰富多彩的研究成果，展现了史学研究的新风貌和现代生命力。这是社会文化史的主要学术价值。

2. 推动中国近代史研究超越"革命史范式"及"现代化范式"，走向"本土现代性"。以往"革命史范式"偏重革命运动主线，对社会整体转型有所忽略。"现代化范式"强调现代与传统的断裂，以西方现代化为评判中国社会发展的标尺。虽然这两种范式对中国社会近代变革的某些层面有一定的解释力，但相对于丰富的中国社会近代转型而言，又都有一些层面的忽略盲点。而社会文化史强调回归本土，关注民间，贴近国情，以社会与文化相结合的内在立体考察为主要路向，重在考察民间社会的动向、社会文化生态、上层与下层的互动、传统与现代的内在联系、个人－社会－国家的互动关联等取向，使史学立足中国本土国情，为探索中国社会近代转型特征及独特发展道路，提供了一个更加有效的研究路向。这是社会文化史的主要现实意义。

3. 关注民间社会，挖掘内在社会文化资源。民间社会是民族文化的母体，是民族之根与民族之魂的栖息处，是民族生命力的本源所在。民间社会蕴藏着中华民族数千年历史文化积淀下来的丰富宝藏和民族生存密码。尽管近代一百多年来，社会表层经过了多次天翻地覆的变动，民族特征已几近消失，但在民间社会，却蕴藏着支撑中华民族数千年顽强生命力的生存密码，因而也是解开中国近代社会转型特征与中国独特道路的锁钥所在。这些文化密码就蕴藏在民间社会之中，蕴藏在亿万平凡民众的生活方式和心灵世界之中。社会文化史的关注重心从政治舞台走向民间社会，正是走向这个民族文化宝库去挖掘内在社会文化资源，探索中华民族走向现代化独特发展道路的根源，寻求在全球化冲击下民族生存与复兴之路，寻求人类和平共生之路。当今中国正面临社会转型的困惑与阵痛，急需适应我国发展的本土社会理论，社会文化史关注民间社会，挖掘本土社会文化资源，可能就是一个有效的途径。这是社会文化史的主要理论意义。

（二）反省问题与瓶颈

社会文化史经 20 多年的发展，也面临着一些质疑，存在一些局限与问题，遭遇到发展瓶颈。在此稍做梳理与回应。

1. "非学科"。自从社会文化史兴起直到今天，一直有社会文化史是否一个独立学科的质疑，有些运用一些同类方法进行研究的学者，更是产生一种身处学科内外的困惑，或是学派划分的疑虑中。对社会文化史是否为学科，行内学者在最初阶段也曾有过讨论，后来则趋于沉寂，也可以说形成了某种默契。笔者认为，行内学者虽然对此也有不同看法，但有一定的基本共识，即社会文化史是跨社会史与文化史的交叉视角，与原有学科的区别主要是不以研究领域这一传统的学科标准区分，且研究视角和理论方法独具特色，因而与相关学科如社会史和文化史有一定的重叠性，边界并不清晰。社会文化史是否独立学科的名目并不重要，它也可称为新视角、新学派，或是"准学科"，但重要的是自觉地以新的理论方法，沿着新的研究路向，推动历史研究的革新和深化。特别是在当今史学分支日益细化，在各学科交界的边缘处日益分化出更多新支流的情况下，以传统意义上的学科区分方式来界定日益困难。因此，不必偏执于学科名目之有无，而应更需注重这种视角和理论方法的有效性。依笔者之见，如果有一定的学科意识，可能更有利于自觉地沿着这一新路向走史学创新和深化之路。就这个意义而言，标示社会文化史为一新学科的，并非出于别立门户、自树帮派之意，而只是希望强化研究者的自觉创新意识，更好地凝聚学术追求的同道同好，以推动这一史学新路的进一步拓延。本文将社会文化史作为一个新学科加以梳理，就是出于这一考虑。

2. "碎片化"。[①] 这指不少社会文化史研究者选择的论题细小、琐碎，缺乏联系的现象。笔者曾对此有过专文讨论，[②] 在此不必过多重复，只想提请注意的是，由于社会文化史主要研究对象是民间社会、大众生活，因而需要进行具体而微的微观研究，这就导致与微观研究发展而来的"碎片化"有一定的伴生关系。我们需要警惕这个"陷阱"，以联系论、网络论、整体论、建构论及选择"中观问题"等方法进行矫正，使微观研究的"碎片"，通过这些方法而连接为宏观研究的"珠串"和"网络"，如此才能避免跌入"碎片化"的泥沼。

3. "描述性"。伴随社会文化史研究的兴起，在历史书写方式上也出现"叙事史"（或称为"讲故事"）、"描述性"特征，这也是社会文化史关注民间社会的一种伴生物。如果只是"描述史实"，则社会文化史因论题细小而与其他学科相比无深度。这里涉及与传统史学实证方法的关系问题，对

[①] 《近代史研究》2012 年第 4、5 辑，连续刊登《中国近代研究中的"碎片化"问题笔谈》，共 13 篇。

[②] 李长莉：《"碎片化"：新兴史学与方法论困境》，《近代史研究》2012 年第 5 期。

此笔者在前述文章中有过讨论。① 诚然，叙述历史事实，回归历史现场，还原历史原貌，是社会文化史研究的第一步，但若仅停留于此，则并不是真正意义上的社会文化史研究。因为"描述性研究"是所有史学的基本书写方式，社会文化史的特色是在此基础上的"解释性研究"，而且是具有一定新路向和理论方法的"意义阐释"。社会文化史与其他学科不同的一个突出特色，就是其"解释工具"有所不同，因而我们需要建构和运用这些"解释工具"进行研究。要借鉴已有的理论方法，以及不断吸收其他学科的理论方法，以不断调整和补充社会文化史学科的"解释工具"，即理论方法。选择研究论题时，可以本着"从解释着眼、从描述入手"的路径。通过这种路径展开研究，或可改变"描述性研究多而解释性研究少"的缺失。

4."无意义"。由于社会文化史研究论题往往具体而微，因而常常受到"意义稀薄""价值缺失"的质疑，甚至有的研究被讥为"自娱自乐""猎奇""把玩"等。对此社会文化史研究者只有用能够被认可的真正具有学术和社会价值的研究成果予以回应。据笔者观察，大多数社会文化史研究者，是秉承着中国知识分子"经世"传统，以高度的社会责任感和学术创新意识进入这一领域的。但是如果在研究实践中缺乏问题意识，缺乏时代眼光，缺乏理论素养，缺乏社会关怀，缺乏对民族和人类命运的思考，就有可能在不自觉中使自己的研究走上"意义稀薄""价值缺失"因而被边缘化的歧路。这是需要我们予以警惕的。因此，笔者以为，在中国近代社会文化史研究实践中，虽然具体论题可能具体而微，但需紧紧扣住近代社会文化转型这一时代变革的主线，在与这一主线的联系中把握和分析具体的社会文化事象，这可能是一条避免"价值缺失"的路径。

五　结语：未来进路展望

通过上述对中国社会文化史 25 年来路的回顾，可以看到当下社会文化史学科所处的方位与面临的问题，由此再向前展望前进方向，可以有以下一些期待。

首先，时代呼唤社会文化史的理论创新成果。当今我国正处于从经济转型向社会文化转型的关键阶段，即社会改革进入"深水区"。所谓"深水

① 李长莉：《"碎片化"：新兴史学与方法论困境》，《近代史研究》2012 年第 5 期。

区"，就是广阔深邃的社会文化大海。20 世纪 80 年代开始的前三十年向市场经济转变的改革，如今遭遇社会、文化、政治领域的失调与不适，造成社会结构重组、社会矛盾增多、价值观念混乱、伦理道德失范、社会政治失序等一系列问题，社会发展遭遇瓶颈，需要寻求如何解决这些问题、突破瓶颈、实现社会长治久安的发展路径。实际上，这也是近代一百多年来中国社会从传统向现代社会转型的延续。社会文化史的研究视角，就是沉入社会文化这一"深水区"里探索航程的一种方法，是回归"民间社会"挖掘本土社会文化资源来熔铸社会发展智慧的一条路径。当今社会的种种问题，大多可从近代社会文化变迁中寻找到源头或相似发展路径。因此，我们从当今时代需要出发，就有无数可供研究的论题，有广阔的有待开拓的学术空间。可以期待，未来这一学科路向还会有更多、更具有问题意识和时代价值的成果问世。

其次，中国社会文化史经过 20 多年的发展，已经有了比较丰厚的学术积累，研究成果已蔚为大观，形成一些相对成熟的研究领域，研究队伍已日益壮大，理论方法不断丰富，研究路径更加分化、多元。特别是在全国已经形成了多处研究基地和多个研究团队，更多具有新知识素养的年轻一代加入这一领域，还有更多分散于各处的学者自觉或不自觉地吸收、借鉴社会文化交叉视角和理论方法进行不同的研究，这些都使得社会文化史形成弥散化扩展趋势。

展望未来中国社会文化史发展的进路，笔者以为，一些历史与现实关联度较高的论题，可能会成为今后一段时期社会文化史的热门论题。具体而言，以下几个可能是今后一段时期社会文化史较受关注的"关键论题"。1. "民间社会"。与此相关的论题有市民社会、公民社会、民间文化、大众文化，以及公共领域、公共空间、公共生活等概念群。传统中国社会是一个以民间社会为重心的"半自治化"社会，但自从清末开始近代化社会转型以来，国家逐渐强化对民间社会的渗入和控制，直至数十年后，民间社会的独立性几近消失，其后果是在造成国家控制社会力量无限增强的同时，民间社会所承载的民族社会文化资源也丧失殆尽。伴随市场经济和城镇化快速发展，民间社会活力又开始恢复，市民公共生活领域出现大块空白；同时民间社会缺乏自组织、自管理机制，这也是造成当今社会上下失调、政民矛盾的一个重要原因，因而现在有"重建民间社会"的必要。检索中国近代"民间社会"的结构、功能及其近代变迁的机制与得失，因应当今所谓"新市民运动"等社会问题，并为之提供一些历史经验。

2. "社会治理"。这是社会文化史的一个重要理论即"个人 – 社会 – 国家互动"理论所指向的一个核心问题，也是当今我国"创新社会管理"要解决的核心问题，近代社会转型过程中围绕这一中心有众多各个层面的论题，这些会成为研究者关注的重点。

3. "生活方式"。与此相关的论题有社会生活、日常生活等。生活方式是亿万民众一切物质活动和精神活动的基础，各类人物，概莫能外。生活方式也是形成民众感情、行为方式、道德伦理、社会规则、法律礼俗、社会观念的基础和土壤。以往我们过于注重意识形态的作用，随着社会和时代的变化，生活方式对社会文化的影响力日益彰显，是我们重建当今社会文明和精神文明的基础。

4. "价值系统"。近代百余年来，中国人的价值系统经过了几次伤筋动骨性的颠覆和重构，当今更是处于价值混乱与道德失范的困境，如何重建民族价值系统，是一个急迫的课题。社会文化史学者从蕴藏着丰富的民族社会文化资源的民间社会入手，或可为今天的价值重建提供一些历史资源。

笔者以为，上述几个"关键论题"，有可能会成为社会文化史学者为中国社会发展理论创新做出贡献的生长点。

开放与多元：21 世纪中国社会史理论探讨与学科建设

常建华

  改革开放以来，新时期的中国社会史理论探讨与学科建设的演变过程，至今已经三十余年。我发表了两篇学术史的文章讨论到 1986 年至 2006 年的状况，[①] 兹作续篇就其 2007 年以来的进展加以论述，挂一漏万之处，敬请学者同人补充指正。

  近十年的中国社会史研究日益呈现开放与多元的趋势，其中历史人类学与区域社会史结伴而行，根植于深厚的社会经济史，特色突出；社会生活的研究也悄然变化，向日常生活史转变，并呈现社会文化史的特色；社会史面对生活，处理的主要是民间文献，社会史在文献处理、史料价值观上，变化也是明显的。民间文献、日常生活、历史人类学交叉渗透，这三个层面的理论与实践推动着社会史学科建设。

一 历史人类学与区域社会史

  由华南研究发展起来的历史人类学，被视为已经形成学术共同体，有刊物组织相关学者就此举行笔谈。[②] 这一学术流派的基本特征是强调从区域人群活动与相互关系方面把握社会，重视在田野调查中解读民间文献。他们的学术追求，或许是科大卫所著《明清社会和礼仪》（北京师范大学出版社，2016）所要表达的：通过个案研究，对于统一的中国社会进行了详细

[①] 常建华：《中国社会史十年》，《历史研究》1997 年第 1 期；常建华：《跨世纪的中国社会史研究》，常建华主编《中国社会历史评论》第八卷，天津古籍出版社，2007。

[②] 《开放时代》2016 年第 4 期，笔谈的文章有 9 篇。

的论证，重建了地方社会如何获取及认同自身特性的历史，以及地方社会如何接受并整合到一个大一统的文化的历史，展现了中国社会的独特性和复杂性。科先生主持的"中国社会的历史人类学研究"项目，吸收了香港与内地众多从事田野工作的学者。① 中山大学历史人类学研究中心组织的"历史·田野丛书"自 2006 年以来已推出十余种，彰显自己的研究特色。刘志伟对如何理解一个区域，以南岭为例谈了自己的想法："从这样一种由跨区域的边界和人的流动去建立地区空间概念的历史人类学研究取向出发，南岭就自然可以成为一个作为研究单位的区域。"② 他特别强调进行以人为主题的历史研究，区别于以国家为主体的历史学。③

如何理解历史人类学的主张与工作，华南研究学者以及了解他们工作的学者发表一些文章。历史学者与人类学者的对话有助于互相借鉴。④ 黄国信、温春来、吴滔较早针对学术界对于历史人类学的不同认识，强调历史人类学的区域观念以及研究方式，对近代区域社会史研究具有相当意义。"对于近代区域社会史学界，既强调时间与过程，也重视空间与结构，既讲究史料的分析考辨与校释，也注重'参与体验'，从田野中直接获得研究材料，以及历史现场感，并强调分析各阶层、团体的不同历史表达的历史人类学，或许具有特别的意义。"⑤

他们特别以研究盐史的实践，表达理论追求与经验总结，主张中国盐史研究也要在当今历史学的发展脉络下，超越既往范式，引入社会史的视角，重视区域研究，将其放回所在的历史脉络之中，结合历史人类学"现场感"体验与民间文献的旨趣，考察制度运作与地域社会文化的结构过程，才能达到深化盐史研究，真正体现盐在历史时期重要性的目的。⑥ 他们认为：近二十年来，作为方法论的区域社会史研究渗透到历史悠久的盐史研

① 胡晓白：《中国社会的历史人类学第一阶段学术会议：回顾与展望》，《田野与文献》第 74 辑，2014。
② 刘志伟：《天地所以隔外内——王朝体系下的南岭文化》，吴滔、谢湜、于薇主编《南岭历史地理研究》第一辑，总序，广东人民出版社，2016。
③ 刘志伟、孙歌：《在历史中寻找中国——关于区域史研究认识论的对话》，香港，大家良友书局，2014，第 15～21 页。
④ 郑振满、黄向春：《文化、历史与国家——历史学与人类学的对话》，常建华主编《中国社会历史评论》第五卷，商务印书馆，2007。
⑤ 黄国信、温春来、吴滔：《历史人类学与近代区域社会史研究》，《近代史研究》2006 年第 5 期。
⑥ 李晓龙、温春来：《中国盐史研究的理论视野和研究取向》，《史学理论研究》2013 年第 2 期。

究领域；在区域社会史看来，区域是长时期的历史因素积淀下来的各种地方性观念与朝廷对这些观念的制度化过程互动所形成的存在于人们心目中的多层次、多向度的指涉。①

历史人类学与区域史研究也会遇到各种问题，学者就此进行了讨论。张小也指出：其一，在区域社会研究中应避免"通史区域化"和"区域史地方化"倾向，认识到区域是一种历史建构，是研究者用经验来加以解构的研究对象。其二，对于国家 - 社会分析框架的使用须视具体情况而定，一方面应该认识到研究中国传统社会从典章制度入手是必要的，另一方面也应该认识到其他分析框架的重要性。其三，历史学应该展示历史的全貌和内在脉络，恢复历史的现场感，但是当代历史学无法离开社会科学，因此历史学研究应注意引入那些具有实践性的理论框架和分析工具，这样才有利于学科内以及不同学科之间的对话。其四，对民间文献的搜集、整理和利用需要科学的方法，不应破坏其原来的系统，还应注意克服其局限性，解决其中史料的层累问题。② 赵世瑜对于史料问题提出自己的看法，他说：追求新史料之风在社会史研究领域体现得尤为明显。究其原因，就是区域社会史或历史人类学研究对民间文献的重视，即新的研究旨趣或新的研究取向导致了对以往利用较少的史料文类的关注。对于区域社会史的研究者来说，我们面临的问题是对档案、碑刻、族谱、契约文书也许越来越熟悉了，但对正史中的《五行志》《礼志》或者地方志中的《星野》却越来越没人懂了，甚至很多常识都变成了谜题。也许更可怕的是，我们手边的资料越积越多，用到下辈子写文章都够，但思想呢？③

对于"华南"概念与区域研究，桑兵有独到的看法。他指出：华南指称的晚出及其内涵、外延的变动不居，提示区域研究应自觉分区概念的形成、演化与历史进程相吻合，以免先入为主地削足适履。在谈到区域研究的本旨与流弊时，他认为各省之上的大区划分并非中国历来所固有，主要是近代由域外看中国产生的概念；大区概念的使用，大都不过是为解决当下的问题图个方便或因陋就简，并未深究分区当否以及意义。这样本无深意的分区，在 20 世纪 60 年代后期海外兴起的中国区域研究中有所发挥。区

---

① 黄国信：《单一问题抑或要素之一：区域社会史视角的盐史研究》，《盐业史研究》2014 年第 3 期。

② 张小也：《历史人类学：如何走得更远》，《清华大学学报》2010 年第 1 期。

③ 赵世瑜：《旧史料与新解读——对区域社会史研究的再反思》，《浙江社会科学》2012 年第 10 期。

域研究的初衷，是鉴于中国幅员广大，差异显著，若是一概而论，难免有以偏概全的局限，或是流于支离破碎的状态。只有缩小空间的范围，才能超越大而无当的粗疏或见木不见林的偏蔽，切实求得整体的把握。①

"地方"这一概念则是罗志田所重视的。他指出：针对大一统下形成的"郡县空虚"，从南宋开始，士人开启了以"礼下庶人"的方式构建下层民间社会的持续努力。这一持续千年的尝试，寓正德于厚生，侧重的是"地方"，强调的是"民间"，提示了从"非国家"视角观察历史的必要和可能。州县的范围，既是人人生活的基本空间（实体的和想象的），也是士绅、职役、家族和地方官互动的场域。"国家"与"民间"、体制与乡俗调和（negotiating）于其间，代表国家者常不行使其功能，而行使国家功能者常不代表国家。在或隐或现的"国家"身影下，逐步形成一种"藉士大夫之势以立国"的取向。在乡之士不仅要化民成俗，还要凝聚社会。"道"与乡土的衔接，使"地方"具有更多自足的意义，减轻了上层政治变动的影响。②

赣闽粤毗邻地区族群问题的"客家研究新视野丛书"值得关注，其研究从不同角度体现历史人类学与区域社会研究的特色。这套书由中国社会科学出版社于 2015 年推出，计有温春香著《文化表述与族群认同：新文化视野下的赣闽粤毗邻区族群研究》《文化传播与族群整合：宋明时期赣闽粤边区的儒学实践与客家族群的形成》，靳阳春著《宋元时期汀州区域开发与客家民系形成》，黄志繁、肖文评、周伟华著《明清赣闽粤边界毗邻区生态、族群与"客家文化"：晚清客家族群认同建构的历史背景》等。

华北区域社会史研究的面貌也正发生着变化。赵世瑜著《小历史与大历史：区域社会史的理念、方法与实践》（三联书店，2006），对于区域史研究有不少心得体会。赵世瑜主编的《大河上下：10 世纪以来的北方城乡与民众生活》（山西人民出版社，2010）系中山大学历史人类学研究中心课题的结项成果。本书通过大量田野调查，用收集到的众多史料及数据，围绕 10 世纪以来北方城乡与民众生活的原生状态进行多角度的探究和展示。本书分为移民、身份与生活、寺庙与基层社会组织、宗族建构和村落与乡村关系认同四部分。赵世瑜对华北区域社会史研究有新的设想。他认为：无论在世界史还是在东亚史上，16 世纪都是一个重要的时代。正是在这时，

---

① 桑兵：《"华南"概念的生成演化与区域研究的检讨》，《学术研究》2015 年第 7 期。
② 罗志田：《地方的近世史："郡县空虚"时代的礼下庶人与乡里社会》，《近代史研究》2015 年第 5 期。

明朝深为"北虏南倭"问题所困扰。学界以往对明代"北虏"问题的解释框架,基本上局限于传统的游牧民族与农耕民族冲突史及明蒙关系史。在与其相提并论的"南倭"问题得到新的解释并被置于一个更广阔的海洋贸易史框架之中后,对"北虏"问题的认识变化依然不大。事实上,在长城沿线发生的,以明朝和蒙古为主角的一系列事件,同样是全球史时代变化的组成部分。"内陆史视角"的观察与思考应成为传统的"海洋史视角"的重要补充。① 他还从区域社会史的角度观察明清易代时期在不同地区在不同时段,往往表现为"不清不明",即不断出现反复而未立即确立某一正统的状态,而这种状态又与该区域历史发展的长期特点有关。② 他也尝试反思清代内亚研究以及华南研究所见之清朝国家认同建构的多元性。③ 赵世瑜提出了对北方区域社会史研究的看法,并对山西进行了专门研究。

行龙讲述了对于中国区域社会研究"走向田野与社会"的认识。④ 行龙著《走向田野与社会》(三联书店,2007)是以近代山西社会的水灾、水案,以及集体化和晋商等专题为中心的区域社会史研究,注重在田野调查中搜集史料、解读史料,展现历史学对地方社会变迁的关怀。2012 年 5 月,北京大学出版社推出山西大学中国社会史中心编辑的"田野·社会丛书"四种,即胡英泽著《流动的土地:明清以来黄河小北干流区域社会研究》、张俊峰著《水利社会的类型:明清以来洪洞水利与乡村社会变迁》、郝平著《丁戊奇荒:光绪初年山西灾荒与救济研究》、韩晓莉著《被改造的民间戏曲:以 20 世纪山西秧歌小戏为中心的社会史考察》。该中心还编有社会史的论文集刊《社会史研究》。

南开大学中国社会史研究中心连续举办华北区域社会史研讨会,以求把握华北区域社会发展的动力机制与区域特色。2008 年 12 月 12 日至 15 日,举办了"民间文献与华北社会史"学术研讨会。2009 年 8 月 20 日至 23 日,举办了"断裂与连续:金元以来的华北社会文化"国际学术研讨会。⑤ 该中

---

① 赵世瑜:《时代交替视野下的明代"北虏"问题》,《清华大学学报》2012 年第 1 期。
② 赵世瑜:《"不清不明"与"无明不清"——明清易代的区域社会史解释》,《学术月刊》2010 年第 7 期。
③ 赵世瑜:《从移民传说到地域认同:明清国家的形成》,《华东师范大学学报》2015 年第 4 期。
④ 行龙:《走向田野与社会:区域社会史研究的追求与实践》,《山西大学学报》2012 年第 3 期。
⑤ 常建华:《"民间文献与华北社会史"学术研讨会综述》,《中国史研究动态》2009 年第 5 期;常建华:《"断裂与连续:金元以来的华北社会文化"国际学术研讨会综述》,《民俗研究》2009 年第 3 期。

心的研究侧重于华北乡村社会经济、商品流通、宗族问题，出版专著多种，近期发表了一些代表性的论文。

其实，江南区域社会史在稳步前行，研究也有特色。近年来上海的复旦大学、华东师范大学、上海交通大学、上海社会科学院、上海师范大学纷纷强调江南研究，南京的南京大学，苏州的苏州大学、苏州科技大学，杭州的浙江大学、金华的浙江师范大学等单位也在从事江南研究。复旦大学历史系从 2008 年起每两年举办一次关于江南史的国际学术研讨会，已经举办六届，并由复旦大学出版社出版了多种会议论文集，如《江南与中外文化交流》（2009）、《明清以来江南城市发展与文化交流》（2011）、《变化中的明清江南社会与文化》（2016）等。上海师范大学中国近代社会研究中心于 1997 年起每年举办一届江南社会史国际学术前沿论坛，至今已经举办10 届；2009 年创刊的由唐力行主编的《江南社会历史评论》，由商务印书馆出版、发行，已经出版 8 辑。该刊是区域社会研究的综合性学术刊物，辟有理论探索、学术评论、江南经济、江南文化、江南社会等栏目。办刊宗旨：一是重视理论的创新，尤其是本土化社会史理论的建立；二是重视新资料的挖掘，包括档案、碑刻、口碑、实物资料等；三是提倡社会史的新视野，例如，在超越地域社会疆界的广阔视野中进行区域间的比较研究，在长时段的视野中研究中短时段的历史事件与人物，在地方社会与国家互动的整体史视野中审视地域社会的变迁等；四是倡导历史评论，在学术批评中推进学术的发展。唐力行等著的《苏州与徽州——16－20 世纪两地互动与社会变迁的比较》（商务印书馆，2007）一书，强调从区域史研究走向区域比较研究。长期研究江南地域社会的朱小田认为，人类学的独特思路可以将地域文化研究导向纵深发展。地域文化史应加强动态生活的呈现，毅然告别传统的脱离生活结构的习俗史，迈向生活领域；人类学的整体视野提醒人们应特别关注地域社会内部各种不同类型的社群世界，向笼统的"中国社会"或"地域社会"概念提出挑战；人类学赋予社会结构中的任何劳动者以一席之地，要求地域文化观察重视作为民间文化持有者的普通百姓；人类学中习见的口头艺术形式，常常通过文献记录与口头传播两种方式存留下来，成为地域文化研究的独特素材。①

此外，华中、西南、西北、东北的区域社会史研究都取得明显进展，我

---

① 小田：《地域文化史研究的人类学路径——倾向于江南的案例》，《清华大学学报》2010 年第 1 期。

会另外介绍具体的研究成果。区域史也存在着各区域研究不平衡的现象。①

空间对于历史学具有独特价值。鲁西奇《中国历史的空间结构》(广西师范大学出版社,2014)运用"空间"的观念与方法,思考"空间"对于中国历史发展的意义,分析中国历史发展的进程及其空间结构。全书分为区域多样性、核心与边缘、城市与村庄三大部分,分别讨论了中国历史与文化的区域多样性、中国历史发展的五条区域性道路、中国历史上的三大经济地带及其变动、王朝的"核心区"及其变动、内地的边缘、边缘的核心、权力与城市空间、乡村聚落形态的演变及其区域差异等主题,多角度、多层次回答"统一、多元中的中华帝国是如何可能的"这一宏大命题。

跨区域的社会史研究如何进行?吴欣认为:"若将运河研究放置在'区域与跨区域研究中的生活方式与社会发展'的框架之下,运河区域社会研究历史意义或更为可鉴……民间文献和'生活方式'视域下的社会史研究,既是运河研究同时也是区域社会史研究的希望所在。"②

值得注意的是,在全球化的今天,社会史的区域研究也把视线投向国外的华人活动与国内和国际的联系性上。郑振满通过考察闽南华侨的跨国生存状态、侨乡社会权势的转移及侨乡社会文化的传承,探讨近代闽南侨乡的国际化与地方化进程。所谓"国际化",是指闽南侨乡的社会经济中心不断外移,海外华侨成为闽南侨乡的地方精英,海外世界与闽南侨乡的联系日益密切。所谓"地方化",是指闽南侨乡的政治权力中心不断下移,侨乡建设与地方公共事务受到了空前的重视,本地社会文化传统得到了更新和延续。他认为深入研究这一历史过程,对于探讨全球化时代地方传统的发展前景,具有理论意义和学术价值。③郑莉探讨跨国界的文化网络,通过对马来西亚芙蓉坡兴化人的个案研究,探讨同乡同业传统在海外华人社会中的传承与运作机制。④刘永华发现,自19世纪中叶开始,随着上海、宁波等口岸开埠通商,国际茶市对中国茶叶生产与销售的影响日益深入。在市场利好的刺激下,徽州婺源产茶区的一家农户通过增加茶叶生产与制作的劳动力投入,提高家庭的现金收入。同时,这家农户还因应家庭规模变动,投入

---

① 吴琦:《社会史研究中的区域失衡现象》,《江西师范大学学报》2010年第5期。
② 吴欣:《从"制度"到"生活":运河研究的新维度》,《光明日报》2016年8月10日。
③ 郑振满:《国际化与地方化:近代闽南侨乡的社会文化变迁》,《近代史研究》2010年第2期。
④ 郑莉:《东南亚华人的同乡同业传统——以马来西亚芙蓉坡兴化人为例》,《开放时代》2014年第1期。

大量劳力开垦土地，扩大粮食种植面积，从而缓解口粮不足问题。①

二　日常生活史与文化史

历史人类学重要的出发点是日常生活史，强调的是一种研究视角与方法，而不是一种独特的研究对象。因此，我们应当扩展对于历史人类学的理解，虽然历史人类学重视田野调查，但绝不限制于此。如诸多艺术社会史的研究就体现历史人类学的特色，物质文化的研究与日常生活、历史人类学的探讨不可分割。②

虽然社会生活史自 20 世纪 20 年代末到 40 年代进入中国学者的视野，但是 50 年代至 70 年代中国大陆的生活史研究成果少得可怜。社会生活史作为独立的研究领域，基本上是在最近 20 多年才取得突出成绩。近年来，熊月之主编"上海城市社会生活史丛书"，由上海辞书出版社于 2008 年推出，2011 年出齐，计有 25 种。一般认为，社会生活史研究是社会史研究的一个重要组成部分，其重点是研究群体的社会生活以及社会生活领域的各种群体性现象。③ 李长莉指出，自 20 世纪 80 年代中期以来的 30 年间，中国近代生活史研究从兴起到发展，并于近年受到更多关注而成为一个热门领域，主要研究为风俗习尚、社会群体生活、城市生活与"公共空间"、消费生活、文化娱乐生活、生活史综合研究等，更多关注社会变动与生活变化之互动，更多注意生活与政治、经济、社会、文化等诸因素的相互关联和互动关系。不过，中国近代生活史研究的缺陷在于理论分析与理论创新不足。④ 也有人认为："随着新时期的到来，历史学发展大的趋势是从政治经济史向社会生活、生态环境、生命史的转移，这不仅是史学研究本身的转移，还是当代文明和社会已经从欲望、本能、名利等转向生活、生命等本质的再认识上。角度的转换，意味着历史观的更新和研究方法的转变，一种新社会生活史观逐渐形成。"⑤ 我认为，社会生活史是以人的生活为核心联结社会各部分的历史，生活史研究的最大价值，应当是建立以人为中心

---

① 刘永华：《小农家庭、土地开发与国际茶市（1838－1901）——晚清徽州婺源程家的个案分析》，《近代史研究》2015 年第 4 期。

② 常建华：《历史人类学应从日常生活史出发》，《青海民族研究》2013 年第 4 期。

③ 项义华：《社会生活史研究的学术传统与学科定位》，《浙江学刊》2011 年第 6 期。

④ 李长莉：《中国近代生活史研究 30 年——热点与走向》，《河北学刊》2016 年第 1 期。

⑤ 杨卫民：《新时期社会生活史研究述略》，《焦作师范高等专科学校学报》2012 年第 1 期。

的历史学。生活史立足于民众的日常活动，镶嵌于社会组织、物质生活、岁时节日、生命周期、聚落形态中。注意社会分层，了解不同社会群体的生活也必不可少。生活史的研究带来视角与方法的变化，可以从习以为常中发现历史，从日常生活来看待国家，挑战传统史料认识，从生活方式的转变入手，可以考察民族关系与比较不同文明，阐述社会变迁。① 在清理了社会生活史的学术史之后，我得出如上的看法，因此提出社会生活史研究应当向日常生活史转变，这是中国社会史研究的再出发。②

新的社会生活史或者说日常生活史研究，很重要的一点是要借鉴"新文化史"或者说社会文化史。俞金尧指出：起源于新史学的社会史学，以书写人民大众的历史为其区别于其他历史研究的身份特征。新文化史研究历史上的大众文化，因而具有社会史学的属性。"二战"后兴起的新社会史秉承了年鉴学派的总体史追求，它倾向于从经济基础和社会结构中寻找社会变迁的终极原因，以建立宏大的历史叙事。然而，新社会史中的经济社会决定论的弊病，引发了社会史学的"文化/语言转向"，从而催生了新文化史。但是，新文化史强调文化、符号、话语的首要性，最终走向文化/语言决定论的另一个极端。对新文化史激进倾向的强烈不满，使得西方史学界在 20 世纪 90 年代中期之后出现了"超越文化转向"的趋势，这种趋势体现在学者们越发重视实践的作用，社会史学正在进行一种可称为"实践的历史"的新探索。③ 李长莉认为，中国社会文化史研究出现微观史与深度描述、建构理论与概念分析工具、以记述叙事为主要表现形式等趋向。④ 梁景和强调，研究社会文化史既不能脱离大众文化，亦不能忽视精英文化，同时要注意研究社会文化与国家意志的关系问题，以及社会运动所蕴含的社会文化意义。⑤ 我认为，日常生活应当成为文化史、社会史、历史人类学研究的基础，尽管在这方面中国社会文化史研究已经取得一定成绩，但应

---

① 常建华：《中国社会生活史上生活的意义》，《历史教学》（高教版）2012 年第 2 期。

② 常建华：《从社会生活到日常生活——中国社会史研究再出发》，《人民日报》2011 年 3 月 31 日。

③ 俞金尧：《书写人民大众的历史：社会史学的研究传统及其范式转换》，《中国社会科学》2011 年第 3 期。

④ 李长莉：《交叉视角与史学范式——中国"社会文化史"的反思与展望》，《学术月刊》2010 年第 4 期。

⑤ 梁景和：《关于社会文化史的几个问题》，《山西师大学报》2010 年第 1 期。

更加明确与自觉地把日常生活作为社会文化史研究的基本内容。① 新文化史
的引入被看作："比较而言，以往的以社会形态史为背景的中国史研究重视
制度和经济，而以人类文化史为背景的'新文化史'重视人的活动，强调
观念与心态。在当代，这二者结合的历史研究，或许更符合现实需要。"②
在新文化史的观照下，对于史料的解读发生了变化，在新文化史家看来，
史料与其说是历史事实的载体，不如说是有意义的文本；特别重视史料的
语境分析，主张在具体的历史情境中深度解读史料；在运用史料展开历史
叙事时，往往会在对相关史料深入探析的基础上，采用合理的演绎、推测
甚或假设等手段来让叙事变得完整而更具意义。③

　　日常生活史在欧美等地已经成为一个重要的学术研究领域，特别是作
为方法论产生了重要的学术意义。日常生活史的出现，从诺贝特·埃利亚
斯所著的《文明的进程》到菲利浦·阿利埃斯与乔治·杜比主编的《私人
生活史》，都贯穿着西方历史演进"道德私人化"的基本思想，如今的日常
生活史已与物质文化、社会性别、科技、医疗、身体、艺术诸史相融合，
研究采用多种视角，成为跨学科的学问。欧美日常生活史学家尖锐批评社
会科学史学"见物不见人"的特点，特别强调个人的作用。面对海外日常
生活史研究产生的一批优秀学术成果，晚起的中国日常生活史应当将中外
日常生活史的比较研究作为自觉的行为。表面来看，似乎是西方公私分立，
中国公私相混，中国历史上公与私的生活以及二者的关系和西方究竟有何
不同，值得深入研究。④

　　如果我们将"日常生活"作为分析性概念，对于文献史料的认识也会
发生变化。我觉得徽州文书最大的学术价值是提供了民间社会日常生活史
研究的资料。对于徽州文书总体价值如此判断，需要对"日常生活"有更
深入的认识，从而借助更有内涵、更清晰的概念分析工具，将之作为方法
论来实现史学研究范式的转换，最大化地发挥徽州文书学术价值。⑤

① 常建华：《日常生活与社会文化史——"新文化史"观照下的中国社会文化史研究》，《史
学理论研究》2012年第2期。
② 耿雪、曾江：《"新文化史"给我国史学研究带来了什么?》，《中国社会科学报》2013年8
月30日。
③ 余新忠：《新文化史视野下如何解读史料?》，《历史研究》2014年第6期。
④ 常建华：《他山之石：国外和台湾地区日常生活史研究的启示》，《安徽大学学报》2015年
第1期。
⑤ 常建华：《徽州文书的日常生活史价值》，《安徽史学》2015年第6期。

近年来，南开大学中国社会史研究中心将日常生活史作为重点研究，从2011 年起，连续 5 年举行了"中国日常生活史的多样性""日常生活史视野下的生命与健康""中国史上的日常生活与地方社会""中国史上的日常生活与民生问题""中国史上的日常生活与物质文化"这些推动日常生活史研究的学术研讨会。我利用乾嘉时期的刑科题本中的口供探讨清中叶不同地区的日常生活，① 同人也有新研究的尝试，我们也做了一些基础性的学术综述工作。

值得注意的是，日常生活史研究作为方法论应当重视"制度与生活"的视角。这一视角是由社会学学者李友梅提出的：对于 1978 年以来中国社会变迁的考察路径有多种多样，其中"国家 - 社会"视角受到了较多青睐。但"国家与社会"的分析框架与社会生活实践始终存在无法摆脱的张力：首先，这一分析框架根植于西方的经验而非中国的生活实践中，无法真实呈现后者的丰富内涵；其次，这一分析框架注重在宏观层面阐释力量格局转换，难以切入中观与微观社会实践，难以观察到扎根于日常生活中的观念、行为所具有的丰富内涵；最后，这一范式在一定程度上忽略了国家层面的各种管理制度设计同人们的日常生活之间的相互渗透和相互建构关系。有鉴于此，可以尝试构建"制度 - 生活"的分析框架，以"自主性"为观察对象，更有效地呈现和解读 1978 年以来中国社会生活的变迁过程。这里的"制度"，是指以国家为主体的直接的和间接的社会管理制度，其与社会性、观念性制度相互交织，共同形成作用于社会生活的"制度丛"；"生活"则局限于人们日常的非正式科层化的社会生活领域，区别于高度工具理性的经济、政治和文化活动；"自主性"指镶嵌在生活之中、运作生活和改变生活的个体与群体的理性化——不是纯粹工具理性，而是多元化的和混合的理性——的自我选择、自我设计、自我组织和自我调控的行动。"制度 - 生活"的分析框架并不背离"国家 - 社会"范式的价值取向，也不否定社会力量制约国家权力的企图，但具有自身的独特解释力量。② 这一想法，我

---

① 常建华：《清中叶山西的日常生活——以 118 件嘉庆朝刑科题本为基本资料》，《史学集刊》2016 年第 4 期；《生命·生计与生态：清中叶江西的日常生活——以 108 件嘉庆朝刑科题本为基本资料》，《上海师范大学学报》2016 年第 5 期。

② 李友梅：《制度与生活视野下的中国社会变迁》，《解放日报》2008 年 12 月 18 日。李友梅又同黄晓春、张虎祥等合著《从弥散到秩序："制度与生活"视野下的中国社会变迁（1921 - 2011）》，中国大百科全书出版社，2011。按：肖瑛《从"国家与社会"到"制度与生活"：中国社会变迁研究的视角转化》（《中国社会科学》2014 年第 9 期）进一步论证了"制度与生活"的理论。

觉得也适应于社会史研究。

　　社会史学者也在研究实践中敏锐抓住了制度与生活的关系。刘永华指出：明代实行的匠户世袭制度，对民众社会生活产生了深刻的影响。其一，这一制度为民众社会关系的建构提供了动力和契机。其二，这一制度拓宽了民众的空间活动范围。① 杜丽红著的《制度与日常生活：近代北京的公共卫生》（中国社会科学出版社，2015）一书从制度的角度研究近代北京的公共卫生，不仅描述了制度在组织和规则层面的变迁过程，而且试图阐释制度如何影响日常生活的过程，旨在探讨 20 世纪初北京公共卫生制度演变及社会化过程的基本脉络与问题，即公共卫生制度如何诞生、如何变迁、如何在国家与社会互动中成为日常生活规则。②

　　个人生活史的研究也受到重视。日记与年谱无疑是个人生活史最直接有效的文献，值得注意的还有笔记，常建华依据龚炜《巢林笔谈》探讨清朝统治稳定后士人的政治态度与日常生活，兼论笔记的生活史资料价值。吴中士人龚炜生活在清康熙后期到乾隆中叶，他对于清朝统治高度认同，从龚炜的个人生活史了解了他的政治立场、人生经历、生活态度、家庭生活以及家族关系，看到他的性情爱好、文化品位、治学情况，特别是绝意科举的人生转折，一个鲜活的士人呈现在我们的面前，这是利用其他资料很难做到的。范莉莉以笔记《五杂俎》为主要依据探讨谢肇淛的日常生活状况，是从微观层面检视晚明宦游士人生活的一次尝试。③ 还有学者利用档案研究当代中国的个人生活史。戴建兵等认为，囿于中西方的国家与社会之间关系不同，当代中国个人生活史研究与西方私人生活史研究存在着较大差异，并且还是一块待开拓的处女地。从资料上看，人事制度是当代中国一项重要的管理制度，个人档案具有内容丰富、真实等优点，能成为个人生活史研究的基本史料。当代中国个人生活史研究开辟了史学研究新领域，以全新的微观角度反映了普通民众的日常社会生活，拓展了中国社会

　　① 刘永华：《明代匠籍制度下匠户的户籍与应役实态——兼论王朝制度与民众生活的关系》，《厦门大学学报》2014 年第 2 期。

　　② 参见杜丽红《知识、权力与日常生活——近代北京饮水卫生制度与观念嬗变》，《华中师范大学学报》2010 年第 4 期。

　　③ 常建华：《盛清江南士人生活的写照——清人笔记龚炜〈巢林笔谈〉的生活史料价值》，常建华主编《中国社会历史评论》第十一卷，天津古籍出版社，2010；范莉莉：《晚明宦游士人的生活世界——兼谈〈五杂俎〉的生活史资料价值》，常建华主编《中国社会历史评论》第十三卷，天津古籍出版社，2012。

史研究范围，可使人们更好地认识当代中国缓慢而深刻的社会变迁。[1] 金光耀、戴建兵主编《个人生活史（1949－1978）》（上海大学出版社，2016）注重微观历史和细节还原，聚焦一个个普通民众的生活实态，全书收录具体研究的文章16篇。还有民族学学者考察一位从越南嫁到中国的苗族妇女的生活经历，探讨其系列行动的生存理性。[2]

日常生活史的研究，也有一些综合性的探讨。我主编了《中国日常生活史读本》（北京大学出版社，2017）收录论文18篇，依内容分为五编，即生育与生命周期、日常交往、消费与逸乐、性别与生活、城乡日常生活。尽可能反映日常生活的基本问题，既有人的生产与生命历程、社会交往、物质消费，也涵盖日常生活的空间场所。这其中还兼顾了民间信仰与思想观念的内容，兼顾了论文的研究时段以及不同阶层与社会身份的生活。断代性的生活史研究虽然不太强调区分社会生活、日常生活，也足资参考。宋镇豪的《商代史（卷七）·商代社会生活与礼俗》（中国社会科学出版社，2010）一书，论述了商朝礼制与社会生活礼俗的运作，以及有关商代社会行为观念整合规范的机制。全面考察城邑生活与族居形态、建筑营造礼仪、宫室宅落建制、居住作息习俗、家族亲属关系和社会风尚，包括商代的衣食住行、农业信仰礼俗、人生俗尚、婚制婚俗、生育观念、养老教子、卫生保健与医疗俗信，以及社会礼仪及礼器名物制度、服饰车马制度、文化娱乐、丧葬制度、甲骨占卜等。黄正建著的《走进日常：唐代社会生活考论》（中西书局，2016）一书，探讨了唐代的衣食住与日常生活。师永涛著的《唐代的乡愁：一部万花筒式的唐朝生活史》（安徽文艺出版社，2014）一书，试图通过浩瀚史料中被漏下的碎片，诸如夜宴、城市、胡人、庄园、女子、少年、寺庙的日常细节，呈现一个时代的存在。宋立中著的《闲雅与浮华：明清江南日常生活与消费文化》（中国社会科学出版社，2010）一书，主要涉及明清江南日常生活与消费文化，分别从婚姻礼俗与社会变迁、消费服务与消费文化、休闲生活与雅俗冲突三个方面，探讨了学界较少关注的明清时期婚礼消费、节日消费、娱乐消费、时尚消费、妇女游风、鲜花鉴赏、休闲文化，以及传统服务业，如游船业、旅馆业、娱乐业等内

---

[1] 戴建兵、张志永：《个人生活史：当代中国史研究的重要增长点》，《河北学刊》2015年第1期。

[2] 郑宇、曾静：《社会变迁与生存理性：一位苗族妇女的个人生活史》，《民族研究》2015年第3期。

容。李长莉等著的《中国近代社会生活史》（中国社会科学出版社，2015）一书记述自晚清至 1949 年间，伴随中国社会的近代化变动，人们的衣食住行、社会生活、风俗习尚、文化娱乐等诸方面的变迁轨迹，既考察近代百余年间社会生活的总体变迁轨迹，又重点考察各个时段突出的社会生活现象，并加以文化分析，揭示中国社会近代转型过程中，近代社会生活变迁的社会文化意义。李健胜的《清代－民国：西宁社会生活史》（人民出版社，2012）一书论述了清代－民国时期西宁地区的衣食住行、婚丧礼俗、教育文娱、节庆宗教、医疗卫生等，呈现了西宁地区各民族社会生活的多元性。颜浩著的《民国元年：历史与文学中的日常生活》（陕西人民出版社，2012）一书发掘小说中的历史素材，从百姓民生及其日常生活来反映清末民初社会，讲述了很多日常生活的具体场景，比如，怎么娱乐、怎么穿衣，等等。罗小茗编的《制造"国民"：1950－1970 年代的日常生活与文艺实践》（上海书店出版社，2011）一书的主要内容是亚洲在发出自己的声音，中韩两国青年新锐学者首次思想碰撞，重返冷战体制现场，探寻"在地"思想资源，建构亚洲自身的思想学术脉络。顾希佳、何王芳、袁瑾著的《杭州社会生活史》（中国社会科学出版社，2011）一书描写出杭州各时期小人物衣食住行、风土民俗、人生礼仪、宗教信仰等各历史场景，多视角展示了杭州人几千年的生活状态。

日常生活的研究也有一些较新的尝试。余新忠认为，若能融通社会文化史和日常生活史研究，从社会文化史和日常生活史的双重角度出发来探究中国历史上的生命与健康，对于未来中国医疗史的研究来说，应不失为一条可行的路径。[①] 徽州社会史有从社会生活到日常生活的转向。[②] 胡悦晗对于民国时期城市史、知识分子群体的研究也关注日常生活。特别是将日常生活与特有的时间观联系在一起，所谓"农事节律"，就是一年之中农作物从播种到管理、收获的一系列工作程序。一年之中，受自然节律的影响，农业生产活动从种植到收获也会表现一定的节律性特征；与此相适应，乡村社会生活也会表现一定的节奏性。农业生产活动有张有弛，于是乡村社会生活中诸活动也必会随之起落，各种活动也就会巧妙配合而又有序地分布于时间与空间之中。这种时间生活的结构性安排，不仅深刻影响了传统

[①] 余新忠：《回到人间　聚焦健康——新世纪中国医疗史研究刍议》，《历史教学》（下半月刊）2012 年第 11 期。

[②] 卞利：《从社会生活到日常生活——徽州社会史研究的新转向》，《安徽大学学报》2016 年第 1 期，徽州社会史专栏的主持语。

中国民众之时间观念与时间体系，而且对整个中国传统文化产生了深远影响。近代以来，随着大工业的发展，这一时间生活模式也在逐步发生改变。王加华的《被结构的时间：农事节律与传统中国乡村民众年度时间生活——以江南地区为中心的研究》（上海古籍出版社，2015）一书，对此做了深入的研究和探讨。陈辉在《过日子：农民的生活伦理——关中黄炎村日常生活叙事》（社会科学文献出版社，2015）一书中发现陕西关中农村依然保持着较强的家庭观念，依然实践着一套以"过日子"为核心的生活伦理。通过描写日常生活琐事，呈现农民"过日子"的原则、策略和方法。

首都师范大学历史学院中国近现代社会文化史研究中心重视社会生活史研究。该中心主任梁景和认为，中国现当代社会文化史学是研究中国现当代社会生活与其内在观念形态之间相互关系及其形成新知识体系的学科，是典型的交叉学科。所谓"社会生活"是指人们在以生产为前提而形成的各种人际关系的基础上，为了维系生命和不断改善与提高生存质量而进行的一切活动的总和。社会生活有广义与狭义之分。狭义的社会生活包括相当丰富的内容，同时亦存在其最基本的内容，诸如衣食住行、婚丧嫁娶、两性伦理、生老病死，等等。[1] 基于此，梁景和主编了"社会生活探索"系列出版物，该书分为总论卷、婚恋卷、家庭卷、女性卷、性伦卷、综合卷等。同时，梁景和主编《中国社会文化史的理论与实践》，对中国1988年至2009年以来社会文化史理论方法的探索、重要著作的书序和书评，以及重要学术会议和成果的评述等内容的编辑和整理，对读者了解这20余年中国社会文化史的发展历程有重要的参考价值。后又出版了《中国社会文化史的理论与实践续编》。梁景和还组织青年学者对社会文化史理论与方法进行研讨，其主旨就是梳理社会文化史的缘起、挑战与机遇，理清社会文化史的多维综合交叉的特质、特有的意义与价值，以及可供借鉴的理论与方法，多层面多角度论述社会文化史书写的可能性，提升社会文化史研究的社会服务功能。于是主编《社会文化史理论与方法——首届全国青年学者学术研讨会论文集》（社会科学文献出版社，2014）。梁景和也关注新文化史，不仅组织研讨会，还主编了《西方新文化史与中国社会文化史的理论与实践：首届学术研讨会论文集》（社会科学文献出版社，2014）。

此外，梁景和还主编了其他系列出版物。如主编《中国现当代社会文

---

[1] 梁景和：《社会生活：社会文化史研究的一个重要概念》，《河北学刊》2009年第3期。

化访谈录》，主编"中国近现代社会文化史论丛"，出版了杨才林《民国社会教育研究》（社会科学文献出版社，2011）、黄东《塑造顺民——华北日伪的"国家认同"建构》（社会科学文献出版社，2013）、梁景和等著《现代中国社会文化嬗变研究（1919～1949）：以婚姻·家庭·妇女·性伦·娱乐为中心》（社会科学文献出版社，2013）。还将首都师范大学历史学院中国近现代社会文化史研究中心组织的系列学术讲座和沙龙合并，编辑出版"社会·文化与历史的思想交汇"系列出版物。梁景和多次组织召开"中国近现代社会文化史国际学术研讨会"，出版了会议论文集。婚姻、家庭、性别是该中心重点研究内容，梁景和教授主编的《婚姻·家庭·性别研究》已经出版 5 辑。

社会文化史也产生了一些颇有新意的成果。刘永华主编的《中国社会文化史读本》（北京大学出版社，2011）一书指出：社会文化史强调的是，在具体的研究实践中将社会史分析和文化史诠释结合在一起。在分析社会现象时，不能忽视相关人群对这些现象的理解或这些现象之于当事人的意义，唯有如此，社会史分析才不致死板、僵硬；在诠释文化现象时，不能忽视这些现象背后的社会关系和权力关系，唯有如此，文化史诠释才不致空泛、玄虚。本书涵盖社会文化史研究的五个主要问题：国家认同，神明信仰，宗教仪式，历史记忆，感知、空间及其他。通过 21 篇精彩个案研究，引导读者进入中国历史的深层脉络。再如湛晓白著的《时间的社会文化史：近代中国时间制度与观念变迁研究》（社会科学文献出版社，2013）以"近代时间"在中国的兴起为研究对象，自觉把时间制度与观念的演变置于晚清民国社会近代化整体变迁的过程中去考察，较为清晰地梳理了以公历、星期制、标准时、时刻分秒计时制等为主要内容的近代时间体制在中国传播和建立的历程，以及近代时间为历法所赋值，为节庆礼仪所演绎，为政治文化所形塑的种种丰富的历史形态。

三 民间文献与社会史史料

有关社会史的文献处理与史料认识，冯尔康先生提出过社会史史料学，郑振满强调民间文献学，重视新史料的发现。① 历史人类学研究需要借助民

---

① 郑莉、梁勇：《新史料与新史学——郑振满教授访谈》，《学术月刊》2012 年第 4 期。

间文献，而理解民间文献离不开对于民众日常生活的认识。有关民间文献的讨论不断，涉及 20 世纪民间文献搜集整理方法的演进历程、徽州民间历史文献整理方法、妇女史研究资料的价值与利用等问题。

2006 年 4 月 17 日，哈佛燕京图书馆会议室，哈佛大学东亚语言与文明系教授包弼德（Peter Bol）与来自中国的哈佛燕京学社访问学者刘平，组织了一场历史学与人类学的对话，萧凤霞、韩明士、丁荷生、宋怡明、郑振满、梁洪生、孙卫国、王明珂、顾坤惠、林玮嫔 10 位学者参加了讨论，郑振满谈道："20 世纪以来，我感觉历史学有两次大变化，第一次是在 20 世纪前期，历史学开始和其他学科结合，开始从研究少数人转到研究老百姓。要研究老百姓，历史学原来的工具已经不够用了，要向其他学科学习，这就是社会科学化；资料也不够用了，要找跟老百姓有关的新资料，这就是民间文献。第二次就是 80 年代以后的后现代思潮，对理解资料有很大影响。我们要去问资料到底有什么意思，而不是写了什么就是什么，认得字不一定懂得读资料、做研究。这就要回到资料形成的环境中去，向当地老百姓请教。这两个问题，即对民间文献的兴趣和对资料的重新理解，催生了历史人类学。所以我理解的历史人类学很简单，就是民间文献加田野调查。在这条路上我们是走了很长时间的。"① 郑振满还谈到民间文献与民众日常生活的关系，他说："每一种民间文献可能都和特定的人群和特定的生活方式有关。如果不把民间文献放在具体的社会环境中，不了解各种民间文献的作者和使用范围，也不能真正理解民间文献的历史意义。要做到这一点，就必须做田野，就需要历史人类学了。"② 就是说，历史人类学通过田野调查与解读民间文献理解"人群"和"生活方式"。

厦门大学设立民间历史文献研究中心，自 2009 年起，每年举办一届"民间历史文献论坛"，至今已经举办 7 届。郑振满主编"民间历史文献论丛"由社会科学文献出版社出版，2013 年推出第一辑郑振满、饶伟新编《族谱研究》。在以往的研究中，族谱主要是作为史料使用的。至于族谱文本本身的编纂、生产、使用和流传，以及与社会文化史之关系等重要问题，则甚少受到学界重视。该书围绕以上问题展开，尝试从"族谱的编修与生

① 刘平、刘颖、〔越〕张玄芝整理《历史学与人类学的对话》，《文史哲》2007 年第 5 期。
② 刘平、刘颖、〔越〕张玄芝整理《区域研究·地方文献·学术路径——"地方文献与历史人类学研究论坛"纪要》，常建华主编《中国社会历史评论》第十卷，天津古籍出版社，2010，第 358 页。

产""族谱与时代变迁""族谱与宗族建构""族谱与地方权力结构"4 个方面探讨族谱研究的新视野与新的解读方法，并在总体上展现今后族谱研究的一个值得关注的新动向。2014 年推出第二辑郑振满编《碑铭研究》，集中展示了中外学界近年来碑铭研究的最新成果，全书分为碑铭的制作与流传、碑铭与地域社会、碑铭与社会经济、碑铭与社会文化、碑铭与宗族组织 5 部分。2016 年又出版了第三辑刘永华编的《仪式文献研究》，内容分为宋代法术与近代道教、道坛传承与系谱重构、仪式文本与道坛科仪、儒家的宗教性。

梁洪生等著《地方历史文献与区域社会研究》（中国社会科学出版社，2010）所收论文多从微观入手，微观切入与宏观把握有机统一；注重实证研究与田野调查，偏好方志、文书、谱牒等地方史料，挚爱"小叙事"，以小见大，视角独特，资料翔实；写作态度端正，大多一丝不苟，丝丝入扣，条分缕析。更可贵的是，部分作者不乏清醒而冷峻地"鉴往事，知来者"的史家情怀。

社会史文献的研究，有诸多门类。契约文书是重头戏，[①] 乜小红著的《中国中古契券关系研究》（中华书局，2013）一书充分利用敦煌、新疆及黑水城出土的大量各类契券（包括少数民族文字契券），结合传世文献及前人研究成果，对借贷、买卖、租佃、雇佣、收养、社邑、婚姻、奴婢等方面的契券关系，分门别类进行了全面系统的研究，注重揭示各种契券关系的历史演变，探讨其内在变化规律。陈敬涛著的《敦煌吐鲁番契约文书中的群体及其观念、行为探微》（中国政法大学出版社，2013）一书内容是：契约中的当事人——以田宅契约为例，契约中的保人——以主、保关系为视角，契约中的思维和行为方式，契约中的习俗和观念之演变——以"沽各半"套语为研究对象，以及从古印度到中土——《百喻经》中的"债"字内涵。20 世纪 90 年代以来，随着《俄藏黑水城文献》《英藏黑水城文献》《中国藏西夏文献》《中国藏黑水城汉文文献》《斯坦因第三次中亚考古所获汉文文献》《非佛经部分》《法藏敦煌西夏文文献》《俄藏敦煌文献》等大型文献的出版，为全面深入研究西夏与黑水城文献奠定了坚实的基础。为此，杜建录、史金波著《西夏社会文书研究》（上海古籍出版社，2010）分为西夏社会文书研究、释文两个部分。刘道胜著《明清徽州宗族文书研究》（安徽人民出版社，2008）以明清徽州宗族文书为中心，采用文书档案

---

① 《安徽史学》2015 年第 6 期发表一组"民间文书的整理、研究与利用"笔谈。

与文献记载相结合、微观分析与宏观考察相结合的方法，解读文书的形式，阐释文书的内涵，对徽州宗教文书做出分类考察，进而揭示明清徽州宗族的各种社会关系。阿风著的《明清徽州诉讼文书研究》（上海古籍出版社，2016）一书论述了徽州与徽州文书，徽州诉讼文书的分类（分别以存在形态、以诉讼过程为中心），诉讼程序，徽州人的诉讼书证观念，徽州的诉讼费用研究——以讼费合同文约为中心，明代中期的山林诉讼——以成化年间《祁门县告争东山刷过文卷抄白》为中心，宗族墓地、祠庙诉讼，宗族争仆诉讼——以《不平鸣稿》为中心。值得提到的是域外文献，王振忠著《袖中东海一编开：域外文献与清代社会史研究论稿》（复旦大学出版社，2015）重点发掘朝鲜燕行录、琉球官话课本、日本唐通事史料以及近代西方传教士书写的方言文献，以社会史研究的方法将各类史料熔于一炉，在全球史的视野下瞻瞩中外、盱衡古今，希望借此推动中外交流史由政治史、贸易史以及广义的文化史向社会史的拓展。

社会史史料的研究利用方面，有人对当代社会史资料建设问题提出看法，[1] 还有人对当代中国民间文献史料的搜集、整理与利用状况做了回溯。[2]

社会史文献、史料的整理出版。契约文书的出版，张传玺主编的《中国历代契约粹编》（上中下册，北京大学出版社，2014）收录了从原始无文字契约到中华人民共和国土地改革时期的民间契约2500余件，包括买卖、雇佣、典当、分家、继嗣、赠送等多种社会经济活动，此外还收录了历代民间模拟契约形式的"买地券"多件，从多方面反映了中国传统基层社会的经济形态、法律关系和文化面貌。陈支平主编《福建民间文书》（广西师范大学出版社，2007）辑录来自厦门、泉州、闽北地区、寿宁县及其他十县的各类民间文书近3000件，所属时间自明万历年间迄20世纪50年代。所包含文书之品种除大量的买卖、租佃等契约外，还有数量较多、时间集中且归户性很强的警察捐收据及工业捐税收据等，对该地区捐税史及工商业发达史的研究为不可多得的珍贵史料。除了上述通代或断代契约文书汇编之外，还有按照区域编辑的文献汇编，清水江文书是贵州清水江流域苗族、侗族明末清初以来直至20世纪50年代的一种民间文献，主要包括山林

---

① 郑清坡：《中国当代社会史资料建设的现状与反思》，《历史教学》（下半月刊）2014年第4期。

② 邓群刚：《当代中国民间文献史料的搜集、整理与利用现状综述》，《中共党史研究》2011年第9期。

经营和木材贸易方面的民间契约和交易记录。张应强、王宗勋主编《清水江文书》由广西师范大学出版社推出，分别于 2007 年、2009 年、2011 年出版三辑。曹树基、潘星辉、阙龙兴等编《石仓契约》（第一、二辑），分别于 2011 年 1 月、2012 年 8 月由浙江大学出版社出版。浙江省松阳县石仓村，因其保留了完整的明清土地契约、民间文书，以及从万历以来的大量明清古建筑，从而在学术界与建筑界产生了重大影响。石仓的土地契约可能是村落群中集中保存最为齐备、数量最多、种类最多且记载最为清晰的契约文书。张建民主编《湖北天门熊氏契约文书》（湖北人民出版社，2014），则属于家族性的。

徽州文书出版最多。刘伯山编著的《徽州文书》自 2005 年由广西师范大学出版社推出第 1 辑，后又分别于 2006 年、2009 年、2011 年、2015 年出版了第 2~5 辑，每辑共 10 卷（册），收录的民间私人所藏归户性文书是这套文书的特色，并附有诸多针对归户文书所进行田野调查的实态照片。黄山学院编辑的《中国徽州文书（民国编）》（清华大学出版社，2010）全 10 册，包括：徽州人在徽州境内形成的文书，非徽州籍人在徽州境内形成的文书，徽州人在徽州境外形成的文书。李琳琦主编的《安徽师范大学馆藏千年徽州契约文书集萃》（安徽师范大学出版社，2014）是对安徽师范大学图书馆馆藏徽州契约文书进行整理、汇编而成的，共分装成 10 册。本套书主要包括元代至清代徽州民间的档案、契约、文书等数千余件。黄志繁、邵鸿、彭志军编的《清至民国婺源县村落契约文书辑录》（商务印书馆，2014 年）18 册，以保持历史文献的原始状态和更丰富的信息为原则处理清至民国婺源县村落文献资料，希望能为后来研究者提供一套具有较高史料价值的文书辑录。全书收集清至民国民间文书 3600 多份（套）9000 余张，以契约为主；另外，纳税凭证、状词和账本也有一定数量，其余文献则五花八门，充分体现了乡村社会生活的复杂性。文献种类有供词、招告、托书、合墨、包书、包封、戏文、托字、杂单、手绘地图、分单、证明、售货清单、保证书、符、当会契、修屋清单、聘礼、礼单、药引、婚约、婚前财产公证、拼批等。从这些不同类型的文书中，不难看出传统乡村社会生活的丰富性。吴秉坤著的《清至民国徽州民间借贷利率资料汇编及研究》（上海交通大学出版社，2015）从黄山学院所藏的徽州文书中，整理出记录有当时市场借贷利率数据的借贷文书，以时间、地点、抵押物、利率、借贷额、借贷方等字段，将基本数据汇总为徽州民间借贷利率数据表，并挑选一部分契约文书原件作为附录影印出版。

宗族文献的整理，硕果累累。上海图书馆编纂《中国家谱资料选编》（上海古籍出版社，2013）分为"家族源流卷"（全2册）、"家规族约卷"（全2册）、"礼仪风俗卷"（全2册）、"教育卷"、"经济卷"、"序跋卷"（全2册）、"凡例卷"、"诗文卷"（全3册）、"传记卷"、"图录卷"、"漳州移民卷"（全2册），共计11卷，18册，1930万字。该书所辑资料以上海图书馆的2万余种藏谱为基础，再重点选辑国家图书馆等单位所藏之谱。凡辑入的资料都直接来自原始家谱，保证了资料的原始性和独有性；选辑还兼顾家谱的地域性与姓氏差异，力求入选资料的多样性。冯尔康主编的《清代宗族史料选辑》（3册，天津古籍出版社，2014）汇集了有清一代宗族史的基本史料，观照到不同地区的宗族活动情形；取材包括各种类型的图书文献，有清代的政书、史书、文集、方志、笔记、档案以及大量视觉史料——主要是民间的族谱（家谱、家乘、宗谱）。卞利主编的《明清徽州族规家法选编》（黄山书社，2014）从现存公私藏2500多种徽州族谱中收集与分类整理辑录，以明清时期（1368～1911）有关徽州族规家法为主，酌情收录了民国元年至十年（1912～1921）部分徽州族谱中的族规家法。

碑刻集不断出现。许檀编的《清代河南、山东等省商人会馆碑刻资料选辑》（天津古籍出版社，2013）收录了清代河南、山东、直隶、山西等省的商人会馆的碑刻资料，抄录、整理了近160通碑的碑文，内容涉及会馆创建的背景及创建会馆时买卖地契的过程、捐款的明细、开支的明细等内容，是研究中国近代城镇结构和市场发展的第一手资料。萧用桁编著的《石上春秋：泰和古碑存》（江西人民出版社，2013）对江西泰和县境所存的从宋到清、民国的碑刻进行征集、整理、拓印成图，并对碑文进行析出，详加编排而成。收录碑刻215块、拓片239张。冼剑民、陈鸿钧编《广州碑刻集》（广东高等教育出版社，2006）内容分类如下：（1）府署学宫类；（2）寺观庙宇类；（3）墓志铭类；（4）宗祠社学类；（5）书院类、会馆类；（6）楼台园林类；（7）公共工程类；（8）禁示规约类；（9）摩崖石刻类；（10）其他类碑刻；（11）中山大学碑刻。

档案。杜家骥主编的《清嘉庆朝刑科题本社会史料辑刊》（天津古籍出版社，2008）共3册，300万字，属于大型资料集。本书对内容进行分类，如家族家庭关系类、良贱关系类、流民类、民族类，等等。每类之下编入该类内容档案，每件档案做案情摘要，包含重要价值内容的诸总结词，如地保报案、工价、地价、作物种植、合伙贸易、典当、银钱比价、增租夺佃、找价、寡妇再嫁、过继、家产分析、服属等级、寓居、习俗，等等，以此作为出版物的目录，以便利各专题研究者的查找利用。

南开大学中国社会史研究中心与北京采薇阁书店合作，出版"南开大学中国社会史研究中心资料丛刊"，由凤凰出版社发行，2013 年以来已有多种问世。计有《中国珍稀家谱丛刊·明代家谱》分 32 册影印出版，《稀见姓氏家谱》第 1 辑 46 册、第 2 辑 50 册影印出版。《民国旅游指南汇刊》56 册，《近代同学录汇编》35 册。2014 年又推出民国时期山东福顺兴木头铺账册《产业史资料富顺兴账册》17 册。2015 年推出大型资料集《中国近代铁路史资料选辑》（104 册）出版，该大型资料汇编为教育部人文社科重点研究基地重大项目"现代交通体系与近代华北区域社会变动研究：1881－1937"的阶段性成果，主编是项目主持人江沛教授。

四　社会史学科建设

学科建设有益于开展教学科研。改革开放以来的新时期，中国社会史研究是最有学术活力的领域之一，在学术界产生了广泛而深刻的影响；为了进一步开展研究，清理以往的研究成果是十分必要的。冯尔康教授主编的《中国社会史研究概述》（天津教育出版社，1988）一书，清理了 1911年至 1986 年 6 月的研究成果，常建华、郭玉峰、孙立群、闵杰编著的《新时期中国社会史研究概述》（天津古籍出版社，2009）则为续作，反映 1986年 7 月至 2000 年 12 月中国社会史的研究成果。全书分综述、索引两编。上编综述，首先综述社会史理论讨论，然后依照不同时代分四部分概述了自先秦至近代社会史的研究状况；下编索引，分书目索引和论文索引，论文索引既有通论性论文索引，又有断代性论文索引。本书是研究中国社会史基本的工具书与教学参考书。常建华主编的《中国社会史经典精读》（高等教育出版社，2014）为所选 24 篇论文配有"导读"以及延伸阅读目录，是一部适合研究生与青年教师阅读的教研参考书；所选出的 24 篇论著，基本上依照不同的历史时段分组，各段大致依据论著发表先后排列。注意从几个重要的社会史方面照顾到历史的连续性，如宏观社会结构、宗族家庭亲属、社区与城乡问题、宗教与民间信仰、礼俗习尚、绅士以及女性研究、人口研究。池子华、吴建华主编的《中国社会史教程》（安徽人民出版社，

2009）上编"社会史理论"系统地阐述了社会史的理论知识，包括社会史的学科体系，社会史的"邻里"关系，社会史的资料及研究意义、方法，社会史理论研究现状及其未来走向；下编"社会史专题"包括"中国早期社会组织与婚姻家庭""秦汉基层社会控制""科举制下进士的社会结构和社会功能""明清社会转型概论""明清士绅的文化权力""庙会与社会生活""铁路与近代社会生活""流民问题与社会控制""慈善事业：社会稳定机制的一个侧面"。① 姜明、吴才茂、杨春君编著的《区域社会史概论》（西南交通大学出版社，2015）力图展现学术界区域社会史研究方面的新成果和理论框架，并着重以贵州清水江地区为例，通过对该地区现有的历史契约、碑刻、族谱等的研究，展示了区域社会史研究的思路与方法。该书上编是理论与方法，中编为民间历史文献，下编是作为区域的清水江地区。

　　长期从事社会史研究的学者，将有关学科建设的论文结集出版。冯尔康的《中国社会史研究》（天津人民出版社，2010）记录了冯先生新时期探索中国社会史研究的步履，本书选辑研究明代以前的社会史文论，成为作者已有清代社会史、中国宗族史外的中国古代社会史论文集。本论文集的编排，按文章内容性质区分为五类，依次为社会史理论、社会结构与农民、文化心态史、社会史史料学、社会史与历史研究法，最后缀以附录三篇。常建华的《观念、史料与视野：中国社会史研究再探》（北京大学出版社，2013）是作者继《社会生活的历史学：中国社会史研究初探》之后又一本探讨中国社会史的文集。该书除序言之外，分为七组论文，即回顾与前瞻，岁时、禳除与心态变迁，风俗与社会，社会史资料价值，碑刻与乡约，族谱学研究综述，宗族研究综述。全书收录文章26篇。王先明著的《走向社会的历史学》（河南大学出版社，2010）针对长期以来学术界有关社会史研究的基本理论、学科意义、研究对象和范畴、争论热点等进行了辨析与深入讨论。全书共分11章，分别为"史学危机与社会史的兴起""复兴的社会史：历史承继与时代创新""马克思主义与社会史研究""唯物史观与社会史研究""社会史的研究对象与范围""社会史体系构建问题""社会史学：学科的历史定位""社会史的理论范畴""社会历史动力问题再思考""关于区域社会史""跨学科走向与社会史的新拓展"，另附有"当代国际史学的新朝向：20世纪下半叶的西方社会史概述"。行龙著的《从社会史到区

---

① 代华：《系统的学科建构　浓郁的江南特色——〈中国社会史教程〉述评》，常建华主编《中国社会历史评论》第一卷，天津古籍出版社，2010。

域社会史》（人民出版社，2008）收入有关社会史理论与方法问题的文章，分人口问题、学科构建、视角转换、山西社会四组文章，反映了作者从人口问题切入中国社会史研究，再从社会史到区域社会史研究的学术历程。此外，李世瑜著的《社会历史学文集》（天津古籍出版社，2007）收集了作者百余篇论文，主要介绍了作者的治学道路，社会历史学之理论与实践讲稿，1947 年、1948 年万全、宣化庙宇普查之方法论等，内容包括论文、为他人著述所撰序跋、天津方言岛的研究、民俗学研究、民间秘密宗教研究等。

一些社会史的研究机构，也推出了集体成果。《新世纪南开社会史文集》（天津人民出版社，2010）为南开大学中国社会史研究中心成立后专职研究人员的论文集，该书首选在海外发表的论文，收录论文 17 篇，附录中国社会史研究中心大事记（1999～2009）。张国刚、余新忠主编的《新近海外中国社会史论文选译》（天津古籍出版社，2010），反映了海外的相关成果。李治安主编"基层社会与国家权力研究丛书"，由天津古籍出版社于 2009 年起推出，计有 9 种。定宜庄、汪润主编《口述史读本》（北京大学出版社，2011）精选国内外有关文章近 20 篇，旨在尽可能系统和全面地向读者展现口述历史这一学科的发展过程、基本理论和学术规范。有鉴于口述史学实践性强的特点，本书特别注意收集国内国外题材与风格各异的口述史经典研究范例，以及研究者的经验体会，展现口述史实践中诸多关键环节的操作过程、注意事项，以期为初涉口述历史的读者了解口述史学科和从事口述史实践，提供某些有意义的借鉴。

常建华主编的"中国社会文化史丛书"遴选台湾学者的部分论著，以明清时期为主，反映了目前社会史的研究现状。这一时期的资料远较之前丰富，开展社会史研究较早，成果丰富，更能展示社会史研究的不同侧面。北京大学出版社于 2010 年 7 月起发行，已出版于志嘉的《卫所、军户与军役——以明清江西地区为中心的研究》、赖惠敏的《清代的皇权与世家》、陈玉女的《明代的佛教与社会》、巫仁恕的《激变良民：传统中国城市群众集体行动之分析》等。

近 10 年，中国社会史学会举行了 5 届年会，这些研讨会的主题，也反映了学会与主办单位的学术关注点。第 12 届年会由中山大学举办，主题为"政治变动与日常生活"。第 13 届年会由聊城大学主办，以"区域、跨区域与文化整合"为主题。第 14 届年会由山西大学主办，主题是"改革开放以来的中国社会史研究"。第 15 届年会由江西师范大学主办，将"生命、生计与生态"作为主题。第 16 届年会由武汉大学、三峡大学举办，主题是"中国历史上的国计民生"。其中第 13 届年会的论文集《区域·跨区域与文化整合：社会史国际学术研讨会论文集》（天津人民出版社，2012）由王云、马亮宽主编出版了。此前举行的第 11 届年会论文集，即卞利、胡中生主编的《民间文献与地域中国研究》（黄山书社，2010）也已出版。

此外，利用社会史年会的间歇期单数年，自 2005 年以来，由中国社会科学院近代史研究所社会史研究中心牵头，联合其他单位举办中国近代社会史国际学术研讨会，已经成功举办 6 届。2005 年在青岛举办的"首届中国近代社会史国际学术研讨会"，以"近代中国的城市·乡村·民间文化"为主题；2007 年在乌鲁木齐举行的第二届，讨论"晚清以降的经济与社会"；2009 年在贵阳举行的第三届，以"近代中国的社会流动、社会控制与文化传播"为主题；2011 年在苏州举办的第四届，讨论"近代中国的社会保障与区域社会"；2013 年在襄阳举办的第五届，讨论"社会文化与近代中国社会转型"；2015 年在保定举办的第六届，讨论"华北城乡与近代区域社会"。还连续编辑出版了 7 辑《中国近代社会史研究集刊》。

五 结语

几年前，我曾笔谈社会史研究的最新发展趋势，我认为：近些年来，海内外的社会史研究在取得进展的同时，寻求着某种突破，有如下研究趋势值得我们关注，即社会史与全球史、物质文化与日常生活的路径、历史人类学的研究取向。笔者以为社会史研究的趋势，或许可以概括为以下三点：首先是社会空间的扩展，强调研究中把握好社会与村落、城市、区域乃至全球化的关系；其次是要重视社会史与新文化史联袂，将感觉、日常生活、社会与文化的建构等纳入视野；最后是强调跨学科的视野，这些年历史人类学、艺术社会史、医疗社会史、法制社会史取得了令人瞩目的成就，为社会史展示美好的学术前途。① 现在我仍持这些看法。

不过，我以为值得推广的还有从"三生"的视角开展中国社会史研究。2014 年举行的第十五届中国社会史学会年会，主题是"中国历史上的生命、

① 常建华：《社会史研究的最新发展趋势》，《安徽师范大学学报》2014 年第 1 期。

生计与生态"，融合生命史学、环境史学、日常生活史学于一体，构成"三生"的问题意识。关于生命史学，余新忠认为，"生命史学"的核心是要在历史研究中引入生命意识，让其回到人间，聚焦健康。也就是说，我们探究的是历史上有血有肉、有理有情的生命，不仅要关注以人为中心的物质、制度和环境等外在性事务，同时更要关注个人与群体的生命认知、体验与表达。[1] 王利华认为，环境史研究除了系统地考察自然环境的历史面貌外，尤应注重生命支持系统的历史、生命护卫系统的历史、生态认知系统的历史、生态 - 社会组织的历史。[2] 生态环境与人的结合，构成人与自然的关系，作为历史学重点要考察人的活动，这种活动是以生计为主的，即人的生命的生产与再生产的日常活动，属于民生活动。"三生"视角的基本逻辑在此，或许可以赋予中国社会史研究以新的学术追求。

---

① 余新忠：《生命史学：医疗史研究的趋向》，《人民日报》2015 年 6 月 3 日。
② 王利华：《浅议中国环境史学建构》，《历史研究》2010 年第 1 期。

寻求意义：深度解释与社会
文化史研究的深化

左玉河

21 世纪以来，中国文化史发展新趋势是社会文化史的勃兴。社会文化史的基本理念，是从文化视角透视历史上的社会现象，对社会生活做文化学提炼。目前的中国社会文化史研究大多停留在历史描述的层面上，属于表层的社会现象描述和浅层的表象研究。社会文化史研究绝不能仅仅满足于对社会生活现象的低层叙述和浅层描述，必须将研究从"生活"层面提升到"文化"层面，关注这些生活现象背后所蕴含的"文化"含义，探究社会生活背后隐藏的历史意义。寻求意义，是社会文化史研究的根本目标；而对社会生活进行"深度解释"，是寻求意义的可行途径。社会文化史研究为什么要探究生活现象背后的历史意义？历史描述、历史解释与历史意义之间究竟有怎样的关联？如何通过深度解释来探究历史意义？这些问题无疑都需要做深入探究的。

一　历史有叙述和解释双重特性，但其重心
在于历史解释

历史具有叙述与解释的双重特性，但真正的历史必然要寻求意义。然而，意义绝非叙述所能呈现的，它需要解释才能揭示，故历史的本质在于通过解释来寻求意义。将历史研究的重心置于历史解释之上，是合乎历史特性和本质要求的。列宁指出："全部历史本来是由个人活动构成，而社会科学的任务在于解释这些活动。"[①] 因此，对历史活动进行解释，是历史研

① 《列宁全集》第一卷，人民出版社，1984，第360页。

究的一项主要任务。唯物史观旨在对历史做"唯物的解释"："每个时代中寻求某种范畴，而是始终站在现实历史的基础上，不是从观念出发来解释实践，而是从物质实践出发来解释各种观念形态。"① 故它可以概括为一种对历史进行解释的科学理论："生产力的发展决定人们在生产人类必需的产品时彼此所发生的关系。用这种关系才能解释社会生活中的一切现象，人类的意向、观念和法律。"② 历史意义正是通过历史解释才发掘并呈现出来。

克罗齐"一切历史都是当代史"命题的基本内涵是：一切历史都是当代人根据自己的理解来描述和解释的历史，历史因描述而得以呈现，同样也因解释而有意义。历史的本质在于人们以当下的眼光看待过去，根据当前的问题看待过去，史学家的主要任务不在于记录过去，而在于解释过去，发觉并呈现历史的意义。历史本身虽然不可重复，但历史发展有其相似性，故历史经验可资借鉴，决定了历史必然包含着丰富的意义。既然历史中包含的意义是复杂、丰富的，那么后人就可以从中发觉适应时代需要、适应各种人群需要和各种情况需要的"意义"。所谓"历史意义"，往往是由后人所赋予的"意义"，史学家的任务就是不断从历史中发觉这些被赋予的"历史意义"。因此，"历史之树常青"的秘密就在于，后人不断赋予过去以全新意义，并不断寻求和阐述这种意义，用以指导现实并引导未来。因此，历史研究本质上不仅仅记录和描述历史活动，还要解释和发掘历史意义。解释是寻求历史意义的手段和途径，解释历史的主旨在于寻求历史意义。

柯林伍德提出的"一切历史都是思想史"命题，再次将历史的解释本性及寻求意义的本质揭示出来。该命题的基本内涵是：历史是由有理性的人创造的历史，一切历史活动背后都包含着人的理性活动和思想动机（不管这种思想动机背后是经济的、政治的还是其他原因的）。故一切历史都包含有历史意义而可以进行思想解释。反过来说，只有发觉并解释历史活动背后的思想动机，才有可能理解历史活动的真正意义之所在。历史活动背后潜藏着复杂的思想动机，历史学家必须加以发掘并呈现，并发掘和呈现思想动机的方式，即历史解释。史学家通过历史解释来理解历史活动背后所隐藏和包含的意义。

历史的基本特征是描述和记录，即记录的历史。记录的历史表现为多种形式的实录性史料，但史料是历史研究原料而非历史研究成果。唯有对

---

① 《马克思恩格斯文集》第 1 卷，人民出版社，2009，第 544 页。
② 《列宁专题文集》第 1 卷，人民出版社，2009，第 54 页。

史料进行必要的加工，才能成为历史研究成果。而史料加工的方式就是对其进行历史解释，史料经过历史解释后方能形成历史研究的成果。因此，记录的历史只能产生史料而不可能形成历史研究成果。人们过去常说，让历史事实说话，好像历史事实和历史材料是不言自明的。但历史事实和材料本身是不会说话的，必须依靠史学家的解释才能呈现其内涵和意义。卡尔指出："只有当历史学家要事实说话的时候，事实才会说话：由哪些事实说话，按照什么秩序说话或者在什么背景下说话，这一切都是由历史学家决定的。"[①] 史学家掌握着历史事实的叙述权和解释权，而其叙述的历史事实上是经过他选择的历史意义，其主观选择性更加明显，因此，历史固然不能离开基础性的史料记录，但更离不开对史料的解释。历史的解释特性，决定了历史学的要务不仅仅是历史记录，还应是历史解释，重点在于寻求历史意义，而不仅仅是历史描述。

历史的本质在于通过解释来寻求意义，文化研究的本质同样在于寻求意义。文化包含有形的文化符号和无形的文化观念。文化符号包含着文化观念，文化观念借文化符号得以呈现，文化符号所包含的文化观念，也就是我们常说的文化意义。既然文化是意义的几何体，那么文化研究的本质就是解释文化符号，以解释文化符号的方式发现其象征意义，寻求文化现象背后的深层意义。解释人类学家格尔茨指出"所谓文化就是这样一些由人自己编织的意义之网"。文化史是人们自己创造的具有象征意义的符号体系。这样的符号体系与人们赋予它的象征意义密切相连。符号体系所包含的象征意义是不会自动呈现的，必须加以解释才能得以彰显。因此，文化研究实际上就是发掘和解释象征符号背后的文化意义。正是从这个层面上讲，格尔茨强调："对文化的分析不是一种寻求规律的实验科学，而是一种探求意义的解释科学。"[②] 既然文化史是人们编织的"意义之网"，那么文化分析就是探求意义的解释科学；既然文化史是"意义之网"发展的历史，那么文化史研究就是对"意义之网"发展历史进行分析解释的工作，是对表面上神秘莫测的社会表达进行分析解释的工作。这项解释工作的主旨在于探求文化意义，故文化史研究的本质仍然在于以解释的方式寻求意义。

既然历史的本质与文化的本质都在于寻求意义，并且都以解释的方式

---

① 〔英〕E. H. 卡尔：《历史是什么》，陈恒译，商务印书馆，2007，第 93 页。

② 〔美〕克利福德·格尔茨：《文化的解释》，韩莉译，译林出版社，2014，第 5 页。

来寻求意义，那么社会文化史研究的使命自然就应该集中于寻求意义。而其寻求意义的方式，就是解释。以解释方式寻求历史意义，自然而然成为社会文化史研究的重点。

二 历史解释有浅释与深释之分，但其核心在于深释

历史的本质在于解释，但究竟怎样进行历史解释并寻求历史意义？格尔茨提出的"深描"理论，为历史解释提供了可借鉴的方法。文化的意义结构是有层次的，故发掘并呈现意义的描述也有层次，可分为浅描和深描。所谓"浅描"，就是对人的行为、活动及文化表象做直观的描述，主要解决"是什么"的问题。民族志所做的建立联系、选择调查合作人、做笔录、记录系谱、绘制田野地图等技术及程序，均属于浅描的范畴。所谓"深描"，是在对人的行为、活动及文化表象做直观描述的基础上，解释其内在的文化意义，重点解决"为什么"的问题。浅描属于叙述性的描述，旨在直观地描述现象；深描属于解释性描述，旨在寻求文化意义。叙述性描述主要是呈现或再现客观事实，解释性描述不在于呈现经验现象，而在于破解现象背后的"信号密码"，探求现象的原因或行为的动机。浅描所采用的方法主要是记录方法，也就是分析和解释表象的意指结构，揭示现象背后所隐藏或包含的历史意义。

解释人类学的"深描"理论，对历史解释有着重要的借鉴作用。历史的呈现方式分为历史叙述和历史解释，相当于解释人类学的浅描和深描。但历史学的解释并非完全等同于人类学的深描，历史学在借鉴人类学的浅描和深描概念及其方法时，必须做出符合历史学特性的变化。因此人类学进行民族志研究的重点在于描述，其描述可分为浅描和深描，但历史学除了历史叙述（实际上就是浅描，或称白描）之外，并不像人类学那样注重"描述"概念所能涵盖的。如果说人类学更重视"描"（无论浅描还是深描），那么历史学则更重视"解"（无论是浅层解释还是深层解释）。故将人类学上的"描述"概念改为历史学上的"解释"概念，或许更能接近历史解释的本意。

大致来说，人类学的浅描，相当于历史叙述；人类学的深描，则相当于历史解释。如果说历史叙述是历史学的浅描（白描）的话，那么历史解释则偏重于历史学的深描。因为历史解释可以分为浅层解释与深度解释，

故历史解释并不完全等同于深描。只有深度解释才更接近于人类学的深描。因此，历史学在借用人类学的浅描与深描概念时，可将浅描称为白描，深描称为深度解释，而在浅描（白描）与深描之间，增加了属于历史解释低层次的浅层解释。

所谓"浅层解释"，就是对历史活动及其事项做出一般因果性的解释，旨在说明历史活动及其事项发生的表层原因和直接原因。但这种浅层解释虽然说明了某种现象及活动的原因，并且这些解释也是符合逻辑和真实的，但它没有注意到历史活动及其事项背后的深层文化意义，故这种一般因果性的解释只能算是浅层解释。对历史活动原因进行浅层解释，还是远远不够的。历史学必须在此基础上对"原因之原因"做出深度解释，发掘原因表象背后的深层意义，探究表层原因背后之深层原因，寻求历史表象背后的深层意义。历史活动背后的深层意义，需要通过深度解释才能发掘出来。

作为一种解释性描述，深描不是一般意义的说明与解释，而是揭示和解释人们活动的深层原因及其意义。故深描属于"解释之解释"。既然历史学上的深度解释相当于人类学的深描，那么它自然属于"解释之解释"，是对一般浅层解释做更深层的解释。深度解释实际上是一种文化解释，相当于解释人类学的文化分析，旨在解释人们活动的深层原因及其意义。

这样看来，历史解释可分为两个层面：浅释与深释（与标题一致）。通过浅度解释（浅释），弄清表层原因及直接原因；通过深度解释（深释），弄清原因背后的原因，探寻原因背后的文化意义。前者是对历史活动及其现象所做的初步的浅层解释，后者则是对浅层解释所做的深度解释，即"解释之解释"。深度解释着重对一般因果性解释进行深层意义的分析和解释，弄清浅层解释背后隐藏的观念结构，进而理解和解释那些现象背后的深层意义。这种深层意义，主要是指在人们内心深处所赋予现象的文化意义。深层意义不同于现象的一般原因，而是与观念系统及认知结构相关的深层动因。

由此可见，历史研究实际上分为三个层次：一是历史的叙述，相当于人类学的浅描（白描），是对历史的记录，回答并解决"是什么"的问题；二是历史的浅释，是对历史表层进行解释，回答并解决"为什么"的问题；三是历史的深释，即对浅释原因的再解释，回答并解决究竟有"什么意义"及"为什么有意义"的问题。以研究中国历史文本为例，首先要考证清楚文本的真实性，将真实、完整的文本呈现出来，这是对历史文本的白描；

然后弄清文本的字词含义及句子意思，推敲文本包含的本意，这是历史文本的浅释；最后发掘和解释文本背后隐含的深层思想、观念和意义，这是历史文本的深释。白描、浅释和深释，构成了历史解释的三个递进的环节。

三　以深度解释方式寻求意义，是深化社会文化史研究的可行方法

既然历史的本质在于寻求意义，而可行途径是对历史的深度解释，那么社会文化史研究的本质必然是通过对历史的深度解释来发掘并呈现历史意义。故社会文化史研究的重点自然是对社会文化现象做深度解释。唯有深度解释，方能探寻历史活动的历史意义和社会现象的文化意义；唯有揭示历史活动和社会现象背后的文化意义，社会文化史研究方能深入。

既然深度解释是对历史活动及文化事项所进行的"解释之解释"，那么它必然是一种理性的思维活动。社会文化史的研究方法不同于实证史学的实证办法，它注重的是逻辑推理的解释方法而非实行的证明方法，注重演绎方法而不是归纳方法，注重推理法而不是举证法，偏重于逻辑的方法而不是历史的方法。它主要不是像实证史学的叙述方法那样解决"是什么"的问题，而是通过逻辑分析进行深度解释，探寻活动背后的历史意义，解决"为什么"和"怎么样"问题。其主旨不在于呈现历史事实和描述历史现象，而在于探寻其历史意义和文化意义。历史活动及事项的历史意义和文化意义，是很难通过历史叙述得以呈现的，须通过深度解释才能发掘出来。因此，社会文化史所采用的方法不是历史叙述法（描述法），而是历史（文化）解释法。正因如此，格尔茨反复强调，文化分析不是一种寻求规律的实验科学，而是一种探求意义的解释科学。

在此，不妨以中国传统社会"从礼到理"的衍化为例，来揭示社会文化史研究的独特方法。"礼"的本义是秩序、等级和规范，是客观存在的社会文化事项，表示了尊卑贵贱的等级秩序。这样的表述，显然是直观地描述"礼"，属于白描式的历史叙述。但"礼"为什么表示秩序？要对此进行解释就必然要上升到浅释层面：对"礼"为什么代表社会秩序加以解释，解释"礼即理也"的道理。以"礼"为代表的社会秩序，是自然秩序的人间投影。自然是有条理、有秩序的，人法自然而成"礼"（秩序），并将"礼"转化为"天理"，用"理"解释"礼"之合理性。但这仅仅是对

"礼"的浅释，其所包含的文化含义尚需通过深度解释才能呈现。"礼"作为秩序、礼法和天理等含义，是特定时代的人们所赋予的特定意义。人们之所以会赋予"礼"如此复杂的意义并外化为"礼"，内化为"理"，是有深层原因的。这个深层原因就是"利"——政治利益和经济利益。社会稳定的秩序是政治统治稳固的表征，政治利益决定了统治者必然要稳定社会秩序，强调礼法。而政治统治根本上是为了维护其经济利益的，故在政治利益背后潜藏着经济利益考量。经济利益是制造天理、秩序和礼法的根本原因。思想动机背后的根本原因，是经济利益和政治利益。反过来说，因经济利益产生了稳定政治秩序的需求，因为唯有政治稳定才能维护其经济利益；经济利益要由稳定的政治统治秩序来维护，而政治稳定需要社会秩序的稳定，遂产生了稳定秩序的思想动机及其文化符号"礼"。为了将"礼"合理化，必须从理论上加以论证，遂将"礼"的秩序提升到"理"的秩序，遂产生了"天理"观念。"天理"成为"礼"之基础和根据。这样，通过对"礼""理""利"从白描、浅释到深释的分析过程，"礼"作为文化符号的象征意义便逐渐揭示出来。而对"礼"这种深层意义的揭示，显然是通过深度解释的方式来实现的。

再以中国服装变迁为例略加说明。服装最原始的含义是保暖，再后来赋予"文明"的含义，体现社会等级，可称为"衣冠文明"。服装成为一种文化符号，一种文明与野蛮的标志，进而发展为文明发展程度的标志。人们所赋予服装的内涵随之愈加丰富。它在帝制时代体现的是一种礼制，是一种尊贵卑贱的等级制度，并与儒家强调的等级秩序观念密切相关。近代以来，服装产生了从长袍马褂到礼服西服时装的变化，首先体现出来的是传统等级制度的隐退及自由、平等观念的呈现，其次体现出来的是服装逐步趋于便捷化、多元化和休闲化。但这并非说人们不再赋予服装以政治性内涵，只是其内涵有所变化而已。以民国时期流行的中山装为例，孙中山在设计这套服装时是否赋予其政治含义，姑且不论，但当其流行之时，国民党人却赋予了它一些所谓的政治符号，如三民主义、五权宪法等。可见，服装本身包含有一定的政治或文化的含义在内，服装本身的变化可体现人们思想观念的变化、时代思潮的变化。

从社会文化史角度研究服装及其变化，首先描述某一时代人们穿着何种服装，这是历史的叙述——白描；然后解释为什么某一时代某些人要穿这样的服装，即说明直接原因——浅释；进而从文化或政治的角度进行审视，揭示服装变化背后所隐含的一定的政治和文化内涵，深刻领悟社会生活变化的历史意义和文化意义。面对服装包含的丰富政治内涵及文化内涵，仅仅依靠白描和浅释是难以发掘其背后的深层意义的。唯有对其进行深度解释，才能将服装所体现的时代特色及文化意义揭示出来；唯有这样的研究，才能避免社会文化史研究停留在直观描述的白描状态。对生活现象背后文化内涵的深层揭示和深度解释，正是社会文化史研究所要追寻和关注的重点。

　　总之，社会文化史研究第一个层面，是用白描（浅描）的方法，将社会生活的表象呈现出来，回答并解决"是什么"的问题；第二个层面，要用浅层解释的方法，说明社会生活表象的直接原因和表层意义，回答并解释"为什么"的问题；第三个层面，要用深度解释的方法，揭示社会生活现象背后隐藏的文化内涵及文化意义，回答并解释"怎么样"的问题。既要关注社会生活，又要解释生活背后隐含的文化意义，采用深度解释是一条值得探索的可行途径。从总体上看，目前的中国社会文化史研究多数还处于白描及浅释的层面，尚缺乏深解的理论自觉。社会文化史研究要想从白描阶段提升到浅释阶段，进而发展到深解的阶段，必须将"寻求意义"作为研究的根本目标，从深度解释入手寻求历史活动的深层意义。深度解释，是深化社会文化史研究的有效途径。而要做好深度解释，必须创建一套中国化的文本解释体系，而这当然是学术界急需探究的重大问题及课题。

社会文化史行进的四重维度

梁景和

西方新文化史与中国社会文化史有相似之处，有一定的交叉性，也有明显的差异。中国大陆对西方新文化史有一定程度的了解、认识和研讨。[①]但进一步探讨西方新文化史及西方新文化史对中国史学的影响以及两者的关系等问题是史学的一项重要研究工作，需要做专门细致的研讨。中国大陆的社会文化史有广义和狭义之分，广义的社会文化史即与西方新文化史有一定关联的史学研究领域，[②] 而狭义的社会文化史是中国大陆本土萌生的并以社会文化史为旗号的史学研究领域。本文讨论的问题主要以狭义的社会文化史为主，但很多时候还是要涉及广义的社会文化史。社会文化史在行进的主题，既要回首社会文化史研究的历程，同时也或多或少要窥测一下它的未来走向，而重点关注的问题主要是团队重镇、理论方法、领域维度、史料文风等。

一　关于团队重镇

团队是指具有共同研究取向的集体，而重镇是指具有一定学术影响的具体单位或机构。团体与重镇往往是重合的。从国内广义的社会文化史视阈看，

[①]　参见周兵《新文化史：历史学的"文化转向"》，复旦大学出版社，2012；李宏图《当代西方新社会文化史述论》，《世界历史》2004 年第 1 期；周兵《西方新文化史的兴起与走向》，《河北学刊》2004 年第 6 期；周兵《精彩纷呈的新文化史》，《历史教学问题》2007 年第 1 期；周兵《林·亨特与新文化史》，《史林》2007 年第 4 期；江文君《西方新文化史简析》，《国外社会科学》2008 年第 4 期；周兵《新文化史的回顾与反思》，《历史教学问题》2013 年第 6 期；等等。

[②]　主要指研究理论、方法、领域、视角、问题意识、叙述风格有某些相似之处。

中国大陆社会文化史的主要团队和重镇大致有如下研究单位或机构。①

南开大学中国社会史研究中心，以社会通史为特色，编辑学术年刊《中国社会历史评论》，不但探索社会文化史的理论问题，而且在宗族史、医疗史、性别史等领域多有建树。南京大学历史系专注于历史与记忆、概念史、城市空间、性别研究等诸多领域。复旦大学历史系重点探索西方新文化史、社会性别史、知识史及卫生身体史等。华东师范大学历史系主要研究性别史、戏剧史、城市文化史、知识分子史等诸多方面。上海师范大学中国近代社会研究中心在社会文化史的某些具体研究领域如评弹史、慰安妇史、妓女史、会党等民间社会史方面均有建树。上海社会科学院历史研究所主持的大型"上海城市社会生活丛书"，对上海社会文化史进行了多领域的研究和探索。厦门大学历史系在社会文化史的理论方法以及华南与闽台社会文化史方面都有积极的探索。中山大学历史人类学研究中心编辑学术集刊《历史人类学学刊》，在历史人类学和社会文化史方面多有建树。华中师范大学中国近代史研究所多年来积极从事社会文化的商会史与社会风俗史的探索。湖北大学历史文化学院近些年也在致力于社会文化史的理论与微观研究。山西大学中国社会史研究中心的部分研究者一直关注并探讨国内新文化史和社会文化史的发展现状与趋向。北京大学历史系在研讨西方新文化史和明清以来的民间文化史与民俗学史的基础上，也对社会文化史有独特的探索。中国人民大学清史研究所倡导新史学，并刊行《新史学》学刊，追求西方新文化史与中国社会文化史的融合和扩展。首都师范大学历史学院中国近现代社会文化史研究中心多年来致力于社会文化史的理论与实证研究，在组织系列学术会议、出版系列研究成果、选择系列学术课题、开展系列学术讲座等方面做了积极的探索。中国社会科学院近代史研究所是中国本土社会文化史研究的发祥地，多年来在理论和实证研究方面多有建树，成为中国大陆社会文化史研究的排头兵。

社会科学，包括史学在内，有个体作业和团队作业两种方式，从司马迁撰《史记》到各朝各代一直到今天都有很多历史学家独自撰写过传世的史学巨著，这种个体作业的方式还会继续持续下去。团队作业成为近世以来完成重大学术项目的一种工作方式，从《清史稿》到当今的《大清史》均为大团队作业的一种学术生产方式。从当今学术发展的要求看，几个人

---

① 这里是一般性的举例，不是精准的学术史探索。

和十几人甚或更多人员的团队作业将会越来越适合学术发展的新趋势，社会文化史研究领域也要适应这种新形势。以上谈到的社会文化史的研究重镇，有些就在进行团队作业，这是形成自己学术特色的一种手段。一个团队重点围绕着某个或某几个领域，进行长时间的探索研究，有了这样的研究基础，再进行综合研究，就可以完成系统性的学术成果，真正为学科的理论框架和知识体系做出贡献，这是我们学术研究的重要目的。社会文化史不比政治史、制度史、经济史、外交史、军事史、思想史等诸多研究领域所具有的学术影响力和优势地位，它需要在各个重镇通过团队作业，在某个或某几个领域进行长期集中的探索和攻坚，才能渐次产生被学界逐渐认同的学术价值和学术成果。

二　关于理论方法

理论一般指对某类知识或问题的有系统的结论，而方法是指研究问题的方式、门路和程序等。理论和方法是不同的概念，但也有交叉部分，本文将理论方法综合为一个问题从特定的层面上进行讨论，主要是为了叙述的方便。

学界有一个基本共识，认为中国大陆本土社会文化史的萌生标志可以确定为刘志琴发表的《复兴社会史三议》[①]一文，此后至今有学者一直努力探索社会文化史的理论方法问题，也有学者对这些理论方法的探索进行过学术史的综述。[②]刘志琴、李长莉、梁景和、左玉河、罗检秋、常建华以及青年学者吕文浩、黄东、余华林、张俊峰、韩晓莉、董怀良、王栋亮、李慧波、李志毓等都论述过社会文化史的理论和方法问题。[③]刘志琴强调社会

---

① 署名史薇，发表于《天津社会科学》1988 年第 1 期。

② 如李长莉《社会文化史：一门新生学科——"社会文化史研讨会"纪要》，《社会学研究》1993 年第 1 期；左日非《"近代中国社会生活与观念变迁"学术研讨会综述》，《近代史研究》2002 年第 2 期；梁景和等《中国社会文化史理论与实践述论》，《首都师范大学学报》2011 年第 4 期；吕文浩《社会文化史：一个有活力的研究领域》，《团结报》2014 年 10 月 9 日，第 7 版；等等。

③ 参见梁景和主编《中国社会文化史的理论与实践》，社会科学文献出版社，2010；梁景和主编《中国社会文化史的理论与实践续编》，社会科学文献出版社，2015；梁景和主编《社会文化史的理论与方法：首届全国青年学者学术研讨会论文集》，社会科学文献出版社，2014。

文化史要研究大众文化、生活方式和社会风尚，诠释世俗理性的概念，① 特
别主张要从本土资源进行社会文化史理论的建树，认为礼俗互动是中国社
会文化史的特色，并把它提升到一个理论的高度。② 余华林在此基础上提出
"礼、俗、法"互动是中国社会文化史的特色问题。③ 李长莉借助文化学的
理论提出了社会文化史的概念问题，④ 展望了未来社会文化史研究将会出现
的三个趋势，⑤ 她还认为未来将会引起关注的"关键论题"有：民间社会、
社会治理、生活方式、价值系统等，指出这几个"关键论题"，可能会成为
社会文化史学者为中国社会发展理论创新做出贡献的生长点。⑥ 梁景和提出
社会文化史的概念以及精英文化与大众文化、社会文化与国家意志的关系
问题，⑦ 探讨了社会生活的理论范畴，⑧ 对"常态与动态""碎片与整合"
"生活与观念""一元与多元""真实与建构"五对概念进行了辨析，⑨ 从理
论方法方面特别提出要把"生活质量"作为社会文化史研究的一个新维
度。⑩ 左玉河强调要探讨和揭示社会文化背后的文化内涵。⑪ 罗检秋认为社
会文化史论题不限于大众文化一隅，可从多方面进行拓展和深化。⑫ 常建华
则明确指出，要自觉地把日常生活作为社会文化史研究的基本内容。⑬国内
青年学者也逐渐展开对社会文化史理论方法的探讨。黄东认为重视现代性
问题是社会文化史研究的价值立场，是当下社会文化史研究的大本和大
源。⑭ 韩晓莉认为，在研究理论和方法上，同样关注文化的文化人类学与社

① 刘志琴：《青史有待垦天荒——试论社会文化史研究的崛起》，《史学理论研究》1999 年第 1 期。
② 刘志琴：《从本土资源建树社会文化史理论》，《近代史研究》2014 年第 4 期。
③ 在"第二届中国社会文化史研究的回顾与走向座谈会"上的发言，2015 年 6 月 6 日。
④ 李长莉：《社会文化史：历史研究的新角度》，赵清主编《社会问题的历史考察》，成都出版社，1992。
⑤ 李长莉：《交叉视角与史学范式——中国"社会文化史"的反思与展望》，《学术月刊》2010 年第 4 期。
⑥ 李长莉：《中国社会文化史研究：25 年反省与进路》，《安徽史学》2015 年第 1 期。
⑦ 梁景和：《关于社会文化史的几个问题》，《山西师大学报》2010 年第 1 期。
⑧ 梁景和：《社会生活：社会文化史研究的一个重要概念》，《河北学刊》2009 年第 3 期。
⑨ 梁景和：《关于社会文化史的几对概念》，《晋阳学刊》2012 年第 3 期。
⑩ 梁景和：《生活质量：社会文化史研究的新维度》，《近代史研究》2014 年第 4 期。
⑪ 左玉河：《着力揭示社会现象背后的文化内涵》，《晋阳学刊》2012 年第 3 期。
⑫ 罗检秋：《从"新史学"到社会文化史》，《史学史研究》2011 年第 4 期。
⑬ 常建华：《日常生活与社会文化史——"新文化史"观照下的中国社会文化史研究》，《史学理论研究》2012 年第 1 期。
⑭ 黄东：《社会文化史研究须重视转型时代的现代性问题》，梁景和主编《社会文化史理论与方法：首届全国青年学者学术研讨会论文集》，社会科学文献出版社，2014，第 40～45 页。

会文化史有着更多共通之处，为社会文化史研究提供了方法论意义上的借鉴。① 董怀良提出："社会文化史的研究视角的'下移'，不仅在于丰富和增加历史知识的内容，弥补传统史学的'饥饿'，而且在于对传统价值认同、思想倾向的改造，促进一种人本的、整体的研究思维的养成。"② 王栋亮认为，社会文化史是作为传统社会史与思想文化史的反思而兴起的，使社会史与文化史有机融合为一体，构成了史学研究发展的新思路、新方法和新视角。③ 李慧波则指出，社会文化是社会生活的一个体现，是影响社会生活的一个重要因素，而社会生活又是研究社会文化的一个切入点。④ 李志毓认为，社会文化史给史学带来了研究视角和方法论意义上的革新，为历史学参与反思中国历史、社会和文化中的重大问题，提供了必要的帮助。⑤ 张俊峰认为，中国的社会文化史、新文化史是"社会史大旗下的一个分支而非与社会史分庭抗礼的所谓'新史学'"。⑥ 吕文浩认为，"本土社会文化史学者吸收新文化史的理论和方法，用于完善自己的研究实践和理论表述，促进了社会文化史在中国的进一步发展"。⑦ 以上大致反映了中国大陆学者关于社会文化史理论方法探讨的基本状况。这些探索具有本土性特征，某些方面与西方新文化史有交叉之处。

以上理论探索的主要贡献在于：其一，确定了社会文化史是一个明确的学术、学科概念，学者从多视角和多层面论述了这一概念，并被学界逐渐理解和认同；其二，从本土资源的角度提出"礼俗互动是中国社会文化史特色"的理论；其三，提倡把生活质量作为社会文化史研究的新维度。当今社会文化史研究的成果有了明显的新进展，取得了令人瞩目的新成就，但在上述理论指导下的高水平研究成果却成为人们的一种期待，希望看到相关研究成果的不断涌现。需要反省的是，以往有一部分理论探索具有概

---

① 韩晓莉：《从文化史到社会文化史——兼论文化人类学对社会文化史研究的影响》，《华东师范大学学报》2009 年第 1 期。

② 董怀良：《关于社会文化史研究视角"下移"的思考》，梁景和主编《社会文化史理论与方法：首届全国青年学者学术研讨会论文集》，第 79 页。

③ 王栋亮：《中国近现代社会文化史的再认识》，《新西部》2014 年第 4 期。

④ 李慧波：《关于社会生活与社会文化概念的思考》，《晋阳学刊》2010 年第 2 期。

⑤ 李志毓：《关于社会文化史理论的几点思考》，《河北大学学报》2011 年第 1 期。

⑥ 张俊峰：《也论社会史与新文化史的关系——新文化史及其在中国的发展》，《史林》2013 年第 2 期。

⑦ 吕文浩：《本土崛起与借镜域外——社会文化史在中国的若干发展》，《南京社会科学》2015 年第 5 期。

括性、宏观性，同时也显现一种虚空模糊性，这是时代条件和研究所处的初起阶段决定的，进一步的探索应当在以往坚实的基础上转向理论方法研究的具体性、微观性和真切明确性的方向。

在这样的一种理念下，未来社会文化史在理论方法的探索方面，有很多发展的趋向，而笔者的建议是：要注重一个关键词、一组概念、一种理论。一个关键词是"感受"；一组概念是"封闭"与"开放"；一种理论是"人的精神进化"理论。

"感受"是指外界刺激使人受到的一种影响。大致来说主要包括两种影响：一种是身体的影响，另一种是心灵的影响。身体的影响主要指冷热、痛痒、轻松、舒适、疲劳、乏力等，很多很多。心灵的影响主要指悲欢离合、酸甜苦辣、灰心丧气、心悦诚服、忐忑不安、喜出望外、心惊胆战、心花怒放等，很多很多。身体与心灵之间有时又是紧密相连的。为何会有这样那样无限复杂丰富的身体感受和心灵感受，这又是无限的因素决定的，这就可以引发出无限的问题供社会文化史进行研究。若对"感受史"进行深入的理论探究，有望成为未来社会文化史研究的重要组成部分。

"封闭"与"开放"这是契合中国社会历史特征的一对重要概念，更是中国近现代以来尤其是改革开放时期以来的契合中国社会历史特征的一对重要概念。对于这一组概念进行理论上的探索，所形成的理论体系对于打开社会文化史研究的宽广视阈将会产生重大的指导意义。

"人的精神进化"理论是笔者 20 世纪 90 年代初所关注的，后来在出版的专著中有这样的阐述："纵观人类历史的进程，人的自身觉悟，即精神进化或精神解放反映在三个层次上。第一，人类相对摆脱自然（神）的束缚，看重和强调人类本身的价值，确立人类的优越和中心地位，而获得人类整体的相对自由；第二，个人相对摆脱传统人伦文化的束缚，看重和强调个体价值，确立个体的人身地位，从而获得个体间的相对平等和自由；第三，个人相对摆脱自身束缚，注重个体异化，在不断否定自己的过程中，使自身的灵与肉相对分离，个体获得精神异化的相对自由。"[①] 中国传统社会历史主要处于人类精神进化的第一个层次上，而第二个层次是中国近代社会以来才开始了它的发展进化过程，这个过程至今还在进行当中，未来还有相当长的路程要走。中国近现代社会文化史与第二层次上的人类精神进化

① 梁景和：《近代中国陋俗文化嬗变研究》，首都师范大学出版社，1998，第 320 页。

有着千丝万缕的本质关联，运用这个理论视角是社会文化史研究的重要路径之一。

三 关于领域维度

领域是指历史研究的范围、种类和内容，而维度是指不同的视角和层面，以及时间空间的多种向度。两者有分离之处也有交叉和重合。要厘清两者的概念，需要专门的研究。

半个世纪以来，西方的新社会史、新文化史，中国的社会史和社会文化史等研究的领域，无论宏观研究还是微观研究，均可谓蔚为大观，极为丰富多彩。研究内容概括起来主要包括十大类别，即人群研究、家庭婚姻研究、衣食住行研究、休闲娱乐研究、日常用品研究、表象情感研究、卫生医疗身体研究、信仰习俗研究、时空物质研究、文明野蛮研究。以上所举，是已经有了研究成果的相关类别，还有更广泛的领域等待开发，可见文化史以及社会史研究的领域和内容是多么的丰富和广博。如果仅就中国近现代社会文化史的主要知识架构体系而言，研究领域也可以从"衣食住行、婚丧嫁娶、两性伦理、休闲娱乐、流行时尚、装饰美容、强身健体、休养生息、医疗救治、心理卫生、生老病死、福利保障、民俗风情、节日旅游、日常消费、宗教信仰、迷信祭祀、求职就业"① 等诸多领域中进行探索。关于中国近现代社会文化史领域的研究成果有很多学术综述文章可作参考，② 近年中国近代社会文化史研究成果涉及的领域更为广泛，可参见李长莉等人的几篇研究综述论文。③

从时间的维度看，中国历史可以分为古代史、近代史、现代史和当代

---

① 梁景和主编《社会生活探索》第一辑，序，首都师范大学出版社，2009，第3页。
② 诸如左玉河、李文平《近年来中国近代社会文化史研究述评》，《教学与研究》2005年第3期；黄延敏《当代中国社会文化史研究的新进展》，梁景和主编《中国社会文化史的理论与实践》，社会科学文献出版社，2010；苏全有《近十五年来得中国近代风俗史研究综述》，梁景和主编《中国社会文化史的理论与实践》，社会科学文献出版社，2010；杨卫民《新时期社会生活史研究述略》，《焦作师范高等专科学校学报》2012年第1期；等等，还有很多值得参考的综述文章，此不赘述。
③ 李长莉、毕苑、李俊领：《2009—2011年的中国近代社会与文化史研究》，《河北学刊》2012年第4期；李长莉、唐仕春、李俊领：《2011—2012年中国近代社会与文化史研究》，《河北学刊》2013年第2期；李长莉、唐仕春、李俊领：《中国近代社会史研究扫描2013》，《河北学刊》2014年第3期等。

史。① 中国历史从鸦片战争进入近代史，从中华人民共和国成立进入现代史，从改革开放进入当代史。② 古代史和近代史已属于尘埃落定的历史，对于这两个阶段历史的研究，可以在具体领域研究的基础上去进一步深入思考历史发展的脉络、变迁、特征、走向等有关历史的宏观问题和本质问题，对于社会文化史的研究同样具有这样思考和研究的空间与条件。而对于现当代社会文化史的研究，虽然历史还处于发展变化的过程，对其脉络和特征的把握还有一定的难度，但对这一阶段的历史研究也有其优势所在，即研究者正亲临历史发展过程之中，对历史本身有切身的感受，这是历史研究难得的一面。研究历史的目的是要还原历史的本来面貌，而时间越久远还原历史原貌的难度就越大，对历史的敏感性就越差。但对于现当代史而言，切身的直接感受，有益于还原历史的真实和原貌，正如有的学者所言，"当代史的研究，比较容易达到求真的目标"。③ 同时，对现当代史具体细微的研究，也可为未来宏观探讨历史的发展脉络和线索提供可参照的研究基础。

从学科的维度看，社会文化史与当代学的融合以及与未来学融合，能体现社会文化史的另外一种特殊功能。历史学的基本功能是揭示历史原本和真实的面貌，这一功能作为历史学的基本立场是坚定而不可动摇的。社会文化史与当代学融合，是指与社会学、伦理学、法学、经济学、政治学、教育学等当代学的交融，这种交融主要指两个问题：一是利用这些学科的研究方法为我所用，为社会文化史所借镜；二是这些学科的研究成果在某种程度上可以看作社会文化史某些方面的珍贵史料。所以社会文化史与这些当代学的融合有益于本学科的建设和发展，也有益于当代史学科的建设和发展。当代社会文化史与政治史、外交史、军事史不同，社会文化史从事研究的条件显然要充分得多；就资料而言，就要比政治史、外交史、军事史等宽泛丰富得多，不像政治史、外交史、军事史强调如何解密档案的问题。社会文化史同时也可以与未来学融合。从历史学的角度看未来，"要求史学工作者不仅能给社会提供历史的经验教训，而只充当一个参谋；史学家还应同未来学家合作，给未来学输入史学的根据；史学家应当成为高水平的园艺工程师，通过嫁接发明新品种，通过对历史现象的取舍和综合，

---

① 历史时段的划分具有时间性，随着历史进程的发展，历史时段的划分会发生变化。
② 参见梁景和《幽乔书屋杂记》第一卷（1985—2015），光明日报出版社，2015，第77页。
③ 王晴佳：《新史学讲演录》，中国人民大学出版社，2010，第42页。

为人类提供未来社会具体领域的参考模型。这同未来学家不同，未来学家可从全社会的总体进行预测，史学家则在具体领域提供参考模型。"① 社会文化史也可为未来人们的社会生活和日常生活提供参考模型。有的学者也表示了类似的愿望："史家写作历史，还有一个目的，那就是希望通过回顾过去，以便更好地了解现在和展望未来。"② 这表明历史学对人类未来社会能够产生一种功效，包括预测的功效和设计的功效。

学界有一种风气，愿意跟从权威的思路、方法、视域研究问题，这有它积极的、有价值和有意义的一面。不过开辟新的研究领域，凭借个体的主见和经验去发掘问题也很重要。根据上文的论述，社会文化史要关注的领域极其丰富，我们可以关注更为广泛的诸如历史上悲欢离合的生活实况、开放意识下的开放生活以及具体到当今民众的旅游生活、养生生活、性伦生活、礼仪生活、居住生活、饮食生活、诚信生活，等等，这无疑都是社会文化史研究的重要领地，它对普通民众的日常生活会给予多方面的正向启迪。

四　关于史料文风

史料是研究历史的基本材料，而文风是指撰写历史文章的文字风格。

社会文化史的史料极为丰富，不但有传统意义上的史料，如古籍、档案、官书、法规、报纸、杂志、方志、年鉴、文集、笔记、日记、书信、年谱、游记、回忆录、传记、族谱、口述、著作、论文、调查报告等，而且还有反映另一种真实的新史料，如小说、诗歌、电影、戏剧、美术、音乐、图片、影像、小品、图表、网络信息等，甚至包括反映历史百态的民谣、笑话、顺口溜等。总之，无论是文字的、音像的、网络的、图片的资料都是社会文化史研究的重要史料，甚至虚假文字也是社会文化史研究的史料之一。史学研究是需要辨伪的，这是史学研究的一种重要的方法。为了求真，需要剔除虚假的史料，我们才能还原历史的真相。然而还有一种存在的历史也需要研究，比如，虚假的史料是怎么来的，为什么会出现这样的虚假史料，这样的虚假史料产生过什么作用，造成过什么影响，这本身也是历史的存在，也可以用来研究、探索某些问题，从这个意义上说，

① 梁景和：《史学工作者不可忽视今天与明天》，《史学月刊》1986 年第 5 期。
② 王晴佳：《新史学讲演录》，第 87 页。

在另一个问题上的虚假史料，在这里又成了真实的有价值的史料了。比如，"大跃进"时代，作为党报的《人民日报》竟能报道亩产几千斤、上万斤、几万斤、十几万斤的虚假新闻。这种虚假史料其实也反映了一种真历史，需要社会文化史去研究。这种"皇帝的新衣"式的问题怎么就能上党报，反映当时各级干部怎样的心理状态；"人有多大胆，地有多大产"的口号为什么在中国就有传播的渠道和市场，反映了当时什么样的中国特色的政治环境，对今天在某些领域仍然存在的讨好上级、好大喜功、不敢实事求是讲科学、假话大话满天飞的工作作风又有什么值得警惕和需要吸取的经验教训，这些都需要史学去认真地探讨。

社会文化史同样注重文风问题。其一，讲求叙述的逻辑性，先有铺垫，进而展开，再下结论。文章的叙述是一环扣一环，层层深入，紧抓读者的思维思路，最后把问题叙述完整。其二，讲求叙述的通俗性，文章使用的语言要朴实明畅，不要晦涩呆板，让读者易于理解和通达，学术研究和史学求证一定要远离含糊其辞的模糊表达。其三，讲求叙述的形象性，有些叙述甚至还要注重其故事性，娓娓道来，引人入胜。但无论是讲逻辑性，还是讲通俗性和形象性，我们都是在作史学文章，目的是要讲明历史，它不是文学，它不是写小说，它不是演小品。所以我们唯一的凭借是历史资料，而不能空穴来风、凭空设想。虽然研究历史可以运用一种想象的方法，但这种想象是有根据的推测和设想。千万不能任其性情，否则就会背离史学，走入歧途。尤其是在注重微观研究和主张社会文化史要讲故事的今天，要注意史料与故事性的紧密结合，要用丰富的多重史料，通过科学的编排和逻辑的想象把它们连接成真实的故事，这是我们追求一种新的史学叙述的路径。美国著名史学家史景迁的《王氏之死：大历史背后的小人物命运》在世界上影响很大，本书是以研究下层民众以及运用"讲故事"的叙述手法来讲解历史的，受到了学界的好评和赞誉。本书之所以达到了这样的效果，就与他将史料与故事性叙述紧密结合有关。即便如此，本书仍然有些质疑之处，即对大量引用的蒲松龄小说的原文的真实性缺乏必要的说明和论证。伊格尔斯指出："历史学家研究的是一个真实的而非想象的过去，而这个真实的过去虽则只有通过历史学家心灵的媒介才能接触到，但它却要求遵循学术研究的逻辑的方法和思路。"[①] 历史学注重的是真实，而真实是

---

① 〔美〕伊格尔斯：《二十世纪的历史学——从科学的客观性到后现代的挑战》，何兆武译，辽宁教育出版社，2003，第17页。

被发现和感知的，所以历史学遵循的是实证原则，绝不能悖逆传统史学多重史料求证的基本立场，而模糊随意地进入文学的虚构和想象中，这是史学与文学的根本区别。而文学作品之所以可作为史料，是因为它们在某个层面、视角和维度上有其真实性，这是具备作为史料资格的基本条件，但文学本身却不能同史学同日而语。

五　结语

研究中国社会文化史，特别是研究中国现当代社会文化史，要与政治史紧密结合，这是中国社会的特征，也是中国社会生活的特色。而脱离政治视角研讨中国社会、中国社会生活、中国社会文化史，既是简单和片面的，也是单纯和幼稚的。

研究社会文化史有多种要义，最终应归于探索生活与观念的互动；研究社会文化史有诸多方法，万法归宗，即凭借真实的史料去研究客观的历史。

从"革命史观"到"社会文化史观"

——中国近代史解释体系的演变与趋向

陈廷湘

一　引论

中国近代史研究从雏形算起已经有百年发展历程。从总体上看，百年中国近代史研究是在唯物史观的统率下行进的。尽人皆知，唯物史观是历史研究最具普遍意义的世界观和方法论，如何用于具体的历史研究还必须经过一系列的转化过程。唯物史观如何转化和转化为怎样的中国近代史学解释体系，显然是一个不可忽视的重大问题；但是，此问题似乎至今尚未有从总体上加以梳理和阐释的著述面世，这确乎是中国近代史研究的一大缺失。在中国近代史研究已经走过百年历程的今天，对此问题给予回答应已是不能不为之举。

学界大致认为，历史解释学是来自西方历史哲学的史学理论之一。这应是有道理的论断，但必须加以限定，即只能说狭义的历史解释学源自西方，若论广义的历史解释思想，则中国思想界亦大体在同一时期就提出了相应的见解。西方历史解释学名家名著颇众，本文主旨非讨论此节，仅略提及以为引子，为后文之铺垫。1997年译介到国内的柯林武德《历史的观念》成书于1940年，书中言，历史学家的任务是解读出历史事件背后的思想，要实现此目标，"唯一的办法要在他自己的心灵中重新思想它们"。但历史学家"不是消极地委身于别人心灵的魅力，它是一种积极的、因而也是批判思维的工作"，"乃是在他自己的知识结构中进行的，因而重演它也就是批判它并形成自己对它的价值判断"。① 柯氏认为自然科学与历史科学

---

① 〔英〕柯林武德：《历史的观念》，何兆武、张文杰译，商务印书馆，1997，第215、281~282页。

的差别在于，前者就是研究自然事件，后者则因事件背后存在历史创造者的动机（即思想），因而强调历史研究不仅需要叙清事实，而且需要揭示事实背后的思想。而"揭示"就是历史学家在自己的知识结构之内"重演"历史思想，这种有为的"重演"是历史学家对历史思想进行批判和做出价值评判，亦即按照自己的价值观对历史思想加以积极的解释。由于事件及背后的思想已永远地过去了，它不可能重现于今人，今人只能根据能见到的史料进行"重演"，因而历史研究只能是解释。

意大利历史哲学家克罗齐对历史学的解释做了进一步的阐论，他于1916 年出版的《历史学的理论和实际》一书中指出，一切历史都"像当代史一样，它的存在的条件是，它所叙述的事迹必须在历史学家的心灵中回荡"，"当代史自然是直接从生活中涌现出来的，被称为非当代的历史也是从生活中涌现出来的"，因为"只有现在的生活中的兴趣方能使人去研究过去的事实。因此，这种过去的事实只要和现在生活的一种兴趣打成一片，它就不是针对一种过去的兴趣而是针对一种现在的兴趣"。克罗齐更明确说明，历史研究是历史学家以现实生活中的兴趣把历史纳入研究之中并按所处的"当代"价值观对历史做出解释。历史学家的价值观不可能完全脱离它所处时代的历史制约，因此，每一个时代的历史学家对历史的解释都必然打上所处时代的烙印，每一时代一定有其"当代"特征的历史解释。① 克罗齐和柯林武德的史学理论尽管已不算新理论，但他们所谓历史解释必然与现实问题、现实兴趣打成一片，或者说史家的历史认识不可能脱离所处时代的价值观，历史知识必然是史家按所处"当代"的价值观形成的解释体系解释历史的结果，却并不过时。

中国的思想家在同一时期也提出了历史解释的见解。李大钊在 1924 年指出，历史的科学态度最要之点，"一为尊疑，一为重据"，史学家皆以二者为"宝贵的信条"，"凡遇一种材料，必要怀疑他，批评他，选择他，找他的确实的证据，有了确实的证据，然后对于此等事实方能置信"。② 李大钊虽不是刻意论历史解释，但他的阐论蕴含了明显的历史解释之意。"怀疑""批评"即是解释的具体方式；"选择"则显然是按照史家价值观解释历史做出的判断；而"找他确实的证据"则是依史家价值观判定的结果；

---

① 〔意〕克罗齐：《历史学的理论和实际》，傅任敢译，商务印书馆，2009，第 1～2 页。
② 李大钊：《现代史学的研究及于人生态度的影响》，《李大钊选集》，人民出版社，1959，第504 页。

"确实"不等于绝对实在，而是按史家价值观认定可以"置信"的"确实"。

梁启超在 1922～1927 年集中研究史学理论时，受西方史学思想的影响，把自然科学与历史学做了明确区别。第一，他认定"自然科学的事项常为反复的完成的"，史学的对象"史迹皆庄子所谓'新发于硎'，未有缲演乎其旧者"。此是说自然科学的实验可重复进行，历史的事实则只能出现一次，不可重演。第二，"自然科学的事项"是普遍的，历史事项则"常为个性的"。自然科学目标指向普遍性，史学目标指向个别性。第三，"自然科学的事项是超时间空间的"，无论何时何地，同样的原因产生同样的结果；史学的对象随时空变化而变化，相同的事件发生于异时异地意义绝不相同。此点与第一点意义类似，亦是说自然科学的实验可以重复，史学的解释不会重演，每次解释有不同的结果。因此，历史研究的目的不是寻求普遍性，而是按史家的解释体系揭示意义。在《中国历史研究法》中，梁在尚承认历史存在普遍规律的前提下，就指出同样的史料对不同史家有不同意义，"各人观察点不同，虽有极佳良现存之史料，苟求之不以其道"，完全可能"熟视无睹"。也就是说，史料意义随解释体系而呈现，若史料不在史家解释体系之内，对该史家而言，史料就不存在。在《中国历史研究法补编》中，梁氏进而指出，"历史所以要常常去研究，历史所以值得研究"，"是因为要不断的予以新意义及新价值以供吾人活动的借鉴"。① 此处，梁氏不仅呈明予历史以新意义及新价值即是对历史解释的结果，而且道出历史解释是按当代人的"兴趣"、当代人的需要之所为。

在 20 世纪初西方历史解释学肇兴时期，中国思想界把历史解释讲得更直白者是顾颉刚。众所周知，顾在 1923 年提出"层累地造成的中国古史"说，道出了尽人皆知的三层内容："第一，可以说明'时代愈后，传说的古史期愈长'"；"第二，可以说明'时代愈后，传说中的中心人物愈放愈大'"；"第三，我们在这上，即不能知道某一件事的真确的状况，但可以知道某一事件在传说中的最早状况。我们即不能知道东周时的东周史，也至少能知道战国时的东周史。我们即不能知道夏商时的夏商史，也至少能知道东周时的夏商史"。② "传说"是人类早期记忆历史的方式。每一时代的古

① 上述引文参见梁启超《中国历史研究法》，上海古籍出版社，2006，第 105～106、5、40、133 页。
② 顾颉刚：《与钱玄同先生论古史书》（1923 年 4 月 27 日），刘梦溪编《中国现代学术经典·顾颉刚卷》，河北教育出版社，1996，第 517 页。

人记述历史都是按自己的价值观重新解释历史，每一时代的古人都按其所在"当代"的"兴趣"解释历史。人类早期是史诗创生的时期，史诗都以颂扬祖先的英雄事迹为职志。由于塑造祖先的英雄事迹是早期人类的共同"兴趣"，因此，每一代人都在这一"兴趣"支配下把祖先塑造得愈加伟大愈有历史。"层累地造成的中国古史"，即是一代代人按塑造英雄祖先的价值观解释历史留下的历史记忆。

记下的历史都是人类解释历史产生的知识。每一代人有每一代人的问题和兴趣，因而每一代人有每一代人的历史解释体系，这就决定了每一时代有每一时代的历史。

二　革命史观下的中国近代史解释

中国近代分为旧民主主义革命时期和新民主主义革命时期早已成为学界的定论。"革命"是这一时期的历史主题，也必然成为该时期史家的主要史学"兴趣"。由于中国新史学产生较晚，因此尽管"革命"从 1840 年就开启了，但"革命"被纳入史学讨论的范畴却相对较晚。1918 年，孙中山写成《革命方略》中"革命原（缘）起"①一章，叙述从兴中会成立到辛亥革命近 20 年间的"革命简史"。②此文应是最早用革命价值观解说革命史的文本。同时，北京大学成立国史编纂处，推蔡元培为处长。蔡在给孙中山信中说，"元培与编纂诸君，公同商酌，拟自南京政府取消之日止，上溯清世秘密党会（原文如此），仿司马公《通鉴》外纪之例，辑为一书，名曰《国史前编》，所以示民国开创如斯之难也。惟兹诸会党，既属秘密组织，迄今事过情迁，往往不能言其始末，再阅数十年间，窃恐昔年事迹不免日益湮没，滋可惧也"，因此，希望孙中山给予资料帮助。③孙中山在复函中

---

① 《中国近代史资料选辑》载《革命原起》时解释说，原文为《孙文学说》第八章"有志竟成"，在编入《中国近代史资料选辑》时改为"革命原起"，见杨松、邓力群原编，荣孟源重编《中国近代史资料选辑》，三联书店，1954，第 541 页。《蔡元培全集》载孙中山两封复蔡函：一函自谓其文为《革命原起》，一函自谓《革命缘起》；见高平叔编《蔡元培全集》第三册，中华书局，1984，第 242 页。《孙中山全集》载孙中山 1919 年 1 月致蔡元培函称其文为《革命缘起》，见中山大学历史系孙中山研究室、广东省社会科学院历史研究所、中国社会科学院近代史研究所中华民国史研究室编《孙中山全集》第五卷，中华书局，1985，第 8 页。

② 杨松、邓力群原编，荣孟源重编《中国近代史资料选辑》，第 541～559 页。

③ 高平叔编《蔡元培全集》第三册，第 241～242 页。

除表示支持外，还进而指示说，他所著"'革命缘起'，至民国建元之日止，已略述此数十年共和革命之概略，足为尊处编纂国史之干骼"，并指示国史事属重大，"不宜仓卒速成"，须"足垂诸久远，成为信史"。他还表示，"至尊函主《国史前编》上溯清世秘密诸党会，文于此意犹有异同。以清世秘密诸党会，皆缘起于明末遗民，其主恉（旨）在覆清扶明。故民族之主义虽甚溥及，而内部组织仍为专制，阶级甚严，于共和原理、民权主义皆概乎未有所闻。其于共和革命关系实浅，似宜另编为秘密会党史，而不以杂厕民国史中"。①

蔡、孙信函表明，双方对革命史均持高度重视态度，均主张写成革命信史，但双方的解释体系却存有较大差异。其中对论域时间范围的不同见解属技术性差别，对会党是否写入《国史前编》的不同见解则是解释体系中价值观的根本差异。蔡元培和国史编纂处同人的主张意在把辛亥革命作为中国历史的一个段代加以全面呈现，孙中山则主张写一部纯共和革命史，其革命史观解释体系的"革命"价值观更为鲜明。

蔡元培、孙中山只讨论了辛亥革命史的解释问题，几年后，李大钊对"五卅运动"以前的整体历史提出了一种解释。其言，"由一八四〇年英人炮火击破中国的门户"，"一直到一九二五年五卅运动以来"，"是一部彻头彻尾的帝国主义压迫中国民族史"。同时，从"一八四一年广东三元里乡民""集众数万"，"奋起平英"，直至"'五四'到'五卅'弥漫全国的反帝国主义的大运动，是一部彻头彻尾的中国民众反抗帝国主义的民族革命史"。② 李大钊此文写于"五卅运动"善后处理期间，中国与列强的对抗尚十分突出，反帝"革命"是其时中国社会的主要"兴趣"所在。因此，李文完全用"民族压迫"与"民族革命"的价值判断、解释"五卅运动"以前的中国近代史。

在李大钊以"民族革命史"观解释中国近代史的两年前，蔡和森对中国近代史做了相对更全面的解释。他指出，"自从外国帝国主义侵入中国以来，中国的革命已经不是单纯对付某一朝代某一军阀的内政问题，而是对付国际资本帝国主义之野蛮酷烈的侵略问题，而某一朝代某一军阀不过为这问题中之一部分。在这一点上，义和团运动是最足以代表中国革命之客

① 中山大学历史系孙中山研究室、广东省社会科学院历史研究所、中国社会科学院近代史研究所中华民国史研究室编《孙中山全集》第五卷，第 8 页。

② 李大钊：《孙中山先生在中国民族革命史上之地位》，《李大钊选集》，第 537 页。

观的需要与任务的；也只有由这一点才能真正理解义和团的精神与价值"。①
历史解释与解释者所处时期的"当代""兴趣"打成一片之说在蔡和森的观
点中得到了充分体现。1924 年 9 月是国共合作后国民革命渐入高潮之期，
反帝反军阀统治成为当时国人关注的中心，蔡和森把 1840 年鸦片战争以来
的历史解释为主要反对帝国主义，同时反对清王朝和其后军阀统治的历史，
确乎提示出当时史学的"兴趣"正在行向反帝反封建的轨道。

新历史观的形成并成为研究的主道不可能一蹴而就。直到 1939 年毛泽
东写成《中国革命和中国共产党》、1940 年写成《新民主主义论》时，才
形成了中国近代史的革命史观的完整解释体系。毛泽东在前一文中指出，
"帝国主义和中国封建主义相结合，把中国变为半殖民地和殖民地的过程，
也就是中国人民反抗帝国主义及其走狗的过程。从鸦片战争、太平天国运
动、中法战争、中日战争、戊戌变法、义和团运动、辛亥革命、五四运动、
五卅运动、北伐战争、土地革命战争，直至现在的抗日战争，都表现了中
国人民不甘屈服于帝国主义及其走狗的顽强的反抗精神"。② 毛泽东的论述
第一次明确把中国近代史解释为帝国主义和封建主义逐步把中国变为半殖
民地、半封建社会的过程与中国人民反对帝国主义和封建主义的过程。他
对这一过程中历次革命运动的列举，为史学界用革命史观解释中国近代史
指明了重点所在。

在《新民主主义论》中，毛泽东鉴于日本在东三省等地实行殖民统治
的事实，指出近代以来，帝国主义已把中国变成殖民地、半殖民地社会；
同时，在日本占领区和国民党统治区也还是半封建社会。中国人民反对帝
国主义和封建主义的革命须分为两个阶段解释。五四运动以前为旧民主主
义革命，此后为新民主主义革命。前者是资产阶级世界革命的一部分，后
者为无产阶级世界革命的一部分。③ 至此，毛泽东完全阐明了革命史观的价
值观及相对具体的基本观点，以革命史观为价值标准的中国近代史解释体
系完全形成。

把毛泽东阐明的中国近代史的革命史观付诸实践，运用这一史观全面
解释中国近代史的史学家首推华岗与胡华。在中华人民共和国成立之际，

---

① 蔡和森：《义和团与国民革命》（一九二四年九月三日），《蔡和森文集》，人民出版社，
　　1980，第 636 页。
② 毛泽东：《中国革命和中国共产党》，《毛泽东选集》第二卷，人民出版社，1991，第 632 页。
③ 毛泽东：《新民主主义论》，《毛泽东选集》第二卷，第 663～668 页。

史学家们按毛泽东新旧民主主义革命的划分，以 1840～1919 年为中国近代史。华岗于 1949 年初出版《中国近代史》，该书序言指出，由于帝国主义的侵略，"中国由独立国变成了外国帝国主义的半殖民地"，因此，"在最近一百年来，中国人民总是不折不挠的为解除自己这种被压迫的被屈辱的半殖民的状况而奋斗"。"同时，中国的生产力被最野蛮的君主政体和军阀官僚制度束缚着"，"所以中国人民异常迫切地找寻各种方法和道路"，把中国从君主制和军阀官僚制度的束缚下解放出来，"因此，在中国近百年的篇幅上，充满了中国人民为民族解放和社会解放的运动的斗争"。此书的任务，"就是想根据历史科学的基本法则，对于上述现象加以较有系统的研究，以期从中国民族解放运动的历史研究上，能够得出一些应有的结论"。① 序言的表述虽自有特色，但显然完全践行了 20 世纪初开始探索，至 1939～1940年毛泽东完全阐明的革命史观。

1940 年，毛泽东《新民主主义论》发表后，胡华就开始思考《中国新民主主义革命史》的写作。经过 8 年准备，他于 1948 年在华北大学开始写作《中国新民主主义革命史（初稿）》，1950 年完成，经周恩来等党和国家领导人审定出版。《人民日报》当年 4 月 20 日发表的书评指出，本书"把共产党所领导的人民大革命当作现代史的主流来处理"，"这就符合了客观历史的真实。比如五四运动，许多人总是把它单纯地看作新文化运动或爱国运动，这本书把它写成是'新民主主义革命的开端'，是'反帝国主义的运动，又是反封建的运动'"。② 胡华之作虽题名《中国新民主主义革命史》，实是中国近代史的下半段。从《人民日报》评论员文章看，本书的革命史观更为鲜明。

华岗、胡华两书第一次用革命史观解释体系从整体上解释了中国近代史，自此，两书成为中国近代史解释体系的范式，影响十分深远。此后，林增平于 1958 年出版《中国近代史》，何干之于 1957 年出版《中国现代革命史》。前一书把狭义的中国近代史划分为 1840～1864 年、1864～1901 年、1901～1919 年三个时期。③ 后一书则把中国现代革命史时限延伸到 1956 年社会主义革命完成。④ 但两者解释体系与华岗、胡华两书一般无二。同时期

---

① 华岗：《中国近代史》，华东新华书店，1949，第 4～5 页。
② 戴逸：《中国新民主主义革命史（初稿）·序》，胡华编著《中国新民主主义革命史（初稿）》，中国青年出版社，2009，第 4～5 页。
③ 林增平：《中国近代史》，湖南人民出版社，1958。
④ 何干之：《中国现代革命史》，高等教育出版社，1957。

更重要的近代革命史著是胡绳的《从鸦片战争到五四运动》。该书虽在 1973 年开始写作，1982 年出版，但写作的酝酿也始于 20 世纪 40 年代初。该书的突出之处在提出了三次革命高潮说。其序言指出，"第一次革命高潮时期是 1851—1864 年的太平天国时期；第二次革命高潮时期是中日甲午战争后几年，在这几年中发生了 1898 年的戊戌维新运动和 1900 年的义和团运动；第三次革命高潮时期是由 1905 年同盟会成立到 1911—1912 年的辛亥革命时期"。之所以要如此划分，原因就在"三次革命高潮中阶级力量的配备和关系是各不相同的"，这是"中国近代社会经济结构的发展过程中的各个不同阶段的集中反映"。[1] 胡绳在革命史观之下做出的上述论断，为中国近代史的解释提供了独创的价值观、方法论指导，确乎丰富了中国近代革命史解释体系的具体内容。这一创造对中国近代史解释产生了广泛的影响，成为其后中国近代史研究和教学的重要解释范式。

革命史观解释体系形成后，中国近代史（广义）研究产生了汗牛充栋的学术成果，以上只是一些近代史整体性解释的代表性著述，其他各类事件和人物等专史研究成果更是浩如烟海。尽管具体评价史事和人物的见解各异，甚至有正反对立的人物品评，但无论何种见解，也无论正面反面的评价，从根本上看，评判的终极价值体系和标准都建筑在革命史观地基之上。

反观近代史学发展历程，革命史观解释体系的确留下了一座十分宏伟的中国近代历史学丰碑。这是一个时代的集体历史记忆，也就是解释学意义上一个特定时代的历史。这个特定时代的历史已经成为中国史学发展史上不可或缺的重要组成部分。

三　现代化史观下的中国近代史解释

邓小平说，"改革是中国的第二次革命"。[2] 这是哲学意义上理解的革命，即在一定程度上以新质取代旧质的变迁都可称为革命。但这里的革命与狭义的以一种制度取代另一种本质不同的制度有很大差别。狭义的"中国革命"到 1956 年建成社会主义制度后已经成为"中国革命史"。

"革命"作为一个时代的历史主题，自然是史家的"兴趣"所在，但这

---

[1]　胡绳：《从鸦片战争到五四运动》，红旗出版社，1982，第 3 页。
[2]　《邓小平文选》第三卷，人民出版社，1993，第 113 页。

种"兴趣"要成为完整的历史解释体系显然需要经过一个思想过程，而历史解释体系占据主流地位也需要一个过程。中国近代史革命史观在抗战时期形成完整的解释体系，在1948年形成近代史解释理论，在中华人民共和国成立后，甚至在改革开放以后才形成革命史观解释体系对中国近代史的大规模研究，显然符合认识发展的实际。

但是，1956年以后，历史的实际运行毕竟已进入社会主义建设时期，"建设"和"发展"，尤其是改革开放所开启的波澜壮阔的社会主义现代化建设，必然会引起史家新的"兴趣"。因此，当革命史观下的中国近代史研究正蓬勃发展之际，新的"兴趣"已开始在中国近代史研究中萌芽。1958年，李新、彭明、孙思白、王真、蔡尚思、陈旭麓主编的《中国新民主主义革命时期通史》已在革命史观的基础上呈现了一些新因素。该书在教育部直接领导下写成，其"前言"说，"本书写的是半殖民地半封建社会的后半期——新民主主义革命时期的历史，是近代史的一部分"；并指出，"中国新民主主义革命时期通史应该是（以）中国人民大众反对帝国主义、封建主义、官僚资本主义的革命为中心，同时还反映这一历史时期全国经济、政治和文化思想的全貌"。① 其"前言"显示，该书仍主要是革命史，但明确提出还要"反映这一历史时期全国经济、政治和文化思想的全貌"，并用"新民主主义革命时期通史"题名，而不是以"新民主主义革命史"题名，表明该书已不是纯革命史，同时兼顾了社会、经济与思想文化发展状况，是以革命史为中心的更全面的近代社会发展史。这对当时中国已进入全面建设社会主义社会的现实应属一种折光式反映。历史的实际进程已进入全面建设时期，"建设"逐步成为史家的"兴趣"，把"经济文化"等建设历史逐步纳入历史解释体系无疑顺理成章。

中国经济社会高速发展是改革开放开启中国社会主义现代化建设以后的事情。众所周知，中国现代化建设早在1954年第一届全国人民代表大会就提了出来；1964年，周恩来在第三届全国人民代表大会正式提出了建设"四个现代化"强国的宏伟目标。② 社会主义现代化建设被正式提上国家的议事日程后，自然会给中国近代史的解释带来新的导向。1992年，陈旭麓影响巨大的《近代中国社会的新陈代谢》出版，该书是陈氏1978年以后一

① 李新、彭明、孙思白、王真、蔡尚思、陈旭麓主编《中国新民主主义革命时期通史》，人民出版社，1962，第1页。
② 《周恩来选集》下卷，人民出版社，1984，第439页。

直酝酿而成的一部力作。冯契为其所作的"序"指出，该书"真正按照历史唯物主义理论"，通过独到的分析，对中国近代史"迂回曲折地新陈代谢"的进程做出了不同凡响的解释。在社会结构方面，"不仅考察了经济结构和政治结构的革命变革，而且考察了农业社会组织、城镇中的行会组织在近代的演变"等；在社会生活方面，"不仅研究了物质生活中衣食住行的变化，而且研究了与之密切相关的人口问题，以及政治革命和外来影响如何引起社会习尚的改变等"；在社会意识方面，"不仅论述了政治思想、哲学、文学方面的变革，而且分析了欧风美雨影响下的种种社会心态，并表现为语言构成上的变化等"。① 陈旭麓本人在论及新文化运动时，概括了国人认识中国近代史的总体演进过程，指出，"八十年来，中国人'从师夷之长技以制夷'开始，进而'中体西用'，进而自由平等博爱，进而民主与科学。在这个过程中，中国人认识世界同时又认识自身，其中每一步都伴随着古今中西之争"。② 冯契的"序"和陈旭麓的总结论述，表明"近代中国社会的新陈代谢"即是中国由传统社会向现代社会的全面转型。而中国社会的现代转型就是其后学界广泛讨论的现代化历程。陈旭麓尽管未使用"现代化"概念，但《近代中国社会的新陈代谢》实际上是用现代化史观诠释中国近代史的重要范本。

在陈旭麓酝酿以"新陈代谢"说来解释中国近代史之际，已有不少学者开始明确用现代化史观解释体系讨论中国近史的各种问题（甚至早在1938年蒋廷黻就已用近代化史观写成《中国近代史》一书）。这当中，成就和影响最大者应数罗荣渠。1986年，罗的现代化研究获得"七五"期间国家社科基金重点项目，1992年出版力作《现代化新论——世界与中国的现代化进程》。该书第一篇题名为《大转变时代的新历史观》，明确提出了历史解释的"现代化史观"。罗在书中首先讨论了马克思的现代化理论，认为"马克思的发展理论的中心部分正是关于现代社会的发展问题"，并按马克思的现代化思想提出"一元多线的历史发展观，突出以生产力为标准代替生产关系标准作为衡量社会发展的客观主导标志"。由此，对"现代化这个世界历史范畴作出了历史唯主义的新解释"。③

① 冯契：《近代中国社会的新陈代谢·序》，陈旭麓著《近代中国社会的新陈代谢》，上海社会科学院出版社，2005，第3页。
② 陈旭麓：《近代中国社会的新陈代谢》，第392页。
③ 罗荣渠：《现代化新论——世界与中国现代化进程》（增订本），序言，商务印书馆，2009，第4~5页。

罗荣渠建筑在历史唯物主义基础上的现代化史观具有广泛的解释意义。他主张"在把握了现代化世界进程的总趋势之后,再把近代中国的社会巨变放在世界大变革的总进程中加以考察",认为"长期以来,对近代中国巨变的认识都是以革命史上反对'两个过程'作为基本线索和理论分析框架"的,而他的史观则"突破了这一分析框架,从众多的内外因素的互动作用,提出了以衰败化、半边缘化、革命化、现代化四大趋势作为近代中国变革的基本线索的新观点","从第一次鸦片战争到第一次中日战争(甲午战争),是在衰败中半边缘化的初期,也是以'自强运动'的名义进行局部防卫性现代化的开始。从第一次中日战争到第二次中日战争,半边缘化深化,政治体制发生剧变,民族主义革命高涨,是现代化经济出现依附性增长的时期,后半个世纪发生的变化远远超过前半个世纪"。[①]

上述讨论指明现代化史观的提出是"突破"了"两个过程"的革命史观,而不是取代和否定革命史观,持论十分准确。"突破"只是因时代提出了新要求而不再完全按革命史观解释中国近代史。事实上,"革命史观"的解释是一个时代的客观历史解释,否定不了。提出"现代化史观"并不妨碍革命史观的运用,更不妨碍继续用革命史观解释的历史对国人进行传统教育。

罗荣渠解释中国近代史的具体方法如"四大趋势"说属于他自己的创意,不一定具有普遍意义。但他把整个中国近代史——无论经济发展、革命运动还是民族战争,都用现代化史观加以解释的观点的确是具有广泛影响力的解释体系。罗1988年主编出版《从"西化"到现代化:五四以来有关中国的文化趋向和发展道路论争文选》,他在《中国近百年来现代化思潮演变的反思(代序)》中指出,"现代化作为一个世界历史的进程,反映人类社会从传统农业社会向现代工业社会所经历的巨变"。从这个"现代化"的理论框架看,"近百年来为振兴中国而进行的各种政治、经济、文化运动,都可统称之为探索中国现代化道路的运动"。[②]

罗荣渠把百年近代历史视为中国人民探索中国现代化道路的进程,提出了完整的中国近代历史的"现代化史观"解释体系。这是当时改革开放正激荡中华大地,社会主义现代化建设不仅改变着中国社会的一切领域,

---

① 罗荣渠:《现代化新论——世界与中国现代化进程》(增订本),序言,第7~8页。

② 罗荣渠:《中国近百年来现代化思潮演变的反思(代序)》,罗荣渠主编《从"西化"到现代化——五四以来有关中国的文化趋向和发展道路论争文选》,黄山书社,2008,第1页。

也正改变着中国人民的思想观念，激动着人民大众的情绪这一现实在史学家认识上的直接反映。

在现实社会发展全面震动人们的心灵世界之际，与当时的现实生活打成一片的"现代化史观"也极其广泛地冲击着史学家的历史认知世界。这导致以"现代化"为评判尺度解释中国近代史迅速成为史学界的时尚。中国百年近代史上的无数史事都被史家进行"现代化"解释，产生的成果迅速涌现，有如雨后春笋。其间对近代史重大事件的解释方面产生了《百年回首：中国革命与中国现代化》《中国共产党与中国现代化》《洋务运动与中国早期现代化思想》《现代化视野下的梁漱溟乡村建设理论》《五四与中国现代化》《辛亥革命百年祭：中国现代化的拓荒运动》《中国国民革命运动新探：以现代化为研究视角》《中国现代化史》等著作；人物研究方面涌现了《现代化视野下的孙中山研究》《毛泽东与中国现代化》《周恩来与中国现代化的奠基》《邓小平与中国现代化》《林则徐：中国近代化的先驱》《魏源与中国近代化的早期进展》《容闳与中国近代化》《张之洞与中国近代化》《严复思想与中国现代化》《张謇：中国早期现代化的前驱》《陶行知与中国现代化》等著作。① 类似的论文亦铺天盖地，加上讨论现代化动因的文化史研究，成果更蔚为大观。

以上提及的成果不一定都是重要著述，而只是当时按现代化史观解释体系阐论中国近代史成果的冰山一角。但仅就这些题名已可见出史家按现代化史观解释中国近代史业经覆盖中国近代史的所有主要领域。历史发展

---

① 欧阳军喜等：《百年回首：中国革命与中国现代化》，中国青年出版社，1999；汪新：《中国共产党与中国现代化》，中国文史出版社，2004；周建：《洋务运动与中国早期现代化思想》，山东人民出版社，2001；崔效辉：《现代化视野下的梁漱溟乡村建设理论》，浙江大学出版社，2013；王章维：《五四与中国现代化》，北京师范大学出版社，1999；朱宗震：《辛亥革命百年祭：中国现代化的拓荒运动》，上海古籍出版社，2011；刘永国：《中国国民革命运动新探：以现代化为研究视角》，西南交通大学出版社，2014；许纪霖等主编《中国现代化史》，学林出版社，2005；徐方平、郭劲松主编《现代化视野下的孙中山研究》，崇文书局，2005；张文儒主编《毛泽东与中国现代化》，当代中国出版社，1993；徐行：《周恩来与中国现代化的奠基》，天津人民出版社，2008；秦宣：《邓小平与中国现代化》，北京出版社，2004；张素玢：《林则徐：中国近代化的先驱》，台北，幼狮文化事业公司，1989；刘兴豪：《魏源与中国近代化的早期进展》，光明日报出版社，2017；李志刚：《容闳与中国近代化》，台北，正中书局，1981；冯天瑜：《张之洞与中国近代化》，中国社会科学出版社，2010；黄瑞霖编《严复思想与中国现代化》，海峡出版社，2008；虞和平主编《张謇：中国早期现代化的前驱》，吉林文史出版社，2004；陶行知研究课题组：《陶行知与中国现代化》，四川教育出版社，2008。

随时代前行呈加速之势，历史解释的转变也必将随之加速前行。中国近代革命发展百年之后，革命史观方形成中国近代史中心解释体系，产生一代史学。中国社会主义现代化建设于 20 世纪 70 年代末启动，形成超阶段的高速发展。与之相应，现代化史观的形成和发展亦呈高速发展之势，在短短20 余年时间内就构成了中国近代史学界普遍运用的解释体系，产生了足以构成近代史学一个明显发展阶段的成就（当然不影响其他史学流派的发展）。近年来，尽管仍然有学者继续用现代化史观解释中国近代史，但显然已不是近代史学的中心结构。这并不表示现代化史观解释体系已经过时，而是表明现代化史观解释体系所建构的史学已经作为一个时代的史学写入了中国历史学的发展系谱。

四　社会文化史观下的中国近代史解释

进入改革开放新时期以来，中国的社会主义现代化一直呈高速发展态势。工业化在 20 世纪 50 年代奠基以后，到改革开放时期进入全面发展阶段。从传统工业化（主要是机械化）到自动化再到信息化，同时伴随高速的城镇化，只经历 40 余年时间，速度之快，前所未有。短缺经济时期人们的温饱问题似乎瞬息之间就已解决。在解决温饱问题阶段，人们的物质、文化需求，生活方式，审美标准等一切方面都还十分简单，也十分单一，在很多方面有全社会一致性的追求。1984 年，长春电影制片厂出品过一部由齐兴家导演的名为《街上流行红裙子》的影片。这部未引起人们高度注意的影片实际蕴含了极为深刻的社会生活史意义，展现了一个时代的特征。它从一个特殊视角揭示了中国社会主义现代化建设已经改变了人们的生活方式，但这种改变还是初步的。人们追求新生活，但又还未在文化需求上打开广阔的视野，因而追求的目标颇为单一，跟随潮流，缺乏个性。该片典型地呈现了追求温饱时期普通人的心态和行为方式。但这个时期很快过去了，对生活的个性化与多元化追求迅速成为社会风尚，与此同时，中国的社会主义现代化也急速前行，信息化与全球化的共生共长把更新的生活方式与观念形态带入中国社会。无论从什么角度看，中国历史都似乎进入了新的时代。

2017 年，中共"十九大"提出"新时代中国特色社会主义"命题。中国特色社会主义"新时代"的内容广泛，其中特别强调"中国特色社会主义进入新时代,我国社会主要矛盾已经转化为人民日益增长的美好生活需要和不平衡不充分的发展之间的矛盾"。在这一时代,"人民美好生活需要日益广泛,不仅对物质文化生活提出了更高要求,而且在民主、法治、公平、正义、安全、环境等方面的要求日益增长"。中共"十九大"的新时代定义实际道出了普通人在对日常生活形成新的需求的同时产生了众多新的观念,追求的多元化和高层次化已经成为中国社会的新现实。从文本看,"新时代"起始的标志为 2012 年的中共"十八大",但任何历史时代的开始与结束都不是截然可分的,"新时代"起始有一个标志完全必要,但"新时代"的形成必定经历了逐步酝酿的过程,这个过程从大体解决了"温饱问题"以后就开始了。

无论是"温饱"阶段还是"美好"时代,中国民众对生活的认知(生活的文化体现)和追求都发生了重大变化,而且,这一变化不断加速,导致社会生活与文化高速复杂化。这个潮涌一般的变化也自然会在历史学家的心灵中"回荡",触动史家解释历史的兴奋点。由于"新时代"社会变迁的复杂性极大地超越了过往时代,史家历史解释体系的变化亦显得比"革命史观"和"现代化史观"的形成复杂许多。

学人代洪亮指出,20 世纪 80 年代中期中国史学出现了社会史"复兴"的"重大变迁"。[1] 这似与当时社会发展不无关系。20 世纪 80 年代中期尚是现代化史观解释体系应现代化大潮激荡而呼啸于近代史坛之际,但这并不影响新的解释体系萌生。这似乎正是社会史逐步成为史家"复兴"关注热点的逻辑。

社会史学在西方是早已成熟的历史学分支学科。代洪亮对中国社会史学的华南学派和华北学派(是否存在这类学派尚存分歧)的形成和发展状况做了简明的评价,认为"在中国社会史学界,学派特色最为典型的当属华南学术群体"。他们研究中国社会经济史独树一帜,形成了"历史人类学"的"学术传统"。"'华北学派'有两个中心":一是南开大学中国社会史研究中心,二是北京的社会史"学术团队"。"两个中心地理位置上同处于华北,研究风格上与'华南学派'等有所联系也有所区别"。华南的社会史学术群体与华北学术群体的具体主攻方向有差异,各学术群体内众多学者各自的研究风格和具体研究对象也不无区别,但共同点是研究对象均

---

① 代洪亮:《中国社会史研究的分化与整合:以学派为中心》,《清华大学学报》2015 年第 3 期,第 153 页。

"侧重于社会结构、社会生活与社会文化",总体上区别于"1949 年之后逐渐成为主流的革命叙事模式与 80 年代逐步确立的现代化叙事模式"。论者认为,在革命和现代化叙事与西方后现代史学兴起的条件下,中国社会史学一开始"就面临着一种较为尴尬的局面"。① 的确,中国社会史学"复兴"之际,革命叙事仍被广泛使用,现代化叙事正方兴未艾,且二者也能大体覆盖社会史研究领域。但社会史学毕竟是以独有路径研究社会结构、社会生活与社会文化的史学分支,是社会发展提出的更多新问题必须从历史中寻求回答的新需求的产物,革命叙事与现代化叙事并不影响其复兴与发展。社会史以独特的历史解释对现实的回应亦具有独特的意义。不过,社会史学因有其特殊的方法、史料来源亦有不少特殊路径,未受专门训练的史学学人不能直接上道,发展和扩张速度不会很快,不易迅速成为史学主道。这确乎正是中国社会主义现代化高速发展导致中国社会结构、社会生活和社会文化迅速复杂化的现实在史学观念上的反映。社会呈现的日益复杂化,加之西方史学思潮涌入的影响,使走在已经不算年轻的社会史轨道上的史家兴趣盎然,也应接不暇。与极其复杂的现实"兴趣"打成一片的社会史解释体系自身亦趋向复杂化、多元化,这也决定社会史学难以形成有如革命史观和现代化史观解释历史的铺天盖地局面。

20 世纪 90 年代,在各种历史解释体系继续多元并行之际,社会文化史被史学界推上了历史解释现场。学者梁景和强调,"中国社会文化史是中国史学自身发展逻辑的产物,是中国文化史、社会史、社会文化史发展链条上的一环。改革开放的大势,催发了文化史的复兴,改革开放的深入,迎来了社会史的兴盛。文化史研究偏重于精神层面","社会史研究偏重于社会层面","社会文化史研究则关注两者的共生共荣,很多文化观念问题反映在社会生活等社会问题的层面上,很多社会问题与文化观念问题有着千丝万缕的联系","把两者结合起来进行研究"就成为"社会文化史"。② 梁文收入《西方新文化史与中国社会文化史的理论与实践:首届学术研讨会论文集》,此段阐论旨在表明中国社会文化史观与西方新文化史有关系,但绝不是对西方新文化史理论的引介,而是有中国风格的自创解释体系。具体

---

① 代洪亮:《中国社会史研究的分化与整合:以学派为中心》,《清华大学学报》2015 年第 3 期,第 154 ~ 155、157 页。

② 梁景和:《中国社会文化史理论与实践述论》,梁景和主编《西方新文化史与中国社会文化史的理论与实践:首届学术研讨会论文集》,社会科学文献出版社,2014,第 8 页。

而言，是中国改革开放的现实"兴趣"引起史家对社会文化史关注的产物。

　　关于社会文化史的解释对象，说法很多，但从根本看，即是梁文所说社会生活与文化的有机结合体。另有学人常建华指出，社会文化史应当借鉴西方新文化史，"把日常生活史作为社会文化史研究对象"。左玉河言，社会文化史的最基本的研究方法，"就是把日常生活中衣食住行、婚丧嫁娶的变化""呈现出来"，而且"一定要从'生活层面'上升到文化层面"。①刘志琴指出，"社会文化史是以大众文化、生活方式和社会风尚的变迁为研究对象"，"探讨人民大众在剧烈的社会变迁中，生活方式、风俗习惯、关注热点和价值观念的演变和时尚"。② 刘文阐论似乎仍把"大众文化、生活方式、社会风尚的变迁"作为并列的认知客体，但实际并非如此。"人民大众在剧烈的社会变迁中，生活方式、风俗习惯、关注热点和价值观的演变"显然存在互为因果的关系。人们因为有生活方式的改变，才推动价值观改变；有一定的新生活方式，也必有相应的关注热点。而有一个更高层次的价值观，有更高视角的关注热点表明人们的生活方式已上升到一定高度，并将成为追求更新生活方式的动因。如前述及，如果处于计划经济时代的生活方式中，就不会有"街上流行红裙子"，而街上有了"流行红裙子"则表明社会生活已进入改革开放初期。人们在这一点上的价值观已发生变化：不仅追求有衣穿，而且开始看重衣着的审美。这种产生于新生活方式初步形成之上的价值观显然会引导人们追求更美好的生活方式。

　　梁景和把此间的逻辑关系阐释得更明确，"社会文化史是研究社会生活与其内在观念形态之间相互关系的历史。一个社会的人们为什么要这样生活，是什么样的观念决定的；一个社会人们的生活变化引起了哪些思想观念的变化；由于新思想新观念的影响使一个社会人们的生活发生了哪些变化——这一切都是社会文化史要研究的问题"。梁进而具体论道，"社会生活的目标是要不断地提高人们的生活质量。生活质量的高低既是绝对的，又是相对的。所谓绝对是指在不同的特定时期内，不同的生产水平，给人提供不同的物质条件，人们会感到不同的物质享受，每一次新增的物质享受都能体现着生活质量的提升。所谓相对是指个体的感受是不同的，心境的不同是影响生活质量的重要指标。个体的身心愉悦，特别是心境的愉悦，

---

① 梁景和：《中国社会文化史的理论与实践续编》，社会科学文献出版社，2015，第14页。
② 刘志琴：《青史有待垦天荒——试论社会文化史研究的崛起》，《史学理论研究》1999年第1期，第88页。

不完全与物质生活的高低成正比。人们社会生活的质量是要追求物质享受与精神享受的统一"。① 上述阐论无疑说明人类只有在物质存在形式上获得解放的同时，也在精神存在形式上获得同等的解放；或者说，人类只有在获得物质解放的同时也理解了解放对自身的意义时，人类文明才真正在前行道路上树起了一座里程碑。物质解放是生活方式的优化，对物质生活的意义的理解就是文化的提升，二者互为因果。社会文化史有众多解释，但这显然是最为重要之点。此点不仅是"新时代"中国社会的问题，也是全世界人类社会的共同问题。正因为如此，中国社会文化史家尽管十分强调社会文化史是中国本色的学术，但基本观念却与西方的新文化史有相当大的相似性。

姜进译介的林·亨特所编《新文化史》的总序指出，"无论貌似平静的日常生活，还是轰动一时的重大事件，新文化史研究的焦点都是当时当地参与其中的人群对自己的生活和周围世界的体验和理解，她/他们的生存策略以及表达自己诉求的特殊方式。相信生活在过去的男男女女正是以自己的生存策略以及对自由解放的向往开辟了人类生活的无限可能性"。② 维多利亚·E. 邦内尔和林恩·考特为理查德·比尔纳其等所著《超越文化转向》撰写的引言中，介绍了海登·怀特等众多史家的见解，其中直接介绍了克里福德·格尔兹对新文化史的论断："人是一种悬浮在他自己织就的意义之网中的动物"，"文化就是那些网，而对文化的研究因此就不会是寻找法则的实验科学，而是寻找意义的一种阐释科学"。③ 格尔兹强调新文化史为"寻找意义的一种阐释科学"是指不能一般地叙述社会生活的史事，而是要从史事中揭示生活者对其生活意义的认知。在这个意义上，新文化史超越了社会史。从这些更具哲学性的阐论来看，关注人类社会生活和人对社会生活意义的理解及相互关系，确乎是新文化史与中国社会文化史的共同志趣。

社会文化史研究的社会生活及人们对生活意义的理解都是社会存在。因此，社会文化史显然整体性地处于唯物史观观照之下，是唯物史观领域的具体史学流派。但社会文化史也不只是一种史学方法流派，而是从价值

---

① 梁景和：《中国社会文化史理论与实践述论》，梁景和主编《西方新文化史与中国社会文化史的理论与实践：首届学术研讨会论文集》，第7~8页。
② 〔美〕林·亨特编《新文化史》，姜进译，"总序"，华东师范大学出版社，2011，第6页。
③ 〔美〕理查德·比尔纳其等：《超越文化转向》，方杰译，南京大学出版社，2008，第2页。

论上把社会生活及人们对生活意义的理解视为影响社会演进的更重要因素的一种历史观,是主要通过对人们社会生活及与之相关文化变迁的研究揭示社会演进方式的历史解释体系。该史观未经历由理论建树到实践研究的发展过程,其理论探索与历史解释一开始就处于并行状态。作为中国史学界一种新史观解释体系,由于对研究者上道装备仍然要求较高,加之史学多元趋势日益明显,以社会文化史观解释体系研究中国近代史还未形成潮流,因此成果也不算很多,目前见到的集中性成果有《新文化史与中国近代史研究》《晚清上海社会的变迁——生活与伦理的近代化》《五四时期社会文化嬗变研究》《娱悦大众——民国上海女性文化解读》《街头文化:成都公共空间、下层民众与地方政治(1870—1930)》《清末民初北京国民道德建设的社会文化史考察》以及梁景和主编的"中国近现代社会文化史论丛"中的多部著作,等等。① 此外尚有一定数量的论文面世。从总体上看,社会文化史尚处于缓慢成长进程中。

发展缓慢并不表明前途暗淡,社会文化史由中国改革开放带来的社会高速发展所催生,高速发展的社会演进必将为其成长提供越来越深厚的土壤。中国社会主义建设进入"新时代"以后,在解决广大人民不断增长的对美好生活的需求与社会发展不平衡不充分的矛盾成为国策的条件下,社会生活的演进会进一步提速,社会问题也必将更多更复杂。在国家的倡导下,人们对美好生活意义的理解已开始呈现越来越广阔和深刻的趋向:有丰富的物质生活条件而无日益充分的民主、法治、公平、正义,无优美的环境、健康的身体、便利的医疗卫生、高质量的教育、丰富多彩的娱乐等都不会或不完全会获得精神上的"美好"之感。乡村的欠繁荣、贫困地区的欠发展,使一部分人群生活欠美好,更欠"美好"意义的理解。国家把解决这些问题提上日程后,社会将在更广阔的维度发生更深刻的变迁,并带出更多更深层次的问题。社会的巨变及巨变提出的问题必将越来越强烈地触及更多史家的心灵,在越

---

① 复旦大学历史系、复旦大学中外现代化进程研究中心编《新文化史与中国近代史研究》,上海古籍出版社,2009;李长莉:《晚清上海社会的变迁——生活与伦理的近代化》,天津人民出版社,2002;梁景和:《五四时期社会文化嬗变研究》,人民出版社,2010;姜进:《娱悦大众——民国上海女性文化解读》,上海辞书出版社,2010;王笛:《街头文化:成都公共空间、下层民众与地方政治(1870—1930)》,商务印书馆,2013;叶瑞昕:《清末民初北京国民道德建设的社会文化史考察》,光明日报出版社,2014;杨才林:《民国社会教育研究》,社会科学文献出版社,2011;梁景和:《现代中国社会文化嬗变研究(1919~1949)——以婚姻·家庭·妇女·性伦·娱乐为中心》,社会科学文献出版社,2013。

来越多史学研究者中激起与此"现实"打成一片的史论"兴趣",努力从历史中去寻求现实社会变迁的因由及对变迁带出的问题做出回答。中国近代史学界近年形成的"向下看"风气正是历史解释进一步转向普通人日常生活史的表征。罗志田引用梁启超的话强调,"'欲了解整个中国',必须'一地一地分开来研究',尽可能'把乡土的历史、风俗、人情考察明白'",① 倡言通过区域下层社会研究解释中国历史的意向十分强烈。

越来越多史家关注近代社会生活史研究,而能够对近代社会生活史做出与现实社会发展及相伴问题与意义更为相关的解释体系即是社会文化史观。社会文化史在改革开放不断深化的社会条件下兴起,也必然随中国特色社会主义建设"新时代"的步伐进一步成长发展,最终产生属于这一时代的史学。

社会文化史观解释体系的对象十分广泛,但主体一定是中国近代史。从大历史看,中国特色社会主义建设"新时代"仍然属于近代以来中国由传统社会向现代社会转型的组成部分。中国社会现代转型目标在于建成一个强大的现代化国家,中国特色社会主义"新时代"的目标则是把这一目标转化为现实。因此,由现实社会发展问题引起的史学"兴趣"在中国近代史解释中才能寻出更具直接意义的历史回答。同时,社会文化史虽可综合使用多学科方法,如人类学田野调查、口述历史、访谈录等,但社会文化史毕竟仍然是历史学,档案和文献等依然是最可靠的证据,而档案、文献只有晚近时代方有大量遗存。近年来,随着国家经济实力的增强,对档案、文献的收集、整理和数据库建设已呈加速进行态势,这一点在近年国家社科基金重大项目和年度项目中不断增加档案、文献(概念应与上两行的一致)整理项目的立项上可以看得十分清楚。现实的紧迫需求和研究基础,尤其是史料基础的进一步扩展,将使社会文化史观对中国近代史的解释获得更强大的动力,社会文化史学人对"中国社会文化史研究能够出现更为令人兴奋和欣慰的新气象"② 的希望似不会落空。

五 结语

一百多年来,中国近代史的解释体系在变与不变中不断演化前行。如

---

① 罗志田、徐秀丽、李德英主编《地方的近代史:州县士庶的思想与生活》,社会科学文献出版社,2015,第28页。

② 梁景和:《中国社会文化史的理论与实践续编》,第15页。

果从与时代特征相关性更直接的角度看，已经历了由革命史观到现代化史观再到社会文化史观转变的过程。三个时代的史观并不截然相分，也不影响与其他史学流派的同时并存。革命史观和现代化史观解释体系对中国近代史的解释都经历了大潮澎湃之期，形成了各自时代的史学，且仍在继续延展其解释路径。形成于史学多元时代的社会文化史观尚未在众多史学流派中异峰突起，对近代史坛形成鸟瞰态势，但社会文化史毕竟是与中国特色社会主义建设"新时代"特征最为契合的史观，一个时代必定有一个时代的史学，"新时代"的史学，尤其是"新时代"中国近代史学似乎更有赖社会文化史观解释体系的建构。

观念史研究的回归

——观念史研究范式演进的考察

李宏图

从 20 世纪 70 年代以来，思想史研究的范式经历了巨大的变化，不同的研究范式之间也展开了激烈的论辩，最为典型的是发生在思想史和观念史之间的论战，随着全球史热潮的到来，思想史研究的全球转向也开始崭露头角。可以说，思想史研究范式呈现多姿多彩的繁荣景象。① 本文将从思想史和观念史之间的关系入手，梳理这些研究范式的变化和论辩，由此思考思想史或观念史研究对象与范式的内在路径，从而有助于当下的思想史研究。

一

欧洲学术界素有观念史研究的传统，在 18 世纪时，这一研究被称作"人类观念史"或"观念学说史"，如果从学科的角度来说，观念史成为独立的学术研究领域则是在 20 世纪初的美国，其创始人是阿瑟·诺夫乔伊教授。作为约翰斯·霍布金斯大学的哲学教授，同时也是"历史观念史的主要创始者"，② 1936 年，诺夫乔伊出版了 *The Great Chain of Being：A STUDY*

---

① 最能体现这一最新研究进展的为 Darrin M. McMahon and Samuel Moyn eds. ， *Rethinking Modern European Intellectual History*，Oxford：Oxford University Press，2014；Richard Whatmore and Brian Young eds. ， *A Companion to Intellectual History*，West Sussex：Wiley Blackwell，2016。

② Preston King ed. ， *The History of Ideas：An Introduction to Method*，London：Croom Helm 1983，p. 8.

OF THE HISTORY OF AN IDEA 一书，[①] 由此奠定了观念史研究理论和方法论的基础。此后，他还发表了一系列的论文，例如，《观念的历史编纂学》（1938）、《现在的观念和过去的历史》（1939）、《历史观念史的反思》（1940）等文，从方法论上进一步阐述了观念史的研究。与此同时，他还相继开设了观念史课程，制定了教学大纲并且出版了教材；甚至还在1940年创办了《历史观念史》杂志；同年，《观念史词典》也开始出版。通过他的努力，终于将观念史研究发展成为一个有着自己研究对象和方法的学科。

在观念史的研究中，诺夫乔伊不像以往很多研究者那样，只是简单地追踪思想体系的演变，而是聚焦于"观念的单元"（unit ideas）。这里的"观念的单元"意指西方思想传统中那些基本的和经久不变的观念。犹如化学中的基本元素，通过化学反应可以生成为各种结晶。同样，在现实世界中尽管存在着各种不同的思想观念，但如果运用化学分析的方法进行解析的话，无疑都是由"观念的单元"所派生、演绎而成。对于他所独创的这一类型的观念史，诺夫乔伊指出："我用观念史这种说法所表达的东西，与哲学史相比较，它既更加特殊一些又范围更为广泛一些，它主要是借助那些与它自身相关的单元的特征使自己区分开来。虽然在大部分情况下它和思想史的其它分支运用的是同样的资料，而且在很大程度上依靠在先的劳动者的劳动，但是，它以特殊的方式划分这些资料，使这一资料的各部分参与到新的组合和关系中去，并且从不同的目的、立场出发去观察它。它最初的方法可能被认为有点类似于分析化学的方法——虽然这种类比有其危险性。例如，在处理各种哲学学说的历史时，它按照自己的目的，把它分割成坚固耐久的独立体系，并且把它们分解成它们的组成成分，即分解成可称为单元—观念（unite‐ideas）的东西。"[②]

在诺夫乔伊那里，他将观念史与思想史和哲学史做出了明确的区分，哲学史被看作"大多数哲学体系是按照它们的模式而不是按照它们的组成成分来创立或区分的"。[③] 对于与思想史的差异，他也做了简单的说明。例如，对思想史所研究的思想观念而言，"这些按惯例加上—isms的东西，通常不是观念的历史学家所关注的终极对象；它们仅仅是一些原始的材料。

---

① 此书已经被翻译成中文，〔美〕诺夫乔伊：《存在巨链——对一个观念的历史研究》，张传有等译，江西教育出版社，2002。

② 〔美〕诺夫乔伊：《存在巨链——对一个观念的历史研究》，张传有等译，第1页。

③ 〔美〕诺夫乔伊：《存在巨链——对一个观念的历史研究》，张传有等译，第2页。

那些基本的、持续不变的或重复出现的能动的单元是什么呢?"① 这也就意味着,思想史所研究的思想观念后面,还有着一种新的组合,犹如化学反应一样,需要有能够产生化学反应的基本元素,而观念的单元则正是这些思想观念复合体的基本单位,它决定能够产生思想演变和其呈现的样式与内容的丰富性。如果说思想史是研究高度专门化的某一种思潮或思想的话,而观念史则是探讨能够成为这一思潮与思想的基础与设置。具体而言,首先,观念史是一种思想习惯,"有一些含蓄的或不完全清楚的设定,或者在个体或一代人的思想中起作用的或多或少未意识到的思想习惯"②。其次,这一思想习惯决定着某个人、某一学派甚至是某一代人的许多思想。最后,某种术语、专名、短语等都会成为"历史的力量而产生某种独立的活动",并"逐渐成为其意义中的起支配作用的成分,它们也就可能有助于改变信仰、价值标准以及口味"③。

就观念史特性而言,还具有这样一些特征。第一,由于是一种"观念单元",它就不可能只是限定在某一个学科领域来进行研究,也就是说"观念单元"作为一种人类基本观念的显示,它会体现在支配与制约着人类的各种行为中,并具体化解在各个领域之中。例如,园林艺术看起来与观念丝毫没有关联,而事实上,园林样式的不断变化是由于人们观念的变化所致。正是人们的观念差异才造就了不同风格与形式的园林。因此,诺夫乔伊说:"单元—观念以各种重要性出现于其中的那些无论是被称为哲学、科学、文学、艺术、宗教还是政治的历史领域,去追溯历史学家如此离析出来的每一个单元—观念。"④ 也正是由于这一特性,观念史研究具有了一种跨学科的特性,或多学科特性。"观念历史学家,当他最经常地寻求某种概念或假定在某种哲学的或宗教的体系,或科学理论中的最初起源时,他将寻求它在艺术,以及尤其在文学中最有意义的表现。因为正如怀德海所说的,'正是在文学中,人类具体的见解才得到其表达。因此,当我们希望发现一代人的内心思想时,我们必须考察文学,特别是在它的较为具体的形式中进行这种考察'"⑤。

第二,观念史打破了各学科的分界,可以进行跨学科的综合性研究,

---

① 〔美〕诺夫乔伊:《存在巨链——对一个观念的历史研究》,张传有等译,第5页。
② 〔美〕诺夫乔伊:《存在巨链——对一个观念的历史研究》,张传有等译,第5页。
③ 〔美〕诺夫乔伊:《存在巨链——对一个观念的历史研究》,张传有等译,第14页。
④ 〔美〕诺夫乔伊:《存在巨链——对一个观念的历史研究》,张传有等译,第15页。
⑤ 〔美〕诺夫乔伊:《存在巨链——对一个观念的历史研究》,张传有等译,第17页。

以及跨国别、跨空间的综合性研究；"这些研究按照时代，或者按照时代中的某些群体来加以划分，比起依照国家、种族或语言所作的划分来要更加恰当一些……正如弗里德里希·施莱格尔很早以前说过的那样：'如果现代诗歌的各个地域性的部分从它们的相互关联中割裂出来，并作为单独自存的整体来考察的话，那么它们就是不可解释的。它们只有通过相互之间才获得支持和意义'"。①

第三，观念史打破了原先只是集中于伟大经典作家著作的单一性，而是要向下看，选择那些不知名的甚至是普通大众所撰写的文献材料进行分析。由此，实现了材料上的多样性。诺夫乔伊说："观念史研究的另一个特点是：正如我希望对之加以界说的，它特别关心在大量的人群的集体思想中的那些特殊单元—观念的明晰性，而不仅仅是少数学识渊博的思想家或杰出的著作家的学说或观点的单元—观念的明晰性，它试图研究被分离出来的——在细菌学的意义上的——那类因素的作用。这些因素可能是从整整一代人或许多代人中有教养阶级的信仰、偏见、虔诚、爱好、愿望、思潮中分离出来的。"② 诺夫乔伊还引用帕尔默的话说，一个时代的倾向，在它的地位低下的作者中经常比在那些居高临下的天才作家中表现得更加明显一些。后者告诉我们他们所生活的时代，也告诉我们过去和未来。他们是属于一切时代的。③

第四，从传播与接受的视角来讨论观念如何不断流动，在不同时间和空间中的流动从而被固定成为一种观念单元。诺夫乔伊说："作为观念史的最终任务的一部分就是运用自己独特的分析方法试图理解新的信仰和理智风格是如何被引进和传播的，并试图有助于说明在观念的时尚和影响中的变化得以产生的过程的心理学特征，如果可能的话，则弄清楚那些占支配地位或广泛流行的思想是如何在一代人中放弃了对人们思想的控制而让位于别的思想的。"④ 由此，观念史的一个重要特征就是在空间中的"传播与流动"以及接受。为此，诺夫乔伊特别强调，观念是一种可以在全球传播的流动物。

正是在这些阐述中，诺夫乔伊给出了观念的内涵，描绘了观念史的轮

---

① 〔美〕诺夫乔伊：《存在巨链——对一个观念的历史研究》，张传有等译，第 18～19 页。
② 〔美〕诺夫乔伊：《存在巨链——对一个观念的历史研究》，张传有等译，第 19 页。
③ 〔美〕诺夫乔伊：《存在巨链——对一个观念的历史研究》，张传有等译，第 20 页。
④ 〔美〕诺夫乔伊：《存在巨链——对一个观念的历史研究》，张传有等译，第 20 页。

廓，观念史是一种综合性、跨时间与空间性以及跨学科的高度抽象出来的思想类型，是以"观念单元"为中心的一种研究范式，这些观念单元是一种不变的恒量，类似于分析化学中的元素。正是如此，诺夫乔伊用"存在巨链"来描写在西方历史进程中，观念的单元如同巨链一样环环相扣，支配着人们的行动，它不局限于一个时代，也不限于某个学科，例如，法兰西民族所形成的自由、平等与博爱观念。因此，如若没有对这一"观念单元"的观念史研究的存在，我们也无从理解思想运动以及人类自身的运动。可以说，"观念单元"的提出，以及诺夫乔伊对观念史研究所做出的种种努力，终于使"观念史在20世纪获得了主导性地位"。①

二

从20世纪60年代开始，在英国特别是在剑桥大学，以拉斯莱特（Peter Laslett）为代表的思想史家开始批评诺夫乔伊为代表的这一观念史研究范式，到了80年代，通过三代学人的努力，终于形成了思想史研究的"剑桥学派"，而其最具代表性的学者则为昆廷·斯金纳（Quentin Skinner）教授。

在"剑桥学派"看来，"观念史"研究完全是非历史性的，正像斯金纳教授尖锐地指出的："我认为，非常明显，任何试图用从经典文本中学来的'永恒的问题'和'普遍真理'等名词来证明观念史研究的合理性必定就是以使观念史本身更愚笨和天真为代价来追求合理性。像我已经阐明的那样，任何思想家的陈述不可避免地体现着特定的意图，依赖特定的条件，为解决特定的问题而发言。所以，就具有了特定性。在这种方式下，想超越这种特定性将仅仅是一种天真。"②他还说，"对这些观念的历史的把握能够使我们知道自己常常接受的那些'永恒'真理实际上只不过是我们自己的历史和社会结构的随机性结果。从思想史中我们可以发现，事实上并不存在这样的一成不变的概念，有的只是与不同社会相伴随的形形色色的概念"。③因此，斯金纳认为，思想史研究必须是一种历史性的研究，这种历史性就是要将只从思想家文本中来进行抽象化和逻辑化的研究转换为研究思想家

① Elizabeth A. Clark, *History, Theory, Text: Historians and the Linguistic Turn*, Cambridge: Harvard University Press 2004, p. 107.
② 详见 Quentin Skinner, Meaning and Understand, In James Tully ed., *Meaning and Context: Quentin Skinner and His Critics*, Cambridge: Potily Press, 1988, p. 65。
③ 丁耘、陈新主编《思想史研究》第一卷，广西师范大学出版社，2005，第78页。

为何要写作这一文本，作者的意图与文本的关系，以及作者使用什么样的词汇和修辞手段来形成自己的文本。这也就意味着要将思想家的文本（text）放在其所处的历史语境中（context）来研究。这样，在思想史研究的方法论上，以斯金纳为代表的"剑桥学派"把从前只关注经典文本，或思想的连续性转移到了语境。①

由此，"剑桥学派"系统地发展出了关于思想史研究特别是对于文本研究的方式，犹如斯金纳所说，我将"捍卫着我对阅读和解释历史文本的一个特定的观点，我认为，如果我们希望以合适的历史方法来写历史观念史的话，我们需要将我们所要研究的文本放在一种思想的语境和话语的框架中，以便于我们识别那些文本的作者在写作这些文本时想做什么，用较为流行的话说，我强调文本的言语行为并将之放在语境中来考察。我的意图当然不是去完成对已经逝去久远的思想家的思想进行复原这样一个不可能的任务，我只是运用历史研究中最为通常的技术去抓住概念，追溯思想家们之间的思想差异，恢复他们的信仰，以及尽可能地以思想家们自己的方式来理解他们"。② 正是在这一研究范式的指导下，以斯金纳为代表的"剑桥学派"取得了很多卓有成效的研究成果。

除了在"历史性"这一层面上，斯金纳对观念史研究范式展开了批评之外，斯金纳还认为，观念史研究把思想家在文本中所表达的这些观念都看作思想家自己的观念，甚至是其思想信仰的表达也不准确。这也正如贝维尔（Mark Bevir）在《观念史的逻辑》一书中所表达的那样："观念史家所研究的对象就是思想家们所表达出来的观念。观念史家研究意义，也就是说他们将研究意义的特性作为核心。我已论辩道，他们研究阐释性的意义，理解为个人的观点，而非语义学或语言学层面上的意义。观念史家所研究的意义是每个个体创造性的产物，而非语言性语境或社会规范下的结果。现在，我试图去显示，每个个体所能动性地创造出的阐释性意义是其信仰的表达。当人们发表谈话，他们表达了观念或信仰，而正是这些观念或信仰建构成为观念史家所研究的对象。历史的意义就包含在这些所表达的，以及所传达给每个个体的个人观念的信仰中。"③ 针对这一将作者与文

① Norman J. Wilson, *History in Crisis Recent Directions in Historiography*, London: Prentice Hall, 1999, pp. 75 – 76.
② Quentin Skinner, *Vision of Politics*, *Preface*, Cambridge: Cambridge University Press, 2002, p. 8.
③ Mark Bevir, *The Logic of the History of Ideas*, Cambridge: Cambridge University Press 2002, p. 142.

本所表达的观念之间直接对应、等同的实体论观点，斯金纳以马基雅维利的《君主论》作为个案来表明了他的异议，"我们在处理他的这一文本时，并非全然将其作为信念的表述，还不如说，而是作为其对当时的政治辩论一种特定且相当复杂的介入（intervention）"。① 通过对霍布斯《利维坦》这一文本的研究，斯金纳更为坚定地指出，"我不仅把霍布斯的政治理论视为一个总的思想体系，而且视为一项以辩论干预时代冲突的行动"。② 在霍布斯"平静论说的欺骗性表象之下，潜藏着怎样波涛汹涌的辩论之道"。③ 也正是如此，斯金纳提出了对文本解读的独特方式，即思想家的文本就是对当时政治或社会论辩的组成部分——"哪怕最抽象的政治理论著作，也绝不可能超然于当时的战斗之外，相反，它们永远是战斗的组成部分"。④

　　既然思想家所创作的文本是一种论辩性的存在，为此就需要研究者在研究文本时，不仅只是关注作者的意图与文本形成之间的关系，还需要重视作者在形成文本时如何进行表达，即如何运用各种修辞手段来组织文本。为此斯金纳借助于语言哲学理论，特别是维特根斯坦的"语言即是行动"的理论资源开始将文本中的修辞作为研究对象，并明确地指出："我们能够重新思考为何该文本采用如此的组织方式，为何使用这样一套语汇，为何某些主张被特别提出来加以强调，为何该文本表现出自身的特性和形式。"⑤所以，"我们应当研究各种不同的使用语词及其功能的语境，以及使用这些语词所要达到的目的。洛夫乔伊的错误不仅在于寻找某种'观念'的'基本意涵'，认为这种意涵基本'保持不变'，而且他还假定这种'基本意涵'（各个著作家都为此做出'贡献'）必然存在"。⑥ 正如"剑桥学派"的第三代学者阿纳贝尔·布瑞特（Annabel Brett）所概括的："传统的思想史研究只是孤立地研究'伟大的观念'（great ideas）和一些伟大的思想家（great thinkers），只是把思想史视为与人类行动的历史相区别的一种历史类型，并且把'语言'（language）当作思想家们的思想或观念的一种表达。现在，受到语言哲学的影响，思想史研究对象发生了转换，重点研究思想家'言说'的方式，以及如何运用'言说'去思考。因此和以往最大不同的是，

---

① 〔英〕昆廷·斯金纳：《政治价值的系谱》，萧高彦译，台北，联经出版社，2014，第29页。
② 〔英〕昆廷·斯金纳：《霍布斯与共和主义自由》，管可秾译，上海三联书店，2011，第8页。
③ 〔英〕昆廷·斯金纳：《霍布斯与共和主义自由》，管可秾译，第9页。
④ 〔英〕昆廷·斯金纳：《霍布斯与共和主义自由》，管可秾译，第8页。
⑤ 丁耘、陈新主编《思想史研究》第一卷，第72页。
⑥ 丁耘、陈新主编《思想史研究》第一卷，第74页。

这一思想史研究的重点不再是关注思想观念的'表达'，而是找寻过去的'表达方式'，发现不同的'话语表达方式'即'修辞'"。①

正是由于秉持不同的研究范式，斯金纳才对诺夫乔伊式的观念史研究持反对的态度，"我依然对书写概念史或'观念单元'史的价值持怀疑态度。唯一要写的观念史则为这些观念是在论证中被形形色色运用的历史"。②

三

与此同时，另外一批历史学家也展开了对观念史研究范式的批评，并在观念史研究中加入了社会的维度，使之发展成为"观念社会史"（social history of ideas），学界也常常将其称为"新文化史"。作为一场学术运动，"新文化史"首先在法国兴起，从 20 世纪 60 年代开始，法国的一批历史学家开始不满意以布罗代尔为代表提出的结构史，出现了心态史研究，注重对个人、群体所具有的不同心态的研究，并使心态史研究成为第三代年鉴学派的重要主题。后来随着美国历史学家的加入，形成了蔚为壮观的学术场景。

1971 年，罗伯特·达恩顿（Robert Darnton）在《近代历史杂志》发表文章，批评历史学家彼得·盖伊所撰写的关于启蒙运动的著作，出于对"观念社会史"的呼唤，达恩顿批评盖伊的研究方法太过陈旧，仅仅聚焦于研究启蒙运动中那些最为伟大的思想家，未能揭示启蒙运动的内在复杂性。在 1990 年，他又发表文章，预言今后的思想史研究将会更多地关注社会，并从以前只研究高级精英文化转向底层文化，考察与理解普通人的心态，当然他也不同意以斯金纳为代表的对精英思想家的重视和以"修辞"为中心的研究。他在同年出版的《拉莫莱特之吻：文化史的反思》一书中，明确地提出，现有的思想史研究只关注上层精英，而社会史则关注底层，现在则应把观念放入社会语境中进行考察，形成"观念的社会史"。③ 虽然达恩顿的呼吁未能阻止以斯金纳为代表的"剑桥学派"继续进行精英思想家的研究，但达恩顿和他志同道合的一批历史学家如林·亨特、夏蒂埃、伏

---

① 详见 Annabel Brett, "What Is Intellectual History Now?" in David Cannadine ed., *What Is History Now*, Melbourne: Palgrave Mac – Millan Ltd, 2002。

② 丁耘、陈新主编《思想史研究》第一卷，第 75 页。

③ Robert Darnton, *The Kiss of Lamourette*: *Reflections in Cultural History*, London: W. W. Norton and Company, 1990, p. 219.

维尔、亨利·让·马丁、安·布莱尔等开创了"观念社会史"的研究范式。

对这一研究范式的特征，法国历史学家夏蒂埃给出了这样的界定："一方面，它必须被理解为对表象过程的分析，即分析适用于某时或某地的社会和概念结构的分类和排斥的产生。社会世界的结构不是一个客观给定的事物，并没有超出思想和心理的范畴。它们是由构成其形态的一些相互连接的政治的、社会的和杂乱的实践活动历史地产生的。另一方面，这种历史还必须理解为对意义构建过程的研究。历史学打破了曾被批评家认作是一致的文本和著作具有内在、绝对和世界特别意义的旧观念，而转向通过多重的甚至相互矛盾的方式赋予世界以意义的实践。"[1] 在 1999 年接受《人文科学杂志》的访谈中，他又再次重申，"我的研究历程表现为从以非常强烈的统计学和社会学为基础的文化社会史转向接受的历史、实践行为的历史和意义重建的历史"。[2] 由此，他自己在 1991 年所出版的《法国革命的文化起源》一书中实践了文本与意义之间的关系。在他看来，为了要理解意义，历史学家需要在抽象的、文学的和政治的世界和其他表达的模式中找出差异，这也意味着，即使历史学家在文本中找寻到了其意义，也并不必然意味着这些意义就仅仅局限在语言的语境中。因为对于读者来说，文本是不固定的，它在一个既定的社会中的流动以及随之所做出的解释也即是流动的、多元的，甚至是矛盾的。这也表明，一个印刷文本形式的变化就能轻微或完全改变其意义。[3] "在特定历史时期的同样文本由于它呈现和传达的条件不同会接收到多重的含义"。[4]

由此，使得新文化史研究在研究观念、重建意义的过程中必须要进行"历史性"的考察。这种"历史性"的考察，不仅意味着一种历史的视野，更为重要的是，它还反对一切形式的决定论，改变着过去那种文化从属于社会和经济的理解，强调文化的独立性与能动性。而这种文化的能动性，在学理上来说，就是重新思考社会的组织性动力与要素，一个社会是如何被组织起来成为特定的某种社会样式的。也就是说，人们是用什么样的观念、情感与心态来进行自己的行动，从而在实践层面上完成了对社会内容的建构与意义的重建。这就突破了原先仅仅考察观念演变的研究范式，将

① 周兵：《新文化史：历史学的文化转向》，复旦大学出版社，2012，第 243 页。
② 李宏图、王加丰选编《表象的叙述——新社会文化史》，上海三联书店，2003，第 136 页。
③ Richard Whatmore and Brian Young eds. , *A Companion to Intellectual History*, p. 75.
④ 李宏图、王加丰选编《表象的叙述——新社会文化史》，第 134 页。

观念置于社会的语境中来考察。同时，这样一种思考问题的视角，既改变了原先的社会内容决定着人们的观念这一机械的历史决定论，也将原先只是单一性地仅把观念放在观念层面上进行静态性的研究范式拓宽，并加入了观念与社会之间的相互关系，重新思考观念在组织社会过程中所起到的作用，以及将其视为社会组织的基本要素和动力，因此，只有将观念史研究置于社会的语境下才能够更为精确地定位观念史。① 并且也能更好地理解社会和经济等我们通常所认为的实体也是被文化所创造并在文化的实践中被不断地再生产的。

在这一"观念社会史"的研究中，有三本书值得关注。一是意大利历史学家金兹伯格的《奶酪和蛆虫》，此书重点研究 16 世纪磨坊主的精神世界，以及作为一个磨坊主，他如何会形成这样的观念。第二本书为法国历史学家拉杜里的《蒙塔尤：1297—1324 年奥克西坦尼的一个山村》，作者在文化人类学的意义上来具体考察了一个村庄里人们的各种文化或观念。这种从浅入深的文化研究被作者称为"蒙塔尤考古"，这些观念包括时空观念、社会意识、宗教和伦理以及民俗和鬼魂等。② 第三本为美国历史学家罗伯特·达恩顿的《猫的大屠杀：兼及法国文化史上的其他事件》，追随着法国学者达尼埃尔·莫尔内探讨法国革命思想起源的研究思路，达恩顿也努力去考察 18 世纪法国人的思想方式，试图不仅去显示他们想些什么，而且要考察他们是如何思考的，以及他们如何构建世界、赋予其意义、注入其情感。不再追随原先经典文本性的高级思想史研究的路径，而是考察还未界定的区域，就像著名的法国心态史一样。这一范式在英语世界还未有命名，但也许可以直接被称为文化史。③ 其研究方法则是运用人类学，并借此反思西方文明本身，如罗伯特·达恩顿本人所说，用人类学的方式来研究我们自身的文明，而以前人类学只是研究异族的文化。④ 通过这样的考察，从而来回答启蒙运动这一思想运动如何在当时的社会中传播，以及传播的深度和广度，观念的形成与流动的过程究竟是怎样的。这样，作者避开了

---

① Darrin M. Mcmahon and Samuel Moyn eds. , *Rethinking Modern European Intellectual History*, p. 17.

② 〔法〕埃马纽埃尔·勒华拉杜里：《蒙塔尤：1294—1324 年奥克西坦尼的一个山村》，许明龙、马胜利译，商务印书馆，1997。

③ Robert Darnton, *The Great Cat Massacre：And Other Episodes in French Cultural History*, London：Pengiun Books, 2001, p. 3；此书已经中文译本：〔美〕罗伯特·达恩顿著《屠猫记：法国文化史钩沉》，吕健忠译，新星出版社，2006。

④ Robert Darnton, *The Great Cat Massacre：And Other Episodes in French Cultural History*, p. 3.

以前历史学界惯常研究的精英文化，另辟蹊径，努力研究社会底层的文化，着重揭示他们如何接受了启蒙思想家的思想，并形成自己的心智世界，以及他们又如何在其思想观念中组织现实，并在实践性的行动中予以体现和表达。通过研究，达恩顿发现，在18世纪的法国，存在着两种不同的文化图景：一种是高层的启蒙思想，在上流社会中流行；另一种则为底层的文化生活，属于社会的普通大众。这两者之间是分裂的，也就是说，启蒙思想家的思想并非如以前所研究的那样被广泛传播到全社会，从而激发或引导着人们进行革命。这样，达恩顿的研究表明，意义的建立并非固定的和普遍的；同时，不同的群体在按照不同的思想意识建构现实的社会。这样，观念的传播、接受和重新再表达以及在实践中如何组织社会的内容就成为主要的研究路径。

同样值得重视的是，新文化史除了对观念的接受者如何组织社会进行研究之外，还重点关注这些观念是如何被再生产的，这又与阅读与传播紧密相连。由此研究者也从原先的只对观念载体的"文本"进行研究转向了对接受与传播以及其路径、形式与再仪式化的研究。例如，金兹伯格在《奶酪和蛆虫》一书中，仔细分析了梅诺乔的个人阅读书目，同时，这些阅读只是形成他观念的一部分，另外还有自己的实际生活经验和农民的传统也一并参与到他观念的形成过程中。"正是这些印刷的书籍和在他身上所体现出的口述文化之间的碰撞，使得梅诺乔产生了'他脑子里的那些想法'"。①

四

在对观念史的批评当中，思想史研究者们也将原先所强调的"观念单元"发展成为"概念"，即观念史或思想史研究的对象应该是概念，而非"观念单元"或"关键词"。隐含在这一转变之中的思考即：要从过去所研究的"观念"转向其意义或含义。1981年，学者威廉·鲍斯瓦玛发表了一篇文章，其标题就是《20世纪80年代的思想史：从观念史到意义史》（Intellectual History in the 1980s：From History of Ideas to History of Meaning）。另外一位学者鲍德克也说，概念史所要做的就是对于那些富含多元意义的词

---

① 周兵：《新文化史：历史学的文化转向》，第87页。

语，以及在历史进程中发挥着引领作用的概念进行共时性和历时性诠释。①
正是由此，概念史研究和一般通常所说的关键词研究有了区别，对此，概
念史的创立者考斯莱克曾经这样指明了两者之间的差异："一个词语的意义
总是指向其所意指的，无论其所意指的是一种思想，还是一个客体（ob-
ject）。因此，意义总是固着在词语上，但是词语的意义总是由口头或书面
的语境所维系，同时，词语的意义源于它所指涉的场景。如果意义的这种
语境——词语是在这种语境中被使用的，并且是为了这种语境而被使用
的——完全融合进词语自身，那么这个词语就成为一种概念。概念系于词
语，但与此同时，概念又不仅仅是词语（或概念的意义又远比词语丰
富）。"② 因此，概念是具有实体性意义的聚集，这种意义是处于历史过程中
人们的认知、思想和观念的体现与凝聚，在一定的语境中为了特定的目的
而使用，并成为反映这个社会精神观念的基本概念。它既是这个社会进程
的显示器，又成为社会进程的推进器。正是概念的这一特性，概念史研究
也就和词语史研究区别开来，"词语的意义可以被确切地加以界定，而概念
的意义则只能被诠释"。③

　　不仅如此，概念史所强调的语境、语言背后都有其社会的特性，与所
处的社会建立起了直接性的联系，概念意义的生成离不开这一社会性语境。
同样"没有这些基本概念，任何政治共同体和语言共同体都不会产生"。④
这样概念史研究就不再仅指关注概念意义的变化，而是要关注概念在意义
的生成过程中是如何成为历史进程或社会发展阶段的指示器和推进器的。
在这一意义上，概念史是以社会史为取向和旨归的，它所探讨的并不仅仅
是人们对于社会现象的反思以及它们作为概念的定义，而是探讨人们在思
想上对社会现象进行应对和行动的过程。⑤ 也如科斯莱克所说，概念史斡旋
于语言史与事件史之间。它的任务之一就是分析历史进程中所产生的概念
与实情之间的一致性、偏移性或差异性。⑥ 也如法国学者罗桑瓦龙说，我并

---

① 〔英〕伊安·汉普歇尔－蒙克：《比较视野中的概念史》，周保巍译，华东师范大学出版社，
　　2014，第 72 页。
② 〔英〕伊安·汉普歇尔－蒙克：《比较视野中的概念史》，周保巍译，第 77～78 页。
③ 〔英〕伊安·汉普歇尔－蒙克：《比较视野中的概念史》，周保巍译，第 86 页。
④ 〔德〕斯特凡·约尔丹主编《历史科学基本概念词典》，孟钟捷译，北京大学出版社，
　　2012，第 20 页。
⑤ 〔英〕伊安·汉普歇尔－蒙克：《比较视野中的概念史》，周保巍译，第 93～94 页。
⑥ 〔德〕斯特凡·约尔丹主编《历史科学基本概念词典》，孟钟捷译，第 20 页。

不拒绝"社会史"所使用的各种研究进路，但是，只有将其置于特定的语境中，或者说，只有将其嵌入一种更为概念性的历史中，"社会史"的事实意义才能被揭示出来。而就其自身而言，"概念史"并不只是分析伟大的作者，即便这些伟大作者常常代表着一条通往他们那个时代的政治文化的康庄大道。①

正是在这一共识下，通过聚焦于一些核心性的"概念"，可以使我们更深入地理解历史的进程，并且解释了这些概念又如何成为政治和社会体制的合法性基础；也就是说，一个社会如何能够按照这些概念的含义建构起自身。正如里克特所说，我们需要研究的恰恰是抽象思想与在不同层面上将经验概念化的方法及其间的互动。② 犹如法国历史学家赖夏特指出的，任何对于法国大革命的论述，如果不能做到援引这样一些思想家（指启蒙思想家）就很难具有解释力：这些思想家直接或间接地为大革命提供了很多概念、分析的范畴和视域，而这些概念、分析的范畴和视域，则改变了大革命对于过去、现在和将来的看法。③ 而这一研究视角恰恰是和观念社会史的研究路径相契合，只不过是更换了研究对象。

在概念史研究中，学者们逐渐发现，在单一的概念空间范围内来进行研究难免狭隘和偏窄，正如斯金纳在进行概念史研究时所说，我将考察范围限制在一特定语言社群里，即英语世界中的论辩。这种方式不免稍嫌视野狭隘，对此我也有点自责。④ 正因为此，一些学者在此基础上进行了新的开拓，开始提出思想史的"空间转向"。这里有两层含义。一是，在民族国家范围内展开研究。例如，在某个国家这一"空间"所形成的"概念"，其内涵如何流动到另外一个"空间"，在这一流动过程中，它发生了什么变化，如何又被再次概念化。二是，思想史向"国际史"方向拓展，或者和全球史结合。哈佛大学历史系教授、思想史专家大卫·阿蒂米奇就是这一提法的首创者。他在《思想史的国际转向》一文中写道，要超越或者高于民族和民族国家所界定的个别历史，而朝向历史书写中一种名为"国际转向"（international turn）的方向发展。当然也有些学者仍然坚持使用"全球

① 〔英〕达里奥·卡斯蒂廖内：《民族语境下的政治思想史》，周保巍译，人民出版社，2014，第208~209页。
② 〔英〕梅尔文·里克特：《政治和社会概念史研究》，张智译，人民出版社，2014，第179页。
③ 〔英〕梅尔文·里克特：《政治和社会概念史研究》，张智译，第180页。
④ 〔英〕昆廷·斯金纳：《政治价值的系谱》，萧高彦译，第15页。

思想史"这一概念。①

由此就涉及思想史和全球史之间的关系，是全球思想史还是包括思想史在内的全球史，对此，安德鲁·萨托瑞认为思想史应在全球史之内，而非作为全球的思想史。② 但他也承认，近年来，从全球性的视角来研究思想史开始与日俱增，例如，展开对词语、知识、文本、翻译等全球性流通的研究。正是这样全球性的思想观念及其载体在不同空间的流通所产生的变异，以及在不同的空间中人们如何使用这些思想观念来组织自己的现实世界，才凸显要从全球性的视角来展开考察的价值。法国学者埃斯巴涅曾经对概念与思想在全球空间中的流动发表过这样的看法：人们曾长期认为，在人文科学领域内起到历史建构作用的文本或概念，其意义在翻译的过程中会出现流失。但近些年来，另一种观点更获认可，即将文本和概念的移位视作意义的丰富化，至少因意义的创造性移位而获得新的内涵。这种移位在欧洲内部十分常见，如德语 Geist 一词并不完全是法语里的 esprit 或英语里的 mind 的意思。又如，"中产阶级""自由""民族""民主""权利""国家"等词，在其身处的不同语境中也被赋予了多种含义。因此，对于使用此类词语的文本，它们的流通不应简单地被当作翻译来看待，更应将其视作一种重建来分析。法国和德国对孟德斯鸠或卢梭学说的运用不尽相同，托克维尔的自由主义在中国也经历了完全不同的命运，正如法国结构主义对毛泽东思想的接受。当德国原始语境中的马克思主义被置于不同的语言或民族文化空间里时，这个概念便会焕发出多种截然不同含义的色彩。在历史学中有专门对此种现象形式进行的一类研究，这就是以考斯莱克为代表的概念史。但概念史研究通常只与一个民族空间联系在一起。因此需要将之拓展，关注概念流动的形式。

意义移位也适用于文学史建构中的重要概念，诸如写实主义、自然主义、象征主义、浪漫主义，等等。这些概念因不同的使用语境而带有十分不同的意义。在艺术史中，巴洛克和古典主义这样的词语也在移位中拥有了不同内涵。相对于《恶之花》作者所处的时空，中国"文革"期间为大家所阅读的波德莱尔则属于一个完全不同的新参照系。在哲学上，我们知

---

① 例如，学者史茹提·卡皮拉（Shruti Kapila）提出"全球思想史"（Global Intellectual History）概念，见 Darrin M. Mc Mahon and Sam – uelMoyn eds. , *Rethinking Modern European Intellectual History*。

② Richard Whatmore and Brian Young eds. , *A Companion to Intellectual History*, p. 208.

道福柯的海德格尔并非就是海德格尔。我们因此也可以追问福柯的海德格尔在中国生出什么意义，从而探究流动所带来的作用，这也可以被视为历史阐释学的一种特殊模式。中国的黑格尔与法国的黑格尔可以比较吗？能否设想中国黑格尔的法国解读，或者反之？[①]

对此，我自然是同意法国学者的观点，不过还可以补充一点，如果说概念在不同的空间里流动会因为被接受者而发生变异，即意义移位的话，那么，讨论接受者是如何在移位的意义上来认识世界和组织世界的，从而形成了有不同文化差异和内容完全不同的实体性世界也就有着更为丰富的价值，从而可以在思想意义与现实社会、全球性与民族性之间找寻到相同与差异，并且求得相互的融贯和理解。正是在这一意义上，研究思想观念在不同空间的流通将会是未来值得重视的新的研究领域，至于称之为全球思想史，还是全球史（即思想史只是全球史的一部分）则远非如此重要。

五

如果我们从观念史的创立开始梳理这70年来观念史研究范式的不断转换，可以看到，对诺夫乔伊的观念史研究的批评促进了观念史研究不断前行；其核心在于，观念史研究已经变换了自己的研究对象，不再仅仅把"观念单元"作为研究对象，而是涵盖概念以及文本的表达方式即修辞，并且也把观念看成建构社会的一种力量而被讨论研究，由此社会不再像以前那样被理解为一个实体，它只是在意识、文化和语言的表达或表象中存在，而新文化史的兴起无疑则是努力找寻这两者间的关联。透过这些范式的变换可以发现，无论是斯金纳的"剑桥学派"，还是概念史或者新文化史，毫无例外地都是将行动、实践、组织社会作为自己的研究对象；同样，批评观念史最为严厉的斯金纳也称自己是位"观念历史学家"。也正是如此，原先的"观念史"被转变成为"观念的社会史"。也如达恩顿所说，以前观念史家只是追踪正规的思想从一个哲学家到另外一个哲学家的传承与发展，而现今"文化人类学"则是研究普通人如何制造这个世界认知的方式，试图揭示他们的宇宙观，呈现他们如何在其心智上组织现实并将其体现在行

---

① 这是法国巴黎高等师范学院 Michel Espagne 教授为复旦大学 – 巴黎高等师范学院人文学术研讨会"意义的移位与创造：多边文化史的路标（中国 – 法国欧洲）"所写的主题诠释。

动中。① 正如美国历史学家林·亨特所说，今天的历史研究表现为更具"历史性"，这就是说更"观念化"，努力探讨个体、群体用何种观念去组织现实世界以及与现实世界的互动关系。如果对照一下诺夫乔伊所创立的观念史研究的特征，可以发现，无论今天所发展起来的阅读与传播史还是概念史和思想史研究的"国际转向"，都有着观念史的痕迹，或者说都是对观念史的一种新的改造与推进，而非瓦解了观念史的存在。如果说原先的思想史可以作为精英思想家的观念史研究的话，那么"社会观念史"则是重点关注普通人的观念史研究，而在今天，称之为"新观念史"或"新思想史"的研究则将这两者合为一体，共同思考无论精英还是大众，他们都是在什么观念下建构这个世界，或者考察在现实的世界实体的后面隐含着什么样的观念。阿纳贝尔·布瑞特指出，我将说，思想史家最为关切的就是过去的人们的表达方式，以及在这些表达方式中人们是如何来理解世界的。② 也犹如基斯·迈克尔·贝克所说"行为意味着意义，意义意味着文化的主体间性（intersubjectivity），主体间性意味着社会。所有的社会活动都有一种给予它意义的智力的特征，正如所有的智力活动都有一种给予它目的的社会特征"。③ 正是通过这些带有观念的社会行为重新安排了这个世界的形式、规范与秩序。也正是在这一意义上，观念史或思想史并非仅仅是关于知识分子的历史，其范围可能如历史学本身那样宽广。这是关于"智力活动"（intellection）的历史。根据《牛津英语大辞典》这个词来自拉丁词根，意味着"感知、辨别、洞察力、理解、意义、感觉、含义"。总而言之，这是关于意义的历史。④ 贝维尔也一再坚持，观念史就是研究意义。⑤ 尽管这一观点不为斯金纳所接受。对此，达恩顿也同意，对意义的研究就是观念社会史的重要任务。他还说：通过细细浏览那些最晦涩难懂的文件，我们也许能够揭开一个迥异的意义体系，甚至它会引领我们进入一个陌生而奇妙的世界观中。

诺伊尔·安南曾经这样说过，观念并非只是抽象的存在，它们生活在

① Robert Darnton, *The Great Cat Massacre*: *And Other Episodes in French Cultural History*, p. 3.

② Annabel Brett, "What is Intellectual History Now?" in David Cannadine ed. , *What is History Now*, p. 127.

③ 〔美〕多米尼克·拉卡普拉:《现代欧洲思想史—— 新评价和新视角》，王加丰等译，人民出版社，2014，第174页。

④ 〔美〕多米尼克·拉卡普拉:《现代欧洲思想史——新评价和新视角》，王加丰等译，第174页。

⑤ Mark Bevir, *The Logic of the History of Ideas*, p. 1.

人们的心灵中，激励着他们，形塑着他们的生活，影响着他们的行动，以及改变着历史的进程。① 同样，观念也在不同空间的历史进程中不断地被形塑，如果说过去诺夫乔伊所开创的观念史还是在研究观念本身，将观念甚至是基本的观念单元作为自己的研究对象的话，那么现在的新观念史就在批评这一基本原则的过程中，将研究对象做出了转换，观念史的研究对象正在转换为探寻人们的意义世界，以及"观念的表达方式"即"修辞"；观念的单元也改变为基本的概念，着重探讨观念自身的再生产，人们如何调动自己的观念来进行实践性的行动，以及如何组织世界，由此在观念与社会之间建立起了一种紧密的互动关系。实际上，近 30 年来，观念史在以语言哲学为理论的基础上走向以语境、修辞与行动等为核心的研究；同样，在社会建构为导向的指引下，强调考察观念与社会建构之间的关系。目前，呼应着全球化的进程，又出现了"空间转向"。实际上无论哪一种维度的研究，都并未导致观念史研究的衰落，反倒是丰富了其研究的范式，扩展了其研究的视角。因此，观念史在经历了这一转换之后正迎来新的繁荣，或者说观念史研究正在复兴与回归中。就像皮埃尔·波迪埃所说，重归过去的样式但绝非相同。基于此，我们也可以说，无论思想史家还是文化史家以及概念史家，都成为观念史家。也如有些学者所说，这是一种"观念史的新样式"。② 并且在新观念史的名义下，观念史与思想史两者之间并不存在着明确无误的界限。③ 这也就意味着，今天对观念史或思想史研究的重心已经移向，我们不仅要思考过去我们自身所形成的观念性的文明成果，而且也在考察人们如何运用对这个世界的理解等观念来重新组织起自己所置身于其中的现实世界。

---

① Darrin M. McMahon and Samuel Moyn eds. , *Rethinking Modern European Intellectual History*, p. 27.

② Elizabeth A. Clark, *History, Theory, Text: Historian and the Linguistic Turn*, p. 106；此书中有些学者的文章标题也直接使用"新思想史"来指称。

③ 〔英〕梅尔文·里克特：《政治和社会概念史研究》，张智译，第 7 页。

本土崛起与借镜域外

——社会文化史在中国的若干发展

吕文浩

　　社会文化史在中国是从 20 世纪 80 年代末 90 年代初兴起的。由于中西学术之间的隔阂，此时倡导社会文化史的学者刘志琴、李长莉等人对于西方已经繁荣发展的所谓新文化史几乎毫不知情。她们倡导社会文化史，是出于 20 世纪 80 年代国内史学界相继兴起社会史、文化史的研究潮流，而又各自有所不足，因此才产生了结合这两种新兴的分支学科，开展社会文化史研究的愿望。初创时期大家的想法还是比较简单的，基本上是出于对日渐兴盛的社会史研究的回应，希望引入社会史的维度来使文化史的研究不再局限在精英文化范围内，同时也能以文化史的深度来给社会史的精确、客观叙述增添思想的深度和文化的蕴含。这种本土取向的社会文化史经过 20 余年的不断探索、不断深化，已经产生了一些具有重要影响力的作品，在国内史学界已经获得相当程度的承认和肯定。

　　大约在本土社会文化史兴起 10 年之后，大陆史学界开始接触到西方的新文化史研究，了解到这是一个在国际史学界已经产生了广泛影响的学术潮流，加上先行一步的台湾学者的推波助澜，新文化史迅速在大陆流传开来。新文化史在理论体系、概念工具、研究方法等方面比较规范、成熟，比较资深的本土社会文化史学者在初步了解其特征之后，迅速做出反应：一方面是吸收其合理成分来完善自己的理论表述和研究实践，另一方面也对其不适于中国实际的若干方面提出了疑义。更年轻的一批学者，似乎对新文化史热情更高，径直将新文化史作为主攻学术方向，不过，他们鉴于国内新文化史是社会史的自然延伸，往往以"社会文化史"这个在西方学术界局部使用的名词来指代新文化史。

　　目前，这两种取向的社会文化史研究尽管取得了一些共识，但在学术路径上的差异还是比较显著的,甚至出现了一些青年学者刻意撇清与本土社会文化史关系,有认同新文化史研究取向的倾向。① 笔者以为,不管是本土崛起的社会文化史取向,还是自西方引入的新文化史取向,在强调从社会生活的角度探讨文化观念的影响面以及从文化思想的角度来阐释社会生活事实的意涵上,都并无二致。所以将它们归结在社会文化史研究的旗号之下应该是没有问题的。当然,指出这一点并不是把它们混为一谈,也不是要以一种取向来取代另一种取向,而是希望它们各自深化,不断完善,最后在拿出成熟作品的基础上探讨两者会通的可能途径。

本文主要从理论方法上总结概括本土社会文化史研究取得的主要成绩,其中当然也包括学者们选择性吸收西方新文化史研究之后取得若干新认识。

一　本土社会文化史研究在理论方法上的主要收获

从 1988 年刘志琴呼吁结合社会史和文化史的研究路向②开始,到 1998 年 3 卷本《近代中国社会文化变迁录》③出版之前,除了社会文化史兴起时刘志琴、李长莉的提倡与大致界定范围以外,10 年间对社会文化史的理论方法探讨比较少。值得一提的是,1992 年 10 月 30 日中国社会科学院近代史研究所文化史研究室联合中国社会科学院社会学研究所《社会学研究》编辑部主办的"社会文化史学术研讨会"。这次会议具有跨学科的特点,研究历史学、社会学和文化问题的 40 余位学者,围绕社会文化史的特点和研究方法,以及学科建设等问题进行了广泛的讨论,提出了许多富有建设性的思想。④ 尽管当时可资参考的具体研究成果不多,但学者们对于社会文化史研究路向的意义、特点以及研究方法等诸多问题,提出的意见仍然是比

---

① 刘永华心目中的"社会文化史",应是以业已发展成熟的西方新文化史为典范的,详见他主编的《中国社会文化史读本》(北京大学出版社,2011)。李志毓所讨论的社会文化史理论来源和典范作品,全部来源于西方新文化史著作,包括若干已翻译成中文的海外汉学著作,详见李志毓《关于社会文化史的几点思考》,《河北大学学报》(哲学社会科学版) 2011 年第 1 期。余新忠则将"社会文化史"视为新文化史在国内学术背景中的新称呼,详见余新忠、杜丽红主编《医疗、社会与文化读本》(北京大学出版社,2013)"导言"。

② 史薇(刘志琴):《复兴社会史三议》,《天津社会科学》1988 年第 1 期;刘志琴:《社会史的复兴与史学变革——兼论社会史和文化史的共生共荣》,《史学理论》1988 年第 3 期。两文均收入梁景和主编《中国社会文化史的理论与实践》,社会科学文献出版社,2010。

③ 这套书由刘志琴主编,李长莉、闵杰、罗检秋分撰,浙江人民出版社于 1998 年出版。

④ 李长莉:《社会文化史:一门新生学科——"社会文化史研讨会"纪要》,《社会学研究》1993 年第 1 期;收入梁景和主编《中国社会文化史的理论与实践》。

较成熟的。这对于以后社会文化史的健康发展具有一定的导向作用。如有学者提出社会文化史研究的主要内容是上层文化和下层文化的互动，精英文化的社会化过程，以及大众文化与社会生活中的文化意识等。这些意见，对于社会文化史既深入社会领域同时又注重对社会现象做出文化解释的特色，把握得相当准确。对于社会文化史这种学术特色的追求和坚持，会使得这种新生的研究方向从一开始就注重对社会文化问题的整体把握，避免了盲目猎奇、鸡零狗碎的流弊。

1998 年，刘志琴为三卷本《近代中国社会文化变迁录》而写的长篇代序《青史有待垦天荒》是一篇比较重要的社会文化史文献，它是中国社会科学院近代史研究所文化史研究室研究团队 10 年探索经验的总结。刘志琴明确提出，"社会文化史是以大众文化、生活方式和社会风尚的变迁为研究对象"① 的，并对社会生活史和社会文化史的区别与联系做了比较清晰的论述。她认为："复原前人生活的本来面貌，是社会生活史的基本要求，但是对社会生活的研究又不能停留在这一步。社会文化史要求把生活放在一定的社会现象和文化现象中来考察，通过生活方式的变迁认识民族文化心理和社会意识的发展历程"，② "所以一部优秀的社会生活史必定是社会文化史；一部优秀的社会文化史必然要对社会生活作出具体详实的文化和社会的阐释。这是从不同方位对同一课题的描述和解析，也是社会文化史和社会生活史的联系和区别"。③ 鉴于中国文化具有伦理本位和生活伦理化的特点，刘志琴将其提炼、概括为"世俗理性"，试图以此来揭示精英文化社会化的过程和特点。她还结合《近代中国社会文化变迁录》（三卷）的具体材料，论述经济生活的变动对思想观念转换可能产生的巨大冲击作用，这是以往只局限于从思想文化领域讨论启蒙思想所看不到的。她认为生活在社会下层的民众从生活境遇的变化中，自发地改变自己的行为和观念，对社会规范具有一定的破坏性；这种自发的、群体性的趋向，容易引发社会风气的变化，从而又推动知识分子对社会问题的思考，提出某些理论见解。这种将从社会下层无序的变化和文化精英们有序地思考和撰述结合起来的

---

① 刘志琴：《青史有待垦天荒（代序）》，刘志琴主编、李长莉著《近代中国社会文化变迁录》第一卷，浙江人民出版社，1998，第 2 页。
② 刘志琴：《青史有待垦天荒（代序）》，刘志琴主编、李长莉著《近代中国社会文化变迁录》第一卷，第 7 页。
③ 刘志琴：《青史有待垦天荒（代序）》，刘志琴主编、李长莉著《近代中国社会文化变迁录》第一卷，第 9 页。

研究路向，生动地揭示了思想观念从生活实践中萌发、流播，到知识分子的整理、思考、提炼的动态过程。

2001 年 7 月，中国社会科学院近代史研究所文化史研究室主办的"近代中国社会生活与观念变迁"学术研讨会是又一个学术界比较集中讨论社会文化史理论、方法与发展趋向的会议，与会学者讨论的焦点主要集中在社会文化史是一门独立的交叉学科，还是一种独特的研究视角。两种看法各有其主张者，各有其理由，很难形成一致的意见。也有人认为讨论这个问题短期内未必会有一致的意见，可以考虑先做一些具体研究，把地理、人物、人口迁徙、文化、经济、语言等弄清楚，然后提出自己在研究实践中需要解决的问题；不必要用讨论一时不能达成一致意见的概念问题来束缚自己的手脚，"只需有一个大致的研究范围和研究方向就够了"。在这次会议上较有共识的是：社会文化史必须把社会生活现象和思想观念结合起来进行研究，既可以对文化现象作社会史的考察，也可以对社会现象进行文化的阐释；社会文化史研究应关注上层与下层的相互沟通和流动，它不能取代思想史的研究，但对于传统思想史那种从这种观念到那种观念的线性思想史，将会起到改进作用，使思想得以形成和发挥作用的"上下左右前后的关联"因素得到更加充分的揭示。①

2002 年李长莉的《晚清上海社会的变迁——生活与伦理的近代化》是较早出版的成熟的社会文化史专题研究著作。她在这本书里申明自己是明确地、自觉地采用社会文化史的视角，研究上海开口通商至中日甲午战争前 50 余年间民众生活方式的变动如何逐渐引起社会伦理观念的转变，而社会伦理观念的转变又如何以其约束和规范的力量来改变民众的生活方式。她认为在民众的生活世界里，生活方式是外在的、显性的客观世界，社会伦理则是沉积在民众意识观念中比较稳定的行为规范和价值观念，属于内在的、隐形的主观世界；两者之间的相互作用将会改变社会的整体面貌。生活方式原分属于社会史的领域，社会伦理观念原分属于思想文化史的领域，这本书以社会文化史的视角，将二者结合起来，"以社会史的方法来解读文化观念的变迁"②。在 2007 年出版的《中国人的生活方式：从传统到近代》一书中，李长莉又提出了"公共生活领域"的概念，用以概括近代工

① 左日非：《"近代中国社会生活与观念变迁"学术研讨会综述》，《近代史研究》2002 年第 2 期；收入梁景和主编《中国社会文化史的理论与实践》。

② 李长莉：《晚清上海社会的变迁——生活与伦理的近代化》，天津人民出版社，2002，第 8 页。

业化发轫以来出现的物质生活的市场化、社会生活的公共化和文化生活的大众化等纷繁复杂的社会现象；她认为，"正是这种公共生活领域的形成与扩展，使人们的生活状态和相互关系发生了极大改变，成为现代公民社会的生活基础"。① 一门学科或一个研究方向的发展成熟，与是否提出了较为成熟的概念和研究命题密切相关，李长莉对于生活方式与社会伦理关系的探讨，对于"公共生活领域"的论述，是社会文化史理论方法探索的重要收获，也是社会文化史开始趋向成熟的重要标志。

致力于知识分子社会史研究的许纪霖，在近代中国的公共领域以及知识人社会等问题上有深入的探讨。他认为近代知识分子延续了中国古代士大夫的清议传统，借助于报纸、学会、学校等近代化的基础建制，以及集会和通电等新形式，形成凝聚知识分子的社会文化网络，即"知识人社会"，对于公共舆论产生了重要的影响。其作用在 19 世纪中期至 20 世纪 20 年代末期政治不稳定的时代尤其显著，在 20 世纪三四十年代国民党控制了全国舆论后受到很大的摧残。② 许纪霖对于哈贝马斯"公共领域"理论这一基于欧洲经验提出的"理想类型"与中国经验的关系，做了相当深入的分析；对于"知识人社会"赖以形成的社会文化条件及其中国特色等都有具体的展开论述。这是对于社会文化史的中层理论建构具有重要意义的贡献。

社会文化史从 20 世纪 80 年代末 90 年代初兴起以来，中国学者的主流意见为，社会文化史强调社会与文化的双向互动，无论揭示文化现象背后的社会因素或精英文化的社会化过程，还是对社会现象进行文化的阐释，都可以归入社会文化史的范畴。也就是说"社会的文化史"和"文化的社会史"两种倾向兼而有之，不过从研究实践和理论论述而言，"社会的文化史"比较充分，而"文化的社会史"则相对比较薄弱。一向钟情于文化史的黄兴涛在 2007 年发表文章，认为自己 2001 年在"近代中国社会生活与观念变迁"学术研讨会上的发言"表达了对'社会文化史'研究取向的热烈认同"，而彼时尚未明确意识到和强调"文化的社会史"这一重要的取向。经过对若干中国近代新名词的社会化过程深入研究以后，他意识到"文化

① 李长莉：《中国人的生活方式：从传统到近代》，四川人民出版社，2008，第 4 页。
② 许纪霖：《近代中国的公共领域：形态、功能与自我理解——以上海为例》，《史林》2003 年第 2 期；许纪霖：《精英的社会史如何可能——从社会史角度研究近代中国的知识人社会》，山西大学中国社会史研究中心编《中国社会史研究的理论与方法》，北京大学出版社，2011；许纪霖等：《近代中国知识分子的公共交往（1895—1949）》，上海人民出版社，2008。

的社会史"这一研究取向更关注思想观念、文化价值的社会化过程，很可能更能体现文化史研究的特色。在他看来，"揭示文化与社会的互动史，的确是目前文化史和社会史研究走向深化的重要途径。它有助于社会史研究者更加重视思想文化的向度，避免简单僵硬的政治经济解释和缺乏灵智的结构分析，增强思想的穿透力和精神的感受力；同时也可使文化史研究者尽可能免除空洞化和表面化"。① 他以近代同乡观念为例，说明对于一种思想观念的研究，必须要考察它在社会上的载体、传播渠道以及发挥作用的方式。

李长莉在 2010 年发表的文章，将社会文化史的研究领域列举为：如社会生活（日常生活、生活方式）、习俗风尚、礼仪信仰、大众文化（大众传播、公共舆论）、民众意识（社会观念）、社会心理（心态）、集体记忆、社会语言（公共话语、知识）、文化建构与想象、公共领域（公共空间）、休闲（娱乐）文化、身体文化、物质文化、区域社会文化，等等。其中不少类别是早期提倡社会文化史时期所没有考虑到的，反映了近年来吸收新文化史观念后国内学术界的进展。对于社会文化史的地位和作用，她认为"社会文化交叉视角"不只适用于"社会文化史"的专属研究领域，完全可以走出社会交织领域，深入政治、经济等专史领域，作为一种新史学范式对于以往专史乃至通史中盛行的单一视角的史学范式提供有益的补充。她还提出，为迎接社会转型提出的时代任务，将"社会治理"与"文化统合"两大课题作为社会文化史研究的中心问题，以社会文化史的研究为这两大课题提供一些基于历史经验的理论，从而参与时代理论创新与推动社会进步。在研究手段上，她特别强调既要充分利用史料数据化与网络化带来的便利，也要重视在文字史料之外的大量图画、照片、影像等图像资料。②

罗检秋在 2011 年发表文章认为，作为一种研究视角的社会文化史，当然可以从社会语境、人际网络、文化蕴含等方面研究历史上的政治事件、经济现象、英雄传奇等；但社会文化史的使命不止于仅仅作为一种研究视角，而是有其特定的研究领域和论题。他结合自己的研究体会，提出了四个方面有待深化和加强的论题：（1）不同群体的社会生活；（2）社会视野中的

---

① 黄兴涛：《文化史研究的省思》，《史学史研究》2007 年第 3 期；其修订稿收入黄兴涛《"她"字的文化史——女性新代词的发明与认同研究》，福建教育出版社，2009，第 188 页。

② 李长莉：《交叉视角与史学范式——中国"社会文化史"的反思与展望》，《学术月刊》2010 年第 4 期。

精英文化；（3）士庶文化的交融与歧异；（4）精神生活的正负面关系。①

梁景和在 2014 年发表文章，提出将在社会学、心理学、经济学和医学等领域已经广泛使用的概念"生活质量"引入历史学领域，强调如果从史学角度来研究生活质量，将会开辟出社会文化史研究的新维度。生活质量具有客观的物质生活条件的内容，也有含括生活满意度和主观幸福感等主观层面的内容。梁文对于史学中"生活质量"研究设想了三个梯度的内容，又提出了六个方面的研究方法，尽管都是宏观的粗线条勾勒和举例式的说明，但其探索之大胆仍给人留下了深刻的印象。② 笔者认为，社会史、文化史的资料和成果已经相当丰硕，将它们整合在"生活质量"这一主题之下，对于物质生活、生活方式、价值观念以及主观感受等多个层面的内容加以综合性的呈现和分析，将为社会文化史从局部的专题研究走向整合思考提供一条途径，同时也会促使人们在接受新鲜的、易于感受的知识之余，思考更为深刻的哲理问题；在史学研究领域中，似乎不必刻意追求其他社会科学领域中研究生活质量时所习见的量化指标体系，因为遗存史料恐怕难以支撑面面俱到的量化数据。在社会文化史领域研究历史上不同人群和个体的生活质量问题，反映了目前中国社会注重群体和个体的生存状态，改善生活条件，提高生活满意度和增强主观幸福感的客观需求。这也表明社会文化史学者具有与时俱进，刷新学术课题，参与时代变革的敏感性。

在社会文化史本土化理论的建设上，特别值得一提的是刘志琴关于中国文化中礼俗互动的研究。从 1987 年发表《礼——中国传统文化模式探析》③ 开始，20 余年来，刘志琴对礼俗互动问题做了很多论述，其中比较有代表性的文章还有《从社会史领域考察中国文化的个性》④《礼俗文化的再研究——回应文化研究的新思潮》⑤《礼俗互动是中国思想史的本土特色》⑥《从本土资源建树社会文化史理论》⑦ 等。这里以最晚出的《从本土资源建树社会文化史理论》一文为依据，简要介绍一下刘志琴关于礼俗互动问题的见解。刘志琴认为，礼俗均本于生活，因有生活才有规范生活的礼，所

① 罗检秋：《从"新史学"到社会文化史》，《史学史研究》2011 年第 4 期。
② 梁景和：《生活质量：社会文化史研究的新维度》，《近代史研究》2014 年第 4 期。
③ 此文发表于《天津社会科学》1987 年第 6 期。
④ 此文发表于《传统文化与现代化》1993 年第 5 期。
⑤ 此文发表于《史学理论研究》2005 年第 1 期。
⑥ 此文发表于《东方论坛》2008 年第 3 期。
⑦ 此文发表于《近代史研究》2014 年第 4 期。

以俗先于礼，礼本于俗，它们分处于国家和民间的不同层次；俗上升为典章制度和道德准则形态的礼之后，就具有规范化的功能和强制性的力量，要求对俗进行教化和整合，"所以礼虽然起源于俗，却高踞于俗之上，成为国家制度和意识形态的主流，其涵盖面之广，几乎成为中国文化的同义语，而在西方思想史中根本找不到与'礼'相似的语词，这是有别于西方，从中国社会土壤中形成的特有概念，理应成为本土社会文化史的重要概念"。在中国特有的礼治秩序之下，衣食住行、百姓日用无不具有伦理的意义，有的已经成为政治伦理的符号，从礼俗互动的视角可以考察中国的国情和民性，这种生活方式在世界上也属独一无二。

这些新认识的取得，一方面大多与学者们个人研究实践的积累有关，并非凭空立论；另一方面也与西方新文化史理论方法的引进与刺激有关，面对较为成熟的西方理论方法的进入，中国社会文化史学者必须提出自己的见解。

二 对西方新文化史的选择性吸收

长期以来，中国学者受马克思主义影响，普遍使用社会生活、生活方式的概念，社会文化史学者也不例外。李长莉在《晚清上海社会的变迁——生活与伦理的近代化》和《中国人的生活方式：从传统到近代》二书里，对此有比较深入的论述。梁景和对此也有专文论述。[①] 不过，专长于社会史的常建华则表达了不同的意见。他吸收了匈牙利哲学家奥尔格·卢卡奇、法国学者昂利·列菲伏尔以及我国学者衣俊卿等人的意见，更加倾向于以"日常生活"来取代我国学者最为常用的"社会生活"；他还批评"中国社会文化史研究借鉴人类学的理论与方法，在生活与文化的研究层面并未有效展开，心态史研究没有太多的进展"，其原因在于对新文化史理论吸收不足、学术理念转换迟钝。他呼吁在西方新文化史的观照下将日常生活史作为社会文化史研究的基础，"现在的中国社会文化史或许到了需要突破自身的时候，即引入'新文化史'的理念，进一步调整研究策略，将文化作为能动的因素，把个人作为历史的主体，探讨他们在日常生活或长时段里对

---

① 梁景和：《社会生活：社会文化史研究中的一个重要概念》，《河北学刊》2009 年第 3 期。

历史进程的影响"。① 看来，这不仅是名词概念之争，而且背后实际上蕴含着研究路径的差异。

黄兴涛坦言自己关于"她"字文化史的研究在一定程度上受到西方新文化史的影响，② 但他认为对于新文化史应该采取"借鉴和反省的双重态度"，不应一味高唱赞歌。他理想中的文化史，"固然可以置重'叙述'，但也不应简单排斥'论析'，更不应限制分析工具"，其根本旨趣，"或在于更为多样生动的叙史方式，更为广泛灵活的材料使用，更为自觉的意义寻求和反思精神，更为浓烈的语言兴致……还有对于展示'过程'高度看重，对于曾经存在的各种可能性尽量'呈现'，等等。而归根结底，其基础不外是对于文化'主动性'作用的极度重视，以及从文化和社会互动的角度透视、把握、反思各种范围历史的空前自觉"。③ 他明确指出"现代化"或"现代性"这两个概念仍是分析清末民国时期特定历史的有效工具，不过作为一种分析方法，它们有可以改进、发展的必要和空间。他所谓的"改进、发展"就是对于新文化史的吸取和借鉴。在某些方面，他对新文化史是相当欣赏的，对关于新文化史的误解也有辨析。如他认为那种认为新文化史只该关注微观问题的看法仅是皮相之见，"与其说新文化史的旨趣在乎揭示微观现象，不如说其志在洞悉微观问题背后的意义更符合事实"。④ 他熟悉中西方学术界对于新文化史某些极端化偏向的批评，在自己的研究实践中执着地坚守传统史学的几个特征：求真、适度的因果追寻（尽量摆脱"目的论"的诱惑）以及以古鉴今的信念。他进一步说，新文化史完全可以和民国文化史研究的旧传统相通，如陈寅恪的以诗证史和晚年熔心智、心态、语言文字与性别史于一炉的独特努力等，都和新文化史的诸多表象不谋而合。⑤ 在 2009 年发表的一篇文章中，黄兴涛对于新文化史的核心特点以及对其已有的各种批评意见加以概括后，充满自信地认为，在中国史学界几十年文化史和社会史研究的丰厚实践之后，再加上对于西方新文化史的规模性、整体性引进，已经具备了较为充分的学术条件，"可以更为从容、理性地对之加以选择。比如，在精英与大众、区域与整体，中心与边缘，宏

---

① 常建华：《日常生活与社会文化史——"新文化史"观照下的中国社会文化史研究》，《史学理论研究》2012 年第 1 期。
② 黄兴涛：《"她"字的文化史——女性新代词的发明与认同研究》，第 210 页。
③ 黄兴涛：《"她"字的文化史——女性新代词的发明与认同研究》，第 153 页。
④ 黄兴涛：《"她"字的文化史——女性新代词的发明与认同研究》，第 210 页。
⑤ 黄兴涛：《"她"字的文化史——女性新代词的发明与认同研究》，第 210~211 页。

大叙事与微观深描，历史文本的真实性与'文学性'，乃至现代性观念和后现代思想等等之间，我们的研究未尝不可努力从方法上，去更为自觉地寻找某种合适的平衡点，而不至于一定要走到非此即彼、无法融合的偏颇境地"。①

李长莉在 2010 年发表的论文中比较了中国的社会文化史和西方新文化史研究。她认为两者的区别主要表现在：（1）由于两者产生与发展的社会背景不同，文化传统有别，面对的时代课题不同，问题意识不同，因而关注的重心也各有侧重。中国学者更重视群体研究以及个人行为与社会变动之间的关联，而西方学者更强调"个人的自由"和"个人对历史的主体作用"，因而盛行微观史和个人史。（2）从学术范式的开拓及理论创新路径而言，西方学者更强调新文化史对于社会史的"反叛"与"替代"，而中国学者更强调对原有范式的补充、并存和交融，强调交叉学科视角的普遍意义。（3）新文化史属于西方"后现代"的文化流派，而中国的社会文化史则属于现代化的文化潮流。对于新文化史沉迷于微观史、个人史以至于出现碎片化的倾向，刻意突出文化的作用，以及解构"宏大叙事"、突出特殊个性、关注边缘领域的趋向，甚至出现猎奇求异、专搜特例的倾向，李长莉都提出了不能认同的态度。②

罗检秋于 2011 年发表文章，指出我国学者在借鉴西方新文化史成果时需要"谨慎对待"某些倾向，其中包括：（1）"一切历史都是文化史"的泛文化观念；（2）侧重叙事的碎片化倾向；（3）某些论题未必切合中国文化史的实际。相较于后现代语境中的新文化史，他认为清末梁启超所提倡的科学化的、蕴含价值评判的、不忽视精英文化的新史学，对于中国的社会文化史更具有借鉴价值。③

张俊峰在 2013 年发表文章，比较了西方新文化史、台湾的新文化史研究和大陆的社会文化史研究的区别，也指出中国大陆社会文化史的主流并未像西方那样与社会史分庭抗礼，有时候甚至是作为社会史的一个分支学科或分支领域的面目出现的；在学术旨趣和定位上，甚至可以将社会文化史视为中国文化史研究者的一次"社会史转向"，与西方新文化史的"文化

① 黄兴涛：《文化史研究的再出发》（本文是中华书局 2009 年出版的《新史学》第 3 卷序言），黄兴涛著《文化史的追寻：以近世中国为视域》，中国人民大学出版社，2011，第 12 页。
② 李长莉：《交叉视角与史学范式——中国"社会文化史"的反思与展望》，《学术月刊》2010 年第 4 期。
③ 罗检秋：《从"新史学"到社会文化史》，《史学史研究》2011 年第 4 期。

转向"是大有出入的。[①]

总体上来看，中国社会文化史学界的主流意见是，在现代化史观的基点上吸收新文化史的理论方法，希望能够以此对于史学论题的拓宽和叙述方式上的多样化起到积极的作用。

三　结语

中国的社会文化史研究兴起于 20 世纪 80 年代末 90 年代初，至今已有 20 余年的历史。从一个新的研究领域的发展来说，20 余年只不过是短暂的一瞬，至多可以算是开局阶段。本土崛起的社会文化史研究，在社会史和文化史的交叉地带用力，甚至将社会文化的触角伸向政治、经济等领域，在传统学科起初不屑顾及或无力顾及的薄弱环节，以社会文化交叉视角打开一片新的天地。从这个意义上来说，它尽管在形式上显得边界不清晰，但确实有其明确的研究重点所在，并非漫无边际，无从把握，它的独到之处也不是其他传统学科能够取代的。另外，它不能也不必取代政治史、经济史、思想史、文化史、社会史的研究，但它的交叉视角所打开的新视野所体现的是一种史学分支学科之间相互交融、相互深化的综合化趋势，并在许多具体问题上补充了传统学科的不足之处，甚至对传统学科的某些结论加以颠覆。

本土社会文化史在生活方式、社会伦理、知识人社会、生活质量、礼俗互动等方面的研究，结合了中国历史文化和现实社会的情况，具有浓厚的时代气息和理论创新意识。像这样的理论探索，还应该继续下去。一个脱离时代语境，无力参与时代理论创新的研究领域是没有生命力的。社会文化史学者所能达到的思想高度，与提炼出了多少有生命力的概念、命题息息相关。

对于某些学者来说，本土社会文化史缺乏分析形象建构、权力关系等新文化史所擅长的手段，因而对于传统史学理念和方法冲击力不够大。这种批评当然是有道理的。中国社会文化史理论方法探索的主要收获是在结合中国实际，以现代化史观的形式呈现出来的。在此基础上，适度地采用分析形象建构、权力关系的研究路径并不是不可能的。像陈蕴茜和李恭忠

---

① 张俊峰：《也谈社会史与新文化史的关系——新文化史及其在中国的发展》，《史林》2013 年第 2 期。

两本关于孙中山形象建构的著作①所显示的那样，揭示党治国家通过孙中山符号把自己的意志推广及社会生活领域，潜移默化地影响广大民众的社会意识，这种政治文化史研究在目前中国的学术主流里是能够被吸收的，也是会获得好评的。本土社会文化史对此尽管不够擅长，但也绝不会排斥，相反，在研究理念以及研究实践中，本土学者已经在吸收新文化史的这些优长为我所用了。

不太容易为本土社会文化史所接受的，倒是新文化史对于历史客观真实性的怀疑，以及对于某些太过细碎的课题的研究。不过，这些方面在西方史学界也是有不同声音的。中国的社会环境和学术语境目前还很难有这种研究的位置。

本土崛起的社会文化史，经过独立发展的 10 年，迎来了新文化史的冲击和挑战。中国学者除了一些主攻新文化史研究的学者以外，其他人也都多多少少吸收了新文化史的一些理念和方法，在原有研究基础上继续前行。我们有理由相信，这两种并行发展、时而交叉的社会文化史取向对于丰富中国社会文化史研究内容和手段必将起到促进作用。

① 陈蕴茜：《崇拜与记忆：孙中山符号的建构与传播》，南京大学出版社，2009；李忠恭：《中山陵：一个现代政治符号的诞生》，社会科学文献出版社，2009。

从微观史、日常生活史到社会文化史

张立程

第二次世界大战后，史学界经历了前所未有的变革。其中，年鉴史学致力于建构全球总体史，强调经济、社会、地理等因素在历史中的作用，形成宏观史学的范式；微观史学、日常生活史学则以细微、具体的人或事，阐幽发微，深描重叙，力图纠年鉴史学之偏；新文化史深受后现代思潮影响，力图解构现代性的权威，由此带来史学研究的"碎片化"现象。中国自改革开放以来，因社会重心的转向，社会史、文化史相继复兴，由此产生社会文化史这门史学新兴分支，与西方史学研究对象日趋细微，研究视角下移的趋向渐趋一致，史学在微观层面取得了显著进步，"碎片化"现象反映的是目前史学研究深入精深的现实，未来必然会在具体、细微的研究之上，走向更高层次的宏观的整体研究。

一 年鉴史学到微观史学、日常生活史学

19 世纪，以兰克史学为代表的西方传统史学面临着深刻的危机。兰克史学强调史学研究的客观性、实证性，史学家的任务是要以客观的态度考订文献资料，书写民族国家的政治史、传记史。这导致史学研究的领域过于窄化，其研究成果在世界范围内受到广泛质疑和诟病。以布洛赫、布罗代尔、沃勒斯坦为代表的法国史学家批判传统史学的弊病，提倡研究社会总体史，强调对历史进行分析解释，展开扩学科综合研究，大力开拓史料的范围，确立了年鉴学派的史学传统，在法国开启了对全球史学界具有深远影响的"新史学"运动。以 1929 年创办《年鉴》杂志为标志，年鉴学派正式形成。第二次世界大战后，年鉴学派成为西方史学界的主流学派。

年鉴学派的治史思想主要体现在总体史思想、跨学科方法、长时段理

论及问题史意识。

所谓总体史，就是反对局限于政治史的传统史学，呼吁研究包括人类社会各层次的历史，政治、军事、经济、社会、文化、人口、精神心态等均位列其中。布洛赫声称"唯有总体的历史，才是真历史"；费弗尔强调"整个社会的历史"，"历史学是关于人的科学，是关于人的过去的科学，而不是关于物或思想的科学"，从而将史观建立在人本主义观念基础上。

作为年鉴学派的宗师，布罗代尔的主要代表作以总体史观作为指导原则，如《菲利普二世时期的地中海和地中海地区》《15世纪至18世纪的物质文明、经济和资本主义》《历史学与社会科学：长时段》，从地理环境、多维时空社会结构有机结合等角度，体现其总体史观，特别是强调"结构"的总体史。他所指的总体史就是长时段、中时段和短时段的"三位一体"。

总体史观扩展了历史研究的对象，也相应扩大了史料的范围，并促使年鉴学派对历史进行多元解释，避免了传统史学的单一解释局限。

跨学科思想，是年鉴学派针对传统史学弊病而提出的，强调以历史学为本位，借鉴引入其他学科的理论和概念，历史学与人文、社会科学相互渗透，力求驾驭一切人文、社会科学，产生了许多交叉分支学科，如历史地理学、历史人口学、历史社会学、历史人类学、气候史、环境史等，在跨学科研究中，根据不同对象、不同需要灵活选择研究方法，从而丰富和发展了历史学，激发了历史学的活力，推动了史学革新，对20世纪历史学产生了重大影响。

长时段理论，是布罗代尔对时间的概念化处理。他完全抛弃了传统的一元时间观，将历史划分为长时段、中时段、短时段这三个不同的历史时间段，拥有不同的变化节奏。长时段，就是自然时间段，超越历史事件时间的范围，是将一个世纪或更长的时间段作为衡量的对象。中时段，就是社会时间段，即作为一个整体的一系列事件组成的时间段。短时段，就是事件时间段，是迅速变体、丰富多彩的偶发事件时间段。从总体史的观念出发，布罗代尔非常重视长时段理论，把秩序和结构置于个人的活动之上，打破了历史时代的机械刻度，开阔了史学家的视野，更新了史学观念，使史学家能够更好地深入历史。

问题史方法是年鉴史学思想的重要组成部分，主要针对传统史学"史料即史学"的观点而提出。年鉴学派认为，兰克传统史学的叙事史方法，仅仅描述叙述了历史，缺乏对历史的明确解释，直接导致历史认识的表面化，阻碍了史学科学化的进程。因此，年鉴学派倡导问题史方法，强调分析和提问在史学研究中的重要性。科学的历史研究必须建立在提出问题、形成假设、解答问题、证实或推翻假设又提出新的问题和假设这一程序的基础之上。问题史方法推动了史学科学化的发展。

年鉴史学以其对传统史学的反省批判，打破了学科的分野与限制，将人口学、经济学、地理学、心理学、统计学、人种学、人类学、社会学等社会科学的方法全面引入史学，将研究对象囊括为人类社会的全部层次，极大地拓展了历史的外延，这种新史学流派的影响，在 20 世纪国际史学界历久不衰，成为最具有世界影响的史学成就。

年鉴学派倡导的新史学虽然使史学科学化取得了巨大成就，但由于其总体史的方向走向极端，单纯强调计量方法和社会史研究，片面夸大长时段结构，热衷于研究所谓"静止的历史"，在史学界引起越来越多的批评与质疑。新一代史学家号召"抛弃传统的包袱"、跳出"长时段的樊笼"，注意个体、细微的短时段，微观史学由此在史学界兴起。

20 世纪 80 年代以来，微观史学在意大利产生并发展，成为在西方史学界产生重大影响的史学流派之一，意大利的乔万尼·列维、卡尔洛·金兹伯格、卡尔洛·波尼、爱德华·格伦迪等是主要代表。受意大利微观史学的影响，年鉴学派史学家雅克·勒维尔、贝尔纳·勒庞蒂曾专门讨论史学研究中的微观分析问题，从而发展了微观史学的若干方法，他们成为法国微观史学的代表。

意、法等国微观史学家有鉴于主流年鉴史学存在的弊端，率先突破年鉴学派总体史观，将研究对象与视角投放到具体人物与细微的史实上来，他们记录或确定的虽只是一个局部现象，但这看似孤立的现象却可以为深入研究整体结构提供帮助。微观史学因其研究对象的细微具体，十分重视研究成果的生动叙述形式，以便能引起更多的普通读者的兴趣。在微观史学家的努力下，诞生了《奶酪与蠕虫》《中世纪的时间、工作与文化》《理解中世纪》《蒙塔尤：1294—1324 年奥克西坦尼的一个山村》等一批不朽之作。

日常生活史，则是 20 世纪 70 年代中期以来在德、法等国有较大影响的史学流派。西方日常生活史学的兴起，深受马克思主义哲学、文化人类学等学科的影响，同时也是欧美史学自身发展的必然产物。法兰克福学派曾将日常生活视为最值得关注的领域之一。勒菲弗尔在《日常生活批判》和

《现代世界的日常生活》两部专著中将日常生活视为哲学革命，匈牙利学者赫勒的《日常生活》堪称马克思主义日常生活研究的代表作。文化人类学则直接对日常生活史提供了学术研究理路，要求与研究对象的"感同身受"，强调"他者"立场，以主观分析来"重构"历史，甚至在研究内容上也几乎全盘接受。

日常生活史学家将研究对象聚焦在中世纪史这一薄弱领域，很快产生一批佳作。约瑟夫·吉斯、弗朗西斯·吉斯夫妇的《中世纪城市生活》《中世纪城堡生活》《中世纪农村生活》三部曲成为日常生活史的拓荒之作。20世纪90年代，杰弗里·辛曼《中世纪欧洲的日常生活》、汉斯-维尔纳·格茨《欧洲中世纪生活》、保罗·纽曼《中世纪日常生活》等问世，揭示了从食谱到饮食习惯、消费习惯，从大众休闲娱乐方式到居住史、性生活等许多中世纪社会文化生活的领域，进一步扩展了其在欧洲中世纪史研究领域的影响。

在20世纪80年代以来30余年的探索和努力中，微观史学、日常生活史以其研究视角向下的取向，对中世纪欧洲日常社会具体而深入的研究，在史学界形成了能与强调整体、宏观的全球史观相得益彰的史学流派，史学界也形成了这样的共识：日常生活乃史学研究不可或缺的一个领域。日常生活史以个案、历史文化的研究为旨趣，通过对具体史实的微观分析，透视特定历史时期人们的生活与精神世界，关注历史的主体——"人"，从而对20世纪欧美学术界主流学派——年鉴史学所倡导的总体史观、全球史观构成了重大挑战。

新史学与微观史学、日常生活史是第二次世界大战后史学发展过程中最重要的三大流派，彼此互为因果，相得益彰。其中，新史学家所做的宏观研究深入揭示了历史的深层结构、宏观过程，以说明历史的本质，但忽视了许多无法重复的特殊史实，特别是对历史主体"人"的忽视，致使历史失去了丰富多彩、鲜活生动的本来面目；而微观史学的兴起，正是对新史学抽象性、概括性的纠偏，然对具体人的行为加以重彩浓墨的描述，却也往往走向了"见木不见林"的另一极端。

二 日常生活史学、新文化史到社会文化史

20世纪80年代以来，微观史学、日常生活史学针对年鉴史学总体史

观，否认宏观、整体的一致性，力图通过细微、具体、日常的人或事来描摹、叙述作为社会多数的普通人的历史，日常生活史十分重视欧洲中世纪史的研究，对农民、市民、下层教士及边缘群体越来越关注，关注他们的私人领域、私人生活。

日常生活史的研究对新文化史学产生了深远影响。受后现代思潮影响，以批判新史学现代性作为起端，新文化史应运而生。新文化史将普通人作为研究的主要对象，以现代性史观专项研究叙事，注重细节的人文主义史学方法，力图对政治、经济等总体史观进行文化阐释，因此，日常生活、物质文化、性别、身份、形象、记忆、语言、大众文化等都得到重视，从各种文化符号或标志入手，对其作深入解读，剖析政治与文化间的关系。新文化史眼光向下的取向，重视独特的文化符号，解构现代的权力体系，着力揭示权力结构背后的文化因素，由此引起了史学研究的碎片化现象。在充分借鉴吸收文化人类学研究范式的基础上，后现代思潮史学流派对以年鉴学派为代表的现代史学产生了巨大冲击与挑战。弗朗索瓦·多斯指出："最重要的断裂表现是对历史知识的解构，对整体观念的放弃，从而使历史从单数变成了复数。"他甚至认为由此导致了史学学科"内部的重大裂痕"；"一些人主张细碎的历史和照搬各种社会科学的方法；另一些人则主张全面的历史和在吸取社会科学成果的同时保持史学的根基，即追求总括的雄心"。①

新文化史在欧美学术界引发了史学转向。许多学者直接将民间崇拜、大众宗教作为研究对象，姜士彬、黎安友、罗斯基所编《晚期中华帝国的大众文化》，就对戏曲、印刷、宗教等做了深入、细致的文化人类学考察，以此来揭示大众文化与国家政权之间的权力文化关系。孔飞力《叫魂：1768 年中国妖术大恐慌》、周锡瑞《义和团运动的起源》以大众文化为切入点，研究大众文化对政治权力产生的影响。叶文心以上海银行职员时间和集体空间为视角切入，反映上海中产阶级的日常生活变迁，探索其在现代化演进中的变化。史景迁《王氏之死：大历史背后的小人物命运》则是新文化史学个体微观研究的典范，细致详尽地描摹了山东郯城乡村底层人民的生活。罗威廉《红雨：一个中国县七百年的暴利史》则对湖北麻城的革命史做了叙事史书写，探索下层民众的集体历史记忆、文化传统。

日常生活史、新文化史带来的史学从宏大叙事向日常取向的转向，使

---

① 〔法〕弗朗索瓦·多斯：《碎片化的历史学：从〈年鉴〉到"新史学"》，马胜利译，北京大学出版社，2008，第 234、239~240 页。

大众、下层成为越来越多史学家关注的对象，由此带来研究对象日趋细微具体，产生了所谓的"碎片化"现象。

日常生活史、新文化史的兴起，同样也对中国史学产生了影响。当代中国社会文化史，从其出现背景来看，是 20 世纪 80 年代以来社会史在中国复兴的产物。社会史在当代中国的复兴，是中国改革开放后政治运动转向经济建设，史学界摆脱革命史、政治史等"宏大叙事"，转而探究中国社会演进历程及其根源的必然。而社会文化史的兴起，则着眼于社会史与文化史的结合，通过研究重心的"下移"，即由偏重上层政治事件与政治精英，转向下层社会、普通民众及大众文化。80 年代初，由反省现代化引发了文化史的复兴，继而形成了整个学术界的"文化热"，中国传统文化的精英思想得到重视并全面梳理。80 年代中期，在"四个现代化"的高歌猛进中，由深入了解中国社会结构的需要而出现了社会史的复兴。社会学在中国得以重新找回存在的价值，社会史也在史学领域得到前所未有的重视。在史学的表面繁荣中，也面临发展的困境，文化精英的思想疏离于大众观念及社会生活，社会结构、社会问题缺乏对历史主体的关注，造成"人"性缺失。史学界在深刻反思的基础上，探索两者的有效结合，进行交叉研究，"社会文化史"应运而生。

社会文化史的兴起，在研究方法、研究内容与旨趣取向上，已经为中国史学转向微观史学指明了方向。尽管学术界对"社会文化史"的定义不尽相同，但基本思路上大都循着从社会史与文化史相结合的交叉视角，以文化视角透视历史上的社会现象，或用社会学的方法研究历史上的文化问题。①

三　社会文化史与碎片化的史学

随着史学界对外交流步伐的不断扩大，西方史学对中国史学的"碎片化"转向产生了重要影响。20 世纪 90 年代，后现代主义思潮在批判现代性的过程中确立了学术地位，而以新社会文化史为特征的后现代史学也在西方史学界兴起，并于 21 世纪初被中国史学界不同程度地吸纳、接受。柯文所提出"中国中心观"，主张将中国历史从纵、横两个向度分解，从整体的

---

① 李长莉：《交叉视角与史学范式——中国"社会文化史"的反思与展望》，《学术月刊》2010 年第 4 期。

中国区分为区域、省、州、县与城市，开展区域史、地方史的研究，或把中国历史分解为若干不同阶层，推动下层社会历史的书写与研究。受此影响，西方新文化史家在选题方面往往致力于个体史、微观史的书写，孔飞力《叫魂：1768 年中国妖术大恐慌》、史景迁《王氏之死：大历史背后的小人物命运》、何伟亚《怀柔远人：马嘎尔尼使华的中英礼仪冲突》、萧邦奇《血路：革命中国的沈定一（玄庐）传奇》等一批著作就是这种努力的代表性成果。

经过 20 余年的发展，中国的社会文化史已经成为史学界影响力深远、活力四射的热门领域，所带来的研究路径、叙事风格的转变尤为引人注目。社会文化现象纷繁复杂、具体琐细，故而研究对象的选择必然关注具体微观的论题，从而形成了微观史、深度描述的趋向。许多研究者着眼于具体微观的社会文化现象，通过迥异于以往的新史料运用，抽丝剥茧、条分缕析，揭示日常生活方式、社会边缘人物行为背后深刻隐含的社会文化意涵，个体研究如雨后春笋般大量涌现，造成"碎片化"的假象。

具体而言，社会文化史等新兴史学的"碎片化"表现集中在选题小而微，缺乏深刻而宏观的问题意识；论证阐释流于形式，无力揭示具体表象背后深刻隐含的历史文化意蕴及历史价值，造成只见树木、不见森林的片面；理论及逻辑缺乏，无力建构本土化的史学范式。

上述这些"碎片化"的症状，在史学研究中确实存在，但大可不必过于悲观。因为在史学研究中，微观与宏观、局部与整体、个案与综合，历来是史学研究的不同取向。史家根据自身的旨趣、掌握的材料以及叙事能力等因素，分采不同的方式，均能呈现历史的不同面相，实无所谓高下之分。

当然，"碎片化"陷阱的出现，也反映了社会文化史在理论建构、解释模式等方法论方面的薄弱，需要通过不断实践尽量弥补短板。为此，有学者提出以联系论、网络论、整体论、建构论及选择"中观问题"等方法进行矫正，将一个个"碎片"连接成为宏观研究的"珠串"和"网络"，由此避免陷入"碎片化"的泥沼。[1] 总之，只要在精细研究过程中心怀总体，在走向总体的过程中出现"碎片化"阶段是完全可以理解的。

---

[1] 李长莉：《中国社会文化史研究：25 年反省与进路》，《安徽史学》2015 年第 1 期。

中编

书序与书评 《

《当代中国近代社会史研究》前言

李长莉

本书是对我国史学界 2015 年之前研究中国近代社会史学术成果的综合评述。

"中国近代社会史"从学科谱系而言有两个序列：从横向而言是断代史"中国近代史"的一个分支领域；从纵向而言是"中国社会史"通史的断代史。"中国近代史"和"中国社会史"等名词概念，虽然在 20 世纪上半叶就已经出现，也有一些关于近代社会问题的研究，但"中国近代社会史"作为一个独立学科在史学界正式确立并得到学界认可，则始于 20 世纪 80 年代中期。因此，本书对中国近代社会史学术发展情况的回顾与综述，以 80 年代中期以后的近 30 年为重点，对此前的相关学术源流只稍作追述。

社会史在我国史学界可以说是一个新兴学科。1986 年国内多家学术单位联合在天津举办第一届全国性的中国社会史研讨会标志着中国社会史的复兴。明清社会史和近代社会史是社会史兴起与发展的两支主力，因此这次会议也标志着中国近代社会史的复兴。迄今已 30 年，中国近代社会史从起步到兴旺发展，已经形成一个在中国近代史领域与政治史、经济史、思想文化史并立的重头学科，也是中国社会史领域一段最受关注、最为活跃、最为繁荣的断代社会史。无论横向从中国近代史领域还是纵向从中国社会史领域来看，中国近代社会史都可说是一个具有一定代表性、较强创新性以及富于多样性且发展迅猛的学科。因此，回顾与反省中国近代社会史的学术历程，不仅对这一学科本身的发展具有意义，而且对整个历史学的创新与发展也具有意义。

中国社会史兴起于改革开放后思想解放和史学创新时期，是从反省旧史学理论方法的缺陷与不足、力求借鉴新理论方法进行史学创新而起步的，因此业内学者对学科本身理论方法及学术发展状况，一直抱有强烈的反省意识。在迄今 30 年发展过程中，在不同时期、各个时段，都有学者撰写各类综述文章，从不同角度对社会史学科进行总结、回顾、反省、批评与展望。除了诸多对社会史整体及专题领域的综述之外，仅在不同时段对中国近代社会史做比较全面性、综合性的综述就有多篇，依时间顺序可列举如下：虞和平、郭润涛《中国近代社会史研究述评》①；闵杰《20 世纪 80 年代以来的中国近代社会史研究》②；王印焕《近年来中国近代社会史研究概述》③；蔡少卿、李良玉《50 年来的中国近代社会史研究》④；朱汉国、王印焕《近年来的中国近现代社会史研究》⑤；行龙《二十年中国近代社会史研究之反思》⑥；闵杰《20 世纪 90 年代以来中国近代社会史研究述评》⑦；王先明《新时期中国近代社会史研究评析》⑧；等等。还有对中国社会通史研究的全面系统综述著作，如常建华等《新时期中国社会史研究概述（1986—2000）》⑨，其中有闵杰撰写的专章"近代社会史研究"。《近代史研究》杂志自 2000 年至 2010 年连年刊载先后由张海鹏和虞和平主撰的 1999～2008 年度《中国近代史研究综述》中，都有中国近代社会史综述内容。此后 2009 年至 2015 年的中国近代社会史综述，则有《河北学刊》连续刊载李长莉、毕苑、唐仕春、李俊领等撰写的中国近代社会史年度系列综述。更多综合回顾中国社会通史的综述文章中，中国近代社会史往往是重点内容。除此之外，还有诸多中国近代社会史各专题的综述文章，它们更加集中、深入地分析专题研究状况。

这些综述评论总结了中国近代社会史各阶段的研究成果及学术动态，归纳揭示了阶段性研究特点和学术热点，剖析了利弊优劣，为业内学者了解研究动态、调整研究方向、寻找研究突破口多有帮助，为推动学科的深入与发展，起到了重要的引航和矫正作用。这些前人所做的各种全面性和专题性研究综述，是本书的重要参考与撰写基础。

本书的目的是对中国学术界关于中国近代社会史研究的学术状况做一

---

① 虞和平、郭润涛：《中国近代社会史研究述评》，《历史研究》1993 年第 1 期。
② 闵杰：《20 世纪 80 年代以来的中国近代社会史研究》，《近代史研究》1999 年第 4 期。
③ 王印焕：《近年来中国近代社会史研究概述》，《近代史研究》1999 年第 4 期。
④ 蔡少卿、李良玉：《50 年来的中国近代社会史研究》，《近代史研究》1999 年第 5 期。
⑤ 朱汉国、王印焕：《近年来的中国近现代社会史研究》，《党史研究与教学》2002 年第 4 期。
⑥ 行龙：《二十年中国近代社会史研究之反思》，《近代史研究》2006 年第 1 期。
⑦ 闵杰：《20 世纪 90 年代以来中国近代社会史研究述评》，《教学与研究》2006 年第 3 期。
⑧ 王先明：《新时期中国近代社会史研究评析》，《史学月刊》2008 年第 12 期。
⑨ 常建华等：《新时期中国社会史研究概述（1986—2000）》，天津古籍出版社，2009。

全面性、综合性回顾与总结，冀以反省学科发展走过的历程、不同时期的学术状况与特点、流脉与走向、优势与缺失，以审视学科发展当前面临的问题，探索未来发展方向。本书内容以 20 世纪 80 年代中期开始中国近代社会史作为一个史学分支领域复兴以来至 2015 年近 30 年间发展状况为主，对此前的学术源流稍作追述。还需说明的是，在中国近代社会史近 30 年发展过程中，海外学者也有诸多研究成果被引进来，并产生了重要影响，且日益与国内研究相汇合，因而是中国近代社会史学科发展过程中不容忽视的组成部分。但是，由于海外学者的研究与国内研究有着不同的学术背景、内在流脉、言说语境、话语系统与问题意识，欲对其系统梳理需另待专书，故本书只是在具体专题评述中，对曾产生过重要影响的海外学者研究成果稍有涉及，而不做专门的系统性梳理，此一工作留待后继。

本书内容分为三个部分。

第 1 部分为第一、二章，是对中国近代社会史学科的概述，包括学科理论方法和发展概况两部分，旨在对学科基本理论、研究方法、理论范式、学术流派、理论反省等学科建设的基本问题进行概括梳理，概括介绍学科发展各阶段的概况、特点与趋势，以使读者对中国近代社会史学科概貌及发展脉络有个粗略的了解。

第 2 部分为第三章至第十一章，是对中国近代社会史各主要领域的研究状况做分门别类的介绍与评述，具体分为人口婚姻与家庭研究、女性研究、社会群体研究、城市乡村与区域研究、社会问题研究、社会生活研究、社会风俗研究、休闲娱乐研究、宗教与民间信仰研究 9 个专题领域。各个大专题之内，又或分门别类或按时间顺序对研究成果进行梳理与评论。由于研究成果数量繁多，本书不能面面俱到，只能选择一些执笔者认为具有较强代表性、开拓性、创新性、趋向性的成果做重点介绍。如果读者还想做更详细的了解，可利用一些论著检索工具，扩展更宽的视野。

第 3 部分为第十二章，是对近代社会史的一个新兴交叉学科——社会文化史进行专题评述。由于这一新兴学科代表着近 20 余年间社会史发展的一个带有较强方法论和交叉学科色彩的新兴方向，研究成果也具有较显著的特色，因而单列出来作为专题评述，以使读者对社会史中这一新学科所代表的方法论引起的学术发展演变有更为集中的了解。

本书是对中国近代社会史学科发展历程的概述，但并非对各阶段研究成果的简单罗列。由于社会史学科本身就具有突出的理论方法创新色彩，因而我们力求从理论方法和史学创新的角度来审视近代社会史的学术发展历程，注意从各阶段、各专题的学术发展进程中，寻找理论和方法创新的轨迹，探索学术发展的内在流脉，注意探寻各个阶段学术发展中的缺失与问题，清理不同阶段的发展瓶颈与突破口，以及各个阶段之间的连续与超越等，以求通过我们的这一梳理与反省，给同行同好特别是初寻门径的年轻同人提供一些参照与引导，使我们对中国近代社会史学科的认识能够有所深化，以推动学科的进一步发展与创新。

本书目标虽然是对中国近代社会史研究成果进行全面、综合性评述，但鉴于迄今积累的研究成果已相当丰硕，特别是近 30 年来已出版著作达数百部，发表论文达数千篇，对于如此数量庞大的研究成果，限于本书体量，我们只能在我们的视野范围内，选择一些我们认为具有一定代表性或具有某种特色的研究成果做简要评述，从研究论题而言不可能面面俱到，从成果涵盖而言更不可能一一列举，更何况限于我们的水平、眼光和能力，这些因素都导致对研究成果必然会有所遗漏。好在当今网络学术信息发达，各种电子学术资源利用方便，对某一论题有兴趣的读者按图索骥，通过互联网不难做更系统、全面的追索。

还需说明的是，本书是由四位作者按章节分工合作撰写，虽然对于全书结构、内容及总体风格方面经过集体讨论并达成共识，但因各执笔者的视角、风格有所不同，因而各章节内容、结构、观点、行文等也不尽一致。另有少量重复引用成果，由于各章节体系梳理和评价角度不同，如对其意义有不同的评价，则予以保留。

社会文化史的行进与反思

——读梁景和主编"中国近现代社会文化史论丛"第一辑札记

李俊领

自 20 世纪 80 年代末以来，中国土生土长的社会文化史研究逐渐成为中国史学界一道引人注目的新风景。社会文化史作为一个新兴的交叉学科，不仅拓展出一片重要的史学研究领域，而且为观察近代中国社会转型提供了独特的研究视角。在近 30 年的发展进程中，中国出现了若干社会文化史研究重镇，其中首都师范大学的中国近现代社会文化史研究中心别具特色。该研究中心梁景和教授主编的"中国近现代社会文化史论丛"第一辑（以下简称为"论丛第一辑"）十种著作于 2011 年至 2017 年相继出版，在一定程度上代表中国社会文化史研究的新成果与新动态。初读之后，深感"论丛第一辑"在社会文化史的实证研究与理论探索上多有收获，不乏可圈可点的精彩分析。本文无意对其进行整体评论①，而是想就自己读后印象深刻的几个问题进行讨论。这次讨论较少展示"论丛第一辑"的优点和长处，更多是对社会文化史研究目前存在的一些局限进行反思，以期抛砖引玉，进行深入对话。

---

① 学界对其中部分著作的长短得失已有一定分析，相关评论文章如下：梁景和、武婵《炽盛与深化——中国社会文化史研究的五年历程（2010—2014）》，《山西师大学报》2015 年第 3 期；李俊领《社会文化史研究的瓶颈与未来走向——读梁景和等著〈现代中国社会文化嬗变研究（1919—1949）〉札记》，《徐州工程学院学报》2015 年第 5 期；武婵《婚姻制度与婚姻文化的互动——评〈北京市婚姻文化嬗变研究（1949—1966）〉》，《河北民族师范学院学报》2016 年第 2 期；王宇英《"无言谁会凭阑意"——读〈狂澜与潜流——中国青年的性恋与婚姻（1966—1976）〉》，《中国图书评论》2017 年第 1 期；陈东林《权力话语体系下的性别突围——评黄巍博士的〈自我与他我——中国的女性与形象（1966—1976）〉》，《中国图书评论》2017 年第 3 期；宋永林《近代华北泰山信仰研究的新成果——评〈天变与日常：近代社会转型中的华北泰山信仰〉》，《河北广播电视大学学报》2018 年第 1 期。

一 研究对象与 "社会生活" 的范围扩展

"论丛第一辑" 十种著作的研究对象涵盖了婚姻、女性、性伦、教育、政府赈济、民间信仰与政治文化等方面。这十种著作包括一种合著，九种个人专著。其中，一种合著为梁景和等著《现代中国社会文化嬗变研究——以婚姻·家庭·妇女·性伦·娱乐为中心 (1919~1949)》，九种个人专著依照出版时间先后顺序，分别为杨才林著《民国社会教育研究》（下文简称为《社会教育》）；黄东著《塑造顺民——华北日伪的 "国家认同" 建构》（下文简称为《塑造顺民》）；李慧波著《北京市婚姻文化嬗变研究 (1949~1966)》（下文简称为《北京婚姻》）；李秉奎著《狂澜与潜流——中国青年的性恋与婚姻 (1966~1976)》（下文简称为《狂澜与潜流》）；黄巍著《自我与他我——中国的女性与形象 (1966~1976)》（下文简称为《女性形象》）；王栋亮著《自由的维度：近代中国婚姻文化的嬗变 (1860~1930)》（下文简称为《自由的维度》）；董怀良著《改革开放以来中国婚姻 "私事化" 研究 (1978~2000)》（下文简称为《婚姻 "私事化"》）；刘荣臻著《故都济困：北平社会救助研究 (1928~1937)》（下文简称为《北平救助》）；拙著《天变与日常：近代社会转型中的华北泰山信仰》（下文简称为《泰山信仰》）。"论丛第一辑" 有六部著作体现了首都师范大学历史学院中国近现代社会文化史研究中心[①]的婚姻、家庭、性伦与女性等专题特色。另外四种著作分别探讨民国政府实施的社会教育、北平市政府主导的社会救济、日伪华北政权的意识形态建构与近代华北的泰山信仰。这些专著的作者均为梁景和教授指导过的博士生或博士后，也可以说是首都师范大学社会文化史研究团队的青年力量。

值得注意的是，《社会教育》《塑造顺民》《北平救助》讨论的政治活动与政治文化超出了发轫时期的社会文化史研究对象范围。该领域的资深学者刘志琴认为，社会文化史的研究对象是 "大众文化、生活方式和社会风尚" 及其背后的价值观念。[②] 后来，她又提出，"社会文化史以生活方式、

---

① 该中心后改名为 "首都师范大学社会文化史研究中心"。

② 刘志琴：《青史有待垦天荒（代序）》，刘志琴主编、李长莉著《近代中国社会文化变迁录》第一卷，浙江人民出版社，1998，第2页。

社会风俗和民间文化为研究对象"，可称之为"富有思想性的社会生活史"①。社会文化史研究的先导者李长莉认为，该学科的研究对象是"丰富多彩、繁复庞杂的人类历史上的整体社会生活"，包括"社会组织、制度、教育、法律、风俗习惯、文化传播方式、娱乐消闲方式等等"②。其与社会史、文化史的研究对象有重合之处，或者说是社会与文化的交织部分，总体取向是关注民间与民众。③ 近年，她将社会文化史的研究对象又具体确定为：社会生活（日常生活、生活方式）、习俗风尚、礼仪信仰、大众文化（大众传播、公共舆论）、民众意识（社会观念）、社会心理（心态）、集体记忆、社会语言（公共话语、知识）、文化建构与想象、公共领域（公共空间）、休闲（娱乐）文化、身体文化、物质文化、区域社会文化等。④ 刘、李两位学者从社会文化史作为新兴交叉学科的角度提出的"社会生活"，可以看成普通大众生活，但不包括政治文化、政治生活、军事生活等。不过，《塑造顺民》作者愿意将政治文化列为社会文化史的研究对象。他表示，"以国家认同为专题来凸显日伪这一时期的文化侵略，固然是沦陷区文化史的一种探索，但更是社会文化史学术旨趣的具体体现"；"从社会与文化互动的角度对这一建构进行考察，这是社会文化史研究在政治文化或政治观念领域进行的探索"。⑤ 实际上，以社会文化史倡导者的研究设想而言，《塑造顺民》讨论的日伪华北政权的意识形态建设，《社会救助》讨论的北平市政府的赈济活动，《社会教育》探讨的民国政府实施的社会教育等，都不属于"社会生活"的范围。

"论丛第一辑"研究对象范围的扩展，与该丛书主编梁景和教授关于"社会生活"的理解有关。他提出，"社会生活是指人们在以生产为前提而形成的各种人际关系的基础上，为了维系生命和不断改善与提高生存质量而进行的一切活动的总和"⑥。他还进一步说明，广义的社会生活是指人类整体的生活状态，包括政治生活状态、经济（物质）生活状态、文化（精

① 刘志琴：《从本土资源建树社会文化史理论》，《近代史研究》2014年第4期。
② 李长莉：《社会文化史：历史研究的新角度》，赵清主编《社会问题的历史考察》，成都出版社，1992，第386~387页。
③ 李长莉：《中国社会文化史研究：25年反省与进路》，《安徽史学》2015年第1期。
④ 李长莉：《交叉视角与史学范式——中国"社会文化史"的反思与展望》，《学术月刊》2010年第4期。
⑤ 黄东：《塑造顺民——华北日伪的"国家认同"建构》，社会科学文献出版社，2013，第20页。
⑥ 梁景和：《社会生活：社会文化史研究中的一个重要概念》，《河北学刊》2009年第3期。

神）生活状态、社会生活状态；狭义的社会生活专指社会生活状态。在实际研究中，梁赞同其指导的研究生立足于广义的"社会生活"选取学位论文选题。这可以说是首都师范大学社会文化史研究团队的一个特色。

"论丛第一辑"研究对象范围的扩展，更契合作为研究视角的社会文化史。学界越来越多地认可，社会文化史既是一种新兴交叉学科，也是一种具有社会与文化交叉特征的研究视角，可用于整个历史研究领域。早在1990年，李长莉提出"社会文化史"是历史研究的"一个新角度和新方法"。① 她后来解释说，广义的社会文化史是一种交叉学科，而狭义的社会文化史则主要指研究视角或研究方法，即"社会史与文化史相结合的交叉视角，以文化视角透视历史上的社会现象，或用社会学的方法研究历史上的文化问题"。② 近几年，其又将社会文化史视角的内涵解释为"用社会的视角来研究历史上的文化问题，或用文化的视角来研究历史上的社会现象"③。其中变化明显的是以"社会的视角"代替了"社会史的方法"，而"社会的视角"更多带有社会学的意味，体现"社会文化史"视角的跨学科性。她还提出，"社会文化交叉视角"不只适用于"社会文化史"的研究领域，也可以作为一种新史学范式，对于以往通史、专史单一视角的史学范式提供有益的补充，使我们对历史的认识推向了一些更纵深、更全面、更精细的领域。④ 如罗检秋所言，作为一种研究视角的社会文化史，可以从社会语境、人际网络与文化蕴含等方面研究历史上的政治事件、经济现象等。⑤ 近年来，该研究视角已被政治史、军事史等领域的研究者借鉴、吸收，并产生一些具有新意的研究成果。学界开始注重分析、探讨抗战时期中国"女性、侨民、儿童、工人、农民等群体的生活变迁和心理状态"。⑥ 还有学者论述了"社会文化史"视角对于深化中国共产党党史研究的重要

① 李长莉：《社会文化史：历史研究的新角度》，赵清主编《社会问题的历史考察》，第384页。
② 李长莉：《交叉视角与史学范式——中国"社会文化史"的反思与展望》，《学术月刊》2010年第4期。
③ 李长莉：《中国社会文化史研究：25年反省与进路》，《安徽史学》2015年第1期。
④ 李长莉：《交叉视角与史学范式——中国"社会文化史"的反思与展望》，《学术月刊》2010年第4期。
⑤ 罗检秋：《从"新史学"到社会文化史》，《史学史研究》2011年第4期。
⑥ 罗睿：《微观视角下的抗日战争史研究述论——新世纪抗战时期沦陷区民众日常生活研究》，《哈尔滨师范大学社会科学学报》2018年第5期。

意义。① 目前，"新政治史"领域中的政治文化研究也有借鉴社会文化史视角的意味。② 可以说，作为研究视角的社会文化史对于呈现历史的多重面相和揭示历史的变迁机制，具有重要作用。相对于社会文化史的交叉学科属性，"论丛第一辑"的研究对象更能凸显其作为研究视角的学术意义。

"论丛第一辑"以广义的社会生活为研究对象，与西方新文化史有相通之处。新文化史（或称为"新社会文化史"）是 20 世纪六七十年代西方的历史研究"文化转向"的重要组成部分，其研究对象覆盖了人类社会生活的诸多领域。彼得·伯克将新文化史的研究对象分为七类，即物质文化史、身体史（与性态史、性别史相联系）、表象史（即自我、民族及他人等的形象、想象及感知的历史）、社会记忆史、政治文化史、社会语言史与行为社会史。③ 在英国史学家屈威廉将社会史称为"摒弃政治的历史"的批评之后，"新社会文化史家已经重新发现了政治，但他们是从全新的视角来研究的，集中于政治态度和政治实践的社会史：包括普通人与精英人物，地方政治与中央政府"。④ 正如姜进所言："对于新文化史来说，一切经济、社会、文化都是政治的，充满了权力的博弈的。新文化史就是要在世人面前展示权力运作的真相，同时指出人们又是如何反抗压迫的；其对权力运作机制的深刻解析和批判，及其反对压迫和控制的政治、道德倾向贯穿始终，可以说是新文化史的灵魂。"⑤ 显然，新文化史刷新了人们对政治的认识，将政治视为各种权力的运作及其机制，而传统的政治史也因而成为新的政治史的一部分。以此而言，《塑造顺民》讨论的日伪华北政权的意识形态建构，大体属于政治文化史研究；《女性形象》讨论"文革"时期女性形象的塑造，大致属于表象史研究，但在研究路数上又存在一定的区别。诚然，新文化史更注重讨论当事人对自己的生活和周围世界的体验与理解⑥，而中国的社会文化史研究更注重讨论社会现象与思想观念的互动关系及其过程。

① 唐小兵：《"新革命史"语境下思想文化史与社会文化史的学术路径》，《中共党史研究》2018 年第 11 期。

② 李里峰：《新政治史的视野与方法》，《福建论坛》（人文社会科学版）2009 年第 6 期。

③ 〔英〕彼得·伯克：《西方新社会文化史》，刘华译，李宏图校，《历史教学问题》2000 年第 4 期。

④ 〔英〕彼得·伯克：《西方新社会文化史》，刘华译，李宏图校，《历史教学问题》2000 年第 4 期。

⑤ 姜进：《新文化史经典译丛·总序》，〔美〕林·亨特编《新文化史》，姜进译，华东师范大学出版社，2011，第 7 页。

⑥ 姜进：《新文化史经典译丛·总序》，〔美〕林·亨特编《新文化史》，姜进译，第 6 页。

在注重社会现象的文化意义这一点上，"论丛第一辑"与新文化史研究具有共同的志趣。

二　借鉴其他学科理论的自觉与期待

由于社会文化史自身的理论与方法尚未形成体系，"论丛第一辑"的作者们在树立社会文化史研究意识的同时，还尝试借鉴社会学、政治学等其他学科的理论与方法。《自由的维度》作者表示，拟在"以社会文化史的方法为根本指导"的基础上，借鉴社会学、伦理学、文化人类学的理论与方法，其中社会学的理论包括社会分层理论、梯度理论、资源交换理论、需求互补理论、价值内化理论等。[1]《婚姻"私事化"》作者称，其"对婚姻变化的梳理和分析会使用社会学、伦理学的知识，对'私事'相关概念的阐释要用到政治学的理论，婚姻观念与行为必然有特定的心理活动，所以心理学知识的使用顺理成章，对婚姻变化背后的文化透视则会用到人类学的知识，所以本研究尝试使用社会学、伦理学、政治学、人类学、心理学等多学科理论"。[2] 在研究方法借鉴上，该作者又表示要"综合利用各学科的方法"[3]。《北京婚姻》、《女性形象》与《泰山信仰》等其他著作也在遵循社会文化史的研究路数的同时，还或多或少借用政治学、社会学与心理学等学科的理论。这种积极借鉴其他学科理论与方法的研究意识值得肯定和鼓励。

诚然，借鉴社会学、政治学等其他学科的理论与方法，须谨慎以待。借鉴的一个重要前提，是作者对所借鉴学科的知识体系、学术流派与发展历程等方面具有基本的了解，并充分考虑中西方历史背景与社会结构的差异。不然，仅仅引用其他学科的个别论断作为分析工具，难免出现燕书郢说的遗憾与困窘。前面提到《自由的维度》一书借鉴了西方社会学的社会分层理论、梯度理论等，并将其直接用于分析1860年至1930年中国的婚姻文化，这多少有些"隔"的感觉，毕竟这一时期的中国社会与西方社会在基本结构、运作机制等方面存在本质性的差异。该书讨论蔡元培、张竞生

---

① 王栋亮：《自由的维度：近代中国婚姻文化的嬗变（1860~1930）》，社会科学文献出版社，2016，第17~20页。

② 董怀良：《改革开放以来中国婚姻"私事化"研究（1978~2000）》，社会科学文献出版社，2016，第22页

③ 董怀良：《改革开放以来中国婚姻"私事化"研究（1978~2000）》，第23页。

等近代新知识人的婚姻案例，实际它们并不能成为西方社会学某些理论的注脚。就中国近现代社会而言，或许本土化的中国社会学理论比西方社会学更具有解释力。

如果没能增加历史解释的深度，那么对其他学科理论的借鉴也就不能说是契合研究者的初衷。《自由的维度》的研究预期之一，即"以婚姻变迁为切入点，揭示人的自我意识的觉醒过程，进而透视人的精神解放历程，并尝试总结人类精神进化的基本规律"①。该书认为，近代中国人的精神解放经历了两次飞跃，"一是摆脱家族主义束缚，步入国民序列，个人的价值由家族转移到国家，但仍作为工具而存在；二是摆脱'工具属性'的束缚，实现'人'的觉醒"。②这一论断大体沿用了梁景和在《近代中国陋俗文化嬗变研究》一书中提出的"人的精神进化"理论。梁认为，人类的精神进化或精神解放反映在三个层次上，而近代中国人的精神进化处在第二个层次上，即"个人相对摆脱传统人伦文化的束缚，看重和强调个体价值，确立个体的人身地位，从而获得个体间的相对平等和自由"。③他进而提出，运用"人的精神进化"理论展开相关研究，是社会文化史研究的重要路径之一。④ 不过，《自由的维度》一书的结论中并没有出现作者设想的"人类精神进化的基本规律"，遑论与"人的精神进化"理论进行对话。可以说，《自由的维度》的研究预期与研究实践不完全相符。《北京婚姻》《婚姻"私事化"》等著作也在不同程度上存在这样的情况。

相对于借鉴社会学理论的些许生硬，"论丛第一辑"部分著作较为重视从心理（或心灵）角度分析中国现当代的女性、婚姻与性伦，从而增加了社会文化史的解释力。《女性形象》一书对于"文革"时期女性形象出现男性化的现象进行心理学的分析，作者借助奥地利学者阿尔弗雷德·阿德勒的心理学理论（即在男性支配女性的社会环境中，女性为克服自卑感而逃离自身的性别特征），认为一些女性为反抗男权社会定义的女性角色，而出现男性化的现象。⑤ 这一分析将当时女性的超常行为、选择动机与社会性别关系联系在一起，更契合当时社会性别不平等的实情以及由此强化的男尊

① 王栋亮：《自由的维度：近代中国婚姻文化的嬗变（1860～1930）》，第21页。
② 王栋亮：《自由的维度：近代中国婚姻文化的嬗变（1860～1930）》，绪论，第3页。
③ 梁景和：《近代中国陋俗文化嬗变研究》（修订本），首都师范大学出版社，2009，第257页。
④ 梁景和、冯峰：《社会文化史行进的四重维度》，《河北学刊》2017年第2期。
⑤ 黄巍：《自我与他我——中国的女性与形象（1966～1976）》，社会科学文献出版社，2016，第192页。

女卑的社会心理。可以说，心理学在增强社会文化史的解释力上具有不可忽视的作用。诚然，社会文化史本身要求"把生活放在一定的社会现象和文化现象中来考察，通过生活方式的变迁认识民族文化心理和社会意识的发展历程"①。有学者指出，社会心理状态"虽然未能上升到理性认识阶段，但在社会总结构中的位置却十分重要，是社会各个群体生活方式中起指导作用的感情、情绪、心境、习惯、气质、性格、幻想、嗜好等日常意识的总和"②。运用心态分析视角讨论历史人物的精神活动，不仅可以让他们栩栩如生，而且可以揭示个人与社会的联系③。倘若"不深入到人的心理层面上，对于社会生活现象的认识往往流于浮面上"④。

《狂澜与潜流》一书揭示了"文革"时期人的性心理、性观念与政治运动的关系。作者注意到，一些"红卫兵"对性及相关内容十分敌视，"将之视为邪恶、下流、肮脏而且危险的东西"，"试图在'性纯洁'与革命秩序之间建立起联系"⑤。同时，"利用性方面的侮辱是红卫兵批判敌人常用的手法"⑥。但是，"生理发育日渐成熟的红卫兵，头脑中并非从未产生过与性相关的念头，只是这种念头多是以批判、自抑的形式出现，是人类正常性意识的扭曲表现"⑦。结果，"凡是有女性出现或被卷入的派系武斗，往往都是以女性受到性侵害或虐待而告终"⑧。这种分析从一个侧面深刻揭示"文革"时期一些"红卫兵"的性心理、性观念与其社会行为的复杂关联。实际上，社会现象与文化观念的互动过程始终伴随着多样化的人格与心理活动；或者说，观念外化为社会现象的过程明显受到个体的人格与心理的影响，三者密切连为一体。

深入了解近现代中国人的观念与心理，确有助于进一步认识这一时期中国社会的特质及其演进过程。观念与心理均为人的意识现象，但二者并不相同。在人的意识系统中，心理处于较低层次，而观念则处于较高层次。

---

① 刘志琴：《青史有待垦天荒（代序）》，刘志琴主编、李长莉著《近代中国社会文化变迁录》第一卷，第7页。
② 彭卫：《历史的心镜——心态史学》，河南人民出版社，1992，第12页。
③ 彭卫：《历史的心镜——心态史学》，第27页。
④ 彭卫：《历史的心镜——心态史学》，第31页。
⑤ 李秉奎：《狂澜与潜流——中国青年的性恋与婚姻（1966～1976）》，社会科学文献出版社，2015，第85～86页。
⑥ 李秉奎：《狂澜与潜流——中国青年的性恋与婚姻（1966～1976）》，第86页。
⑦ 李秉奎：《狂澜与潜流——中国青年的性恋与婚姻（1966～1976）》，第86页。
⑧ 李秉奎：《狂澜与潜流——中国青年的性恋与婚姻（1966～1976）》，第98页。

前者影响后者对人行为的支配过程，而后者对前者具有强大的塑造作用。整体而言，影响心理的观念集合代表着一种文化模式。著名文化学家黄文山提出，"文化到底是属于心理的层次的。一件物象，一种信仰，一个制度，当它们由一个部族或民族传播到其他部族或民族时，如果单从外部的媒介去观察，而不从内部的心态去体认，则文化的一切真相不会暴露出来"。① 20 世纪八九十年代西方兴起的文化心理学，不仅观察、分析文化对人的生活物品与价值观念的影响，还透视文化对人的潜意识、集体无意识的影响，触及文化的深层结构。美国学者孙隆基从心理学层面分析了中国文化的"深层结构"，认为每一种文化都有它独特的一组文化行为，它们总是以一种只有该文化特有的脉络相互关联着，这个脉络关系就是这组文化行为的"深层结构"，或者可以视为一个不被压抑的"文化潜意识"，其对人的塑造作用十分强大。② 中国本土的社会文化史当然注重揭示"社会精神面貌的潜层结构"③，因此，探究中国近现代社会文化史，可以考虑借助文化心理学的理论与分析角度。有学者提出，未来的社会文化史研究可注重一个关键词"感受"，其包括外界刺激对人的身体影响与心灵影响；"感受史"有望成为未来社会文化史研究的重要组成部分。④ 这里的"感受史"基本可以对应学界已有的"心灵史"。以目前的研究动向而言，中国的"心灵史"研究具有明显的跨学科特色和广阔的发展前景。⑤

值得注意的是，陈寅恪、吕思勉、田汝康等前辈学者在历史研究中均曾不同程度地借鉴社会学、心理学等其他学科的理论，但他们只是将这些理论作为后台分析工具，并未在字面上明确表示使用哪种理论，或引用其他学科的某个具体论断。这种得意忘象的做法，既使历史叙事保持自身的文气和风格，避免读者阅读时产生割裂感与夹生感，又使历史分析具有新的视角与维度，呈现更为高深的历史智慧。

① 黄文山：《文化学的方法》，庄锡昌、顾晓鸣、顾云深等编《多维视野中的文化理论》，浙江人民出版社，1987，第 12～13 页。
② 孙隆基：《中国文化的深层结构》，广西师范大学出版社，2004，第 8 页。
③ 梁景和：《关于社会文化史的几个问题》，《山西师大学报》2010 年第 1 期。
④ 梁景和、冯峰：《社会文化史行进的四重维度》，《河北学刊》2017 年第 2 期。
⑤ 目前，"心灵史"已被引入中国共产党党史研究领域，呈现引人注目的史学魅力。黄道炫指出，要深入研究中国共产党及其历史，就需要了解其独特的政治文化；而要了解其政治文化，就需要观察、分析政治文化背后的个体心灵。这种"心灵史"注重考察社会政治背后的精神世界，尤其注重探究个体的内心世界，试图从人类精神的角度解读历史流变的脉络。见黄道炫《政治文化视野下的心灵史》，《中共党史研究》2018 年第 11 期。

三　以"国家与社会"视角讨论"眼前史"的得失

"论丛第一辑"有四种著作讨论 1949 年之后的中国社会文化史。《北京婚姻》《狂澜与潜流》《女性形象》《婚姻"私事化"》著作皆以婚姻与女性为研究对象，其讨论的时间跨度虽各不相同，但在整体上涵盖了 1949 年至 2000 年。这些著作属于中国现当代史，在中国学界的社会文化史研究领域确有一马当先之势。尤其是《婚姻"私事化"》一书探讨的是改革开放后的中国婚姻问题。

讨论 1949 年之后的"眼前史"，对于深入研究中国社会文化史确有重要意义。前贤充分肯定社会史研究的学术价值，指出"历史传统本是以往社会的记录，当前社会则是此下历史的张本"；"社会就是历史进程的当前归宿，社会是一部眼前的新历史"，"实为最真实最活跃的眼前史"。[1] 因此，历史研究者应将历史与当前社会连在一起看；研究社会史"应该从当前亲身所处的现实社会着手"[2]。中国现当代社会文化史属于社会史与文化史的交叉学科，无疑也是"眼前史"中最贴近普通民众生活、最具人间烟火气的部分。

相对于讨论中国近代社会文化史而言，讨论改革开放之后的社会文化史，在资料搜集、现场体验与问题分析上无疑较前者具有诸多优势。如梁景和等学者所言，应注重改革开放以来的社会文化史研究，因为这一时期社会文化史"史料来源极为宽广，也不需要谁来解密，反而时间越离得近，感受越真切，更易有自身的体悟，自身的把握。有些问题可以直接去观察，直接调查，直接交流"。[3] 诚然，讨论改革开放之后的社会文化史有史料、现场感等方面的优势，同时也存在确立分析框架的难处。

应当说，研究 1949 年至今的中国当代社会文化史，实非易事。研究者除应有政治意识和表述尺度外，还需要注意对社会现象生成机制的提炼及事件之因果关系的深度解读。有学者指出："当代史研究似易实难。当代史事，还有大量当事人和亲身经历者在世，'一般人'好像都知道一点。你的

---

① 钱穆：《中国历史研究法》，生活·读书·新知三联书店，2001，第 52 页。
② 钱穆：《中国历史研究法》，第 52 页。
③ 梁景和、姜虹、张弛：《中国社会文化史理论与实践述论》，《首都师范大学学报》2011 年第 4 期。

研究既要让那些亲身经历者认可，又要让他们'佩服'你的学术见解，所以不能止于简单的事实描述，必须有学理层面的深度解读。尤其是社会史的研究，若不能将其中的内在结构机制进行解析，呈现出来的很可能是一地鸡毛，零乱不堪。"① 这虽是就整个中国当代史研究而言的，但对社会文化史研究也同样适用。

"论丛第一辑"中的"眼前史"研究者在注重运用社会文化史视角的同时，还较多运用"国家与社会"视角。《女性形象》一书表示要运用"国家–社会理论"②，此即"国家与社会"视角。该书作者认为，"文革"时期中国的"国家和社会逐渐一体化，并形成一个强大的社会网络"，监督着女性的观念与行为；"女性形象政治化的发生，在一定程度上体现了国家权力的力量"。③ 该书对国家与女性形象关系的分析大体可以表述为中央政府对典型女性形象的塑造与借用。不过，其梳理、分析相关具体案例时，缺少对其中间环节的关注，不自觉地过滤掉一些精彩细节。这似乎意味着国家与社会是两个具有边界的实体，其实二者的边界并不清楚。

《北京婚姻》作者在确立"婚姻文化"概念时，存在运用"国家与社会"视角的困顿。在其看来，"婚姻文化是人们在社会实践中形成的具有普遍和自发性的婚姻价值取向和行为规范。它包括婚姻观念、婚姻行为、婚姻心理、婚姻习俗、婚姻模式和婚姻伦理等多个范畴"；"婚姻文化与婚姻制度有着密切的联系，婚姻制度中的相关规定都是在吸纳、改造和整合婚姻文化的基础上形成的"。④ 不难看到，作者提出的"婚姻文化"概念包含文化的观念、心理、行为等层面，但不包含制度与器物层面。相对于人们具有较多共识的广义与狭义的文化概念，《北京婚姻》提出的"婚姻文化"既非广义也非狭义，不知其具体依据。若考虑该书采用的"国家与社会"视角，则可见其确有不得不以婚姻制度代表"国家"的焦虑。不然，则难以确立社会之婚姻文化与国家制度互动的分析框架和叙述主线。因此，该书才会将制度视为"规范性文化的组织者和推进者，它通过权力运作往往使得这种文化规范带有合法化的标签"。⑤ 这里的"规范性文化"大体指渗

① 王奇生：《中国革命的连续性与中国当代史的"革命史"意义》，《社会科学》2015年第11期。
② 黄巍：《自我与他我——中国的女性与形象（1966~1976）》，第14页。
③ 黄巍：《自我与他我——中国的女性与形象（1966~1976）》，第196页。
④ 李慧波：《北京市婚姻文化嬗变研究（1949~1966）》，社会科学文献出版社，2014，第8页。
⑤ 李慧波：《北京市婚姻文化嬗变研究（1949~1966）》，第395页。

透进社会生活中的制度化的国家意识形态。

《狂澜与潜流》作者认为政治与社会"难以完全分割并具有互动相应关系"①，因而注重以"国家与社会"视角分析"文革"时期青年的性恋与婚姻。在其看来，"文革"时期青年人的恋爱、婚姻观念与行为发生了重要变化，而这些变化"和政治生活领域的沉浮起落密切相关"。② 作者注意到，在"文革"前期，"意识形态层面上的国家将触角伸向私人领域的每个角落"③，包括属于私人生活的婚礼；这一时期的婚礼取消了诸多传统习俗，但引入毛主席语录、毛主席像等象征符号；家庭在婚礼仪式中的地位被明显削弱，而婚礼的参加者及上台发言者都成为"国家"的代表。④ 其结果是这种婚礼的社会色彩愈发淡薄，而政治色彩却颇为浓烈，"更加注重青年作为'革命集体'成员的象征意义"⑤。可以说，"国家与社会"视角对于"文革"时期的婚恋问题确有一定的解释力，但对婚礼情景中的人的关注与分析似显不足。为弥补该视角的局限，作者特意将"公"与"私"这对概念作为分析工具，并试图揭示"公"与"私"领域在婚姻问题上进退消长的复杂性与多样性关系。⑥

《婚姻"私事化"》一书有意运用"国家、社会、家庭、个人互动的方法"⑦。不过，其实际研究较少呈现四者互动的场景，也未明确揭示这种互动的机制及其困境。该书与前述三书似乎都忽略了国家与政府的关系，不自觉地以（中央）政府代替了国家，而二者实际存在较大的差别。

至此，需要对"国家与社会"视角的长短再稍作审视。20 世纪 90 年代以来，学界借助"国家与社会"的观察视角，在揭示近代中国社会的多重面相与演进机制上确有新的收获。⑧ 不过，近十年来，虽仍有历史学者沿用"国家与社会"视角，但因相关理论建构缺少明显进展，这一视角对历史的诠释力呈减弱趋势。

学界已普遍认识到，"国家与社会"视角在史学研究的运用中存在一定

---

① 李秉奎：《狂澜与潜流——中国青年的性恋与婚姻（1966~1976）》，第 2 页。
② 李秉奎：《狂澜与潜流——中国青年的性恋与婚姻（1966~1976）》，第 2 页。
③ 李秉奎：《狂澜与潜流——中国青年的性恋与婚姻（1966~1976）》，第 152 页。
④ 李秉奎：《狂澜与潜流——中国青年的性恋与婚姻（1966~1976）》，第 158~159 页。
⑤ 李秉奎：《狂澜与潜流——中国青年的性恋与婚姻（1966~1976）》，第 159 页。
⑥ 李秉奎：《狂澜与潜流——中国青年的性恋与婚姻（1966~1976）》，第 48~49 页。
⑦ 董怀良：《改革开放以来中国婚姻"私事化"研究（1978~2000）》，第 22 页。
⑧ 朱英：《近代中国的"社会与国家"：研究回顾与思考》，《江苏社会科学》2006 年第 4 期。

局限。这一视角原本是国内学者在借鉴西方"市民社会"等理论的基础上，依据中国近代社会的特质提炼而成的。最初建构该视角时，相关学者对于国家与社会的概念似未进行严格界定。20 世纪 90 年代，运用该视角的史学研究成果容易给人一种印象，即国家与社会均为实体，且二者呈上下对立的二元格局。已有学者对该视角在史学界的运用局限进行了深入反思，明确指出国家与社会"并非同质性的实体，也不能做同质化或实体化的处理"，"必须突破其原有的二元对立的格局"；在治史取向上，应将"自上而下"与"自下而上"的思路相结合，将内部视角与外部视角相结合；注意国家与社会"分别发生在其各自内部的变化、运动与冲突"①。以中国近现代社会而言，在国家治理结构的条条块块上，介于国家最高权力机关与底层社会民众之间的地方官员和文化精英，他们会依据具体的事件与情景选择行动策略，既不会完全忠于国家，也不会完全忠于社会。在很多具体情景中，很难说他们代表的是国家还是社会，抑或二者兼而有之。这都需要在对具体情境的"深描"中进行细致分析。

　　"制度与生活"视角或可成为"国家与社会"视角的有益补充，有助于避免将复杂的历史简单化的倾向。"国家与社会"视角强调国家统治社会的上下关系，容易掩盖人作为社会行动者的主体性与多样性。为克服其局限，有学者针对中国社会变迁的特征，提出"制度与生活"的分析视角。② 这一视角的建构和运用，旨在考察制度实践中的正式制度代理人与生活主体互动的复杂机制。在具体的情景与事件分析中，注重"差序格局"的基础性位置，以无形权力的产生机制作为微观分析进路。这一分析视角的突出特色，一则在于对行动者的找回，二则在于对回归生活的强调。③ 社会学界已运用"制度与生活"视角讨论 1921 年至 2011 年中国社会的变迁④。实际上，《北京婚姻》一书初步涉及"制度与生活"的问题，但尚未有意识地将其作为一种视角。在分析 1950 年颁行的《婚姻法》对婚姻文化的影响时，该书认为"传统的家长权威对个人的影响逐渐衰落，国家权力直接深入个

---

① 邓京力：《"国家与社会"分析框架在中国史领域的应用》，《史学月刊》2004 年第 12 期。
② 肖瑛：《从"国家与社会"到"制度与生活"：中国社会变迁研究的视角转换》，《中国社会科学》2014 年第 9 期。
③ 侯利文：《国家与社会：缘起、纷争与整合——兼论肖瑛〈从"国家与社会"到"制度与生活"〉》，《社会学评论》2018 年第 2 期。
④ 李友梅、黄晓春、张虎祥等：《从弥散到秩序："制度与生活"视野下的中国社会变迁（1921—2011）》，中国大百科全书出版社，2011。

人生活，个人生活开始与国家的命运紧紧联系在一起"①。对于规范性婚姻文化的良性构建，该书提出"国家制度对个人生活的干预应有度"②，"既不能让私人生活放任自流，也不能让行政力量干预过度，也就是说，政府职能的发挥应当有一个合理的界定"③。这里分析国家权力与个人生活关系，实际运用了"国家与社会"视角，但已触及"制度与生活"的层面，只是缺少对具体情景及具体行动者的策略选择考虑。事实上，《北京婚姻》《女性形象》《狂澜与潜流》等著作提到的多个婚姻案例都可以从"制度与生活"视角进行考察，比如，遇罗锦离婚案就是一个可以"深描"的典型个案。《狂澜与潜流》作者已经注意到，上山下乡运动中的"知青群体本身也在政策中寻找或疏或密的空隙"，"为返城或等待返城的机会，他们拒绝结婚；为情感和解决眼前的困难，他们又现实地选择与农民结婚"。④ 这都体现当事人如何采取策略，因应制度对其个人生活的管控与塑造。

四　需要增进对中国社会与传统文化的理解

讨论中国社会文化文史的一个重要前提，是深入了解中国社会与文化的结构、特质与源流。若治史者学养不足，则其所论难免肤浅。从"论丛第一辑"的若干专著看，包括笔者在内的青年作者们在这方面还有很长的路要走。

前已提及，"论丛第一辑"中的"眼前史"研究均运用了"国家与社会"视角。真正运用好这一视角，需要对中国传统社会及其近现代转型尽可能充分理解与把握。衡之以西方现代社会的结构、功能与经验，古代中国"社会化程度"很低，甚至可以说有"国家"而无"社会"⑤。近代中国传统社会的结构与秩序虽在局部有所变动，仍未出现根本性改观。有学者称，这时期中国的"天"仍未变，而这个"天"是形象地借指经济、政治、文化诸项子系统整合而呈现出来的社会制度、社会大系统；其一旦成形，在相当长的时段内，"人"都在它的笼罩之下，显得很"小"。⑥ 即使经历

---

① 李慧波：《北京市婚姻文化嬗变研究（1949～1966）》，第 116 页。
② 李慧波：《北京市婚姻文化嬗变研究（1949～1966）》，第 402 页。
③ 李慧波：《北京市婚姻文化嬗变研究（1949～1966）》，第 402 页。
④ 李秉奎：《狂澜与潜流——中国青年的性恋与婚姻（1966～1976）》，第 180 页。
⑤ 王家范：《中国历史通论》（增订版），生活·读书·新知三联书店，2012，第 266 页。
⑥ 王家范：《中国历史通论》（增订版），第 319 页。

了政治制度的几度变革，近代国人也没有完全改变"打天下，坐天下"的政治观念、思维方式与行动逻辑，而政府以中央集权之力控制整个社会资源的国家治理方式也大体延续了传统政治方略。从社会文化的角度看，近代中国诸多政治精英的生活虽因引入西方文明而产生新的风貌，但"生活方式浅表层面的变化，不足以摇撼千余年历史积淀注入其心灵深处的'集体无意识'。"① 进而言之，讨论中国近现代社会文化的变迁，实不可不注意其表层之"变"与深层之"渐变""不变"的并存和错位。

梁景和在洞察到中国现代社会特质的基础上提出，研究社会文化史要注意社会文化与国家意志的关系，其内容包括两者的相互影响、可容性以及两者的对立性②；"研究中国社会文化史，特别是研究中国现当代社会文化史，要与政治史紧密结合，这是中国社会的特征，也是中国社会生活的特色。脱离政治视角研讨中国社会、中国社会生活、中国社会文化史，既简单片面，也单纯幼稚"。③ 严格说来，"论丛第一辑"探讨中国现当代的婚恋问题，对政治史的关注和把握有待深化。其以"国家与社会"视角为分析工具，虽看出某些社会"病症"，但找不到"病根儿"。若对社会建设进程有进一步的了解，或许可以更深刻地解读1949年后国家与社会、制度与生活的关系。

在深入认识中国现当代社会的同时，需要不断增进对中国传统文化的理解与体验。从"论丛第一辑"对"眼前史"的研究可以看到，即使是经历了政治革命的洗礼，中国传统文化的某些观念依然盘桓在现代人的头脑中，并影响着现当代中国社会各领域的生活。《女性形象》一书针对一些女"红卫兵"做出的诸如剃光头、打人等荒唐、暴力的行为，解释说"中国传统的实用主义理性在很大程度上更能说明人人卷入其中、个个参加'革命'的原因"。④ 这里的"实用主义理性"大体指中国传统文化中那些注重现世生活而缺乏世俗超越性的生活准则。若从中国文化的深层结构看，中国人有强烈的"身体化"倾向，使整个生活的意向都导向满足"身"的需要，个体没有"精神主体"，这种文化特色将人的一切活动都导向了现实世界。⑤ 其结果是，一些人在社会生活中仍秉持实用主义的态度，甚至以政治为名，

---

① 王家范：《中国历史通论》（增订版），第323页。
② 梁景和：《关于社会文化史的几个问题》，《山西师大学报》2010年第1期。
③ 梁景和、冯峰：《社会文化史行进的四重维度》，《河北学刊》2017年第2期。
④ 黄巍：《自我与他我——中国的女性与形象（1966~1976）》，第57页。
⑤ 孙隆基：《中国文化的深层结构》，广西师范大学出版社，2011，第25~26页。

假公济私。诚然，前述女"红卫兵"的暴力行为并非单纯由传统文化中的实用理性所致，还有政治恐慌等心理因素。

《狂澜与潜流》一书所提遇罗锦在 20 世纪七八十年代的两次离婚案，值得从文化的角度进一步分析。① 该案不只是国家与社会、制度与生活的问题，还是传统文化泯灭个人独立人格与尊严的问题。美国学者孙隆基曾在中国亲身经历该案发生的年代。他回忆说："在国内时，正值遇罗锦的离婚事件。这本来是她个人追求幸福之事，而且在这样窒息的环境中还有勇气这样做，是应该值得赞许的。然而，……一枝排除荆棘靠自己萌芽的花朵，却并不是一幅赏心悦目的景象，而是必须铲除的对象。因此，某些官方报纸甚至用《一个堕落的女人》为标题来评论这件事。此外，我亦亲眼看到一些公开表示与她划清界线，以便踩在她身上来抬高自己在道德上的优越感的人。"② 孙隆基提到的一些人与遇罗锦划清界限的情况，是相关研究者不易捕捉到的重要信息，而这对于解释当时人们的婚姻观念的复杂性却颇为重要。孙从文化心理学的角度分析当时报纸和普通民众均以批判态度对待遇罗锦离婚案的现象，认为其"必须去迎合世俗的'铲平主义'"，而"铲平主义"的根源在于中国文化对人的设计，主要表现为一种"身体化"的存在，将整个生活的意向都导向满足"身"之需要。③ 在这个意义上，社会就变成了"身"，而"国家"则是照顾这个"身"的一颗"心"。④ 孙的分析抓住了中国文化在人伦方面存在的缺陷及其"政治工具"化的要害，揭示民众婚姻观念背后那种不易被人觉察的集体潜意识。

《泰山信仰》一书讨论以泰山神灵信仰为中心的近代国家祭祀、道教祠庙与民间习俗等问题，作者因为对传统文化了解不足，尚未真正走进古人的心灵世界。想要神通古人，先要明了古人的认知方式、语言系统与社会环境。在传统中国社会中，儒学是一种思想，是一种信仰，也是一种生活方式。佛教与道教也有这样的特性。三者对生命与世界的认识方式、解释体系与体验路径各有其长，相互补充，成为传统中国社会超稳定结构得以存续的文化基础。近代海通以来，中国的新文化对人的塑造在知识体系、思维方式、智力结构与价值观念等方面，与传统文化有霄壤之别。今天，

---

① 李秉奎：《狂澜与潜流——中国青年的性恋与婚姻（1966～1976）》，第 176～178 页。
② 孙隆基：《奴化的人：中国文化的深层结构》，香港，集贤社，1985，第 344 页。
③ 孙隆基：《奴化的人：中国文化的深层结构》，第 21 页。
④ 孙隆基：《奴化的人：中国文化的深层结构》，第 22 页。

探讨中国近现代社会文化史，需要对以儒、佛、道三教为核心的中国传统文化有基本的认识、理解与体会。

晚近以来，青年学者容易将传统文化看作过时的知识遗产或博物馆中的陈列品，往往只见其表，不知其里。从信仰与生活方式的角度而言，深入理解传统文化需要一定程度的人生亲证，即充分同情之后的生活实践及其体验。佛教史研究泰斗汤用彤先生曾云："佛法，亦宗教，亦哲学。……故如仅凭陈迹之搜讨，而无同情之默应，必不能得其真。哲学精微，悟入实相。古哲慧发天真，慎思明辨，往往言约旨远，取譬虽近，而见道深弘。"① 其探究中国佛教史，秉持"同情之默应"的态度，通过亲身体验领悟佛法的一些精妙之处；"整合新旧治学之道，创造出以跨文化考证和比较为基础的历史诠释学研究方法"②。时贤指出，"研究宗教的最佳位置和态度便是在信与不信之间"。③ 其意：一是说研究任何问题（尤其是宗教问题）要进得去，也出得来，进行高层次、整体性的思考；二是说"有所信取，亦有所剔除"，"不应受某种特定信仰的约束，始终保持一种清醒的、理性的头脑"④。这启发我们应进一步了解古人的心理结构与思维方式，以古人之心去认识、把握包括佛教在内的传统文化的特质与意义。应注意的是，由于当前教育体制、文化生态等方面存在的局限，即使在国家倡导、推进弘扬中华优秀传统文化的今天，一些学者仍不自觉地以汉学家的心态对待本土传统文化，缺少应有的温情与亲和感。这对于我们深入探讨中国近现代社会文化，无疑是一个需要补足的学术短板。

五　对未来研究的期待

"论丛第一辑"虽然还存在一些不足，但已留下中国社会文化史研究向前行进的足迹。目前中国的社会文化史整体上"处于缓慢成长进程中"⑤，

① 汤用彤：《汉魏两晋南北朝佛教史》，跋，商务印书馆，2015，第722页。
② 赵建永：《汤用彤与中国现代佛教史研究》，《历史研究》2014年第1期。
③ 牟钟鉴：《研究宗教应持何种态度——重新认识汤用彤先生的一篇书跋》，汤一介编《国故新知：中国传统文化的再诠释》（汤用彤先生诞辰百周年纪念论文集），北京大学出版社，1993，第69页。
④ 牟钟鉴：《研究宗教应持何种态度——重新认识汤用彤先生的一篇书跋》，汤一介编《国故新知：中国传统文化的再诠释》（汤用彤先生诞辰百周年纪念论文集），第70页。
⑤ 陈廷湘：《从"革命史观"到"社会文化史观"——中国近代史解释体系的演变与趋向》，《四川大学学报》2018年第5期。

是"中国方兴未艾的一股史学潮流"①。该领域的学者们致力于从社会与文化交叉的视角透视中国近现代社会的转型，积极运用新理论、新方法，自觉推动历史研究的深化与创新。这些学者或可称为一个新的学派，即"社会文化史"学派。②"有无学派，特别是有无著名的学派，是一个学科是否繁荣、是否有活力、是否成熟、是否有社会影响力的重要标志之一"。③从"论丛第一辑"看，社会文化史学派还在逐步成长中。梁景和教授已提出社会文化史研究的一些主导观点与重要理念，如社会生活④、生活质量⑤、人的精神进化理论等，而且由其带领的青年学者在研究实践中深化、拓展、推进它们。这种将理论探索、研究实践与团队建设融为一体的学术推进方式，是一个学派得以形成的基础条件。显然，首都师范大学历史学院中国近现代社会文化史研究中心作为社会文化史研究的重镇之一，具有与兄弟科研单位共同推动社会文化史学派形成的自觉意识。

新视角、新范式意义上的社会文化史，日益受到学术界的关注与重视。一些学者认为，社会文化史视角是"新时代的新史观"⑥，"有希望成为中国近代史解释的主流"的"社会文化史观"⑦。要真正实现学界的这种预期，社会文化史在理论建构与实证研究上急需突破目前遇到的瓶颈问题。⑧其中，理论建构的滞后是最为突出的问题之一。有学者提出，"深度解释，是深化社会文化史研究的有效途径。而要做好深度解释，必须创建一套中国化的文本解释体系"⑨。这一看法为社会文化史的理论建构提供了新思路。

社会文化史的理论建构绝非易事，可能需要几代学者才能完成。对于"论丛第一辑"的青年学者们而言，不仅需要拓展研究视野，而且需要增强

---

① 刘平：《风生水起：中国社会史研究之演进》，《史学集刊》2018 年第 3 期。

② 孙颖、李长莉：《改革开放 40 年来的中国近代社会史研究：反省与寻求突破》，《广东社会科学》2018 年第 6 期。

③ 郑杭生：《中国社会研究与中国社会学学派——以社会运行学派为例》，《社会学评论》2013 年第 1 期。

④ 梁景和：《社会生活：社会文化史研究中的一个重要概念》，《河北学刊》2009 年第 3 期。

⑤ 梁景和：《生活质量：社会文化史研究的新维度》，《近代史研究》2014 年第 4 期。

⑥ 梁景和、姜虹、张弛：《中国社会文化史理论与实践述论》，《首都师范大学学报》2011 年第 4 期。

⑦ 陈廷湘：《从"革命史观"到"社会文化史观"——中国近代史解释体系的演变与趋向》，《四川大学学报》2018 年第 5 期。

⑧ 李俊领：《社会文化史研究的瓶颈与未来走向——读梁景和等著〈现代中国社会文化嬗变研究（1919—1949）〉札记》，《徐州工程学院学报》2015 年第 5 期。

⑨ 左玉河：《寻求意义：深度解释与社会文化史研究的深化》，《河北学刊》2017 年第 2 期。

理论建构的自觉性。以研究视野而言，讨论改革开放后的"眼前史"，应先深入了解近代中国社会转型的长时段与整体性。从晚清时期的鸦片进口到今天的芯片进口来看，中国这约 180 年间的社会转型是世界文明演进的重要组成部分，也始终离不开西方国家主导的世界文明秩序。二者在政治、经济与文化等方面，既有博弈与冲突，也有融合与共进。这些都体现于国家制度的演进、日常生活的场景以及其互动过程。因此，探讨中国近现代社会文化史，似应放到这约 180 年乃至更长的历史脉络中去观察和分析。凭借长时段和整体性的观察，才可能获得对中国近现代社会文化史的贯通性理解。有学者提出，从政治结构及制度史的角度讨论北洋史，比"军阀""革命"等更重要的三对关键词为：断裂与延续、移植与异化、过渡与转型。[①]可以说，这三对关键词同样适用于现当代中国社会文化变迁的讨论。在理论建构上，可以学习"革命史"与"现代化"范式之长，直面中国近现代社会变迁进程中的主要矛盾、核心问题、重大事件、主流人物与基本结构。将"自下而上"与"自上而下"的观察方式结合起来，才可能形成深刻、独特且自成体系的历史阐释。由此而言，李长莉等学者提出的社会治理[②]、制度与生活等分析视角，都是值得进一步思考的理论建设着眼点。

中国本土的社会文化史研究虽任重道远，方兴未艾，但目标明确，前景广阔。当前，梁景和教授主编的"中国近现代社会文化史论丛"第二辑已陆续出版三种著作，越来越彰显社会文化史的"常青树"魅力。期待着更多的青年学者在这一研究领域辛勤耕耘，开拓创新。

---

① 李细珠：《北洋政治史研究中的三对关键词》，郭双林主编《民国史研究》第 1 辑，社会科学文献出版社，2017，第 195~199 页。

② 李长莉：《三十年来中国近代社会史研究范式之转换》，《河北学刊》2018 年第 2 期。

告别宏大叙事，拥抱日常生活

——评梁景和主编《中国社会文化史的理论与实践续编》

张　弛

近年来，社会文化史研究在中国学界的发展日新月异，相关成果亦是琳琅满目，这在很大程度上要归功于学术带头人的大力鼓吹和学术重镇的鼎力支持，其中的突出代表即是创办并主持首都师范大学历史学院中国近现代社会文化史研究中心的梁景和教授。近日由其主编的《中国社会文化史的理论与实践续编》（社会科学文献出版社，2015；后文简称《续编》）付梓面世，可称为《中国社会文化史的理论与实践》（社会科学文献出版，2010）的姊妹篇，是对近五年（2010~2014）相关领域最新研究动向和成果的汇总与述评，专业研究者可以通过本书掌握该领域的整体趋向和进路，一般有兴趣的读者亦可由此管窥社会文化史的学术志向和着力所在，为延伸阅读做好铺垫。笔者通读全书后，感触良多，在此不揣浅陋，谈一些自己的想法，就教于学界方家。

一　下定义：更多关注民众日常生活的社会文化史

应该说，社会文化史自诞生之日起，其内涵、学科定位、研究对象及方法等基本定义就存在诸多争议，随着相关讨论的逐渐深入，尽管尚未形成普遍公认的准确界定，但从本书上编"理论与方法"来看，学界还是对社会文化史的研究对象、方法、特色、使命等达成了一定的默契。例如，刘志琴指出"社会文化史以生活方式、社会风俗和民间文化为研究对象"，可称之为"富有思想性的社会生活史"[①]；她指出，要"贴近生活日用，从

[①]　刘志琴：《从本土资源建树社会文化史理论》，梁景和主编《中国社会文化史的理论与实践续编》，第5~6页。

礼俗互动中认识中国人的生活和思想，撰写具有本土特色的社会文化史"①。
左玉河则认为，"凡是从文化史的视角来研究历史上的社会问题，用社会学
的方法来研究文化问题者，都可称之为社会文化史"②，而最基本的研究方
法就是把日常生活中的衣食住行、婚丧嫁娶这些社会生活变化的情况给描
绘出来，呈现出来③，这是社会文化史研究的第一个层面，即通过对下层民
众衣食住行等社会表象的分析，揭示一般民众的思想观念和意识，但不能
仅仅局限在描述社会"生活"现象的低浅层面，而是要把重点放在揭示现
象背后隐藏的"文化"内涵，此即达到了研究的第二个层面，这也是社会
文化史研究的价值所在。④

　　虽然表述方式不同，但刘、左二人都强调社会文化史首先要把目光下
移，聚焦于平头百姓的日常生活之中，这也得到了其他学者的呼应。李志
毓认为，"社会文化史倡导'发现生活'，将人民群众的日常生活形式和社
会风尚的变迁作为人类文明发展过程和进步的表现之一加以研究"⑤，而注
重的是从"百姓日用而不知"的日常生活中发掘沉淀的历史和传统的活
力⑥。不光是大陆学界，台湾学人同样意识到"日常生活"的重要性，台湾
的卢建荣指出，"在历史书写的对象上，弱势的下层社会及其日常生活光景
逐渐成为历史聚光灯照到的地方"⑦。在海外，美国的王笛对于成都茶馆的
成功考察也要归因于"茶馆提供了研究下层民众活动的一个重要空间，在
那里我们可以考察他们日常生活的细节"⑧。正是在"日常生活"逐渐走进
研究者视野的大背景下，常建华切中肯綮地指出"社会文化史应当把日常

① 刘志琴：《从本土资源建树社会文化史理论》，梁景和主编《中国社会文化史的理论与实践
续编》，第 13 页。
② 左玉河：《着力揭示社会现象背后的文化内涵》，梁景和主编《中国社会文化史的理论与实
践续编》，第 97 页。
③ 左玉河：《着力揭示社会现象背后的文化内涵》，梁景和主编《中国社会文化史的理论与实
践续编》，第 97 页。
④ 左玉河：《着力揭示社会现象背后的文化内涵》，梁景和主编《中国社会文化史的理论与实
践续编》，第 98～99 页。
⑤ 李志毓：《关于社会文化史理论的几点思考》，梁景和主编《中国社会文化史的理论与实践
续编》，第 117 页。
⑥ 李志毓：《关于社会文化史理论的几点思考》，梁景和主编《中国社会文化史的理论与实践
续编》，第 121 页。
⑦ 卢建荣：《新文化史的学术性格及其在台湾的发展》；转引自张俊峰《也论社会史与新文化
史的关系》，梁景和主编《中国社会文化史的理论与实践续编》，第 132 页。
⑧ 王笛：《〈茶馆——成都的公共生活和微观世界，1900～1950〉中文版序》，梁景和主编
《中国社会文化史的理论与实践续编》，第 158 页。

生活作为研究的基础"，在研究方法上则应"注意建立日常生活与历史变动的联系，挖掘日常生活领域的非日常因素，把握传统农业文明中的商业文明因素"①。梁景和提出的"生活质量"这一可视作社会文化史研究的新概念与新维度，其含义也包括"人们客观生活的实际状况以及对生活的满意程度和幸福感受程度"。②

简而言之，通过对《续编》中"理论与方法"板块的梳理，我们可以发现"日常生活"理应并且正在成为中国社会文化史的关注焦点与绝佳视角，能够借以扣准在以往宏大叙事主题之下难于察觉的人性脉动，此种学术动向在本书介绍的相关研究成果身上也有充分体现。

二　说成绩：作为独特研究视角和方法的社会文化史

如果说，学界对于社会文化史的概念内涵尚有分歧的话，那么关于其功能定位和研究策略则意见相近。李俊领认为社会文化史虽未必成为一种历史研究范式，但一定是一个独特的历史观察视角③。罗检秋断言"社会文化史当然可以作为一种研究视角"④，李志毓则进一步将社会文化史定义为"是在传统的社会史中引入文化史视角和研究方法之后形成的一种新兴的研究方法"⑤。梁景和在一次访谈中明确表示，社会文化史"并不是一种严格的学科范畴，而主要是一种交叉学科的研究视角和研究方法，大致而言，即以文化理论分析历史上的社会现象，或用社会学方法研究历史上的文化问题"⑥。在研究进路与撰述方式上，社会文化史也形成了一定的趋向，李长莉归结为：第一，微观史与深度描述的趋向；第二，以记述叙事为主要

① 常建华：《日常生活与社会文化史》，梁景和主编《中国社会文化史的理论与实践续编》，第 62～63 页。
② 梁景和：《生活质量：社会文化史研究的新维度》，梁景和主编《中国社会文化史的理论与实践续编》，第 14 页。
③ 李俊领：《社会文化史研究的瓶颈与未来走向——读梁景和等著〈现代中国社会文化嬗变研究（1919—1949）〉札记》，梁景和主编《中国社会文化史的理论与实践续编》，第 246 页。
④ 罗检秋：《从"新史学"到社会文化史》，梁景和主编《中国社会文化史的理论与实践续编》，第 93 页。
⑤ 李志毓：《关于社会文化史理论的几点思考》，梁景和主编《中国社会文化史的理论与实践续编》，第 117 页。
⑥ （危兆盖主持访谈）《社会文化史：史学研究的又一新路径》，梁景和主编《中国社会文化史的理论与实践续编》，第 102 页。

表现形式的趋向①。刘永华则从具体的方法论层面指出社会文化史的特色在于该"方法在具体的研究实践中，应结合社会史分析与文化史诠释！也就是说，在分析社会现象时，不能忽视相关人群对这些现象的理解或这些现象对于当事人的意义，唯有如此，社会史分析才不致死板僵化；在诠释文化现象时，不能忽视这些现象背后的社会关系和权力关系，唯有如此，文化史诠释才不致空泛玄虚"②。换句话说，社会文化史应该集社会史与文化史二者之所长，将诠释与分析结合起来，方能青出于蓝，更进一步。

简言之，将社会文化史视为一种方法和视角，在操作策略上注重社会史分析与文化史诠释，在撰述方式上强调微观透视及深度叙事，具备上述三方面特征的史学著述应该说就满足了社会文化史的基本要求，并且拥有了成为典范之作的潜质。在《续编》"书评与书序"板块中介绍的多部专著堪称近年来社会文化史领域的代表。王笛的《茶馆——成都的公共生活和微观世界，1900～1950》（社会科学文献出版社，2010）从公共生活的角度，以成都茶馆为窗口，系统考察了在 20 世纪前半叶，国家是如何逐渐管理社会和日常生活的历程。该书既是一部微观史，也是一部叙事史，还是一部大众文化史，其观察视角也从宏大叙事转向了微观叙事即日常生活。值得注意的是，王笛在中文版序言中指出"没有无意义的研究对象，无论我们的研究对象是多么的平淡无奇，多么缺乏宏大的'政治叙事'，如果我们有利用'显微镜'解剖对象的本领，有贴近底层的心态和毅力，就可以从那些表面看起来'无意义'的对象中，发现历史和文化的有意义的内涵"③。应该说，王笛的这些学术观点和方法都在《茶馆——成都的公共生活和微观世界，1900～1950》一书中得到了充分体现，也正因如此，该书可归为名副其实的社会文化史研究的力作。姜进的《娱悦大众——民国上海女性文化解读》（上海辞书出版社，2010）同样是力图改变研究者居高临下的倨傲姿态，用平视的目光去观察其研究对象，从中下阶层市民的角度去把握言情文化的意义。值得一提的是，该书特意实践文化的社会史的研究策略，是由社会史与文化研究和语言研究交叉而成，不仅要求对文化产

---

① （危兆盖主持访谈）《社会文化史：史学研究的又一新路径》，梁景和主编《中国社会文化史的理论与实践 续编》，第 109 页。

② 刘永华主编《中国社会文化史读本》；转引自张俊峰《也论社会史与新文化史的关系》，梁景和主编《中国社会文化史的理论与实践续编》，第 137 页。

③ 王笛：《〈茶馆——成都的公共生活和微观世界，1900～1950〉中文版序》，梁景和主编《中国社会文化史的理论与实践续编》，第 158～166 页。

品做纯文本的解读，还要求对生产和消费文化产品的权力关系进行深入调查①。应该说，这种"解读"与"调查"并重的研究思路与前文提及的刘永华强调的"诠释"和"分析"之法有异曲同工、不谋而合之处。

同样关注城市女性，游鉴明的《超越性别身体——近代华东地区的女子体育（1895—1937）》（北京大学出版社，2012）是从身体史、体育史及性别史的交叉视角入手针对近代中国从官方到民间借助体育改造女性身体的历程以及女性对之的反应做了深入论述。值得称道的是，该书长于情节性叙事与关注日常的微观史学的修辞风格和研究取向，作者通过建构历史场景，把读者逐渐带入丰富多彩而又能引发情感共鸣的历史氛围之中，从而更加深刻理解女性体育生活的基本形态②。显然，作者娴熟运用文学叙事的手法，以目光向下的姿态挖掘、利用民间史料的策略，亦相当符合社会文化史的评判标准。而梁其姿的《从疠风到麻风：一种疾病的社会文化史》（商务印书馆，2013）虽为专病史研究，却获得了西方学界的高度评价，其原因之一即在于作者不仅呈现了麻风本身的历史，同时也展现了其历史"如何改变了中国人对于疾病分类和病痛体验的文化建构"。易言之，疾病的社会文化史更关注的是疾病在经济、社会、文化、军事与国家中扮演的角色。③

三 谈问题：在现代化与碎片化之间摇摆的 社会文化史

任何一种新方法和新视角在实践过程中都不可避免的会产生一些问题，甚至遭遇某些瓶颈，社会文化史也不例外。这非但不是憾事，而且是其发展道路上的必由之途，如果能够认真吸取教训，总结经验，无疑将促使新方法更加完善，新思路更加清晰，新视角更为拓展。《续编》对于社会文化史研究尝试中存在的弊病也没有回避，而是直言不讳地给予了批评，并且细致入微地分析了其症结之所在，这集中反映在李俊领撰写的《社会文化

---

① 姜进：《〈娱悦大众——民国上海女性文化解读〉序》，梁景和主编《中国社会文化史的理论与实践续编》，第181页。
② 方艳华、刘志鹏：《近代中国女性运动的多维图景——评游鉴明〈超越性别身体——近代华东地区的女子体育（1895—1937）〉》，梁景和主编《中国社会文化史的理论与实践续编》，第223页。
③ 杨璐伟、余新忠：《评梁其姿〈从疠风到麻风：一种疾病的社会文化史〉》，梁景和主编《中国社会文化史的理论与实践续编》，第201页。

史研究的瓶颈与未来走向——读梁景和等著〈现代中国社会文化嬗变研究（1919—1949）〉札记》一文（后文分别简称《札记》和《嬗变》）当中。

《札记》针对《嬗变》中由五位青年学者执笔的实证研究部分所暴露出的突出问题进行了条分缕析的归纳分析。简言之，其一是在叙事手法上未能讲出别致的好故事；其二是在研究思路上仍囿于现代化范式，未能真正将社会文化史的方法贯彻始终。《札记》一针见血地指出《嬗变》几乎不讲故事，其历史书写重在先设立分析框架，然后在其下添加以史料堆砌为特色的实例作为证据，这看似以论带史，但其实更近乎罗列数字、表格的社会学考察报告。可以说，其既没有达到以问题导向为旨归的分析史学的缜密严谨，又缺失了重建历史场景的叙事史学所追求的精彩故事。① 《札记》也承认，建构一个不同于革命史与现代化范式的"另类"的宏大叙事，对于五位青年作者而言，确实力有不逮，情有可原，但局部或个案的凸显人物的叙事总是应该也可以进行的。其建议不妨通过日常生活的小事件透视政治的大主题，将社会的小历史与政治的大历史有机结合起来②。除了没能讲好故事，《嬗变》对于现代化范式不假思索地继承套用，亦是遭到诟病的焦点。《札记》指出为了论证现代化道路的正确性，《嬗变》似将现代与传统置于二元对立的境地，据此对前现代的婚姻、家庭、妇女、娱乐和性伦文化做出了并不客观严谨的判断。例如，用学界已弃用且易引发歧义的"封建社会"来取代更加客观且不涉价值判断的"传统社会"来定位前现代中国的社会性质；再如，对于家庭、妇女解放运动以及"红色娱乐"都有歌功颂德之嫌。特别是在研究时段的断限上，《嬗变》完全照搬了历史教科书对于中国现代史的分段观念，而忽视了近年来学界渐成共识的，从1919年至1949年这30年间的社会文化，特别是农村社会文化相较于前后时段，并没有本质性改变的判断③。简而言之，《札记》认为《嬗变》实证部分的作者们由于深受现代化范式的影响，甚至形成了不自觉的根深蒂固的潜意识，结果导致其研究不过是人云亦云，仅证明了既有观点，缺少学术的原

---

① 李俊领：《社会文化史研究的瓶颈与未来走向——读梁景和等著〈现代中国社会文化嬗变研究（1919—1949）〉札记》，梁景和主编《中国社会文化史的理论与实践续编》，第241~143页。

② 李俊领：《社会文化史研究的瓶颈与未来走向——读梁景和等著〈现代中国社会文化嬗变研究（1919—1949）〉札记》，梁景和主编《中国社会文化史的理论与实践续编》，第244页。

③ 李俊领：《社会文化史研究的瓶颈与未来走向——读梁景和等著〈现代中国社会文化嬗变研究（1919—1949）〉札记》，梁景和主编《中国社会文化史的理论与实践续编》，第246~251页。

创性与含金量。①

应该说，《札记》一文虽然尖锐，但一语道破了目前社会文化史研究的病灶所在。虽然为数不少的研究者愿意主动尝试这一全新方法，但由于对其概念内涵和实践策略尚未摸准吃透，加之现代化范式与革命史逻辑的余威尚存，造成初学乍练者往往莫衷一是，有画虎不成反类犬的嫌疑。其实，前文归纳的《续编》中渐成共识的社会文化史应该更多关注下层民众日常生活的研究取向，就是剜除病灶的最佳工具，因为绝大多数采取现代化范式的研究都倾向于宏大叙事，而将历史长河中人类个体原本丰富多样的生存体验化约为烦琐枯燥的统计图表与平铺直叙的现象陈述，某些不符合价值预设的个案甚至被有意忽略或剔除。但关注生活细节，重视个人情感的社会文化史恰恰反其道而行之，将精力投注在那些默默无闻的芸芸众生身上，将焦点集中在那些周而复始的日常生活中，试图透过这些平淡无奇，甚至琐碎无聊的"小人物""小日子"来找寻近代中国社会文化变与不变的潜在线索和深层规律。

诚然，此种尝试可能招致关于"碎片化"的担忧和诘难，如"一些论题选择过于细小琐碎，同时又缺乏多维联系观点及深层意义阐释，由此造成论题成为缺乏联系、意义微弱的零星碎片"②。但更多的论者还是认为碎片化本身并不可怕，可怕的是碎而不通，碎而不精③。梁景和也指出，社会文化史并不回避"碎片"研究，但在研究之后要把"碎片"连缀成一体。这就好比拼图游戏，将"碎片"巧妙拼合起来，方能展现一幅崭新且有实际意义的画面，而社会文化史也正是需要将社会生活的"碎片"整合起来才能彰显历史研究的真实意义④。王笛更是旗帜鲜明地表示，"碎片化"在目前中国历史的语境中，甚至本身就可能不是一个问题。和欧美国家、日本的研究相比，中国学者生产的"碎片"不是太多，而是远远不够，特别是对于初出茅庐的青年学者而言，与其让他们去思考国计民生的大问题，

---

① 李俊领：《社会文化史研究的瓶颈与未来走向——读梁景和等著〈现代中国社会文化嬗变研究（1919—1949）〉札记》，梁景和主编《中国社会文化史的理论与实践续编》，第251页。

② 李长莉：《交叉视角与史学范式——中国"社会文化史"的反思与展望》，梁景和主编《中国社会文化史的理论与实践续编》，第43页。

③ 张俊峰：《也论社会史与新文化史的关系》，梁景和主编《中国社会文化史的理论与实践续编》，第140~141页。

④ 梁景和：《关于社会文化史的几对概念》，梁景和主编《中国社会文化史的理论与实践续编》，第72页。

还不如鼓励其研究"碎片"，哪怕其论文有一丁点儿新意，也比那些大而无当、空洞无物的大题目要更有意义。以小见大固然可贵，但以小见小一样可取，有一分资料，说一分话，而不是勉为其难用似是而非的、不着边际的空话去回答所谓历史的重大问题。要知道，任何历史研究都有部分和全局，抑或说碎片与整体，两者是相对的，亦不存在孰高孰低、孰轻孰重。但有一点可以肯定，没有细节和碎片作为铺垫与基础，全局与整体显然是无源之水、无本之木。因此，王笛直言不讳地指出"碎片化"不是消极的，其与整体性研究同样重要，倘若一定要在二者间"选边站"，其宁愿选择"碎片"。纵然"碎片化"存在隐患，那也要待其累积到一定程度后再纠正也不迟，而过早片面地夸大"碎片化"的弊端，只会把史学研究重新逼回到老路上去①。

应该说，王笛的上述观点对于社会文化史的未来走向具有指导意义。笔者也认为"碎片化"绝非缺点，而是应大力倡导、戮力追求的。非过正不足以矫枉，只有对平头百姓的日常生活进行微观研究，才能摘掉过往只见帝王将相、不见贩夫走卒的有色眼镜，才能主动感知不符合现代化范式和革命史逻辑等大气候里的"小温差"，才能走进并凸显普通个体的心灵世界与生命历程，这也是马克思所言的："全部人类历史的第一个前提无疑是有生命的个人的存在。"②

综上所述，《续编》一书全景式地展现了近五年来中国社会文化史的一方图景。在理论探索方面，对于相关概念与内涵、特色与使命、价值与定位等核心要素的界定都更为明晰，也趋于达成共识。在实践操作方面，详略得当地陈述了运用相关方法从事研究的代表作，使外界对这一领域的现况与水平有了大体认知；同时也不讳言发展过程中出现的一些问题，以实事求是的态度提出了改进意见与解决之道。如果说美玉有微瑕的话，那就是本书在收录文章时没有注明其原始出处和时间，这样一来，其一不利于读者按图索骥，查找原文；其二不利于建构一种动态的历史语境，从而不能让读者对近年来社会文化史的发展轨迹获得更为直观的感受。瑕不掩瑜，《续编》呈现的2010年至2015年中国社会文化史生机勃勃、欣欣向荣的发展史正符合本书主编梁景和先生给出的"炽盛与深化"这一评断。我们也有理由相信，本书的出版面世会带动更多有志之士加入研究队伍中来，中国社会文化史的未来一定更加令人期待！

---

① 王笛：《不必担忧"碎片化"》，《近代史研究》2012年第4期。
② 马克思：《德意志意识形态》，《马克思恩格斯选集》第一卷，人民出版社，1995，第67页。

"有血有肉"的社会史研究

——《中国日常生活史读本》述评

张宜强

当代史学研究在对宏大叙事的反思与批判中，不断从具体而微观的视角重新审视和理解人类生活的各个方面，这种重新建构历史的理论自觉，使得史学研究呈现更为丰富多彩的景象，对中国日常生活史的研究正是在这样的背景下不断创新和拓展。日常生活史作为近年来备受学界关注的新研究领域，对拓宽与深化历史研究具有积极作用。尤其在中国社会史的"生活"研究领域，由社会生活向日常生活转变，被认为是推动中国社会史研究走向深入的重要一环。中国社会史学会会长、南开大学著名学者常建华教授主编的《中国日常生活史读本》（北京大学出版社，2017），即是最新的代表性作品。

该书一共收录18篇文章，依据研究主题的同一性分为5个子目，即"生育与生命周期""日常交往""消费与逸乐""性别与生活""城乡与日常生活"。研究的时间段涵盖两汉至清末民初，内容上以明清时期、民国时期两个阶段的日常生活为主。有别于一般的论文总集，该书主题集中，各篇文章被纳入5个相互对话的脉络呈现，配合常建华教授执笔的"导言""延伸阅读书目""编后记"，穿针引线串起各篇主旨，为学界思考如何突破宏大叙事寻找真实的日常生活的研究，如何增进对中国历史文化的理解，提供了精彩丰富的范例。以下先按照本书结构与次序略述各篇文章的内容，然后进行综合评述，最后并以本书为例揭示中国本土日常生活史研究的可能走向。

一 内容简介

（一） 生育与生命周期

第一部分 3 篇文章，以"生命与生育周期"为讨论主题。生育是社会再生产的首要保障，也是日常生活中极为重要的问题。皇家作为天下第一家庭，也是宫廷社会的轴心，能否及时生育更是涉及国家社稷稳定的重大问题，一定程度上可以说皇家日常生活是古代生活的浓缩。首篇文章是冯尔康教授的《皇家的生育和生育观念散论》，该文主要探讨了帝王一后群妃，皇后的选择与生育，祈祷求子的信仰及实践，皇族女性怀孕后的保孕、分娩，皇后、群妃生育皇子的功利目的和血腥斗争，皇家生育，以及生育观与民间的同与异等重要问题，认为强烈的生育男儿观念以及由此而来的生育功能是皇帝家庭的首要功能。生育信仰贯穿君主夫妻日常生活的各个方面，例如，皇帝及其妃嫔为了有利于生育，在夜生活中处处追求生子的吉祥，无论是宫门、居室、日常用品的名称、舆服的装饰、民俗节日活动的内容等，无一不在展示皇室的求子观念。

第二篇论文是郭松义教授的《清代男女生育行为的考察》。与冯氏文章关注皇族不同，该文视角下移，关注下层民众生育行为。生育行为在各阶层、各阶级中的表现不一样，富有者可以通过纳妾等方式延长生育期，实现多子多福的愿望；而大多数的平民百姓则碍于养育子女成本过高，不得不通过溺婴、送子等手段抑制家庭人口的膨胀。婚内生育率存在人群、地区和时间的差异。以地区而言，经济较为发达地区并不是像传统认识那样，较好的生活水平使他们有条件多生多育，实际情况则相反，市民经济的发展使得人们在生活博弈中承担的风险加大，而且大批青壮妇女需要参加生产劳动，极大压缩了生育的时间，而城镇的兴起，对于改变人们生育观念又起着不可忽视的作用。因此，发达地区在人口行动上选择"控制增长，以保富裕"方式，类似堕胎、避孕与绝育等方法的运用便是证明。另外推迟婚龄以及男子外出谋生的增多等因素，均有助于降低社会生育率。

第三篇《南宋人的生命周期》一文，节选自谢和耐教授的名著《蒙元入侵前夜的中国日常生活》。该文揭示商业文明对宋代人日常生活的巨大影响，例如，经济环境的改善极大扭转了重男轻女的观念，同时江南地区商业贸易往来的繁荣打破了儒家"父母在不远游"的观念传统。

（二）日常交往

第二部分 3 篇文章主要关于"日常交往"这一主题。彭卫教授《汉代行为语言考察》通过探讨行为语言认识人际交往。作者认为汉代绝大多数源自先秦时期的行为语言的含义并无显著改变，这从一个侧面说明早期华夏文化在传承过程中所具有的悠久性和稳定性。汉代行为语言的使用与社会阶层和个体性格有关。一般而言，粗鄙的行为语言多出现在社会下层，文雅的行为语言多出现于文人和政府官员中。秦汉时期的行为语言和其他时代的行为语言一样，其使用依赖于特定的生活场景。陶晋生教授《北宋士族的朋友交游与日常生活》主要利用士人间的书信往来、诗词酬和以及馈赠礼物的记录，探讨当时朋友交游的情形，认为饮宴、游园及与友人结伴游山玩水，对士人生活不可或缺。士人的日常生活也是多姿多彩：琴棋书画诗酒花等赏玩，无一不足。日本学者岸本美绪《"老爷"与"相"》一文旨在揭示明清时期地方社会秩序具体形成的方法，以"老爷"一词为核心，考察晚明至清代地方社会中存在的阶层区分问题。不同于以往学人着眼于乡绅的资格以及行动的研究理路，该文是从地方民众的"认知"出发，讨论乡绅的权力如何成立。

（三）消费与逸乐

第三部分 5 篇文章讨论"消费与逸乐"。黄正建教授《韩愈日常生活研究》探讨唐代文人型官员的日常生活。通过个人日常生活史具体个案的研究，能够呈现个人的完整生活，无疑有助于消除对唐代社会生活史比较笼统的认识。该文通过衣食住行具体 4 个方面分析，进而归纳和总结韩愈总体生活水平。王鸿泰教授《美感空间的经营》以明清时期城市园林与文人生活为研究对象。园林之兴建与士人的社交需求密不可分，而园林建成之后也往往成为士人社交活动的重要据点，因此园林在一定程度上具有社会性空间特征。邱仲麟教授《天然冰与明清北京的社会生活》主要探讨明清时期北京天然冰与官员上班、百姓日常生活的关系，揭示冰这一生活物品如何通过政治体制、商业机制与北京的日常生活（例如，办公、出外、居家、饮食等）发生关联，涉及冰与国家、民生的问题。

另有两篇论文则具体关注江南地区。巫仁恕《晚明的旅游活动与消费文化》以江南地区为中心，从商品化与市场化、普及性与娱乐性、消费观念、风尚的形成与身份认同方面，探讨晚明江南旅游活动与消费文化的特点，认为晚明的旅游活动呈现高度的商品化与市场化倾向，旅游风气的兴盛已经从上层蔓延到社会大众。李孝悌《士大夫的逸乐》以清初文坛领袖人物王士禛为个案，探讨一位文人/士大夫在江南生活的全貌，既包括他的宗教信仰、在公务上的努力与挫折、官员/诗人角色的转换，以及与前朝遗民、布衣文人、当朝官员的交游网络，也讨论他日常的诗酒酬酢、宴游活动及对扬州与江南景物的流连，重建一个和现代世界不同的文化风貌和生活形态。

（四）性别与生活

第四部分 3 篇文章讨论"性别与生活"。美国学者白馥兰《日常生活的结构：科技、妇女与文化史》是一篇别开生面的文章，将科技、妇女与文化相融合，以探讨宋以后中国日常生活结构。作者揭示一个有趣的分歧：在民间实际家庭生活中，妇女养育子女、从事手工业生产的角色越来越重要，而正统思想却继续描绘一个理想的世界，试图使女性重新安于以往的边缘地位。台湾地区学者陈玉女《明代妇女信佛的社会禁制与自主空间》一文是探讨明代妇女信佛问题的力作。作者关注佛教在明代社会大众心目中的形象及信众，并通过这样的途径来接触、认识佛教，以及信众对于佛教的依赖与需求等，将此视为促使明代佛教发生内在改变，以适应外在环境需求的重要动力。作者认为，因明太祖使瑜伽教僧尼入俗应付经忏合法化，允许经济自决的游行僧云游四方，以及开放纳银取牒，使僧俗男女混杂获得合理的往来途径，因而僧尼素质愈趋下滑，僧团戒律、社会礼教也愈见废弛。加拿大学者方秀洁《女性之手：中华帝国晚期以及民国初年中国妇女日常生活中作为一门知识的刺绣》则探讨女性之手如何在日常的刺绣活动中与知识、女性主体性和同性社会的建构联系在一起。作者选择刺绣这一广为明清妇女掌握的知识与技能切入，认为在中华帝国晚期，尽管妇女在家庭生活乃至社会以及经济生活中积极参与并作出贡献，但她们的活动和影响范围仍然受限于儒家正统意识形态的霸权。

（五）城乡与日常生活

第五部分 4 篇文章讨论"城乡与日常生活"。前面两篇文章关注乡村日常生活。侯旭东《朝廷、州县与村里：北朝村民的生活世界》是将村民生活纳入权力网络中观察并思考帝国体制的文章。作者认为，日常活动中更为核心的是人们的日常活动，这也是主要的观察对象。北朝村民生活的基本场所是"村里"："村"是朝廷的基层行政编制，代表了朝廷的统治与村外的世界，兼顾两方面，较好地体现了村民生活基本空间的两重性。将"村里"作为分析概念，要比"社会"之类空洞无根的概念更贴近中国历史实际。村民需要时常到附近县城、州或郡，以及都城所附设的"市"中买卖物品、寻医问卜。聚落附近具有灵验力量的祠、庙与山之类的"神圣空间"也是村民时常要光顾的地点。村民生活的时间安排因朝廷颁布的"历法"而形成境内各地大体统一的节奏。日常生活史的研究需要发掘新的文献史料，而徽州文书排日账（工夫账）以其翔实的记录，为此项研究提供了极为丰富的史料来源。王振忠《排日账所见清末徽州农村的日常生活》探讨了"排日账"的由来、内涵，特别是与日常生活史研究的关系等，指出该账簿详细记录了主人的日常生活及相关的账目收支，如生产活动、日常生活如岁时节俗、婚姻、丧俗、演戏、民间信仰、医疗卫生、纠纷诉讼等各方面的记载。

另外两篇文章则关注城市日常生活。澳大利亚学者安东篱《太平天国运动前夕扬州城的日常生活》一文，选择19世纪以后中国人日常生活中的奢侈品这一问题加以探讨。往常学界认为19世纪以后，扬州已经不再繁华，经历了一个明显的衰败过程，该文章则依据周生自传《扬州梦》揭示扬州市民日常生活的丰富多彩，对遥远异国舶来稀有物品的需求也并未降低。李长莉《清末民初城市的"公共休闲"与"公共时间"》探讨近代新时间观形成与城市生活变化。作者认为19世纪中叶开口通商城市形成了日常化、大众化"公共休闲"基础上的"公共时间"。市民的休闲方式开始改变，休闲娱乐行业日渐发达，公共休闲活动日趋增多，开始形成大众化的"公共休闲"以及相应的"公共时间"。娱乐场所借助新式的照明工具，满足人们夜晚休闲娱乐的需要，纷纷做起了夜间生意。市民来到娱乐场所消遣娱乐，放松身心、交际应酬，享受愉悦，由此都市夜生活兴起。西人带来了七日礼拜休息的习惯，开始影响人们的生活。在外商习惯的连带影响下，每逢礼拜休息便成为商业生活的节奏，也成为商、工乃至其他市民的作息节奏。与星期休息制度相关的，还有做事定时与作息区分的习惯和观念的形成。

二　研究特色

近几十年来随着克利福德·格尔茨（Clifford Geertz）、布尔迪厄（Pierre Bourdieu）以及福柯（Michel Foucault）等人系列著作的问世，[1] 新史学运动逐渐兴起，学界开始注意到"一般知识、思想与信仰"，从而出现文化史、思想史、社会史的"文化转向"（culturalturn）。[2] 具体而言，表现在方法论上，原有宏大叙事被微观分析所取代；体现在认识论上倡导将原有形而上的学理分析落实到形而下的日常生活层面。[3] 本书作为一本典型的日常生活史研究作品，至少在研究主题多元、注重问题意识、扩大史料来源三个方面，对正在发展中的中国日常生活史研究具有积极的意义。

首先，主题多元，中心突出。研究内容上涉及汉代至清代的生育、消费、娱乐、交往、宗教信仰、时间观念、社会空间等诸多方面，体现日常生活史研究具体多元的主题，具有很大的开放性。此外，尽管主题多元，但以人为本的中心得到突出。日常社会史研究的魅力就在于它以人为本的学术关怀。以往不是没有对日常生活的研究，然而它们往往是个别的、孤立的、散乱的。最严重的问题是，往往只关注具体的物，忽视了现实的人，忽视了人的主体地位，忘记物在人的日常生活处于附丽的地位。因而没有人的日常生活史研究，仅仅沦为无甚意义的烦琐考据，自然历史画卷的丰富性和多面性也就无法凸显，历史书写也就仅仅是帝王将相的家谱。

其次，史料的扩大与方法的多元。任何一门人文社会科学的研究，都是以一定的文献资料为基础，日常生活史的研究自不例外。然而与已经形成成熟方法论的传统政治史、制度史研究不同，日常生活史研究尚处于未形成范式，而且对资料的广度与深度提出了远远超出传统史学的要求。日常生活史研究正在改变以往研究素材以书面文献资料为主，而书面文献资

① Victoria E. Bonnell, Lynn Hunt, ed., *Beyond the Cultural Turn: New Direction in the Study of Society and Culture*, Oaklond: University of California press, 1999: Preface, p. ix.

② 周兵：《"自下而上"——当代西方新文化史与思想史研究》，《史学月刊》2006 年第 4 期，第 12~17 页。

③ 朱新屋：《20 世纪以来中国善书研究的回顾与展望》，《西华师范大学学报》2014 年第 1 期，第 57~67 页。

料又以正史为主的资料构成体系。① 随着史学视角的转换以及关注主体的转
变，史料与之发生转变。由以往的"二十四史"转入各种民间史料。本书
论文在资料方面也取得了突破，具体而言表现在如下类型。其一，碑刻，
如侯旭东对碑刻铭记的解读；其二，账簿，如王振忠从账簿抄本中获得了
徽州茶人家庭茶叶种植与销售的细节；其三，图像的运用，例如，王鸿泰
对画舫图所蕴含晚明江南旅游活动信息的挖掘，方秀洁对妇女绣像图的分
析；其四，诗歌，如黄正建对"以诗证史"方法的实践；其五，私人日记，
如李长莉从《恽毓鼎澄斋日记》中发现历来被认为顽固保守派的清末遗老
遗少也逐渐采用西方简便易行的方法记录每天的经历。年鉴学派第一代著
名学者吕西安·费弗尔（Lucien Febvre）指出，新史学发展的必由之路在
于，"必须从文字档案和文字档案造成的限制中解放出来。必须利用人类的
一切创造物——语言、符号、农村的证据以及其他可利用的材料"。② 从材
料的运用来看，本书将书面文献与田野资料做了综合运用，并试图回到历
史发生的现场，这无疑是对以考据为核心的传统史学的一大突破。

再次，注重问题意识和理论探讨。本书所辑录论文不论是个案研究还
是综合探讨，都不局限于所论事项本身，力图从具体探究中，寻求与地域
社会、宏大叙事的联系。例如，邱仲麟以明清时期日常生活中习见的天然
冰揭示普通的冰块如何透过政治权力网络、商业机制与北京广大民众的生
活发生关联。这种以小见大的研究理路使得国家、民生等宏大命题不再流
于抽象的概念，而是真实可感，由此可见日常生活史对于书写政治史、制
度史具有独特的贡献。具体而言，日常生活史的研究细致展示人类社会的
演变，反映时代的变迁，具体而微的描绘使得宏观的大历史丰满起来，成
为有血有肉的完整历史。

在理论上也对以往影响甚大的定论提出有价值的思考，体现学者追寻
历史内在脉络的学术自觉。例如，安冬篱在文章中通过日常生活史的研究，
认为中国历史是由一系列连续的变动甚至断裂构成，这对西方学界的主流
观念即黑格尔对中国历史连续性和稳定性的前提假设提出了挑战。

此外，谢和耐对南宋都城日常生活的研究表明，宋代社会的特征不仅

---

① 许哲娜：《"三生有幸"：中国史上的日常生活与地方社会学术研讨会综述》，《城市史研
究》2014 年第 2 期，第 230~238 页。
② 〔美〕杰弗里·巴勒克拉夫：《当代史学主要趋势》，杨豫译，北京大学出版社，2006，第
44 页。

相对唐代有了深刻的变化，而且在整个 13 世纪所谓"唐宋变革"时代中也保持了一定的稳定性。李孝悌对宏大历史进程与具体个人的关系也提出了思考，认为在习惯了从思想史、学术史或政治史角度来探寻有重要影响的历史任务后，我们似乎忽略了这些人生活中的细枝末节，以及在形塑士大夫文化中所扮演的重要角色。其结果是我们看到的常常是一个严肃森然或冰冷乏味的上层文化。缺少了城市、园林、山水，缺少了狂乱的宗教想象和诗酒流连，我们对明清士大夫文化的建构，必然丧失原有的血脉精髓和声音色彩。因此，如果说制度史、政治史是骨架，那么日常生活史则是血肉，二者融合才能复原真实历史的灵魂。在此意义上，日常生活史就不是无足轻重的饾饤之学，而是传统史学的重要补充与深化，除了提供许多新鲜有趣的视野外，也使得今人对传统文化形成更加丰富、多元的了解。

最后，贯通的视野。日常生活与时代变革或者与政治史、经济史不是互相隔离的，而是建立起日常生活与历史变动（例如，生活方式的变革）的关系，才能打通日常生活史与政治史之间的关隘。李长莉指出，近代通商开埠以来生活、生产方式的变革与日常生活息息相关。正是西方商业文明及西方科技文明的冲击，使得中国市民公共休闲以及公共时间逐渐介入生活。西方人七天礼拜的休息习惯使得近代人逐渐改变以往散漫的时间观。正是这种贯通的视野使得尽管日常生活史存在所谓"碎片化"的倾向，但以小见大，通过个案反映整体，深入人的生活与观念思想，使得小历史与大历史成为有机联合体。此外，还对研究对象进行综合性把握。由于日常生活是一种综合性的日常活动，单一研究某种具体行为活动无法反映人全面而完整的复杂实际生活，因此对日常生活史的研究必须要在单向度研究的基础上进行综合性研究。当然需要指出的是，这种综合性研究不是单向度研究的机械堆砌与简单相加，而是互相融合、互相渗透的有机综合。①

三　余论

无论从切入视角还是研究方法，毋庸置疑，本书都是一部极具创新意义的佳作。本书的研究成果有力回应了部分学者对日常生活史研究"碎片化"倾向的批评，证明了日常生活史不仅能够解释以往史学认为地方气息

---

① 黄正建：《关于唐代日常生活史研究现状的思考》，《中国社会科学报》2004 年 9 月 14 日，第 3 版。

浓厚的微观世界，也能与以经国济民、帝王将相为核心的宏观政治世界联系在一起。在仔细拜读本书之后，笔者对中国日常生活史研究亦有三点体会，在此不揣浅陋，愿与读者分享。

其一，日常生活史研究"以人为本"中"人"的含义具有丰富性。它不仅仅指下层以农、工、商为主体的普通百姓，也包括帝王将相、士大夫阶层。自1902年梁启超发表《新史学》开始，"眼光向下"一直成为最强呼声，在史学研究中也逐渐成为主流话语。事实上，征诸古代历史，不难发现以王侯将相、士大夫阶层为核心的精英群体扮演了极为重要的角色，例如，上层文化（大传统）对下层文化（小传统）起到了引领作用。从这一点来看，在持续一百多年"眼光向下"的史学实践后，日常生活史研究有必要"眼光向上"。当然需要指出的是，笔者并无意以后者取代前者，而是指应将二者置于一个比较合理、平衡的分析框架中来灵活运用，否则就是摆脱了一个极端又不自觉走进了另一个极端。

其二，日常生活史研究是对传统史学的批判与超越，也是继承与发展。日常生活史研究离不开传统制度史研究已有成果的滋养，如此方能后来居上。传统制度史较为注重宏大历史进程、重大事件，日常生活史则更为关心日常个体的活动，二者当然存在差异，但二者的联系也值得重视，因为任何一个行为主体的实践活动与日常生活，都发生在宏大的历史背景之下，生活于具体的政治环境之中。以清代康雍乾时期为例，王汎森指出，这一时期包括中小阶层在内私人生活领域的政治化特征，具体而言，清代"文字狱"所导致的政治压力对各方面产生一种无所不到的毛细血管作用，其在文化领域、精神领域自我禁抑的部分，甚至超过公开禁抑的部分。国家强大的监控力量犹如"万形而无形"的"风"，形成一种无所不在的心理压力。[①] 很显然，日常生活史中关注的历史活动主体及其历史实践，均发生在宏大的政治背景之下，属于无法摆脱的背影，就此而言，脱离了政治史的日常生活史研究不过是在营造空中楼阁。

其三，日常生活史研究是一个开放的研究领域。其研究的对象包罗万象，研究素材浩如烟海，其内涵与范畴以及方法论也处于动态变化之中，因其开放，才有无限的可能。本书所辑录的文章和涉及的话题既是富有开拓意义的尝试，也是未来继续努力的方向和值得借鉴的范式。作为一门新

---

① 详见王汎森《权力的毛细管作用：清代的学术、思想与心态》，北京大学出版社，2015，第345～442页。

兴学术研究领域，处于稳步成长的中国日常生活史拥有可以预期的远大前程，对于学人而言，"一种新的学风形成的基础不在于简洁明确的宣示，也不在动人心弦的博辨，而在于具备历史宏观而又经得起细部推敲的著作……坐而言，不如起而行，以新著作说明新学风，作品一旦累积到相当程度，在不久的将来，什么是新社会史自然迎刃而解"。① 对中国日常生活史研究，也应当作如是观。

---

① 详见杜正胜《什么是新社会史》，《新史学》1992 年第 4 期，第 99~106 页。

医学与社会文化之间

——百年来清代医疗史研究述评

余新忠　陈思言

中国医史①是一门古老的学问，较早也比较成熟的医史文献，应该可以追溯到《史记·扁鹊仓公列传》，此后的正史也往往都载有医者的传记。至唐代甘伯宗著《名医录》，始有专门的医史著作，而后相关的著作代不绝书，直到清代②。传统时期的医史著作，大抵以医学人物传记的形式出现，与近代的医史研究，有着较大的差别。1919 年，陈邦贤将此前几年发表在杂志的文章集结增补，出版了中国第一部近代意义上医史著作《中国医学史》，开启了中国现代医学史研究。依此而言，近代意义上包括清代医史在内的中国医史研究至今已近百年。当时及此后相当长一段时间内的医史研究，作为医学研究特别是中医学研究的一部分，不仅为呈现中国古代的医学技术和成就贡献良多，而且实际上也对建构中国现代中医产生了重要的影响。这一研究基本上以"内史"的面貌出现，几乎未成为历史学者关注的对象。直到 20 世纪 80 年代，医疗史才逐渐在史学界出现，所谓的"外史"研究日渐兴起。本文将对中国百年来，特别是 20 世纪 80 年代以来的医史研究做一概览性的梳理，力图在国际医史研究的脉络中对这一研究的历

---

① 在当下的中文语境中，有关医学及其相关问题的历史的研究，往往有"医学史""医疗史""医史"等不同的称谓，这些称谓虽然内涵大体类同，而且也存在混用的情形，但在不同文本中，往往随着语境和作者使用目的的不同而拥有某些特定的内涵和旨趣。本文中，这三个名词往往交替使用，意涵也稍有不同。大体而言，立足内史的研究一般称为"医学史"；史学等人文社会科学的研究，则名之为"医疗史"；而使用"医史"时，基本是泛指，往往将两者都包含在内。

② 关于中国传统时期的医史撰述，可参阅祝平一《宋明之际的医史与"儒医"》，《中央研究院历史语言研究所集刊》第 77 本第 3 分；范行准《名医传的探索及其流变》，王咪咪编纂《范行准医学论文集》，学苑出版社，2011，第 430～447 页。

程、特征以及意义与趋向做一探讨。

一 百年来中国医史研究的国际学术背景

20 世纪是中国现代学术研究逐步奠基并不断取得发展的重要历史时期，回首百年来的包括清代医疗史在内的中国医史研究，不难看到，虽然其不无自身演变逻辑和特征，但在中国学术不断靠拢和融入国际学术的大背景下，医史研究整体上显然也脱不开以欧美医史研究为代表的国际医史研究的影响，故此，本文将首先对 20 世纪以来的国际医史状况做一简要的梳理。

20 世纪初，是医学史专业化、制度化的重要时期。此时，在德国医史学家卡尔·祖德霍夫（Karl Sudhoff）等人的努力下，医学史逐步成为医学院校课程的组成部分，祖德霍夫还创办了医学史领域内的一份重要刊物《祖德霍夫档案》（*Sudhoffs Archiv*）。此外，国际医学史学会亦在 1920～1921 年产生①。1925 年，西格里斯特（Henry Ernest Sigerist）接替祖德霍夫担任莱比锡医疗史研究所主任，在继承前辈将医学史作为独立学科发展的同时，他还转向了一种更具文化特色的研究路径，即引导研究所的许多学术研究和教学活动避开传统主题，转向与医学相关的哲学、伦理、社会和经济问题。1932 年，西格里斯特离开德国，接任美国约翰斯·霍普金斯大学医史研究所主任一职，此时他更为明确地提倡医学史应该转向介入社会与政治的历史研究模式②。20 世纪 40 年代，西格里斯特进一步呼吁医学史要开拓新的研究视野，应该将医学置于广阔的社会情境中。他提出："每一项医学活动都有两方面的参与者，医师与病患，或者是广义上的医学群体和社会。医学无非就是这两个群体之间的复杂关联。……这样，医学史就成了社会史。"③他还特别强调，"医学并非科学的分支，也永远不会是。如果医

① 参见〔美〕约翰·伯纳姆《什么是医学史》，颜宜葳译，北京大学出版社，2010，第 3～5 页。
② Fee, Elizabeth, and Theodore M. Brown, "Using Medical History to Shape a Profession: The Ideals of William Osler and Henry E. Sigerist," In Frank Huisman and John Harley Warner eds., *Locating Medicine History: The Stories and Their Meanings*, Baltimore and London: The Johns Hopkings University Press, 2006, pp. 139-164.
③ 朱迪斯·W. 莱维特：《情境中的医学——医学史研究述评》，余新忠、杜丽红主编《医疗、社会与文化读本》，北京大学出版社，2013，第 25～40 页。原文见 Leavitt, W. Judith. "Medicine in Context: A Review Essay of the History of Medicine," *The American Historical Review* 95, no. 5 (1990): 1471-1484.

学是一门科学，那它也只能是社会科学"①。

之后，查尔斯·罗森博格（Charles E. Rosenberg）等人拓展了西格里斯特倡导的社会史研究，但是直到 20 世纪 60 年代这种研究取向还未能成为医学史研究的主流，医学史学者受到的训练仍集中在医学领域。这种情况在 20 世纪 70 年代晚期开始有很大改观，此时新一代的社会史学者以及医学人类学者开始大量介入医学史研究，医学史研究方向由技术、人物和文献等日益向社会文化延伸。随着关注非临床实践问题的年轻历史学者越来越多，传统医学史学者感到不安，指责这种研究为"没有医学的医学史"，但这一趋势并没有因此停滞。20 世纪 80 年代，随着年轻的社会史和人类学研究者的成长，他们逐渐占据了核心的科研岗位，老一代医学史家的退休也使得二者间的论争力度逐渐减弱，在医学史领域内历史学和医学的学科壁垒开始消解。与此同时，随着学术界语言转向和文化转向出现，新文化史、微观史、全球史等新兴研究亦对医学史产生了很大影响，受到后现代主义和后结构主义运动影响的学者，愈加关注有关身体与健康的文化论述和多重身份的理论思考，性别、阶级、种族被纳入医学史研究的范畴中，身体、疾病与医疗的社会文化属性，全球视野下的医学和药物知识的演变与建构，以及对现代医疗模式及体制的检讨、反省日渐成为新的研究热点②。

由此可见，20 世纪以来的国际医史研究大体可分三个阶段：初期的传统科技史研究，中期的社会史研究和 20 世纪 80 年代以来的社会文化史研究。中国医史研究虽然与此并不同步，但大体未脱离这种趋势，而具体到清代医学史的研究历程上又有自身的独特性。

二　斗转星移：百年来清代医史研究概览

现代中国医史的研究，出现于 20 世纪 10 年代，大体是伴随中国现代学术的兴起而出现的。1914 年，中国医史的开创者之一陈邦贤发文宣告创办

---

① Fee, Elizabeth, and Theodore M. Brown, "Using Medical History to Shape a Profession: The Ideals of William Osler and Henry E. Sigerist," In Frank Huisman and John Harley Warner eds., *Locating Medicine History: The Stories and Their Meanings*, Baltimore and London: The Johns Hopkings University Press, 2006, pp. 139 – 164.

② Reverby, M. Susan, and David Rosner, "'Beyond the Great Doctors' Revisited: A Generation of the 'New' School History of Medicine," In Frank Huisman and John Harley Warner eds., *Locating Medicine History: The Stories and Their Meanings*, pp. 167 – 193.

"医史研究会",并在创办"小启"中宣称:

> 东西洋医学昌明之国,莫不有医学史、疾病史、医学经验史、实用史、批判史等以纪其历朝医事之沿革及其进化之理由。吾国昔时亦有李濂《医史》、甘伯宗《名医传》发皇往哲之奥窍,然其体裁,咸秉传记,谓为美备,窃恐未能。盖吾国医学,上稽太古,下迄近世,其间虽多支派,而脉络隐然相通。传记体惟纪个人事略,不能纪历朝医事之沿革及其进化理由也。掌籍有阙,贻笑万邦,拥护国体,是在我辈。邦贤寝馈医典,历有年所,拟辑《中国医学史》。①

其中有两点信息值得注意:一是医学史的书写是医学昌明与否的一个重要指标;二是之所以要努力撰写医史,乃为了在这方面不落人后,以致"贻笑万邦"。正因如此,作为医生的作者要发动医界同人组织医史研究会,撰著医史。以此为起点,数年后,他完成了中国第一部医学通史著作,中国现代医史研究就此展开。当时以及之后很长一段时间内,研究者大抵是具有医学背景的医界人士。他们探究医学史,显然更多的是着眼于医学,特别是中医的演进和发展,在近代以来学界有关中医科学化或现代化的努力中,医学史的梳理与探究,对现代中医理论的建构来说,无疑是不可或缺的。

清代医学史的研究作为中国医史研究重要组成部分,很大一部分乃以医学史通论性研究的一部分的形式呈现,研究议题主要集中在清代著名医家、医籍、中西医汇通等方面。陈邦贤的《中国医学史》则是其中的代表,其对清代医学有简明扼要的论述。他在书中设"近世医学"一篇,概括了清代诸名医张璐、喻昌、吴谦等人的成就;注意到叶天士、薛雪在温病学上的贡献,并把吴瑭、王孟英、周扬俊、吴子音、章虚谷等人都归入了温病学一派;论述了徐灵胎、王清任在古书考订上的功绩;还设专章论述明清时期西洋医学、日本医学的传入;明清的医事制度,包括清代的太医院、御药房建制,刑律中关于医药的条文,医学教育及考试,清末东北鼠疫的

---

① 陈邦贤:《医史研究会小启》,《神州医药学报》1914年第9期。该文亦发表于由丁福保创办的《中西医学报》(1914)上,其中有关医史的认识明显有当年出版的丁福保编译的《西洋医学史》之"序言"之影子,而丁福保的认识则又可能与富士川游的相关论述有关。对此陈昊曾在其博士论文中有论述,可参阅氏著《读写之间的身体经验与身份认同:唐代至北宋医学文化书述论》,博士学位论文,北京大学,2011,第3~4页。

防疫工作；梳理了明清时期各种现代病名的传统命名；还按照"医经、本草、藏象、诊法、明堂经脉、方论、史传、运气、西洋医学译本、日本医学译本"把明清时期的主要医籍进行归类①。现代医学史研究的开创时期很难做到对具体问题深入细致的讨论，但是其涉及清代医学诸多方面，并在一些问题上颇具见地，至今仍有参考价值。

之后虽然有一些专论清代医家、医派的单篇论文，但是影响力较为有限②。比较重要的是出版于 1932 年，王吉民、伍连德合著的《中国医史》（*History of Chinese Medicine*），其涉及清代的部分主要为"The Mediaeval of Controversial Period（961 – 1800A. D. ）"和"The Modern or Transitional Period（1801 – 1936A. D. ）"两章。作者认为中医发展从明代开始衰落，到清代达到最低点。衰落的原因主要有两点：一是医学教育机构比唐宋时期大为减少，明清时期的太医院只是为培养御医而设的，普通的医学从业者没有正规的学习机构，从业门槛不高导致医者素质下降；二是医者群体内部出现分裂，一部分医家遵从古典医学，另一部分服膺近世医学。此外，该书介绍了清代名医喻昌、张璐、汪昂、张志聪、叶天士、薛雪、徐大椿、黄元御、陈修园等人的生平和成就，详细列举了他们的论著；概述了清末中西医论争的情况；重点介绍了清代编撰的与医学相关的类书《古今图书集成·医部全录》《四库全书·医家类》《医宗金鉴》，并列举了清代其他重要的医籍③。这种明清医学衰落的观点直接或间接地影响了之后的医史学者。

20 世纪 30 年代到 20 世纪 50 年代是医学史研究渐成体系的时期，中华医史学会的成立和《医史杂志》的创办是此时的重要事件。博医会和中华医学会是近代中国两个最为重要的医学共同体；1932 年，两个学会正式合并，更名为中华医学会，总部位于上海。此后不久，成立了诸多分支学科的分会，医史学会亦是其中之一④。1935 年中华医学会医史委员会成立，1936 年改组医史学会为中华医史学会。在 1937 年 4 月制定的该学会工作大纲中计划发行《医史杂志》，但由于抗日战争爆发而搁浅。至 1946 年冬，经中华医史学会年会决议，发行《医史杂志》，作为该学会的机关刊物，以"登载

---

① 陈邦贤：《中国医学史》，上海书店，1984（影印商务印书馆，1937），第 173 ~ 256 页。

② 如杨焕文《论清代之医派》，《医学杂志》1927 年第 38 期；严魏《清叶薛二名医交恶之由》，《光华医药杂志》第 3 卷第 8 期，1936。

③ 王吉民、伍连德：《中国医史》，上海辞书出版社，2009，第 132 ~ 177 页。

④ 参见陶飞亚、王皓《近代医学共同体的嬗变：从博医会到中华医学会》，《历史研究》2014 年第 5 期。

研究中外医学历史的译著为主旨"。《医史杂志》在 1947 年 3 月出版面世，为季刊，16 开本，中英文合刊，每期页码不固定，由中华医史学会出版，在上海发行。之后因为种种原因多次停刊又复刊，直到 1980 年 7 月经卫生部和国家科学技术委员会批准，《中华医史杂志》再次复刊，并稳定发展至今①。所以，20 世纪四五十年代有关医学史的专题论文大多发表在《医史杂志》（或《中华医史杂志》《医学史与保健组织》）上，但专门论述清代医学史的论文却不多，且主要集中在王清任、陈修园、徐大椿等几位名医身上，如宋向元《王清任先生事迹琐探》②，丁鉴塘《清代王清任对于解剖学的贡献》③，陈国清《清代名医陈修园》④《清代江苏名医徐灵胎先生像传》⑤。值得注意的是，范行准的《中国预防医学思想史》分成 6 篇，以连载的形式发表在 1951～1953 年的《医史杂志》上，并于 1953 年结集出版⑥。他重点考察了明清时期对天花的预防措施，指出中国发明人痘约是在明代中后期，而非传说中的 11 世纪，同时对牛痘传入中国的过程做了细致的论述。

　　20 世纪六七十年代医学史的研究较为薄弱。进入 20 世纪 80 年代，医学史研究逐渐丰富起来，关于清代医学史的研究，不再局限于对著名医家生平及其成就的探讨⑦。朱先华《清末的京城官医院》探讨了始建于光绪年间的北京最早的近代公立医院京城官医院的职能、运作、意义等⑧。陈可冀《清宫档案与北京同仁堂的历史》利用清宫档案中同仁堂与大内御药房交往的公文，梳理了同仁堂为清廷服务的大致情况⑨。刘时觉《明清时期徽州商业的繁荣和新安医学的崛起》探讨了明清时期徽商的兴盛、文化教育事业

①　参见陆肇基《〈中华医史杂志〉50 年历程》，《中华医史杂志》1996 年第 4 期。
②　宋向元：《王清任先生事迹琐探》，《医史杂志》1951 年第 2 期。
③　丁鉴塘：《清代王清任对于解剖学的贡献》，《中华医史杂志》1955 年第 1～4 期。
④　陈国清：《清代名医陈修园》，《医学史与保健组织》1957 年第 1～4 期。
⑤　《清代江苏名医徐灵胎先生像传》，《医学史与保健组织》1958 年第 1～4 期。
⑥　范行准：《中国预防医学思想史》，《医史杂志》1951 年第 2 期；范行准：《中国预防医学思想（二）》，《医史杂志》1951 年第 3 期；范行准：《中国预防医学思想（三）》，《医史杂志》1951 年第 4 期；范行准：《中国预防医学思想史（四）》，《医史杂志》1952 年第 3 期；范行准：《中国预防医学思想史（五）》，《医史杂志》1952 年 4 期；范行准：《中国和预防医学思想史（六）》，《中华医史杂志》1953 年第 1 期；范行准：《中国预防医学思想史》，华东医务生活社，1953。
⑦　仍有一些，可参见陈天祥《清代名医赵晴初及其医学成就》，《中华医史杂志》1983 年第 1～4 期；王立：《名医喻嘉言传略及其生平著作考》，《中华医史杂志》1982 年第 1～2 期。
⑧　朱先华：《清末的京城官医院》，《中华医史杂志》1985 年第 1～4 期。
⑨　陈可冀：《清宫档案与北京同仁堂的历史》，《中华医史杂志》1986 年第 1～4 期。

的发展以及印刷业的发达对新安医学兴起的促进作用①。该文的论述虽较为简单，但是作者已经注意利用明清笔记小说、文集等材料，而不是单独使用医书。

此时医学通史著作相继出版，如范行准《中国医学史略》（1986）、李经纬、程之范主编的《中国医学百科全书·医学史》（1987）、李经纬等《中国古代医学史略》（1989），等等，都包括对清代医学史的论述。其中值得注意的是范行准《中国医学史略》，仍然认为明清时期是医学的孱守时期，不过是金元医学的引申和继续，很少独立见解。虽然此时在本草学、解剖学、预防医学、治疗学等方面都有所发展，但对整个医学思想来说，都没有起主导作用。但该书在书写方面颇具特色，打破了以陈邦贤等人为代表的按照医家、医籍、医学机构论述一朝一代的医学史，而是有侧重地阐述历代医学最为突出的成就，如书中清晰阐述了明清医学的流派，梳理了本草学和免疫学（主要是种痘技术）在此时的发展，认为清代医家最突出的成就集中在温病学上，故进一步详细梳理了温病学的源流和清代诸医家在这方面的成就②。范行准清晰的问题意识使得该书不再流于泛泛介绍历代医学的成就，其认识到社会文化对医学的影响，注意利用各类史料。

总体而言，20 世纪初到七八十年代，医学史的研究几乎全由受过专业医学训练的人士担纲。他们对于清代医学史的研究关注点较多地局限在名医、医籍、技术与病理层面，除范行准等少数人外，资料利用上也基本限于历代医籍，且早期清代医学史的研究基本是简单的史实梳理，缺少明确的问题意识，直到 20 世纪 80 年代才有所改善。医家的这种研究理路对我们认识清代医学发展过程助益良多，但是在国家和社会对疫病的应对，疫病对社会及民众心态和信仰的影响，医者和病人的关系，医者群体的身份认同等方面，可供借鉴的内容还非常有限。20 世纪 80 年代以后，在医史学界的研究仍在继续和深入的同时，中外一批历史研究者加入此领域，使这一领域的研究出现前所未有的新气象。

应该指出，疾病医疗研究在中国历史学界的兴起并非建立在对中国医学史研究的不满或反省的基础上。文章开头简要回顾了国际医学史在 20 世纪 70 年代开始明显转向医疗社会史研究，这种转向在一定程度上影响了中

---

① 刘时觉：《明清时期徽州商业的繁荣和新安医学的崛起》，《中华医史杂志》1987 年第 1 ～ 4 期。

② 范行准：《中国医学史略》，中医古籍出版社，1986，第 196 ～ 257 页。

国医学史的研究，但中国国内对医疗社会史的关注更重要的因素就在于20世纪80年代以来史学界不断反思并进行新的探索。20世纪80年代以来，大陆和台湾史学界不约而同地开始对史学研究中各自存在的"教条公式主义的困境"或"社会科学方法的贫乏"展开了反思，大家似乎都对以往研究过于侧重政治、经济、阶级斗争、外交和军事等做法表示强烈不满，提出了"还历史以血肉"，或"由'骨骼'进而增益'血肉'"这样带有普遍性的诉求①。在这一思潮的影响下，社会群体、社会生活、社会救济、社会环境等一些过去不被注意的课题开始纷纷进入历史研究者的视野，极大拓展了历史研究的界域，作为社会生活重要组成部分的医疗活动也由此受到历史学者的关注。

三　从社会到生命：史学界清代医疗史研究的演进

如前所述，中国史学界的清代医疗史研究大抵始于20世纪80年代，其出现是与中国社会史的兴起相伴而行的。此时在欧美学界，新文化史等受后现代史学影响的研究正日渐盛行。新文化史、微观史、日常生活史、物质文化史和全球史等新兴的史学思潮随后不断被引入华文学界并影响日盛。故中国史学界在此后的二三十年中，呈现传统史学、社会史、以新文化史为代表的新兴史学等诸种史学流派和思潮并存、混杂的局面。中国医疗史作为一个新兴的研究领域，虽然与各种史学思潮、理念和方法都不无交集，不过整体而言，其基本上是诸种新史学的试验场。无论在台湾还是大陆，初期的医疗史研究往往社会史的色彩较浓，稍后，则越来越多地出现了具有新文化史等新兴史学取向的研究，大体展现了从社会史到文化史，从社会到生命的演进轨迹。

1987年，台湾学者梁其姿首先推出两篇明清医疗社会史方面的论文：《明清预防天花措施之演变》和《明清医疗组织：长江下游地区国家和民间的医疗机构》②。梁教授长期从事明清慈善、救济事业这些与医药救疗密切

---

① 参见杜正胜《什么是新社会史》，（台北）《新史学》1992年第4期；常建华《中国社会史研究十年》，《历史研究》1997年第1期。

② 分见陶希圣九秩荣庆祝寿论文集编辑委员会编《国史释论——陶希圣九秩荣庆祝寿论文集》，台北，食货出版社，1987，第239～253页；"Organized Medicine in Ming - Qing China: State and Private Medical Institutions in the Lower Yangzi Region," *Late Imperial China* 8, No. 1 (1987): 134 - 166。

相关课题的研究，同时又是留法博士，深谙法国年鉴学派的学术理路与当时西方史学的趋向，可能正是因为这两方面因素的结合，使她成了中国史学界涉足医疗社会史研究的先行者。稍后，杜正胜通过对以往史学研究的反省，提出"新社会史"这一概念，并研拟了一个表现新社会史研究对象和内涵的纲目，共 12 大项，其中"生命维护"（初作"体认"）一项"基本上仰赖医疗史的研究才能充实它的内容"①。而这一理念的践行则是在"疾病、医疗与文化"研讨小组成立之后。

1992 年以来，台湾中研院历史语言研究所一批历史学出身的学者投入医疗史研究，组成"疾病、医疗与文化"研讨小组，每年度大约举办 10 次讨论，主要围绕 5 个课题展开，杜正胜概括为：对身体的认识及其文化意义、医家归类（与巫、道、儒的关系）、男女夫妇与幼幼老老的家族史、医疗文化交流问题、疾病医疗所见的大众心态②。这些学者几乎全无医学背景，旨在"从医疗透视文化"，所以杜正胜把他们的医疗史研究称为"另类医疗史"③。目的是想借医疗史研究来认识社会面貌，把握文化特质，重点是一般的历史研究，不限于专业医学史的范围。另类医疗史涉及物质与精神的多种层次，没有一定的成法，唯随课题之发掘、资料之诠释，不断揭开文化的面貌，也深掘社会深层的心态。其与传统医学史的架构或课题有比较明显的差异，没有直接涉及关于医药经典与理论、医事制度与教育、医家典范与派别，以及诸病源候的证析等问题④。

杜正胜在《另类医疗史研究 20 年——史家与医家对话的台湾经验》后附有"疾病、医疗与文化"讨论会历年活动的时间、主讲人、演讲主题、参与者。从 1992 年到 1997 年，一共举行了 49 次活动，涉及清代医疗史的演讲只有 7 次，分别是：1993 年 5 月 Cameron Campbell（康文林）《清末北京死亡原因研究》，1994 年 2 月邱仲麟《不孝之孝："割骨疗亲"现象的社会史分析》，1994 年 7 月蒋竹山《从明清笔记小说看有关麻风病的民间疗

---

① 杜正胜：《什么是新社会史》，（台北）《新史学》1992 年第 4 期；杜正胜：《作为社会史的医疗史——并介绍"疾病、医疗和文化"研讨小组的成果》，（台北）《新史学》1995 年第 1 期。

② 杜正胜：《作为社会史的医疗史——并介绍"疾病、医疗和文化"研讨小组的成果》，（台北）《新史学》1995 年第 1 期。

③ 杜正胜：《另类医疗史研究 20 年——史家与医家对话的台湾经验》，生命医疗史研究室主编《中国史新论——医疗史分册》，台北，联经出版事业股份有限公司，2015，第 7～60 页。

④ 杜正胜：《医疗、社会与文化：另类医疗史的思考》，（台北）《新史学》第 8 卷第 4 期，1997。

法："过癫"》，1996 年 6 月雷祥麟 "When Chinese Medicine Encountered the State：1900 – 1949"，1996 年 11 月张嘉凤的 "Variolation and Vaccination（人痘与牛痘）"，1997 年 3 月 22 日祝平一《西学、医学与儒学：一位 17 世纪天主教医者的观点》，1997 年 7 月 Bridie J. Andrews（吴章）"Tuberculosis and the Assimilation of Germ Theory in China，1895 – 1937"。其中康文林、吴章两位为欧美学者，所以这 6 年中由台湾学者担纲的关于清代医疗史研究的演讲只有 5 次，而这 5 位演讲者都是年轻学人，可能是此时历史语言研究所中从事医疗史研究的核心力量；因如杜正胜、李贞德、李建民、林富士等主要从事 11 世纪以前的研究，所以明清医疗史的研究成果并不算丰富。此外，值得注意的是梁其姿、熊秉真两位学者在此期间虽然只是以参与者的身份参加了小组活动，没有进行演讲，但是她们对明清医疗史的研究颇具深度和新意。梁其姿《施善与教化：明清的慈善组织》追溯了明清慈善组织的渊源，描述了组织形态、主要活动，并探索了这一历史现象与明清社会经济及思想发展的关系。此外，她还关注前近代中国的疾病史和女性医疗从业者①。熊秉真从小儿科医学出发书写近世的儿童史②。

　　随着此研讨小组的日益壮大，1997 年，"疾病、医疗与文化" 讨论小组蜕变为 "生命医疗史" 研究室。同年 6 月底，由历史语言研究所主办了第一次关于医疗史的国际学术研讨会，主题是 "医疗与中国社会"，根据杜正胜的解释，这里的 "社会" 是新社会史的 "社会"，涵盖物质、社会和精神三层次而构成的有机整体的人群，也可以统称作 "文化"③。之后 "生命医疗史" 研究室又举办了一系列关于医疗史的研讨会：1998 年 5 月 "华洋杂处：中国 19 世纪医学"，1998 年 6 月 "洁净" 的历史研讨会，1999 年 1 月 "养生、医疗与宗教" 研讨会，1999 年 6 月 "健与美" 的历史研讨会，2000

---

① 梁其姿：《施善与教化：明清的慈善组织》，台北，联经出版事业股份有限公司，1997；Leung，Ki Che Angela，"The History of Disease in Pre – modern China," In Kenneth F. Kiple，ed.，*The Cambridge History and Geography of Human Disease*，Cambridge University Press，1993，pp. 354 – 362；Leung，Ki Che Angela，"Women Practicing Medicine in Pre – modern China," In Harriet T. Zurndorfer，ed.，*Chinese Women in the Imperial Past：New Perspectives*，Leiden，Boston：Brill，1999，pp. 101 – 134。

② 参见熊秉真《幼幼：传统中国的襁褓之道》，台北，联经出版事业股份有限公司，1995；熊秉真《安恙：近世中国儿童的疾病与健康》，台北，联经出版事业股份有限公司，1999。

③ 杜正胜：《另类医疗史研究 20 年——史家与医家对话的台湾经验》，生命医疗史研究室主编《中国史新论——医疗史分册》，台北，联经出版事业股份有限公司，2015，第 7 ~ 60 页。

年 6 月"疾病"的历史研讨会。但是综观这些会议的论文列表，以清代为主要研究断代的论文仍然不多，但是议题上有所突破，且有新的年轻学者加入①。

2000 年以后，一些年轻学人从欧美拿到博士学位归台执教，加上原本从事医疗史研究的年轻学者不断成长，台湾的医疗史研究进入另一境界。欧美归台的学者大多以医疗史为专业，充分吸收了 20 世纪 90 年代以来欧美医史研究的新观念和新方法，极大地拓展了医疗史研究的广度与深度②。这些学者中，一些人具有医学背景或相近知识素养，所以研究议题也不再局限于社会文化，而是涉及医学知识等"内史"议题。且不同于杜正胜、林富士等前辈历史语言研究所学者从事 11 世纪以前的研究，这些年轻学人多关注前近代的医疗史研究，清代医史研究成果日益丰富，如祝平一探讨了明清时期的医药市场、医药知识和医病关系；张哲嘉对清代宫廷医病关系的研究；王秀云从性别史、身体史的角度探讨了清末民初的传教士医学；李尚仁对传教医疗以及身体感的关注；刘士永、范燕秋关注日据时期台湾的医学史，注重对殖民现代性的反思；等等。

与台湾医疗社会史研究不同，从 20 世纪八九十年代起，大陆史学界对医疗史的关注基本是个别而缺乏理论自觉的。当然，这不是说大陆史学研究者关注疾病医疗完全出于偶然，实际上，这仍然是以上所说的史学界反省的结果。因为随着历史研究对象的扩展，研究者一旦涉足社会救济、民众生活、历史人口、地理环境等课题，疾病和医疗问题便不期而至了，同时在针对以上论题开展的文献搜集中，不可避免地会遭遇疾疫之类的资料，这些必然会促发部分学者开始关注这一课题③。比如，笔者从事这一研究虽受台湾相关研究启发，但最初的动力则来自在从事救荒史研究时接触到的

---

① 涉及清代医疗史的论文主要有：祝平一《通贯天学、医学与儒学：王宏翰的医学原始》，张哲嘉《从同治医案论清宫脉案的性质》，王道还《论王清任的医学研究》，蒋竹山《女体与战争——以明清厌炮之术"阴门阵"为例的探讨》，李尚仁《种族、性别与疾病：十九世纪英国医学论麻风与中国》，刘铮云《疾病、医疗与社会：史语所所藏内阁大库档案相关史料介绍》，Hanson, Marta, "According to the Person, Place, and Season: A Preliminary Discussion of Medical Conceptions of Local Bodies, Seasonal Geographies, and Regional Disorders in Late Imperial China"。
② 杜正胜：《另类医疗史研究 20 年——史家与医家对话的台湾经验》，生命医疗史研究室主编《中国史新论——医疗史分册》，第 7~60 页。
③ 详参余新忠《中国疾病、医疗史探索的过去、现实与可能》，《历史研究》2003 年第 4 期。

较多疫情资料①。所以，很长一段时间内，大陆史学界的医疗史研究基本是在社会史的脉络下展开的。今天看来，拙著《清代江南的瘟疫与社会：一项医疗社会史的研究》就是一部比较纯粹的社会史作品，所关注的乃清代江南瘟疫的流行情况及其相关分析、时人对瘟疫的认识，以及由此显现清代江南社会的社会构造和演变脉络，在追寻和阐释瘟疫文化意义和反省现代医疗卫生机制等方面，缺乏自觉意识②。曹树基、李玉尚也是大陆较早关注医疗史研究的学者，发表了一系列关于清代鼠疫的文章，从鼠疫近代疫源地的活动规律出发，在疫病对人口损失研究的基础上，对近代人类群体活动的加强与疫源地活动频繁的关系做出了研究，从而揭示了疫源地、人口与社会变迁的关系③。可见，与台湾医疗史的主要研究时段从中古向明清乃至近代转变不同，大陆的医疗史研究从一开始就大体在明清至近代时段展开。

虽然在 20 世纪末和 21 世纪初，中国史学界只有很少的研究者从事疾病医疗史的研究，但转变却已开始，尤其在晚清近代医疗史研究中出现了具有新意识的作品。杨念群是国内较早具有一定新文化史理念从事医疗史研究的学者，在 20 世纪末就推出了数篇颇具分量的医疗史论文，较为关注"地方感"和医学中的政治与文化权力等问题。他又于 2006 年在"新史学"系列丛书中推出了《再造"病人"——中西医冲突下的空间政治（1832 - 1985）》一书④。这一被视为另类的医疗史论著，在当时产生了广泛的影响，其在对晚清至现代医疗背后的政治运作和权力关系的关注、书写上对深描法的努力实践、对不假思索地将西方视为现代标准的警惕，以及对中国现代化过程的复杂性的呈现等，无不展现了明显的新文化史色彩。

稍后，笔者在《从社会到生命——中国疾病、医疗社会史探索的过去、

① 余新忠：《清代江南疫病救疗事业探析——论清代国家和社会对瘟疫的反应》，《历史研究》2001 年第 6 期；余新忠：《清代江南瘟疫对人口之影响初探》，《中国人口科学》2001 年第 2 期；余新忠：《清人对瘟疫的认识初探——以江南地区为中心》，常建华主编《中国社会历史评论》第三卷，中华书局，2001。
② 余新忠：《清代江南的瘟疫与社会：一项医疗社会史的研究》，中国人民大学出版社，2003。
③ 参见曹树基、李玉尚《鼠疫流行对近代中国社会的影响》，李玉尚、曹树基《18—19 世纪云南的鼠疫流行与社会变迁》，均载复旦大学历史地理研究中心主编《自然灾害与中国社会历史结构》，复旦大学出版社，2001；李玉尚、曹树基《咸同年间的鼠疫流行和云南人口死亡》，《清史研究》2001 年第 2 期。
④ 杨念群：《再造"病人"——中西医冲突下的空间政治（1832 - 1985）》，中国人民大学出版社，2006。

现实与可能》一文中反思了之前医疗史研究中的问题，发现目前的研究无论出发点还是归宿，其实基本都是在重构历史面相和勾勒社会变迁，即使涉及生命，那也不过是道具而已，真正关注的何尝是生命，实际只是社会而已，故进而倡导从身体史出发展开文化史取向的医疗史研究①。正是在这一理念的指导下，南开大学中国社会史研究中心于 2006 年 8 月在天津召开国内首届"社会文化史视野下的中国疾病医疗史"国际学术研讨会②。之后又以这次会议的论文为基础，编辑出版了《清以来的疾病、医疗和卫生——以社会文化史为视角的探索》一书，该书收录的文章里不乏出自年轻学人之手的清代医疗史研究，如路彩霞对清末天津中医与《大公报》笔战事件的考察③。此外，还有其他关注新文化史研究的年轻学人也开始在医疗史的研究中引入新文化史的理念与方法，比如，张仲民关于晚清卫生书籍的研究④。而胡成有关晚清卫生史的系列论文，虽然似并未特意引入新文化史的视角和理念，但凭借其扎实的史料功夫与国际相关研究颇为深入的把握主题，也展现了与国内一般研究不一样的风格以及相当高的水准⑤。最近，笔者积 10 余年研究清代卫生史之功，推出了新著《清代卫生防疫机制及其近代演变》，意图打破社会史与文化史研究的藩篱，在较为清晰系统地呈现相关历史经验的基础上，省思卫生的现代性⑥。

近年来，新文化史、微观史、日常生活史、物质文化史和全球史等史学思潮对医疗史的影响日渐深入，故南开大学中国社会史研究中心在 2012 年举办了"日常生活史视野下中国的生命与健康国际学术研讨会"，会议论文中有一些清代医疗史的研究颇具特色，如张瑞的《晚清日记中的病患体验与医患互动》，张华的《清末民初的体格检查论的兴起及其实践》，佳宏

---

① 余新忠：《从社会到生命——中国疾病、医疗社会史探索的过去、现实与可能》，杨念群、黄兴涛、毛丹主编《新史学：多学科对话的图景》，中国人民大学出版社，2003，第 706 ~ 737 页。

② 王涛锴：《"社会文化视野下的中国疾病医疗史"国际学术研讨会综述》，《中国史研究动态》2006 年第 11 期。

③ 路彩霞：《中医存费问题第一次大论争——清末天津中医与〈大公报〉笔战事件考察》，余新忠编《清以来的疾病、医疗和卫生——以社会文化史为视角的探索》，生活·读书·新知三联书店，2009，第 216 ~ 233 页。

④ 张仲民：《出版与文化政治：晚清的"卫生"书籍研究》，上海书店出版社，2009。

⑤ 这些研究主要包括：《"不卫生"的华人形象：中外之间的不同讲述——以上海公共卫生为中心的观察（1860—1911）》，《中央研究院近代史研究所集刊》第 56 期，2007；《检疫、种族与租界政治——1910 上海鼠疫病例发现后的华洋冲突》，《近代史研究》2007 年第 4 期。

⑥ 余新忠：《清代卫生防疫机制及其近代演变》，北京师范大学出版社，2016。

伟的《19 世纪后期东南港埠的疾病与医疗社会——基于〈海关医报〉的分析》等①。

21 世纪以来，大陆清代医疗史研究成果不断涌现，但与台湾或西方的研究相比，我们可以较为真切地感知到以下两点在大陆医疗史研究中还不太被意识到的共识：一是现代生物医学和公卫机制的进步性与正当性并非不言自明，它的不断进步将能解决人类主要甚至全部的健康问题不过是一种现代性的迷思；二是疾病和医学并不是对生物世界秩序的客观反映的单一途径，人类的社会文化因素在人类疾病的命名、诊断和治疗中，从来都未曾缺席。如果能秉持这样的认知，那必然会有助于我们更深入地去思考和探究中国历史上的疾病与医疗问题，并为当今医疗卫生体制建设中引入西方的制度提供批评性视角和资反省的历史资源。不仅如此，立足史料和中国的经验，也可以让我们从内部思考与洞察新文化史研究理念、方法优势及不足，众多以往不被关注的历史面向（比如，疾病体验、疾病概念和医疗观念的文化意涵、疾病与医疗认识背后的文化权力，等等），以及这些面向对认识中国社会和文化的独特价值，进而在全球历史背景中凝练出具有独特价值的中国概念与中国经验②。

四　前沿与热点：当下清代医疗史研究的主要面相

中国医疗史作为史学界的新兴研究，受研究队伍、史料以及学术取向等诸多因素的影响，目前相关研究关注的时段大多集中在明清以降，特别是近现代。其中清代作为贯通古代和近代的最后一个王朝，研究成果相对丰硕，也可以大体看作整体的中国医疗史研究的一个缩影。要全面地罗列清代医疗史的成果，不仅精力和篇幅不允许，而且也恐怕不利于我们抓住其基本的脉络和趋向，故而我们将借助多年来对该研究比较系统的观察和思考，力图通过下面的分类叙述来把握这一研究的热点以及可能的前沿发展态势。

---

① 张瑞：《日常生活史视野下中国的生命与健康国际学术研讨会综述》，《中国史研究动态》2013 年第 2 期。

② 详参余新忠《回到人间 聚焦健康——新世纪中国医疗史研究刍议》，《历史教学》2012 年第 22 期。

（一）卫生及其现代性

清代卫生史研究以探讨近代港口城市的公共卫生问题为发端。20 世纪 80 年代末，程凯礼（Kerrie L. Macpherson）对于上海公共卫生的开创性研究，探讨了上海开埠后，公共租界内卫生体系建立的过程。这一基于西文资料的研究，充分肯定了英国专家在公共租界建设中的作用，以及西方卫生观念对中国的影响；同时聚焦于市政建设，探讨了在工部局主导下上海供水事业的发展及新式医院的建立①。程著虽提及了上海居民对新事物的排斥，但认为此现象只是近代化进程中的插曲，对于公共卫生体系的建立仍以积极评价为主，而未能充分意识到其背后的传统与现代冲突，以及隐藏于卫生话语下的规训等知识权力问题。21 世纪初出版的罗芙云（Ruth Rogaski）探讨近代天津卫生的力作，则弥补了程著上述的不足，也是目前西方研究中国卫生史的代表性著作。该著立足天津，通过对卫生概念，晚清以降不同历史时期有关天津卫生行为和卫生管理的论述，探究了"卫生的现代性"是如何被洋人、士人精英、国家力量和革命所挪用，进而揭示现代化背后的文化权力关系和"现代性"值得省思之处②。

继罗芙芸之后，清代卫生史研究逐渐深入并走向多元，更强调西方卫生机制引进后的权力关系与身体控制，以及试图从清代传统中国社会中探寻现代卫生机制的演进及其对日常生活的影响，但是学者们对公共卫生的考察仍然多集中在具体的城市。范燕秋《"卫生"看得见：1910 年代台湾的卫生展览会》考察了 20 世纪 10 年代台湾"卫生展览会"的初期发展，以及殖民地卫生展览会促成卫生科技知识生产与流通的方式。作者指出台湾"卫生展览会"深受日本影响，殖民当局对当地民众施行身体卫生的规训，以改善殖民地的公共卫生。而殖民当局对卫生展品的"视觉化"处理，带有母国与殖民地、卫生与不卫生等深富殖民意涵的展示方式。此外，展览会的内外都掺杂着商业利益，展览会透过观念普及与卫生品消费，使卫生

---

① Macpherson, Kerrie L. , *A Wilderness of Marshes: The Origins of Public Health in Shanghai*, 1843 - 1893, Hong Kong: Oxford University Press, 1987.

② Rogaski, Ruth, *Hygienic Modernity: Meanings of Health and Disease in Treaty - port China*, California: University of California Press, 2004；中译本参见〔美〕罗芙云《卫生的现代性：中国通商口岸卫生与疾病的含义》，向磊译，江苏人民出版社，2007。

知识或概念向日常生活渗透①。公共卫生行政的建立是清末中国走向近代的表征之一，路彩霞《清末京津公共卫生机制演进研究（1900－1911）》分别从医药行政、卫生（清洁）行政、防疫行政三方面探讨了该问题，并梳理了公共卫生行政近代演进过程中各种力量和关系的碰撞、冲突与调适，以展示公共卫生机制近代转型的复杂性，进而阐发这一历程带来的公共卫生行政专业化、制度化、合理化启示。通过对公共卫生行政创建、卫生意识开启及防疫冲突背后伦理转型的考察，作者力图重新界定"清末"在近代历史上的地位，并在区域视野下对近代化道路选择问题进行反思②。朱慧颖《天津公共卫生建设研究（1900—1937）》通过爬梳档案、地方志、报刊和调查报告等大量资料，从卫生行政、医事管理、防疫机制、环境卫生、学校卫生和卫生运动6个方面，考察了清末民初天津的公共卫生建设，揭示了公共卫生推行下的社会变迁，并侧重发掘普通民众对公共卫生事业的反应及卫生现代化对其日常生活的影响③。杜丽红《制度与日常生活：近代北京的公共卫生（1905—1937）》以近代北京公共卫生制度变迁为研究对象，在考察组织层面的制度变迁过程的同时，探究日常生活与制度变迁的互动，以制度为中心构建近代国家与社会互动的历史过程。其中，涉及清代的部分主要是第一章，考察警察卫生制度移植的主要内容及其演变概况④。

余新忠、张仲民两位学者的研究打破了在具体城市发展脉络中讨论公共卫生的传统书写模式，为卫生史的研究提供了新视角。余新忠《清代卫生防疫机制及其近代演变》试图从清代传统中国社会中探寻现代卫生的观念、行为和机制的演进。晚清新"卫生"的登场，不仅逐渐引发了中国人对国家公共和个人生活的环境状况的不满，还慢慢使国人对自己种族的健康失却信心，进而开始借由"卫生"来论述种族和国家的危机。该书首先从"卫生"概念的演变入手，以从概念到观念再到相关实践的思路逐次对清代防疫和城市环境卫生相关的诸多问题及其历史变迁展开探讨，借此展现中国近世社会的变动与特质，以及中国人有关身体的认识，并进一步探究传统在中国社会近代转型中的影响与作用，对现代化过程和"现代性"

① 范燕秋：《"卫生"看得见：1910年代台湾的卫生展览会》，《科技·医疗与社会》2008年第7期。
② 路彩霞：《清末京津公共卫生机制演进研究（1900－1911）》，湖北人民出版社，2010。
③ 朱慧颖：《天津公共卫生建设研究（1900—1937）》，天津古籍出版社，2015。
④ 杜丽红：《制度与日常生活：近代北京的公共卫生（1905—1937）》，中国社会科学出版社，2015。

进行省思①。张仲民《出版与文化政治：晚清的"卫生"书籍研究》在索隐、钩沉大量报刊资料的基础上，以书籍史与阅读史的视角，对晚清出版的生理卫生和生殖医学书籍进行了考察。作者着重探讨了卫生书籍出版的数量、价格、出版目的、时人阅读情况等问题。作者认为这些卫生书籍及其广告，实际上都在建构和想象其与身体、种族、国家的联系，都在打造一种新型的消费文化、阅读文化，而这种文化或可表明一种以国家为终极关怀的新政治文化已在清末中国成形，并开始发挥作用②。

清末以降，华人的生活习俗和居住环境被西方人冠以"不卫生"之名，胡成和李尚仁均关注这一问题。胡成《"不卫生"的华人形象：中外之间的不同讲述——以上海公共卫生为中心的观察（1860—1911）》，依次从"华人'不卫生'被定义为瘟疫之源和近代细菌学理论的传入""租界卫生景观的改善和华人社会的变革维新""文化优越感、民族主权诉求和主权之争"三个层面对 1860～1911 年上海公共卫生领域的"不卫生"华人形象论述展开了考察。作者指出关于华人"不卫生"的叙述，体现在外人方面，有明显的文化歧视和种族压迫；体现在华人精英方面，则是对自身社会及对殖民主义、帝国主义的再认识、再反省和再批评，其中包括对新文化的接受、引进和想象③。李尚仁《腐物与肮脏感：19 世纪西方人对中国环境的体验》梳理了西方人对中国城市公共卫生及华人个人卫生的认知和体验，并以"身体感"这一概念工具深入探究西方人"不卫生"和"肮脏"感产生的社会文化因素④。不同于当时西方人对东方人卫生状况的负面评价的主流，德贞则赞扬中国人的健康情形和生活习俗，并以对中国的观察为基础反思英国公共卫生运动的局限，李尚仁《健康的道德经济——德贞论中国人的生活习惯和卫生》即从分析德贞对中国卫生状况的独特观察和评论入手，讨论了 19 世纪晚期苏格兰出现的社会、经济与卫生问题对德贞观察中国生活卫生所产生的影响。通过德贞的个案，该文揭示了大英帝国中心的医学

① 余新忠：《清代卫生防疫机制及其近代演变》，北京师范大学出版社，2016。
② 张仲民：《出版与文化政治：晚清的"卫生"书籍研究》，上海书店出版社，2009。
③ 胡成：《"不卫生"的华人形象：中外之间的不同讲述——以上海公共卫生为中心的观察（1860—1911）》，《中央研究院近代史研究所集刊》第 56 期，2007。
④ 李尚仁：《腐物与肮脏感：19 世纪西方人对中国环境的体验》，余舜德主编《体物入微——物与身体感的研究》，新竹，台湾清华大学出版社，2008。

理论和海外医师的边陲经验的互动与张力①。

（二）性别、身体与医疗

关注生命是医疗史研究的旨归，而关注身体则是关注生命的重要组成部分。人类身体除了生理性的一面，还有社会文化性的一面，女性身体则被赋予了更多的文化意涵，诸多学者力图在具体研究中破解这种意涵。

女性生育往往被当作自然秩序的产物，有关古代生育的各种风俗、仪式、接生行为常被认作迷信和经验主义的产物，女性主义分析视角的加入，使得健康和疾病的社会文化建构成为分析性别问题的重要方法。费侠莉（Charlotte Furth）的论文 "Concepts of Pregnancy, Childbirth, and Infancy in Ch'ing Dynasty China" 即采用这一视角，分析了晚清女性的怀孕、分娩及其与幼儿关系的社会文化建构。她认为妇科医学呈现了儒家性别关系的双重模型：一方面，在家长式社会秩序里面，妇女是病态、身体虚弱、依赖他人的性别角色；另一方面，她们是毁灭性的情绪和污染的源头，她们的能力足以使家庭陷入混乱②。吴一立同样关注中医妇科，其 *Reproducing Women: Medicine, Metaphor, and Childbirth in Late Imperial China* 一书重在考察历史和文化语境中，基于文本的中医妇科知识的创建和合理化，以及文本背后的隐喻和清代妇科的变革。该书具体探讨了诸多重要议题，如作为女性疾病治疗者的男性医者如何正当化自身身份，印刷文化如何形塑妇科文本以及通俗妇科医疗知识的产生与流传，怀孕、妊娠背后的隐喻，社会、医学和技术因素如何共同合理化了处理产后并发症的新方法③。

在传统社会中，与女性身体相关的月经、怀孕、生产都存在一定的禁忌与想象，女性的裸体更具有污秽的象征意义，被认为有"厌炮"力量。蒋竹山《女体与战争——明清厌炮之术"阴门阵"再探》从社会文化史和身体史的角度，颇为深入、系统地探讨了明清时期"阴门阵"的内容、特色以及历史情境中的独特意涵，并进一步阐释了在此个案中女性身体的隐喻，探究了明清妇女裸身所具有的污秽象征意义，以及此观念在明清战

① 李尚仁：《健康的道德经济——德贞论中国人的生活习惯和卫生》，《中央研究院历史语言研究所集刊》第 76 本第 3 分，2005。

② Furth, Charlotte, "Concepts of Pregnancy, Childbirth, and Infancy in Ch'ing Dynasty China," *The Journal of Asian Studies* 46, No. 1 (Feb., 1987): 7–35.

③ Wu, Yi-li, *Reproducing Women: Medicine, Metaphor, and Childbirth in Late Imperial China*, California: University of California Press, 2010.

事上的应用①。

甲午战争之后，西医对中国社会的影响日渐深远，与女性身体相关的月经、怀孕、生产都发生了不同程度的改变，周春燕《女体与国族——强国强种与近代中国的妇女卫生（1895—1949）》关注这一背景下女性卫生的变革问题。其考察了1895年至1949年女性在面临月经、怀孕、生产等生命历程时，其相关知识与照护在近代展现的面貌。作者指出甲午战败后，西医大量传入，冲破了中国妇女的身体界限，使妇女卫生在"强国强种"的风潮下，得到改革的契机，同时造成近代妇产科医学的革新，这些变革对妇女的影响深入日常生活②。

清末民初之际，不仅是西医、西医师单方面地对中国女性身体产生了影响，而且是中国的性别规范同样影响西医传教者的活动。王秀云《不就男医：清末民初的传道医学中的性别身体政治》以在中国的西洋传教医疗为例，探讨了在帝国主义扩张的脉络下，医者与求医者的身体性别政治。作者指出我们不必然将性别规范或所谓的礼教视为女性的困境，轻易将女性定义为受害者，因为西式中国女医的兴起正是这一性别规范或礼教的产物，而应理解历史中多重权力关系所编识出的复杂性③。

相对于文字，图像是展现身体状态更为直观的形式，对图像史料的运用拓宽了身体史研究范畴，韩依薇（Larissa N. Heinrich）的博士论文"The Pathological Body: Science, Race and Literary Realism in China, 1770 - 1930"利用了图像史料讨论了中国人病态身体的观念如何形成及传播。作者试图把18世纪晚期及整个19世纪西方科学医学观念和20世纪早期中国文学现实主义的出现结合考察，并利用了疾病的图像和历史、视觉、文学资料中有关中国人身体的材料，认为中国人种族认同和现代中国文学展示的某种病态的结合，在某种程度上起源于对身体和病理学的理解，这种理解根植于19世纪科学和医学观念，其传播依托于鸦片战争后医学殖民事业。第一章聚焦于18世纪时"中国是天花的摇篮"这一观念的传播。作者认为这种观念的扩散与中西方之间的相互误解和政治因素密不可分。第二章进行个

---

① 蒋竹山：《女体与战争——明清厌炮之术"阴门阵"再探》，《新史学》第10卷第3期，1999。

② 周春燕：《女体与国族——强国强种与近代中国的妇女卫生（1895—1949）》，政治大学历史学系，2010。

③ 王秀云：《不就男医：清末民初的传道医学中的性别身体政治》，《中央研究院近代史研究所集刊》第59期，2008。

案研究，作者力图结合传教士伯驾（Peter Parker）的文字记录和广东商业画家林华（Lam Qua）描绘的病人图像，分析了 19 世纪中期，病态的观念和中国人的身份认同如何被诸如伯驾等传教士传播。第三、四章关注 19 世纪末 20 世纪初，西方解剖学向中国的引介及其产生的影响，作者对比了合信（Benjamin Hobson）《全体新论》中的身体观和《黄帝内经》呈现的传统意义上中国人对身体的认识，勾勒了时人对新式解剖学的不同反应①。

（三）疾病与社会文化

目前史学界对清代疾病史的研究仍集中在传染病上，其中除综合性的探讨外，又以天花、鼠疫等急性传染病和含有一定道德意义的麻风病为主，早期的疾病史研究重在探讨疾病的社会影响和社会应对，较少透视疾病的文化意义、防疫制度对身体的规训等问题。

余新忠的论著《清代江南的瘟疫与社会》及相关文章《清代江南疫病救疗事业探析——论清代国家和社会对瘟疫的反应》《清代江南瘟疫对人口之影响初探》《清人对瘟疫的认识初探——以江南地区为中心》，通论清代江南瘟疫的流行情况，分析了时人对瘟疫的认识以及由此显现清代江南社会的社会构造和演变脉络②。

受到历史学者重视的疾病一类是天花和鼠疫等急性传染病。梁其姿、杜家骥、张嘉凤是较早从事清代天花研究的学者。梁其姿《明清预防天花措施之演变》具有开拓性意义，该文对明代中后期至清代的人痘接种、清政府的防痘政策、牛痘的传入中国等问题做了论述，强调技术与社会的互动是考察医学史的重要维度③。杜家骥《清代天花病之流行、防治及其对皇族人口的影响》在论述清代天花流行和防治的基础上，以北京的皇族为例，具体探讨了天花的危害与预防效果④。张嘉凤对清代天花有深入、细致的研

① Heinrich, Larissa N., "The Pathological Body: Science, Race and Literary Realism in China, 1770 - 1930," Berkeley, 2002.
② 余新忠：《清代江南疫病救疗事业探析——论清代国家和社会对瘟疫的反应》，《历史研究》2001 年第 6 期；余新忠：《清代江南瘟疫对人口之影响初探》，《中国人口科学》2001 年第 2 期；余新忠：《清人对瘟疫的认识初探——以江南地区为中心》，常建华主编《中国社会历史评论》第三卷，中华书局，2001。
③ 梁其姿：《明清预防天花措施之演变》，陶希圣九秩荣庆祝寿论文集编辑委员会编《国史释论——陶希圣秩荣庆祝寿论文集》，台北，食货出版社，1987。
④ 杜家骥：《清代天花病之流行、防治及其对皇族人口的影响》，李中清、郭松义编《清代皇族人口行为和社会环境》，北京大学出版社，1994。

究，他考察了清代官方避痘和查痘制度与措施的发展变化，指出这些预防与隔离制度的兴衰过程，展现了不同的民族间，因不同的环境与疾病生态所产生的冲突和调适过程。①

早期清代鼠疫的研究多聚焦在19世纪后期的云南及两广、闽、港和清末东北等有限时空范围内。值得注意的是班凯乐（Carol Benedict）的论著 *Bubonic Plague in Nineteenth Century China*，强调从历史、地理和传染病等角度来观察晚清中国的鼠疫。作者相当细致地勾勒了云南鼠疫的流行路线和流行原因，对鼠疫造成的人口损失作了估计，并指出19世纪末中国有关鼠疫的历史图像不单是生物学现象，还是文化现象，强调国家权力全面介入公共卫生事业的必要性②。曹树基、李玉尚是中国较早从事鼠疫研究的学者，有关清代鼠疫的研究主要集中于对清晚期鼠疫流行的云南地形与交通模式、闽粤城乡模式、东北铁路与城市模式的考察和分析，也有涉及鼠疫防疫及其相关卫生行政的讨论③。

另一种是今日俗称麻风病的"汉生病"（Hansen's disease）。蒋竹山《明清华南地区有关麻风病的民间疗法》认为，明清时期虽然医家对麻风病的认知和治疗方式较前代已有明显的发展，但整体来说，这些医疗观念仍不够普遍，民间最常见的办法是"以毒攻毒"的乌梢蛇酒疗法，而盛行于两广的"过癞"习俗则影响到了正统医家对麻风病治疗法的改进④。

近些年来，因后现代主义、后结构主义及后殖民主义等多种思潮对历史研究的影响，疾病史的书写呈现多种面相，学者们不再仅限于考察社会影响、社会应对等问题，而是力图从殖民主义的视角省思疾病事件，或是进行疾病文本的分析，反思现代化思维模式与叙事结构，抑或是以查尔

① 张嘉凤：《清初的避痘与查痘制度》，《汉学研究》1996年第1期；Chang，Chia - Feng，"Strategies of Dealing with Smallpox in the Qing Imperial Family," In Hashimoto Keizo, Catherine Jami, and Lowll Skar, eds., *East Asian Science：Tradition and Beyond*, Osaka：Kansai University Press, 1995, pp. 199 - 205。

② Benedict, Carol, *Bubonic Plague in Nineteenth Century China*, Stanford：Stanford University Press, 1996；中译本见〔美〕班凯乐《十九世纪中国的鼠疫》，朱慧颖译，中国人民大学出版社，2015。

③ 曹树基、李玉尚：《鼠疫：战争与和平——中国的环境与社会变迁（1230～1960年）》，山东画报出版社，2006；李玉尚、曹树基：《咸同年间的鼠疫流行与云南人口的死亡》，《清史研究》2001年第2期；李玉尚、曹树基：《清代云南昆明的鼠疫流行》，《中华医史杂志》2003年第2期。

④ 蒋竹山：《明清华南地区有关麻风病的民间疗法》，（台北）《大陆杂志》第90卷第4期，1995。

斯·罗森博格的"界定疾病"（framing disease）为概念工具，考察一种疾病的概念如何形成。

胡成、梁其姿均注意到将近代疾病的历史置于殖民主义和民族国家建构的话语中考察。胡成对清末鼠疫有深入、细致的研究，其中《检疫、种族与租界政治——1910 年上海鼠疫疾病例发现后的华洋冲突》，借鉴殖民地次属群体研究的理论成果，从日常生活史的视角对 1910 年上海租界鼠疫检疫事件进行观察，试图揭示华人对洋人在租界统治秩序的冲击与挑战①。《东北地区肺鼠疫蔓延期间的主权之争（1910.11—1911.4）》则将 1910～1911 年的东北鼠疫置于帝国主义、国族主义和民族国家建构的脉络中考察，试图从普通民众的感受中呈现国家权力向下伸展的角度来思考此次肺鼠疫问题②。《近代检疫过程中"进步"与"落后"的反思——以 1910～1911年冬春之际的东三省肺鼠疫为中心》通过东北鼠疫反思源自西方医学的处于现代化思维模式与叙事结构中的强制性检疫和防疫制度。作者认为解构现代化迷思，需要加入"受难者与病人"的视角，倾听在当时社会情景之下多重的历史声音，同时应批判性地解读官方文书与权势者记载的历史文献，破解压抑他者声音的叙述结构，展现多样的历史面相③。梁其姿《麻风：一种疾病的医疗社会史》探讨了传统时代关于麻风病文化建构的形成过程，以及其在近代社会中被污名化和在民族国家构建中所起的作用。该著特色在于展现了传统因素在中国近代社会变迁中的力量，以及传统与现代间的复杂关系，并将自己的研究对象置于中西文化交流的脉络中，指出中国经验是如何影响西方认识和现代话语形成的④。

在中西互动的脉络中讨论与疾病相关的诸多问题，是疾病史研究的另一个趋势。张嘉凤《十九世纪初牛痘的在地化——以〈（口＋英）咭唎国新出种痘奇书〉、〈西洋种痘论〉与〈引痘略〉为讨论中心》比较分析了欧洲与中国作者如何介绍和表述西洋种痘新法，具体考察了中国作者如何理解

---

① 胡成：《检疫、种族与租界政治——1910 年上海鼠疫疾病例发现后的华洋冲突》，《近代史研究》2007 年第 4 期。
② 胡成：《东北地区肺鼠疫蔓延期间的主权之争（1910.11—1911.4）》，常建华主编《中国社会历史评论》第九卷，天津古籍出版社，2008。
③ 胡成：《近代检疫过程中"进步"与"落后"的反思——以 1910～1911 年冬春之际的东三省肺鼠疫为中心》，《开放时代》2011 年第 10 期。
④ 梁其姿：《麻风：一种疾病的医疗社会史》，商务印书馆，2013；书评见杨璐玮、余新忠《评梁其姿〈从疠风到麻风：一种疾病的社会文化史〉》，《历史研究》2012 年第 4 期。

和转化西洋种痘法的理论与技术，以及将之在地化的思维、策略与目的，凸显了清末中国人学习与观看西学的复杂目光，以及他们对待西方医疗技术与文化的多元态度，并借此呈现了19世纪中西医学技术与文化交流的实况①。李尚仁的《19世纪后期英国医学界对中国麻风病情的调查研究》指出19世纪欧洲医学界认为中国是麻风重要盛行区域之一，尤其是到了1890年底麻风病传染说逐渐成为英国医学界的主流意见，越来越多的医师认为中国移民将麻风散播到世界各地。作者认为英国医师的这些研究主要依赖旧式的疾病问卷调查，而这正是19世纪英国殖民科学与医学常用的研究方法②。

一种疾病在不同的历史情景中涵盖的范围并不完全相同，祝平一的《清代的痧症——一个疾病范畴的诞生》即以查尔斯·罗森博格的"界定疾病"为概念工具，探讨了清代突然出现的众多和痧相关的文本，以及痧症成为疾病指称的原因，由此分析在传统中医中，文本在指称疾病所扮演的角色、医家借此构建其专业形象的努力、新疾病范畴构建引起的争议，以及在清代社会如何透过公德的概念刊刻医书、发放药丸，由士绅提供资源，医者和家庭提供照护，处理身染瘟疫的病患③。

（四）医生、病人与医病关系

很长一段时间内，中西方医史学者的研究对象都是伟大的医生；20世纪80年代，英国学者罗伊波特（Roy Porter）提出"自下而上"地研究医学史，关注病患以及医学界边缘群体的历史，因为医疗活动的参与者并非只有精英医生，还有患者、家属及其他相关群体④。此后，医史学者的研究领域逐渐拓宽，西方出现了关于医患关系、非精英治疗者等研究。这种研究取向在中国医疗史领域也得到了回应，如学者们对医者心态、医者地位与身份认同、医病关系、边缘医者群体等问题的探讨。

---

① 张嘉凤：《十九世纪初牛痘的在地化——以〈（口 + 英）咭唎国新出种痘奇书〉、〈西洋种痘论〉与〈引痘略〉为讨论中心》，《中央研究院历史语言研究所集刊》第78本第4分，2007，第755～812页。

② 李尚仁：《19世纪后期英国医学界对中国麻风病情的调查研究》，《中央研究院历史语言研究所集刊》第74本第3分，2003，第445～506页。

③ 祝平一：《清代的痧症——一个疾病范畴的诞生》，《汉学研究》第31卷第3期，2013。

④ Porter, Roy, "The Patient's View: Doing Medical History from Below," *Theory and Society* 14, No. 2 (Mar., 1985): 175 – 198.

　　张哲嘉是较早从事医病关系研究的学者，其博士论文关注晚清慈禧太后时期的宫廷医病关系，运用慈禧光绪的医案、日记、实录、起居注、笔记小说等材料，考察了治疗活动中医生和病人的互动关系，分析了影响这种关系的多种因素。作者认为医病关系而非技术知识在医疗活动中处于核心位置，医家的社会背景是宫廷医病互动关系中的重要影响因素①。祝平一《药医不死病佛度有缘人：明清时期的医药市场、医药知识和医病关系》从"药医不死病，佛度有缘人"一语，分析明清的医疗环境，探索时人如何诠释医病关系与疾患的意义。作者认为"药医不死病，佛度有缘人"所指涉的心态源于医疗市场缺乏管制，医生素质不齐，医疗理论、文本与治方之多样性。在此情景下，择医仰赖口碑与推荐，市场上充斥过多的选择与讯息，使病家既轻信又难以专信医家；而医家则抱怨无法掌握医疗过程，双方遂将紧张的医病关系投射于宗教的宇宙观上②。关于清代民间秘密宗教的医疗活动，邱丽娟进行了一系列的研究，她探讨了清代民间秘密宗教诵读经卷的治病方式，秘密宗教医疗活动中病患入教，以及清乾隆至道光年间秘密宗教医者群体的入教、授徒、医疗方法、医者身份等方面的问题③。

　　近年来有两篇强调从病患的角度书写医疗活动的博士论文，张瑞的博士论文《疾病、治疗与疾痛叙事——晚清日记中的医疗文化史》强调了日记在医疗史研究中的重要价值。她指出，透过日记，我们可以从病人的视角，清楚地看到医疗活动是如何在具体的生活中展开的。并且该文在医疗之外尤其关注到了病人的疾痛叙事，对病患叙事的分析深入细致，进入了病患的内心世界④。张田生的博士论文《清代医病关系研究》主要关注清代民间的医家与病家的形象及各自获取医学知识的途径，病家的择医行为及医家的应对，以及社会文化对民间医病关系的影响。作者指出，清代民间

①　Chang, Che‐chia（张哲嘉），"The Therapeutic Tug of War: The Imperial Physician‐Patient Relationship in the Era of Empress Dowager Cixi（1874‐1908），" PhD diss., University of Pennsylvania, 1998；张哲嘉：《为龙体把脉——名医力钧与光绪帝》，黄兰东主编《身体·心性·权力》，浙江人民出版社，2005。

②　祝平一：《药医不死病佛度有缘人：明清时期的医药市场、医药知识和医病关系》，《中央研究院近代史研究所集刊》第68期，2010。

③　邱丽娟：《清代民间秘密宗教的诵经疗法》，《人文研究学报》第40期，2006；邱丽娟：《清代民间秘密宗教的医疗活动：以病求医、入教为中心》，《台湾师大历史学报》第38期，2007；邱丽娟：《清乾隆至道光年间民间秘密宗教医者的研究》，《台湾师大历史学报》第37期，2007。

④　张瑞：《疾病、治疗与疾痛叙事——晚清日记中的医疗文化史》，博士学位论文，南开大学，2014。

医病关系是医家与病家面对面交易的一种经济关系，制度和规范的影响甚微，且病家掌握着治疗的决定权①。

赵元玲、陈秀芬侧重与对医家的研究。赵元玲（Yüan‐ling Chao）的 *Medicine and Society inLate Imperial China：A Study of Physicians in Suzhou，1600‐1850*，将文化因素、经济趋势、国家政策和由实践及地域特性彰显的医学理论的发展相结合进行考察，揭示了存在于国家政策、精英话语、基于文本和系谱的正统的构成、医学理论及普遍观念和实践所关注的疾病与治疗方式之间的流动性。该书具体考察了知识精英传统和儒医理念构建的相互作用；三皇庙的起源、发展及向药王庙转变过程中体现的医学和国家关系；明清社会经济因素影响下的苏州精英医学从业者的增多，以及医者团体的出现及扩张；苏州具有专业化功能的"医"的出现，以及医学专门化和医学知识专业化的发展对医者的影响②。陈秀芬关注明清医家对"邪祟"的态度，其文《当病人见到鬼：试论明清医者对于"邪祟"的态度》指出，当时受过儒学与医学训练的文人医者对于"邪祟"的病因、候诊与治理等虽或有异，但多半均试图将"邪祟"现象"病理化""医疗化"，并以方药与针灸作为对付"邪祟"的主要手段，同时辅以"祝由"等古老的禁术。作者认为这样的医疗观展现了传统中医"身心一元"的特色，但又有别于依重仪式医疗的巫、卜及术士的特征③。

（五）医药的全球史与物质文化史

全球史是近年来史学研究的新取向，在清代医疗史领域内，全球史的趋势主要表现为医药的物质文化史研究和中外医学交流研究。

医药的物质文化史研究起初为个别学者自发进行的，集中于对大黄、人参等药物的探讨。张哲嘉《"大黄迷思"——清代制裁西洋禁运大黄的策略思维与文化意涵》从清廷在鸦片战争前研议对英实施大黄禁运入手，探讨清代"控制大黄即足使西洋人无以维生"此一想法的历史渊源，并具体分析了这种观念产生的背景、造成误解的主要原因和偶然原因，认为大黄迷思的起源不在中国人无根臆测，而在历史事实为无效问题提供假证据，

---

① 张田生：《清代医病关系研究》，博士学位论文，南开大学，2013。

② Chao，Yüan‐ling，*Medicine and Society in Late Imperial China：A Study of Physicians in Suzhou，1600‐1850*，New York：Peter Lang，2009.

③ 陈秀芬：《当病人见到鬼：试论明清医者对于"邪祟"的态度》，《政治大学历史学报》第30期，2008。

指出大黄制敌的思想，渊源于明代以来以茶马贸易控制周边民族的有效模式，而无论茶、马或大黄，背后均由一套涉及药性、食物、身体乃至自然环境等因素组成的世界观作为其思想基础①。蒋竹山《人参帝国：清代人参的生产、消费与医疗》虽然最近才以专著的形式出版，但里面的诸多文章早先都已发表。作者首先考察了清代人参的书写及分类方式，指出随着人参商品化的过程，关于人参的书写出现了从博物馆调查到商品指南式的转向；随后聚焦于清代人参生产层面的专采专卖制度的讨论及其所牵涉的政治博弈；接着分析清代江南温补文化形塑人参医疗消费的过程，以及作为珍贵商品的人参在商品市场流通和消费的面貌。最后作者以人参为例，从全球史的角度省思了医疗史研究②。

近年来医学的物质文化研究逐渐成为一种共同的研究取向，台北中研院历史语言研究所"生命医疗史"研究室于2013年至2015年展开了为期三年的"医学的物质文化——历史的考察"计划，李尚仁、李贞德、刘士永、张哲嘉等学者参与其中，各自负责一个分支项目，定期举行学术活动③。以医学的物质文化为主题的会议近年来也多次举行，2014年，"身体、文化与社会：中国药物史"国际学术研讨会在香港浸会大学召开，刘士永、胡成、李玉尚、陈明、李尚仁的会议论文都与清代医学的物质文化研究相关④；2015年"医药的物质文化史"国际学术研讨会在台北中研院史语所举行，亦有关于清代的探讨⑤。

中外医学交流研究侧重于探讨清代西方传教士在华的医疗活动及西医在华传播。王秀云是较早关注这一议题的学者，其博士论文"Stranger bodies：Women，Gender andMissionary Medicine in China，1870s – 1930s"，关注19世纪末到20世纪初美国女性传教士和中国女性的相遇，主要利用美国

① 张哲嘉：《"大黄迷思"——清代制裁西洋禁运大黄的策略思维与文化意涵》，《中央研究院近代史研究所集刊》第47期，2005。

② 蒋竹山：《人参帝国：清代人参的生产、消费与医疗》，浙江大学出版社，2015。

③ 详细内容见 http：//www.ihp.sinica.edu.tw/ – medicine/ medicine history/index.Html，其中张哲嘉主要进行清代医学物质文化研究，主题为"明清毒物的文化构图"。

④ 这几位学者的研究议题分别是：刘士永《土茯苓、山归来，与墨西哥菝葜：近代前期东西梅毒治疗药物之交流与反思》；胡成《西洋医生与华人医药——以19世纪的医疗传教士为中心》；李玉尚《手术与药物：清代云南鼠疫流行中的治疗》；陈明《从"阿勃参"到"拔尔撒摩"——全球史视野下近代中外药物交流之例证》；李尚仁《十九世纪来华传教医疗中的药物》。

⑤ 如梁其姿《光绪十三年〈脚气刍议〉建构脚气症候的"方"与"法"》。

女性医疗传教士留下的信件、日记、医院报告等资料，考察了在改良者、革命者、传教士、保皇党人的驱动下，医疗保健和性别如何共同卷入改变中国历史进程的活动中①。杨念群《再造"病人"——中西医冲突下的空间政治（1832—1985）》从医疗和身体入手，借助"空间""地方"与疾病隐喻等概念，梳理了晚清以来100多年中，主要源自西方的现代医疗卫生机制植入中国社会的原理，以及此过程中中国的政治和社会运作机制②。李尚仁《展示、说服与谣言：19世纪传教医疗在中国》探讨了19世纪西方医疗传教士在中国的活动以及他们所激起的争议与冲突③。高晞《德贞传：一个英国传教士与晚清医学近代化》，上篇以时间为主线，着重阐述德贞个人的求学成长和担当医学传教士的经历，以及德贞在晚清时期北京的社交活动；下篇分别从医院建设、医学教育、身体知识以及学科形成等方面，分析西医在华的传播模式及其引发的中国医学近代化变革道路。作者注重把中国医学近代化置于世界医学发展的全球框架下，力图从思想文化史角度审视19世纪西方医学在中国的传播④。董少新《形神之间：早期西洋医学入华史稿》关注明末清初西洋传教士在华的行医活动。该书上编试图从宗教传播史和社会史的角度探讨传教士在华的行医活动；下编所论不仅局限于医学层面，还注意随天主教神学思想传入的西洋医学给中国传统思想和观念带来的变化。作者认为，中西医学根本性区别在于中西人体观念不同，在其相遇时彼此间会产生影响，试图从观念史的角度解读明末清初由西洋传教士带来的西方人体知识，并分析其对中国固有人体知识的影响⑤。

相较于清代西医在华的研究，中医在海外传播的研究成果却不够丰富。陈明发现学者们较多地把中医在东亚的传播置于医学史、明清史和文化交流史的脉络中进行梳理，往往忽视了这种复杂的文化结构在当时中医学发展史上的构成原因及其作用。在《"医药反求之于东夷"——朝天使与燕行使旅程中的医事交往》一文中，陈明主要利用《燕行录》，试图从外在或

① Wang, Hsiu - Yun, "Stranger Bodies: Women, Gender and Missionary Medicine in China, 1870s - 1930s," PhD diss., Wisconsin - Madison, 2003.
② 杨念群：《再造"病人"——中西医冲突下的空间政治（1832—1985）》，中国人民大学出版社，2006。
③ 李尚仁：《展示、说服与谣言：19世纪传教医疗在中国》，《科技·医疗与社会》第8期，2009。
④ 高晞：《德贞传：一个英国传教士与晚清医学近代化》，复旦大学出版社，2009。
⑤ 董少新：《形神之间：早期西洋医学入华史稿》，上海古籍出版社，2008。

"他者"（日、朝、西洋）的角度，探讨明末清初中医文化的真实历史镜像以及东亚医学内部所呈现的互动态势①。高晞《15 世纪以来中医在西方的传播与研究》指出 15 世纪地理大发现后，西方来华的药剂师、传教士和医生不仅将西医传播到中国，还将中医传播到西方，从草药的采撷、辨识、命名以及对《本草纲目》的翻译研究，到对中医脉学的翻译，再到对《内经》《难经》等中医经典译解。她认为中医西传本质上是中医西化的一个过程②。

（六）医学知识的建构、传承与传播

随着医疗史研究走向深入，一些历史学出身的医疗史研究者开始不断充实医学知识，进而拓宽了医疗史的研究领域，使得医学知识史这一颇具"内史"意味的议题逐渐走入史家的视野。医学知识系谱的建构是医学知识史研究的重要议题，韩嵩（Marta Hanson）和张哲嘉等学者已有一定的研究。韩嵩的专著 Speaking of Epidemics in Chinese Medicine：Disease and the Geographic Imagination in Late Imperial China 的清代部分从清初满族皇族以长城为界划分天花的风土观念说起，继而叙述 17 世纪和 18 世纪之交，江南医者群体开始对吴有性《瘟疫论》重新阐释，以建立江南地方经验的疫病学。而至 18 世纪晚期，北方医者也加入讨论，同时江南医者群体也出现了支持《伤寒论》的正统派与重视实践的温病派，而这些来自民间的讨论也促使清廷官方逐渐接受吴有性的"温病"和疫病学创新。到了 19 世纪，医者因为辩护"温病"之于"伤寒"的合法性，而为之建立学术系谱③。张哲嘉《清代检验典范的转型——人身骨节论辩说反映的清代知识地图》借由分析清代检验官员有关人身骨节的议论，呈现西学冲击前中国知识主流与专门之学的互动关系。虽然是以检验文献作为讨论核心，但该文却特别探讨了"检验"与"医学"这两种专门之学的牵涉。这两种学问在现代学科分类下关系密切，本土脉络却迥然有别。作者对清代人身骨节论辩过程的知识考古，展现了中国原有知识网络中各种专门之学相互沟通的困难，以及主流

---

① 陈明：《"医药反求之于东夷"——朝天使与燕行使旅程中的医事交往》，常建华主编《中国社会历史评论》第十四卷，天津古籍出版社，2013。

② 高晞：《15 世纪以来中医在西方的传播与研究》，《中医药文化》2015 年第 6 期。

③ Hanson，Marta，Speaking of Epidemics in Chinese Medicine：Disease and the Geographic Imagination in Late Imperial China，London and New York：Routledge，2011.

知识传统对于专门之学的渗透力①。

晚清民国中医知识的转型也是医学知识史研究的重点。皮国立《气与细菌的近代中国医疗史——外感热病的知识转型与日常生活》引入"重层医史"的分析概念，强调内外史的沟通和联结，以气与细菌为切入点，考察了中医外感热病的转型及其与普通民众日常生活的关联。作者首先叙述细菌学普及中国之前，中西医对热病面貌的描述；继而探讨民国时期与中医外感热病学相关医籍的出版状况，在此基础上重点分析热病逐渐成形及"再正典化"的过程，以及伤寒之新解释，试图回答中医学界选择性的接受与回应西医细菌学说；最后作者从日常生活史角度探讨外感热病的转型对一般人判断疾病、日常养生与防疫措施的影响②。

吴章和雷祥麟共同关注现代性、科学性和民族主义在中国医药发展过程中的相互作用，但二者讨论的具体问题不同。吴章侧重解释日本对中国医学变革的影响，雷祥麟则阐明了国家在中医变革方面起到的作用。吴章 *The Making of Modern Chinese Medicine*，1850－1960，这一综合性研究考察了从 19 世纪中期至 20 世纪中期，中国医学由多元的私人性活动转变为标准化的、由国家支持的双轨系统，解释了西医和中医如何相遇及现代化的问题。具体而言，作者考察了中国医学领域由草药师、巫医、接骨大夫、产婆以及医学传教士等多种力量的构成，逐渐转变为单一的中西医竞争。在此过程中，力量逐渐增强的西医力图控制医疗领域，而从日本针灸学中吸取经验的中医尝试合理化，最后中国医学领域形成了一种在很大程度上屈从于民族主义政治策略的新医疗方式（TCM）③。雷祥麟试图在 *Neither Donkey nor Horse：Medicine in the Struggle over China's Modernity* 一书中回答中医是如何从现代性的对立面转变成中国探索自身现代性的标志。他认为中国医学的独特之处恰恰在于它和现代性既相互竞争又边界模糊的关系。中医并没有像很多传统食物一样逐渐消逝，它是一个独特的案例，因为它不仅在现代性和科学的冲击下留存了下来，还受到了国家认可。作者认为相对于把中医看作科学和现代性的"幸存者"而言，物种形成的概念更适合用来书写现代中医的历史。因为中医的支持者们并不是想保存传统医学，也不是想简

① 张哲嘉：《清代检验典范的转型——人身骨节论辩说反映的清代知识地图》，生命医疗史研究室主编《中国史新论：医疗史分册》，台北，联经出版事业股份有限公司，2015。

② 皮国立：《气与细菌的近代中国医疗史——外感热病的知识转型与日常生活》，台北，"中国"医药研究所，2012。

③ Andrews, Bridie Jane, *The Making of Modern Chinese Medicine*，*1850－1960*，UBC Press, 2013.

单地将其现代化，而是努力创造一种"新中医"。为了超越之前的书写模式，作者强调中医、西医和国家三者是相互作用的关系，应该把三者进行综合叙述，而不是书写三部独立的历史①。

蒋熙德（Volker Scheid）、梁其姿则侧重探讨医学知识的传承问题。前者的 *Currents of Tradition in Chinese Medicine 1626 – 2006* 一书对孟河医派的历史人类学研究深化了对医学派别的理解。作者并不把医派当作一个理所当然分类，而是当作一种知识和认同创造的动态过程。孟河医派在不同历史时期的内涵与外延不断变化，而其内部的认同仍通过个人及其社会网络不断得以传承。这一长时段的研究跨度为从 17 世纪到 21 世纪，其中第一部分主要讲述清代孟河医派的形成与传衍，通过对费氏家族的个案研究，分析家族内部知识与儒医性格的传承，以及通过家族社会网络的地域性传播问题②。梁其姿发现明清时期有一些被归入不同门类的医学教科书，它们基于同样的医学经典，但文字内容有明显的简单化，且大部分书籍的作者会在卷首注明著书的目的在于教导初学者。她试图透过这类书籍呈现明清医学入门教育的变迁③。

（七）医疗组织、行为与日常生活

除了以上几个较为集中的议题外，还有一些关于医疗组织、行为活动的论述。梁其姿《明清医疗组织：长江下游地区国家和民间的医疗机构》主要关注明清两代卫生政策的演变和明清之际民间组织对国家的逐渐取代过程。作者指出，明清时期国家医疗政策出现退步，官方医疗机构变得无足轻重，官方医疗教育也退缩。在此种国家角色下降的领域，地方精英则逐渐渗透，通过组织民间医疗慈善团体，将善举集中到医药之上来展现其在地方的领导地位和乡威④。董琳的博士论文《"文弱"的身体——从体质风俗看明清医学的诊治之道》以"文弱"为主线，以生活状态为基点，通

---

① Lei, Hsiang – lin Sean, *Neither Donkey nor Horse: Medicine in the Struggle over China's Modernity*, Chicago: University of Chicago Press. 2014.

② Scheid, Volker, *Currents of Tradition in Chinese Medicine 1626 – 2006*, Seattle: Eastland Press, 2007.

③ 梁其姿：《明清中国的医学入门与普及化》，《面对疾病：传统中国社会的医疗观念与组织》，中国人民大学出版社，2011。

④ 梁其姿：《明清医疗组织：长江下游地区国家和民间的医疗机构》，原文见 "Organized Medicine in Ming – Qing China: State and Private Medical Institutions in the Lower Yangzi Region," *Late Imperial China* 8, No. 1 (1987): 134 – 166。

过分析明清时期医学知识和诊治思维的细微变化，管窥"弱"的文化感如何延伸至医学的身体认知，考察了文人文化感的变化对医药观念变迁产生的重要影响①。范燕秋《疾病、医学与殖民现代性：日治台湾医学史》以几个有关传染病和医学的议题，试图勾勒日据时期台湾医学史的重要面貌，全书涉及的层面甚广，包括殖民者日本人在台湾维持健康的优越感，台湾医师运用社会医学争取台湾人的政治权力；日本帝国中央掌握台湾殖民行政的动态以及殖民地卫生基层行政的运作动态；处于社会弱势的族群如癞病患者及泰雅族群，在殖民政府强势管理过程中，形塑特有的身份认同以及造成的文化变迁；等等。通过这些主题，作者试图阐明日据医学活动所展现的殖民现代性②。杨祥银《近代香港医疗服务网络的形成与发展（1841—1941）》力图通过考察近代香港医疗服务网络的形成与发展，了解医疗服务与香港政府、医疗服务与慈善组织、中医与西医、香港政府与地方社会、医疗服务与社会经济等诸多复杂方面的内容③。

五　在医学与社会文化之间：21 世纪清代
医疗史研究前瞻

历史学者介入疾病医疗史研究基本肇始于 20 世纪 80 年代中期，发展至今已有 30 余年，出现了一些高质量的研究成果，但医疗史研究的妥当性在当下中国史研究中仍不无质疑④。这种质疑并不仅限于史学界的同侪，还来自医学出身的医史研究者，更有学者把这种医史研究称为"没有医学的医学史"⑤。20 年前，台湾的医疗史研究的开创者杜正胜曾对郑金生将他们的研究视为"外史"，似乎颇有些耿耿于怀，认为他们的研究"固非内史，但也不等于外史吧"，并提出了一个新的名词——另类（alternative）医学史，

---

① 董琳：《"文弱"的身体——从体质风俗看明清医学的诊治之道》，博士学位论文，南开大学，2014。
② 范燕秋：《疾病、医学与殖民现代性：日治台湾医学史》，台北，稻乡出版社，2005。
③ 杨祥银：《近代香港医疗服务网络的形成与发展（1841—1941）》，李建民主编《从医疗看中国史》，中华书局，2012。
④ 梁其姿：《为中国医疗史研究请命（代序）》，《面对疾病：传统中国社会的医疗观念与组织》，第 3 页。
⑤ 参见廖育群《医史研究"三人行"——读梁其姿〈面对疾病〉与〈麻风〉》，《中国科技史杂志》2015 年第 3 期；廖育群《医者意也：认识中国传统医学》，台北，东大图书公司，2003，第 224 页。

意思是这类研究虽还未被大众所接受，成为社会主流，但是带有浓厚的尝试精神，是企图寻找新方向的探索①。尽管如此，即便时至今日，由于医学和史学的学科壁垒而造成相互之间缺乏认同的情况依然严重，人们似乎仍更习惯于使用内史与外史这样的名称来区分医学界和史学界的医史探索。对于绝大多数医学界的研究者来说，外史的研究，根本上无关医学，其意义顶多不过是有利于他们更好地了解医学的社会文化背景而已。而众多对疾病医疗感兴趣的历史研究者，也往往会将专业医学知识视为自己不敢碰触的"圣地"，而自觉地以"外史"自居，仅希望从与疾病医疗相关的议题切入，更好地理解历史的演变，而无意于将自己的研究与医学真正关联起来。

在分科分类日渐细密、学术研究专业化程度不断加深的今天，出现这种疏离应该不难理解，但若我们安于这一现状，那不可避免地会出现下面这样的问题，按当下一般的理解，医疗史研究无疑属于跨学科研究，而跨学科研究正是当前学术研究中特别受到肯定的追求，以跨学科相标榜和诉求的医疗史研究，若基本还是各自为政，那跨学科的意义又在哪里呢，跨学科又如何实现呢？毫无疑问，跨学科并不是要完全打破学科主体和立场，而是需要研究者以开放包容的心态，相互吸收与渗透。不同学科的研究者共同介入医史的研究，肯定是必要的，但要真正展现跨学科的意义，就需要：一方面，促动不同学科的研究者去努力破解自身学科以外的相关学科训练不足的难题，以及对自己学科的自以为是；另一方面，则应该尽可能地创建包容有不同学科背景研究者的医史研究中心，通过实际而频繁的接触交流，来渐进式实现相互吸收和渗透，进而通过彰显这一研究的价值与意义推动其成为一个广被接受的、具有相对独立性的学科。而要做到这些，最根本的还在于研究者要充分意识到，无论对疾病的"界定"（framing）还是医学本身，即便是当代，也都不只是科学和专业知识，还是现代整体知识认识下形成的社会文化建构和利益博弈与协商结果，而历史上的医学，在很多方面就更是如此。既然其并非只是所谓的专业知识，那么关于其形成和演变的历史，其参与整体历史演进的地位与角色等，自然就需要不同专业知识背景的研究者共同参与才能梳理清楚，即便是疾病与医学的知识和技术史，恐怕也就不再是所谓的"内史"研究者的专利。这一点，其实

① 杜正胜：《医疗、社会与文化——另类医学史的思考》，（台北）《新史学》2007年第4期。

可能并非医学如此，其他科学本身同样并不单纯①，而这实际上是由知识本身的性质决定的。福柯在《知识考古学》中称：

> 我们所谓的知识是由某种话语实践按其规则构成的并为某门科学的建立所不可缺少的成分整体。知识是在详述的话语实践中可以谈论的东西：这是不同的对象构成的范围，它们将获得或者不能获得科学的地位；知识，也是一个空间，在这个空间里主体可以占一席之地，以便谈论它在自己的话语中所涉及的对象；知识，还是一个陈述的并列和从属的范围，概念在这个范围中产生、消失、被使用和转换；最后，知识是由话语所提供的使用和适应的可能性确定的。有一些知识是独立于科学的，但是，不具有确定的话语实践的知识是不存在的，而每一个话语实践都可以由它所形成的知识来确定。②

由此可见，知识的形成经历了话语实践按其规定构成的这一过程，并非凭空产生，亦非生来就具备权威性和科学性。卢德米拉·卓德诺娃阐述得更为清晰，她认为："知识"很难被视为一个中性词，因为其中隐含了一些经过某种方法验证的诉求，也隐含了把医学和科学实践置于认知维度最显要位置的做法。把医学知识与其实践、制度等诸如此类的因素区分开来的做法无疑是错误的。所有一切都是在社会中形塑而成的③。而对于医学这样直接关乎生命本身的科学或学问来说，更是如此。因而，今天呈现在我们眼前的"知识"并不仅仅是医生习得专业技能的源头，其背后实则还是社会文化发展的过程。由此而言，文史等学科出身的研究者介入被医学界的医史研究者视为"核心地带"的中医知识史研究，特别是包括清代医学知识史在内的明清以降中医知识的演变和建构，不仅是可能的，而且是完全有可能从自身的角度为当今中医知识的认识和省思提供有益的思想资源；不仅如此，还能借此打破内外史的学科壁垒，展现跨学科的意趣和价值，并为推动未来创立相对独立的医史学找到一个可能的发展路径。

从历史学的角度而言，包括清代医疗史在内的中国医疗史研究兴起乃

---

① 可参阅〔英〕罗杰·库特：《大众科学的文化意义》，张卫良译，商务印书馆，2011。

② 〔法〕米歇尔·福柯：《知识考古学》，谢强、马月译，北京：生活·读书·新知三联书店，2007，第203页。

③ 卢德米拉·卓德诺娃：《医学知识的社会建构》，余新忠、杜丽红主编《医疗、社会与文化读本》，北京大学出版社，2013。

20 世纪八九十年代以来出现的新动向，作为新史学的一分子，虽然目前有相当多的研究仍存在着旧瓶装新酒的问题，不过总体来看，不难发现，其作为史学界的新兴前沿性研究，在引入和践行国际新兴前沿性研究上，在引入和践行国际新兴学术理念和方法上，明显扮演了先行者的角色。仔细梳理近二三十年来中国医疗史的研究，便不难看出，在中文学界，相当一部分对国际前沿的史学思潮，比如，新文化史、日常生活史、物质文化史、微观史和全球史等的引介和实践，往往都与医疗史研究者不无相关①。学术的生命力在于创新，医疗史未来的发展，不仅应该为医学人文的发展做出自己的贡献，同时也应在现代中国史学发展的脉络中，在引入新理念、实践新方法、探究新问题和展现新气象等方面发挥更大的作用。

固然，立足不同的学科，自然就会形成期特定的诉求，我们可能很难要求文史出身的研究者在医史的探究中，将包括中医在内的医学发展作为自己最根本的出发点；同样，也可能无法要求医学出身的研究者借此研究去真正关心史学的发展。但是既然我们真正明了医学知识和实践本身就是生命科学与社会文化的交汇，而人类对疾病的应对和对健康的追求从来未曾缺席历史的演进与社会文化的变迁，那么就会发现，无论所谓"内史"还是"外史"，医史所探究的本来就都在医学和社会文化之间。在这样的中间地带，因具体的学术光谱或个人和学科的因素而对医学或社会文化有所偏向，但必定都需兼顾对方，才可能贡献出真正具有价值的医史研究。有鉴于此，笔者认为，对于医疗史的发展来说，若能在国际学术发展的新理念的观照和指引下，打通学科壁垒，以跨学科的视野和理念，在医学与社会文化之间发现、思考、解决问题，创建相对独立的医史学科，无论对医学还是对历史学的深入发展来说，都将有重要的意义。

本文在撰写过程中，曾得到香港大学香港人文社会研究所博士生刘小朦和美国圣路易斯华盛顿大学历史系博士研究生杨璐玮的帮助，谨此说明并致谢！同时也谢谢匿名评审人的宝贵意见。

---

① 这比较典型地体现在台湾学者蒋竹山的相关研究成果上，如氏著《当代史学研究的趋势、方法与实践：从新文化史到全球史》，台北，五南图书出版股份有限公司，2012；《人参帝国：清代人参的生产、消费与医疗》，浙江大学出版社，2015。

"无言谁会凭阑意"*

——读《狂澜与潜流——中国青年的性恋与婚姻（1966～1976）》**

王宇英

1966～1976年这十年，中华人民共和国在其历史演进逻辑的基础上发生了巨变。这是一个充斥着承接与断裂、失序与控制、震荡与收缩等诸多矛盾面相的时代，其间的复杂与多变不言而喻。即便聚焦于青年的情感与个人生活，尽管这一饱受政治大潮冲击而起落跌宕的时代断面曾受广泛关注，但它还是一个言说未尽的重要学术议题。正是如此，李秉奎副教授的《狂澜与潜流——中国青年的性恋与婚姻（1966～1976）》（以下简称《狂澜》）带领我们领略了一次独特的考察之旅。在历史脉络的梳理中，在家国同构的框架里，在城乡兼顾的视野内，在"鸟瞰"与"解剖"等方法的共同运用下，这十年间青年性恋与婚姻问题中的许多独特之处被呈现出来，李秉奎致力于"言人所未言"的努力，使得这部作品在征诸史实的基础上有了更多的思辨色彩，体现了深沉的史学魅力。

一 "文革"社会史的经线与纬线

诚如作者所言，"'文革'时期出现的问题其实渊源并不仅仅局限于'文革'……正如研究'文革'不应将视线单纯局限于'文革'本身一样，研究'文革'时期青年的婚姻、恋爱问题如果只是'画地为牢'、就事论事，恐怕难以追本溯源"（《狂澜》，第19页）。正因为如此，《狂澜》一书

---

　　* 语出柳永《凤栖梧》，龙榆生编选《唐宋名家词选》，上海古籍出版社，2012。
　　** 李秉奎：《狂澜与潜流——中国青年的性恋与婚姻（1966～1976）》，社会科学文献出版社，2015。

用相当篇幅梳理了"文革"前史，重点关注了青年恋爱、婚姻演进过程中的前后相承之处，在历史发展的整体趋势中把握政治与社会的互动关系，为读者认识以恋爱、婚姻为核心的"文革"社会史勾画了清晰的经度及纬度。

为了更好地探析青年群体在"群众运动"与"运动群众"之间角色的转换，作者将"文革"区分为可发动的"文革"与可发生的"文革"，并指出，在坚持一个"文革"的前提下，"研究者应该清醒地认识到：'文革'的发动者、利用者与'文革'的参与者、反对者，在动机与行为上具有相当不同的差别，这种差别应该给予特别的注意"。作者认为，《关于建国以来党的若干历史问题的决议》（简称《决议》）"主要着眼于党、政、军上层的宏观政治，而不在于群众参与的'可发生的文革'"（《狂澜》，第16页），因此"其核心在于强调'领导者'扮演的'发动者'角色，并进一步强调'反革命集团'扮演的'祸源'角色，而'党、国家和各族人民'更多地只是充当被动承受者的角色"。而对于"文革"社会史要想进行更有力的探讨，真正做到"观水于澜"的话，必须要在《决议》的基础上继续推进，将社会史放在与政治史同等重要的层面加以展开。同时，《狂澜》一书较全面地梳理了"文革"时期婚恋问题的研究成果（包括性与恋爱、婚姻自由、择偶标准、婚龄、婚姻支付、生育行为等）。在梳理过程中，作者对于许多重要问题进行了思考与评析。如对 Carl Djerassi 关于上海某地区生育率在"文革"初期呈"马鞍形"变化这一问题，作者不同意其所主张的生育率短期上升与"红卫兵"串联有直接因果关系的观点。通过使用档案、日记、回忆录等各类史料，作者出色地完成了相关的考证与论述。（《狂澜》，第88页）

正是基于整体把握的意识与能力，《狂澜》一书并未将"文革"视为"从一而终"的固态历史阶段，未曾放弃从流动的时间维度对"文革"进行阶段性把握。在论述"从'拍婆子'到'恋爱潮'"这一问题时，作者聚焦于大规模"武斗"之后、"上山下乡"运动全面开启之前的北京。1967年底，各中学在搞各派"大联合"及"复课闹革命"。"此时的青年学生，已经和'文革'初期有所不同。他们经历大规模的政治运动却被边缘化，不少青年学生对这种大涨大落、大起大伏不能理解"，"拍婆子"现象从此在少数青年中开始流行。作者主要运用回忆、访谈等资料，以细腻的笔触分析了这一现象从产生到退潮的前因后果及主要特点。当然，作者的视野并没有仅仅停留于北京，而是将视野尽量拓展，论述了同一时期的上海、广州、成都、长沙等多地的"恋爱潮"，集中展示了老"红卫兵"、"造反派"及部分"有家无长"年轻人的生活、情感状态。这些"生理已发育成熟，理性却漫无方向"（《狂澜》，第110页）的年轻人对于政治运动的疏离乃至抵抗，显明地反映政治运动的诡秘与限度。其间"部分青年因转入读书运动而被称为'思考的一代''行动的一代'，而甘愿在'拍婆子''恋爱潮'中堕落的则被称为'迷惘的一代''垮掉的一代'。后者的悲剧命运也成为'文革'时期部分青年命运走向的缩影"（《狂澜》，第113页）。

总之，《狂澜》一书并没有将"文革"孤立看待，而是将之置于中华人民共和国乃至近代中国的历史逻辑中加以考察，并注意其间相互矛盾的诸多面相，为读者提供了有益的认识坐标。

二 革命伦理与家国意志

从恩格斯到费孝通，婚姻家庭与公共政治生活间的同构关系一直得到密切关注。在论述城乡青年的择偶观念与行为时，李秉奎敏锐地指出了这种家国意志的一致性：

> 从新中国成立到"文"结束，阶级成分与家庭出身是识别社会成员政治忠诚度的重要标志。以此为标准形成的级差序列，是确立整个社会敌、我、友关系的基础。这不仅体现在政治待遇的差别，而且体现在产品分配、医疗保障、粮油供应等方面的差别。这种差别在"文革"时期得到空前强化，并对青年人的择偶行为形成深刻的影响。（《狂澜》，第116页）

国家意志全面落实于社会生活的各个领域，人们在通过婚姻组建家庭时往往依循与之相适应的选择标准。对于"文革"时期社会身份的界定与划分影响最大的是血统论思想，按照这一原则，"父母的阶级成分、政治身份决定了子女的政治忠诚度，同时也决定了他们的社会政治地位和应有的政治待遇"。虽然后来"'中央文革'否定了'血统论''唯成份论'，但是在1968年至1970年的'清理阶级队伍和一打三反运动'中，大批参加'造反'的非'红五类'青年，都受到程度不同的惩处。同时，地、富、反、坏、右、特务、叛徒、走资派等，多数遭受教育、审查、遣返原籍、关押等惩罚性处理"。这种"阶级成分、家庭出身得到强化的社会背景，直接导致青年的择偶行为体现出'红'与'黑'界限分明的特征，即工人、贫下中农、革命干部、革命军人、革命烈士等'红五类'的子女成为青年择偶时的选项"（《狂澜》，第120页）。在这样的时代背景下，军人、工人成为了中国青年理想的婚配对象。首先，"长期的拥军优属传统使得现役、复转军人及其家属在就业、领取救助等方面享有绝对的优先权，这些自然为他们的家庭奠定了稳定的经济基础"；"更为重要的是"，"政治可靠性"是"女方及其家庭规避政治风险的基本保证"。而工人的优势其一来自"中共长期坚持的阶级斗争理论及优先发展工业的战略"；其二"和'文革'政治运动的起伏变化息息相关"；其三与工人所能享受的"困难补助、劳保福利、医疗保障等待遇"（《狂澜》，第134～139页）有密切关系。择偶偏向与职业有密切关系并非"文革"特色，但政治条件对择偶标准产生如此直接且偏离正常伦理的影响，是时代较为突出的特点。

与此相类似，老"红卫兵"的性恋观念也是政治意志的明显体现："被视为'崇高'的革命理想与被视为'下流'的生理欲念寄存在同一个身体上"，"多数情况下，他们在对以'革命'与领袖为代表的'公'领域表达忠心的同时，却将他人和自身的欲念为象征的'私'领域置于从属与服从的地位，由此体现出的性别淡化、欲念禁抑成为'文革'初期一道独特的历史景象"（《狂澜》，第76页）。"红卫兵"的这种"去性别化"及女性的"男性化"倾向，都是在"大我"战胜"小我"的氛围中，恋爱被"革命"排挤的表现。尽管如此，这种政治运动强力挤压日常伦理的情况并不是"文革"时期公私关系的全部内容，尽管"文革"被涂抹上了强烈的"禁欲主义"色彩，以至于"'禁欲主义'的'文革'几乎成为人所共知的谈资"（《狂澜》，第55页），《狂澜》一书却着力展示了禁欲主义的有限性与有时性，提醒读者不断反思有关"文革"的诸多结论是否可靠。

三　政治狂澜中的私欲之惑

实际上，在整个"文革"期间，公私之间的"攻守进退"一直是个不断变化的过程。很多时候，个人的私欲常以政治为出口。在分析"文革""武斗"事件中的性暴力问题时，作者指出："为表示加入一个组织的决心或向该组织表达忠诚，那么对待敌对派系的仇恨态度则是关键。而攻击、侮辱敌对派系中的弱势女性，是风险较低、收益较大的'示忠'行为。"这种行为往往能收到不同寻常的正面效果："一方面使施害者获得某种性欲方面的满足感却有可能逃脱罪责的处罚；另一方面不仅损害受害者的身心健康，同时还毁坏受害者的名誉，以此显示他们在身体与精神方面占据优势，而敌对派系只能接受身心与名誉上的多重屈辱。"这里可以清晰地看到，私人的欲望、利益、政治、道德紧密交缠在一起，对于女性的性暴力行为已经成为武器，既可以宣泄长期受压抑的性欲，又吊诡地成为了"占领道德高地的有效'杀手铜'"（《狂澜》，第 96~100 页）。

很多时候，私人诉求与政治诉求即使在手段上也难以达成一致。如在择偶标准问题上，《广州市居民婚姻家庭状况调查报告》及徐安琪等学者的相关研究，都反映即使在"文革"时期，政治面目、家庭背景并非绝对的排他性标准，而身体健康、人品、性格、志趣相投有时仍为首要考虑条件。虽然在"文革"时期择偶标准的问题上，刘小萌等学者对这类数据及结论持怀疑态度，但作者在综合考虑两类意见的基础上指出："择偶时很少有人只关注对方某一条件而忽略其他。这一点提醒研究者注意，成分与出身虽然对'文革'时期青年择偶行为有着重要的影响，但多数情况下并不是他们择偶时考虑的唯一标准。"（《狂澜》，第 125~127 页）

正是在这种细致的梳理与论证中，政治与私欲的紧密联系被层层揭开，许多埋藏的真相得以展露。从在"武斗"中女性普遍遭受性侵害或虐待这一现象来看，"强调男女平等的'文革'仍然是男性占据主角的'勇敢者的游戏'"，"女性在政治运动中仍是从属性的，她们只是政治冒险过程中的附属品"（《狂澜》，第 98 页），更不用说掩盖在"男女平等"之名下的女性在参军、招工、当干部等各类问题上的弱势地位。

在一场不断以创造"美丽新世界"为追求、持续了十年的政治运动中，私人欲望，不论正常的还是非常的，都不得不以政治为其外衣、为其名号，这已成为"文革"悲剧的重要特征之一。《狂澜》一书把握住政治与私欲相互依附的复杂关系，成为探查众多"文革"迷思的有力抓手。

四　史料之困与求解之憾

作者通篇都在努力"通过一种新的尝试，来弥补以往研究'文革'青年群体过于偏重其'政治人'的缺憾，同时试着揭开该群体与'文革'政治运动的离合与迎拒，甚至于他们在政治运动转换关头的思想轨迹"（《狂澜》，第8页）。作为一个敏感选题的涉猎者，不止步于"将'文革'的历史及其中的丑恶、黑暗展示出来"，还争取"有力地说明'文革'为何出现、最终却走上了绝路"（《狂澜》，第23页），作者在政治正确与学术求真之间小心把握，充分展示了其在视野、深度等方面的过人之处。

当然，《狂澜》一书也还留有一些遗憾，遗憾的产生在很大程度上要归结为史料的不足。尽管在搜集资料的过程中，作者的足迹已经遍布北京、上海、石家庄、邯郸、广州、香港等地，仅档案就包括民政部门、街道办事处、公社、大队、生产队及妇女联合会、共青团委等组织和系统，在有鉴别地使用各类文献资料的同时，还"有意识地对'文革'时期结婚的部分农民、工人进行访谈"，以补充"没有文字发言权者"的声音。（《狂澜》，第51页）且特别值得一提的是，作者对于网络资料进行了有鉴别地使用，对于许多视频资料，也给予了足够的重视。但正如作者所说，研究工作仍因"缺乏能够进入眼界的史料而举步难行"，所以，不得不在探讨性恋问题时以"北京、上海、广州等大城市的青年为中心，其中又以'文革'初期的红卫兵和'上山下乡'运动兴起后的留城青年群体为重点"（《狂澜》，第56页）。这就直接导致了该研究的一个重大瓶颈，即如何界定并在哪个层面上探查"青年"这一研究对象。现身于该著作的青年主要包括"红卫兵""造反派""知识青年""农村青年"等群体，但对于每个群体内部的复杂情况，作者则鲜少提及。实际上，每个群体内部都拥有较为复杂的年龄、出身、地域等差异，很有必要进行细化分析。囿于史料的不足，相关论述展开得不够充分。特别是对于农村婚姻问题的探讨，其中不少篇幅实际上仍是以城市为核心的。作者虽有专章谈论农村青年的彩礼与婚礼，但这一问题并不太具有"文革"这场政治运动的典型意义。如果从"狂澜与潜流"的写作初衷来看，有避重就轻之感。

除此之外，在对部分"文革"研究成果进行总结时，有些结论稍显武断。如开篇时作者认为，"学术界往往将着眼点聚焦于政治运动的涨落起伏及其带来的'上台/下台''得势/失势'连带效应"（《狂澜》，第1页），这种概括无疑有些轻慢"文革"社会史研究渐渐展开的基本态势。

但瑕不掩瑜，《狂澜》一书无疑是近年来"文革"社会史研究领域的一本上乘之作。作者曾经说过：如果真的期待"文革"史的研究出现陈寅恪先生所说的"学术之新潮流"的话，那么就"至少需要两个条件，一是不断有大批新材料面世，二是学术界不断提出新的'问题'"（《狂澜》，第49页）。该书这两点之上都有不少出彩之处。

近代华北泰山信仰研究的新成果

——评《天变与日常：近代社会转型中的华北泰山信仰》

宋永林

在近代华北社会，泰山信仰不仅是国家实行统治的一种政治手段，而且是普通民众应对日常生活问题的一种方式和文化创造，在某些方面"约束和引导着人们的行为"①。李俊领博士的专著《天变与日常：近代社会转型中的华北泰山信仰》（社会科学文献出版社，2017；以下简称《天变与日常》）揭示了泰山信仰在近代中国社会转型过程中的礼俗形态变化、内在观念转换与命运走向，进而从区域社会史和日常生活史的角度审视近代华北区域社会变迁的路径与困境。

一 研究视角：区域社会史与日常生活史的双重维度

《天变与日常》一书采取区域社会史与日常生活史的双重视角，探讨了近代华北泰山信仰的演进及其境遇，从一个侧面揭示了近代华北社会变迁的路径与机制。

近几十年来，伴随着学界研究风气和方法、理念的转变，中国社会史研究成为史学研究中的一种潮流，而区域社会史和日常生活史则是其中两个重要的领域与研究视角。正如李俊领所认识到的那样，区域社会史视角可以理解成一种研究方法，是从特定的地域或空间出发，秉持强烈的问题意识，以普通民众的立场和"自下而上"的眼光来看历史，审视政治、经

---

① 王德福：《乡土中国再认识》，北京大学出版社，2015，第91页。

济与社会体制以及重大历史事件和现象①。在某种程度上说，"区域史属于社会史的分支"②，故而区域史研究更应具备社会史的研究视野。区域社会史虽以基层民众视角为主要关怀对象，但仍兼顾精英上层视角，注重"国家与社会"的互动，从而进一步深化社会史的整体性研究。所谓"日常生活史视角"，即聚焦于具体生活情境中各类群体和个人的情感心理、精神生活、价值观念及行为方式，从人的日常生活中窥测整体社会的演进路径与结构格局，建立日常生活与历史变动的有机联系。从根本上说，社会史是"关于生活方式、闲暇状况和一系列社会活动的历史"，更是普通人的历史。《天变与日常》一书采取区域社会史与日常生活史的双重视角进行历史研究，"见物又见人"，从微观历史场景中揭示更深层次的社会整体状况及其变迁。

明清以来泰山信仰虽然遍及全国大多数地方，但其核心区域则在华北。李俊领以华北社会为基本单位进行讨论，合乎泰山信仰的历史特性。研究近代华北社会的泰山信仰，首先要对华北区域做出一定的解释。作者在梳理近代"华北"区域概念演变的基础上，契合泰山信仰研究的角度，认为近代华北区域社会包括今天行政区划意义上的北京、天津、山东、山西、河北，以及河南北部、江苏徐州、内蒙古长城沿线一带③。《天变与日常》一书在具体探讨近代华北泰山信仰时，着力论及山东、河北等近代华北社会核心区域的泰山信仰，重点突出、问题明了，使人信服。当然，人是社会历史的主体，社会史也是思想着、活动着的人的历史；区域社会史研究者真正感兴趣的，是拥有某种地域认同的人群活生生的行为④。以日常生活方式为核心的区域文化是华北区别其他区域的社会特质，而近代华北民众更是形成了以方言、信仰等日常生活方式为基础的区域认同观，泰山神灵则是华北民众最为普遍的民间信仰。泰山信仰是近代华北社会世俗日常生活的重要方面，作者从日常生活的角度出发，探讨了现代化冲击下华北底层民众对碧霞元君、盗跖、王三奶奶等泰山神灵的信仰模式及日常生活经验，揭示近代泰山信仰下的世俗经营与社会失范，深刻透视出近代华北泰

① 李俊领：《天变与日常：近代社会转型中的华北泰山信仰》，社会科学文献出版社，2017，第14页。
② 万灵：《中国区域史研究理论和方法散论》，《南京师大学报》（社会科学版）1992年第3期。
③ 李俊领：《天变与日常：近代社会转型中的华北泰山信仰》，第20页。
④ 陈春声：《近代华南社会研究丛书总序》，邱捷著《晚清民国初年广东的士绅与商人》，广西师范大学出版社，2012，第2页。

山信仰遭遇的复杂、多重的文化境遇。

二 取材之精：文本文献与田野调查相结合

《天变与日常》一书贯穿了区域社会史与日常生活史的双重视角，但只有做好史料功底，将文本文献与田野调查相结合，才能运用好以上两种视角。

熟练地运用与自己写作相关的史料是历史从业者一项基本的技艺。傅斯年曾说："史学便是史料学"，"一分材料出一分货，十分材料出十分货，没有材料便不出货"。他的话也从侧面反映了基本资料对史学写作的重要性。若使某一方面的学术研究富含生命力和创新力，并不是简简单单地移植西方先进的研究方法与理念，更重要的是对史料的发掘与思考，这样才能使自己的研究成果更具说服力和前瞻性。有关华北泰山信仰的资料比较零散，相关资料的复杂性和多样性无疑对该领域的研究者提出了较高的素质要求。李俊领尽可能全面地对有关近代华北泰山信仰的文本资料进行了搜集与整理，注重发掘新史料。作为历史研究，作者在史实的阐述上，去伪存真，细致缜密，维护了历史学科的严肃性。书中广泛而合理地运用了传统文化典籍、原始档案和官方文书、私家著述、笔记野史、报刊方志等多种文本资料，对某些历史事件的具体情节予以生动的再现。作者慎之又慎，对于史料中的无稽之谈或荒诞之说，一概弃置不用，所留史料征引恰当，言必有据，使人信服。书中附有参考文献列表，总计达两百余种，其中不乏外文文献，作者扎实的史料运用功底可见一斑。

就近代信仰礼俗研究而言，仅仅依靠图书馆和档案馆所藏的文本文献着实不够，确有必要走向田野，走进历史现场的泰山信仰祠庙①。为了搜寻第一手资料，作者特地前往泰山对当地的信仰与礼俗进行了有针对性的访谈和实地考察，重点了解民国时期泰安的碧霞元君信仰、盗跖信仰、"四大门"与"大中至正道"，获得了一些十分重要的田野调查资料并运用于研究中。田野调查是人类学学科的基本方法论，主张"参与当地人的生活，在一个严格定义的空间和时间的范围内，体验人们的日常生活与思想境界，通过记录人的生活的方方面面，来展示不同文化如何满足人的普遍的基本

---

① 李俊领：《天变与日常：近代社会转型中的华北泰山信仰》，第14页。

需求、社会如何构成"。① 为了寻求问题的答案，李俊领利用访谈资料、碑刻、泰山民间宗教文献等填补了很多文本文献中的空白点。借助新发现的田野文献和访谈资料，作者为我们细致地呈现了近代华北泰山信仰的生活场景，使得相应的历史叙事更加贴近真实的民众日常。泰山诸神灵是镌刻在华北民众内心世界的深层次信仰，考察这一信仰与外部社会的关联、互动，要求研究者既要"参与"又要"观察"，不仅"进入被研究者内部，像一个当地人一样参与到各种活动之中"，而且要客观地观察研究对象及所见所闻②。李俊领借鉴社会学、心理学等学科的方法，将局外观察法与局部观察法相结合，尤其注重局内视角，实地调查走进信仰者的心灵深处，设身处地地体会当事人的思维行为方式及背后逻辑，关切历史上"失语"的大众群体。

三　研究架构：专题性的分析与阐释

在恰当的研究视角与充足资料的基础上，《天变与日常》一书侧重专题性阐述与探讨，除绪论与结语外，共分为六个部分。

晚清时期，虽然遭逢数千年未有之世界大变局，但贯穿着泰山神灵信仰的东岳之祀依然在这一时期的日常政治生活及国家祀典中占据着重要的地位，仍旧发挥着"神道设教"的功用。全书第一部分在梳理清前中期泰山信仰之政治境遇的基础上，着重考察晚清最高统治者、山东地方官员对泰山信仰礼俗的多样态度、运用策略与风险防范等问题，以及中外战争、清末新政等重大政治事件对于泰山礼俗的冲击。清承明制，将泰山神灵祭祀纳入国家祭祀体系，泰山神灵信仰因此成为清廷官方与民间共享的精神世界，但"国家政治仍是泰山信仰礼俗命运的决定性因素"③。第二部分在梳理了近代泰山、丫髻山与妙峰山的碧霞元君香会的历史变迁历程的基础上，进一步考察了泰山信众的鬼神观与因果报应观，揭示由于社会革新滞后于政治革命，近代华北民众在困苦、动荡与彷徨中更加依赖于泰山神灵的护佑，遵从着一种传统的生活方式。

① 王铭铭：《人类学是什么》北京大学出版社，2002，第35页。

② Natasha Mack, Cynthia Woodsong, Kathleen M. MacQueen, Greg Guest, and Emily Namey, *Qualitative Research Methods: A Data Collector's Field Guide*, Durham, NC: Family Health Internatiaonal, 2012, p. 19.

③ 李俊领：《天变与日常：近代社会转型中的华北泰山信仰》，第17页。

从日常生活的角度看，近代华北泰山信仰的民间习俗与佛教、道教在相当程度上融合在一起。第三部分主要揭示近代华北的泰山神灵侍者在日常生活中的修道、营生与社会交往的多重面相，以及各地泰山庙会上乞丐的谋生和寄生问题。近代华北信众基于自身的经验，为泰山神灵谱系引入了新成员，主要包括"四大门"①、王三奶奶与盗跖。第四部分便集中探讨了近代泰山神灵谱系的增扩及其展现的华北民间日常生活经验。这一现象的出现，实质在于"近代华北底层民众的日常生活及其思维方式仍停留在前现代时期，而信仰的根源在于他们应对生活困境的能力和知识没有明显的提高"②。

处于由传统到现代的近代社会转型中，华北泰山信仰遭遇了复杂的文化境遇。第五部分主要揭示了近代华北泰山信仰遭遇的不同群体力量交织的复杂格局，不同的宗教对其或利用或排斥，尤其是基督教视其为敌；新知识人则在反迷信的旗帜下对泰山信仰大加批判；也有一些现代学者通过对泰山信仰习俗的详细调查，发出了尊重民间文化、改良民众生活的呼吁。进入民国后，泰山祭礼被移出国家祀典，失去了官方的支持；第六部分主要讨论了民国时期泰山信仰的政治命运及其与社会改造运动的关系，在经历多次政权更迭、动荡之后，经过国共两党的宣传与建构，泰山逐渐由一种带有政治文化符号的神灵信仰，转变为底层社会的民众文化和国族的象征。

要而言之，近代华北泰山信仰的历史命运，也是近代华北民众及其日常生活的命运，透视出现代化冲击下华北区域社会的演进路径及变迁机制。其一，泰山信仰是近代华北民众的日常生活内容，得到学界的同情与理解，但遭到社会舆论的政治性批判；其二，近代华北泰山信仰从官民共享的精神家园转向底层社会的民众文化；其三，近代华北泰山信仰是政治问题，但不是政府用暴力手段可以解决的社会问题。③

四　传统与现代：近代社会转型中的华北泰山信仰

从文化交流的角度看，近代中国处于中西方文化交汇和碰撞的节点上，

---

① "四大门"是指对四种所谓灵异动物的崇拜，即狐狸（"胡门"）、黄鼠狼（"黄门"）、刺猬（"白门"）与蛇（"柳门"）。
② 李俊领：《天变与日常：近代社会转型中的华北泰山信仰》，第18页。
③ 李俊领：《天变与日常：近代社会转型中的华北泰山信仰》，第267～271页。

主要体现在西方先进文明的强烈冲击和中国固有文化的被动回应，在这个冲击－反应过程中，中国传统社会与文化内部逐渐衍生出趋新的因素，艰难地向现代化转型。而从更广泛意义上的社会变革角度看，在欧风美雨的吹打下，中国的政治体制从君主专制转向民主共和，主体经济从传统农业转向现代工商业，主流思想从儒家思想独尊转向多元思想并存，人际关系从伦理本位转向法律本位，社会生活从城乡一体转向城乡二元化格局。① 概言之，这既是中华民族融入世界文明、重塑自我的合理路径，也是中国社会向现代化的大转型过程。李俊领的专著《天变与日常》深刻把握近代中国社会的现代化转型进程，突出问题意识，着重考察了转型过程中作为华北民众日常生活内容的泰山信仰礼俗所发生的历史变迁，在具体生活场景中泰山信仰如何参与社会转型，如何塑造普通民众的情感与命运等一系列关键性议题，引人入胜，发人深思。可以说，探讨近代中国社会从传统向现代转型过程中华北泰山信仰的历史境遇，并由此分析近代华北区域社会的历史变迁，是该书的核心肌理。

泰山，气势磅礴，巍然屹立在山东中部，素有"五岳之长"② "昆仑之墟"③ 之美誉。在漫长的中国历史演变中留下了颇具地域特色的神灵谱系（如东岳大帝、碧霞元君、石敢当、盗跖与王三奶奶等）与信仰，泰山信仰在历朝历代都是国家政治生活与民间日常生活的重要组成部分，发挥着不可替代的作用。但近代已降，中国被卷入资本主义的世界潮流，丧失了诸多自由和主动性，而华北泰山信仰也变得复杂跌宕，面临着社会转型中出现的种种苦难与困境。对于近代华北民众而言，泰山信仰就是他们日常生活的一部分，是他们"生活的办法"④。对此，作者做了真知灼见的分析：近代中国政治上的变革或革命风起云涌，但社会革新远滞于政治变革，近代华北社会底层民众基本依旧沿袭着传统的生活方式，而且在物质生活、文化教育与医疗条件没有得到根本改观的情况下，民众比过去更加依赖泰山神灵以克服困境。换言之，在缓慢的中国现代化进程中，社会底层民众所接触到的新事物、新现象毕竟十分有限，而神灵信仰无疑是他们在困苦生活中唯一的心灵上的慰藉和寄托。近代中国社会的转型是在古今中外诸

① 李俊领：《天变与日常：近代社会转型中的华北泰山信仰》，第 2 页。
② （汉）刘向：《五经通义》，（清）马国翰辑《玉函山房辑佚书》，上海古籍出版社，1990，第 1965 页。
③ 袁珂校注《山海经校注》（增补修订本），巴蜀书社，1993，第 344 页。
④ 费孝通：《论文化与文化自觉》，群言出版社，2007，第 8 页。

多观念与力量的冲突下进行的，传统的泰山信仰礼俗发生变化，"礼治"与"神道设教"方略衰落，各式各样的群体或个人基于自身的利益，肆意利用泰山信仰，不可避免地出现了社会失范的问题，加剧了社会秩序的混乱。

五 结语

在内忧外患的时局中，处于一个由传统到现代的社会转型过程中，近代中国华北泰山信仰所面临的种种问题，实际上反映了华北民众日常生活的窘境。泰山信仰是华北民众认识、理解和把握自身命运的一种观念，是解决自己现有知识和能力之外的日常生活问题的一种方式①。由于中国现代化进程的区域性差异，近代华北底层民众的日常生活及其思维、行为方式依然停留在前现代时期，传统的泰山信仰依然左右着他们的生活。《天变与日常》一书从区域社会史和日常生活史的双重维度出发，"把活材料与死文字结合起来"②，依据文本文献与田野调查等资料，为我们描绘了传统与现代之间的近代华北泰山信仰的历史演进历程，揭示了近代华北区域社会变迁的困境与走向，无疑是近代华北泰山信仰研究的一部力作。

---

① 孙庆忠：《妙峰山：香会志人生史》，知识产权出版社，2013，第221页。
② 陈春声：《走进历史现场》（历史·田野丛书总序），赵世瑜著《小历史与大历史：区域社会史的理念、方法与实践》，三联书店，2006，第1页。

婚姻制度与婚姻文化互动的新视角

——评李慧波著《北京市婚姻文化嬗变研究（1949～1966）》

武 婵

　　婚姻作为人类社会生活中一个最基本的领域，是人类自身延续和发展的最基本的形式，有学者称："婚姻乃全部社会生活之'万世之始也'。"①追求美满幸福的婚姻生活是人类社会一个历久常青的主题，因而，关于婚姻的研究也是古往今来历久弥新的论题。国内外研究者从不同的领域、不同的概念框架下、不同的视角对婚姻问题的研究给予了广泛的关注。改革开放后，中国国内学者关于婚姻研究的队伍逐渐壮大，研究者们从法律史、文学史、历史学、民俗学、社会学、心理学、语言学、性别史等不同角度对婚姻进行研究，成果颇丰。然而这些研究成果大多集中于对近年来出现的婚姻现象的研究，其研究的范围和系统性有待进一步拓展与加强。

　　近年来，社会文化史作为一颗学术新星悄然升起，"越来越多的研究者受到吸引而投身于社会文化史方向的研究探索"。② 李慧波的新著《北京市婚姻文化嬗变研究（1949～1966）》（社会科学文献出版社，2014；以下简称《婚姻文化》）一书是梁景和教授主编的"中国近现代社会文化史论丛"中的一本，是社会文化史研究的又一新力作，也是为数不多的一部从社会文化史视角对新中国成立初期的区域婚姻进行系统、全面研究的成果。作者试图通过梳理新中国成立后十七年间北京市婚姻文化发展变化的"小历史"，透视出中国社会"大历史"的变迁。

---

① 梁景和：《近代中国陋俗文化嬗变研究》，首都师范大学出版社，2009，第30页。
② 李长莉：《社会文化史的兴起》，《天津师范大学学报》2003年第4期。

一　内容与框架

《婚姻文化》是作者在博士毕业论文的基础上修改完成的，全书共分为8个部分，按主题可概括为绪论、晚清民国时期北京的婚姻状况、新式婚姻制度的建立、"择偶—恋爱—结婚"婚姻建立三部曲、婚姻的变异、婚姻文化嬗变的评价和启示。

绪论部分，《婚姻文化》首先对婚姻、婚姻制度、婚姻文化等相关概念做出了自己的界定。婚姻"从广义上而言是配偶之间一种特定的社会结合。从狭义而言是规范和制度化的社会条件下的男女两性为满足生理、物质、精神和情感等多元需求而结成的关系"。婚姻制度"是统治阶级制定的婚姻行为规范"。婚姻文化"是人们在社会实践中形成的具有普遍和自发的婚姻价值取向和行为规范。它包括婚姻观念、婚姻行为、婚姻心理、婚姻习俗、婚姻模式和婚姻伦理等多个范畴"。那么，婚姻制度和婚姻文化之间有着怎样的关联呢？作者认为："婚姻制度和婚姻文化有着密切的联系，婚姻制度中的相关规定是在吸纳、改造和整合婚姻文化的基础上形成的。婚姻文化也随着婚姻制度的改变而发生变化。他们都具有调整和规范人们婚姻行为的功能，并成为指引、评价人们婚姻行为的尺度。它们共同作用于婚姻领域，使得婚姻秩序得以稳定。"[1]

任何事物的发展都有一个循序渐进的演化过程，"中国现代婚姻文化嬗变是整个中国现代社会文化演变的一个重要组成部分"；[2] 因此，新中国成立后的婚姻文化嬗变也是中国现代社会文化演变的一部分，且和晚清民国时期的婚姻文化有着紧密的联系。第一章中，作者追述了晚清、民国时期的婚姻制度和婚姻习俗，总结了这一时期婚姻变化中的特征，概述了这一时期婚姻文化的变迁："晚清和民国时期，国家对婚姻制度的改革迈出了一大步。在继承传统的同时，又吸收了其他国家先进的立法理念，具有一定的超前性。但鉴于当时的实际状况，难免会出现与现实相脱节的问题。晚清时期的北京，无论是从婚姻制度方面来看，还是从人们的文化观念方面

---

① 李慧波：《北京市婚姻文化嬗变研究（1949~1966）》，社会科学文献出版社，2014，第7~8页。

② 梁景和等：《现代中国社会文化嬗变研究（1919~1949）——以婚姻·家庭·妇女·性伦·娱乐为中心》，社会科学文献出版社，2013，第27页。

来看，多数人还是遵照着传统的婚姻模式。民国时期，执法机关并没有坚决彻底地贯彻执行国家制定的婚姻政策，而是采取一种积极妥协的态度。这使得新的婚姻制度和婚姻观念并没有得到切实执行和改变。"①

在中国传统社会中，夫妇关系是五伦中最重要的关系，社会中的一切关系都由五伦演化而来。因此，新中国成立后，毛泽东将婚姻法的制定作为仅次于《宪法》的国家大法来看待②。有学者从法学的角度对新中国成立初婚姻法的改革进行研究，指出，"上世纪 50 年代婚姻法改革运动是国家高度同质下全部机构、全体民众总动员的一个缩影。运动的途径是由官方自上而下灌输法意，呈现出单一单向的从官到民的传播特点。党和国家的意图非常明显：在全中国强制推行新的婚姻制度和观念，塑造一个崭新的婚姻家庭生活"③。而《婚姻文化》则从历史学角度出发，对这一问题进行了再研究。第二章中作者首先回顾了中共苏区婚姻的演变和发展。在此基础上，复原了 1950 年《中华人民共和国婚姻法》（简称《婚姻法》）颁布后国家的宣传和北京市民众的反映，描述了 1951 年和 1953 年两次规模较大的宣传《婚姻法》运动，将当时行政体制的运作、宣传和实施过程中各阶层互动的实践列入考察的范围，分析新的《婚姻法》给民众的婚姻家庭状况和观念所带来的变化。

第三章至第五章，作者致力于"择偶—恋爱—婚礼"走进婚姻殿堂的三部曲研究。在择偶的社会模式一章中，作者通过对不同职业、不同婚龄、不同文化程度间的择偶模式进行比较、分析、研究，发现婚姻当事人在职业状况、年龄结构、文化程度和政治条件等方面都存在相似性，说明了按这种模式结合的婚姻稳定性更高。此外，作者通过描述国家倡导的择偶观，略窥了国家对私人领域的干涉程度。第四章"婚姻的确立方式"，作者主要阐述了恋爱方式在各个阶层的表现形式及特点，分析了一种新的文化出现，人们面对传统文化已破裂和新文化暂未确立时所产生的迷茫与困惑，以及国家在这种情况下采取的干预、引导措施。婚礼作为恋爱双方步入婚姻殿堂的标志，是婚姻研究中一个最重要的部分。按照西方传统，在这个仪式上，男女双方要"庄严地宣布同意建立婚姻这一伦理性的结合，……婚礼仪式表达了家庭和自治团体对它相应的承认和认可，……只有举行了这种

① 李慧波：《北京市婚姻文化嬗变研究（1949～1966）》，第 52～53 页。
② 马起：《中国革命与婚姻家庭》，辽宁人民出版社，1959，第 81 页。
③ 金眉：《我国上世纪 50 年代婚姻制度改革运动的反思》，《法学》2010 年第 8 期。

仪式之后，夫妇的结合在伦理上才告成立"①，在中国大致也有此意。作者在第五章"个人、家庭和国家利益冲突下的婚礼仪式"中，通过对婚礼日期的选择、婚礼仪式、婚礼参加人、婚礼中的各种象征性符号的分析，阐释了婚礼在人们的社会活动中的功能，并揭露了在新的社会条件下，民众应对国家制度和社会文化的策略。

第六章主要讨论了婚姻的变异，包括离婚、复婚和再婚。首先，作者通过分析档案资料中的离婚案例，探讨了离婚的原因。其次，分析了不同群体、不同年龄、不同结婚时间的离婚人群的特征，指出了这一时期在离婚案例的处理方面存在哪些问题。最后，对再婚和复婚进行了简要的阐述。

在第七章"评价及启示"中，作者对新中国成立后十七年间的婚姻文化进行了整体评析，是全书的亮点与精髓所在。新中国成立后十七年间北京市婚姻文化的变化基本是在国家要求的轨道上进行的，其特点主要有：第一，在婚姻文化变化中权力随之转移，即民众从服从家庭权威向服从国家权威过渡，家庭内部权力从家长转移到个体成员；第二，男女两性的权益逐渐趋向于平等；第三，婚姻文化具有动态性特性；第四，婚姻文化的变迁反映了人性自我完善的过程。第五，作者提出了"规范性社会文化"，试图通过新中国成立后十七年间不同群体从抵制到开始接受并认可新的婚姻经历来分析国家制度贯彻执行到多大程度就会产生"规范性社会文化"现象，并就"规范性社会文化"的形成、存在的问题及如何构建良性的规范性婚姻文化提出了自己独到的见解，"强有力的制度的推行可加快文化变迁的速度，推进文化变迁的广度和深度。……强有力的制度的推行容易导致规范性文化的生成，……但这种文化对人类的发展是一把双刃剑，正如新中国'十七年'间婚姻文化的变迁一样，党和政府的能动干预和引导以及国家政策法律的制定是新中国婚姻文化演变的决定因素，国家政权通过强有力的制度的推行，使得《婚姻法》迅速为民众所接收。一夫一妻的推行与倡导，使个人脱离了家庭、家族的束缚，有了更为自由的婚姻，拥有了更多的精神和情感体验。这对'人'的发展而言，不能不说是一个进步。"②

① 〔德〕黑格尔：《法哲学原理》，范扬、张企泰译，商务印书馆，1961，第180页。
② 李慧波：《北京市婚姻文化嬗变研究（1949~1966）》，第404页。

二　理论与方法

《婚姻文化》从婚姻制度与婚姻文化互动的视角出发，对新中国成立十七年间北京市婚姻文化变迁中的一些重要问题进行了考察和研究，是社会文化史研究的一部新力作。

首先，作者运用了传统史学、马克思主义史学和近现代史学研究的多种方法，主要包括宏观与微观、具体与抽象、描述与实证、比较分析等历史学研究的基本方法。例如，作者运用宏观与微观相互渗透，定量分析和定性分析相结合的办法分析了择偶、恋爱和离婚的社会特征；通过总体与个案相结合的描述、和实证相结合的办法来研究新中国成立十七年来北京市婚礼的特征以及婚姻发生变异的原因，力求把握调查资料的内在联系和规律性，并通过数据分析升华为理论认识。此外，大量的比较研究也是本文的一个特色，作者按照年龄（"30"后、"40"后、"50"后）、文化（文盲、半文盲、知识分子、高级知识分子）、职业（工人、农民、干部、军人）等对研究对象进行了划分，并在此基础上对各类群体进行了分析比较研究，努力将婚姻文化、社会阶层、性别视角、法律诱因、行政原则、基层策略等多个角度的内容糅合在本书的解读中。

其次，作者在强调基本的史学方法，依靠文献资料进行研究的基础上，借鉴了许多国内外有关论著中的理论和研究范式。例如，运用社会学的访谈法、抽样调查法来搜集资料，扩充、弥补文献资料的不足。运用社会心理学和心态史的研究方法，分析了国家在贯彻《婚姻法》过程中普通民众的"众从"和"从众"的社会心理变化；运用"价值内化理论"和"同类匹配"理论解释相近或者类似的异性更容易结为配偶，用"交换理论"解释婚姻关系的形成；运用"婚姻市场理论"解释婚姻市场中存在的挤压现象及婚姻的成立过程；运用"社会比较理论"解释个人对他人和自己的文化认同；运用"交换不均衡理论"解释婚姻的变异现象，用"择偶过滤理论"解释婚姻中的价值一致与互补关系；借助社会心理学理论分析婚姻文化中的"众从"和"从众"现象以及民众的行为；最后试图通过"规范性社会文化"理论为本研究做一个总结。

最后，中国幅员辽阔，地区间差异性大，因此把中国的历史变迁置于空间维度下进行考察是最切实可行的方法，也是最能将研究进一步推向深入的"捷径"。《婚姻文化》将研究范围锁定在北京市这一区域内，对新中国成立初期的区域婚姻进行宏观系统的研究，这一独特的研究视阈无疑是本文的一大亮点：一方面弥补了区域婚姻研究的不足，另一方面进一步拓展了社会文化史研究的空间维度。

三　创新与不足

《婚姻文化》史料翔实，论述有力。史料是史学研究的基础，离开了史料，历史学这座大厦就失去了坚实的根基。史学工作者的研究，首要任务就是史料的挖掘与搜集，进而将其应用到研究当中，"史学的创新，不仅在于理论与方法的创新以及研究视角的转化，亦在于史料的创新，即对新史料的发掘与利用"。[1] 李慧波在本书的研究中运用了大量的档案、方志、回忆录、传记、文学作品、电影、戏剧、文集等，有理有力有据地支撑了文中的论述。

人是婚姻生活的主体，也是婚姻制度的实践者；作者认为，作为婚姻制度的参与者最有发言权，只有深入婚姻制度所运行的历史现场，真实地反映当地民众的观念才能揭开真正的面纱。基于此，作者围绕新中国成立十七年间北京市的婚姻文化这一主题，随机遴选了这一时期的百位老人，对他们进行了为期三个月的访谈[2]（已出版），通过与历史当事人的直接对话，获得了丰富的第一手口述史资料，使作者可以"对一些已经熟知的事件和文化现象作出'民众的解释'，用'民众的声音'表述民众历史记忆和感受"，这一过程具体地诠释了口述史方法的两重含义："其一，史学家搜集史料的方法；其二，史学家利用口述史料撰写历史的方法"。[3] 更重要的是正如梁景和教授所说："访谈录本身的价值和意义也许并不亚于著作本身，这些珍贵的访谈资料的光芒必将会随着时间的推移而越发的彰显。"[4]

如果说史料是史学研究的基础，那么理论研究则是对史学问题的总结、凝练和升华，是史学研究的精髓所在。本书虽史料扎实，但在理论提升方面稍显欠缺，对许多史料的分析不够透彻。"社会文化史是研究社会生活与

① 张玮：《战争·革命与乡村社会：晋西北租佃制度与借贷关系之研究》，中国社会科学出版社，2008，第30页。

② 梁景和主编《中国现当代社会文化访谈录》第三辑，首都师范大学出版社，2013。

③ 梁景和、王胜：《关于口述史的思考》，《首都师范大学学报》200 年第 5 期。

④ 2014 年 9 月 30 日，在首都师范大学历史学院博士研究生讨论课上的一次演讲。

其内在观念形态之间相互关系的历史"①，围绕婚姻生活形成的婚姻文化是社会文化的一个重要内容，作者通过对大量史料的整理和分析，把新中国成立后十七年间北京市婚姻文化变化的全貌清晰地展现在了读者面前，从婚姻制度与婚姻文化互动的视角出发，论述以国家强制力为坚实后盾的政府对婚姻制度的有力推行，自上而下地推动了婚姻文化的嬗变，并最终形成了一种"规范性社会文化"，这无疑抓住了新中国成立后十七年间婚姻文化嬗变的关键因素。但是，作者没有进一步深入分析作为首都的人民于这十七年间在婚姻观念、婚姻思想上的变化，以及观念和思想变化所带来的婚姻生活方式的具体变化；反过来说，就是婚姻生活方式的变化又对婚姻观念和思想产生了怎样的影响？这是研究社会文化史的根本途径，只有把握婚姻文化内部各要素与婚姻制度之间相互影响、相互作用的内在联系，才能将婚姻文化的研究在理论上推进一步。

从文章的结构上来看，作者在每章后面都附有"本章小结"，目的在于对本章论述的主要内容做一简单总结，对各章节的研究思路做一梳理，如果能在小结中进一步对本章内容进行理论探讨，对研究内容进行提炼，并升华到理论分析层面，将使研究更加深入。例如，第四章"婚姻的确立方式"，作者提出新中国成立后婚姻的确立方式由传统的"父母之命，媒妁之言"变为"恋爱"，并对如下内容做了详细的叙述：恋爱的经历和特征；婚姻结合的三种方式——自由恋爱、包办婚姻、半包办婚姻；旧的婚姻方式被打破，新的婚姻方式还未确立时人们在恋爱中的迷茫和困惑；国家倡导的恋爱观。在"本章小结"中，作者就个人、家庭、国家对自由恋爱的态度、立场做了简单的分析后，指出："家庭已经不再是阻碍婚姻的主导力量，面对家庭的反对，青年男女可以去寻求组织的帮助；面对已经成立的事实，家长只能默认。……家庭在国家强大的政治压力下，作出了妥协和让步。……我们还看到，国家一方面宣传自由恋爱，另一方面又倡导青年为国家、集体利益牺牲个人利益。所以很多人会因国家提倡的'无私'行为，而不去花更多的时间恋爱。"② 由此可以看出，作者的归纳分析是高度概括性的，但也引发了一些思考。婚姻的确立方式是婚姻文化嬗变的一个重要标志，国家倡导的恋爱观以及确立婚姻制度在婚姻的建立中具有极其重要的作用，但是婚姻制度与政府的宣传并不能一劳永逸地将传统婚姻文

---

① 梁景和主编《中国社会文化史的理论与实践》，社会科学文献出版社，2010，第31页。
② 李慧波：《北京市婚姻文化嬗变研究（1949～1966）》，第231页。

化彻底消灭。同时，传统婚姻习俗、婚姻观念的存在是阻碍恋爱自由、婚姻自由的一个重要因素，故而这一时期的婚姻确立方式呈现新旧杂陈（自由恋爱、包办婚姻、半包办婚姻）的现象，可见婚姻文化的嬗变是各方面综合因素的结果，婚姻制度是在与传统婚姻习俗、婚姻观念等的较量、渐次渗入中逐步确立了新的婚姻文化，如果在小结中，作者能进一步做出理论方面的提升，探讨婚姻制度与婚姻确立方式之间的互动关系，本章的研究将更有理论高度。

从本书选定北京这一代表性区域进行研究的视阈出发，也可以把本文的研究视为区域社会史研究的一部分，相对于宏观的社会史而言，区域社会史是微观的，但区域社会史"研究的目的并不在于区域或者地方，而在于整体"①，相对于区域社会史追求的整体性而言，本文的研究又是微观中的微观，即新中国成立初期北京市社会生活中的婚姻文化。如此赘述，并不是强调本书作为区域社会史研究的诸多缺点，因为它严格意义上来讲并不是区域社会史。但是，从这个思路出发，我们就不难理解婚姻文化的变化是整个社会生活中的一个重要部分，除了受婚姻制度的影响外，经济发展水平、社会环境状况、思想观念的变化，特别市思想观念的变化，也是制约社会婚姻文化嬗变的重要因素，在强调婚姻制度与婚姻文化互动的同时，如果能更全面地把握影响婚姻文化嬗变的各要素之间的关系，把婚姻这一社会生活的主要研究内容嵌入社会生活整体的变化之中，将更能清晰地呈现婚姻文化的嬗变过程；也就是说，只有把握了整个社会生活的嬗变脉络，才能更直观地呈现婚姻文化的演变。

此外，婚姻的延续和破裂是一个动态演变的过程，而这个过程在作者的描述中几乎缺失，文章从"婚礼"直接跳到"离婚"，将具体的婚姻生活直接剪掉。费孝通曾指出："这个婚姻的契约中同时缔结了两种相联的社会关系——夫妇和亲子。这两种关系不能分别独立，夫妇关系以亲子关系为前提，亲子关系也以夫妇关系为必要条件。这是三角形的三边，不能短缺的"②。亲子作为婚姻的结晶，是一个家庭爱的桥梁，在婚姻的发展变化过程中起着十分重要的作用，因而忽略婚姻中具体的生活过程，包括亲子这个重要的婚姻关系，直接从"婚礼"跳跃到"离婚"，对于揭示婚姻文化嬗

---

① 赵世瑜：《小历史与大历史：区域社会史的理念、方法与实践》，生活·读书·新知三联书店，2006，第4页。

② 费孝通：《乡土中国·生育制度》，北京大学出版社，1998，第159页。

变的具体过程可能也是一种遗憾。

四　小结

　　通观《婚姻文化》，作者从婚姻制度和婚姻文化互动的新视角出发，探讨了新中国成立后十七年间北京市婚姻制度与婚姻文化相互影响、相互作用，共同推动婚姻文化嬗变的过程、结果和意义，并借此进一步引申出社会文化和社会制度之间的关系，提出："鉴于社会文化具有'滞后性'的特点，特别是我国这样一个在某些方面还具有'后发展外生型'特点的国家来说，文化的发展更需要制度的强有力的推定和支持。在这个过程中，社会制度与社会文化之间应当寻找一个适当度，尽可能地掌握、协调各个方面存在的问题，社会才能更为健康和谐的向前发展。"① 因此，《婚姻文化》不仅填补了学术界在这一领域研究的缺漏，而且提出了从社会制度和社会文化互动的角度研究社会和谐发展的新路径，无疑具有抛砖引玉的意义。

---

① 李慧波：《北京市婚姻文化嬗变研究（1949～1966）》，第 404～405 页。

权力话语体系下的性别突围

——评黄巍博士的《自我与他我 ——中国的女性与形象（1966～1976）》

陈东林

2016年3月，社会科学文献出版社出版了辽宁社会科学院历史学博士黄巍的《自我与他我——中国的女性与形象（1966～1976）》一书，黄巍多年来从事中国近现代社会文化史和女性学的研究，该书以"文革"时期女性形象为中心，立意深远，新颖独特，方法恰当，见解独到，文笔清顺。该书立足于解密的档案资料，借鉴和吸收了海内外研究成果，以新颖独特的视角和细致严谨的笔触刻画了"文革"中的女性形象。论述公正公平，发人深思，对于理解当代中国政治、社会生活的变迁不无裨益，对当前"文革"史、中国女性史研究具有重要的参考价值。

该书是作者历经四年时间写作、修改而成的。该书的文献、档案资料来源于北京市档案馆、上海市档案馆、国家图书馆、北京大学图书馆等地的大量第一手历史文献，为使研究结论更客观、公允，作者还到北京、上海、辽宁等地实地采访，并整理了13万字左右的访谈录，实现了历史文献和口述史的结合。该书综合运用了历史学、社会学、政治学、心理学、女性学等学科的理论与方法，运用国家－社会理论、社会性别等将"文革"时期女性形象政治化问题进行了全景式的描述，力图解释"文革"时期女性形象的塑造历程、历史动因以及这些被政治化女性的心理状态与文化意象。该书具有以下几个特点。

一 该书是目前国内外学术界第一部以"文革"女性形象为题目研究"文革"史的历史学专著

当前，"文革"史的研究理念出现了从宏观到微观、从中央到地方、从精英到大众的转变,在实现这一转变的同时,审视"文革"的视角也应更加多样化。对"文革"的研究应当有新的视角,即从中国当时所处的国际国内形势,从国家与社会的关系,从社会性别的角度来审视"文革",以深化对"文革"史的研究。目前学术界中有一种"文革"发生在中国,研究在国外的说法。国外研究"文革"史也多集中于探讨"文革"的起源①和政治核心人物,国内学术界以"文革"女性为研究题目的,散见于文学、美术、电影等研究领域的一些硕士论文中,目前国内外鲜有历史学学者关注"文革"时期的女性问题,该书是目前国内外第一部以"文革"女性形象为切入点研究"文革"史的历史学专著。

通过研究,作者认为"文革"时期女性形象问题的最大特色,就是在政治运动的挟制下发生了很大程度的政治化转向。她们在思想、言论、行为、服饰等各方面无不被国家权力重新塑造,无论是官方宣传的女性形象,还是现实生活中女性的实际表现,无不带有这一历史时期特有的政治化痕迹。"文革"时期的女性受到了国家舆论导向、各级行政组织和各种政治运动的影响,其形象在一定程度上出现了政治化转向,女性由"文革"初期热烈的盲目追随到后期的迷茫与困惑,无不带有时代特有的烙印。根据深入研究,作者认为"文革"时期女性形象政治化的产生是社会现实中政治、文化、性别等多重力量运作和角力的结果,其中交织着意识形态、文化建构、两性伦理等复杂关系,它也在历史的、具体的社会时代语境的变迁中重构女性形象自身。该书的研究结论,对现阶段如何处理好国家、社会和女性形象之间的关系有一定的借鉴意义。

二 该书是目前中国学术界第一部以"文革"女性形象 为选题探索中国女性史的历史学专著

在几千年的中国古代社会中,由于"男尊女卑"思想理论体系制约着女性,使女性成了男性的附属品。即便如此,也不乏女性尝试着抗争男权文化,她们的抗争精神为近代中国女性的觉醒奠定了基础。近代是中国社会处于动荡、变革的时代,在萌发于中国内部的先进力量和西方资本主义工业化影响力的巨大推动下,中国逐渐走上了近代化的历程,并由此带来

---

① 〔美〕麦克法夸尔:《文化大革命的起源:人民内部矛盾(1956—1957)》第一卷;《文化大革命的起源:大跃进(1958—1960)》第二卷,河北人民出版社,1989。

了女性近代化的发展。妇女解放也和强国保种、民族独立联系在一起。近代女学的兴起，使女性接受教育成为可能，而教育也在一定程度上推动了女性近代化的发展。在民族存亡的时刻，有越来越多的近代中国女性觉醒，投身革命，成为近代中国女性的革命形象。中国古代女性抗争形象和近代中国女性革命形象，为现代女性形象的产生积淀了深厚的土壤，对该书研究的问题，具有一定的启发和借鉴意义。

1995年联合国第四次世界妇女大会在北京召开，进一步推动了妇女性别史学科的迅速发展。中西方的女性主义和女性解放运动的兴起，完全基于不同的发展脉络。西方的女性主义，源自自发组织的理论挑战与实践，它跟国家机器之间形成某种程度上的对抗与张力；新中国的女性解放，从较大程度上是新政权自上而下推行意识形态的产物。本书的书名"自我与他我"，其意义指向，正是女性在千百年传统社会里形成的"自我"，跟新政权主动建构的"他我"之间的冲突与互动。

在该书中，作者认为"文革"时期政治化的女性形象打破了几千年来女性温柔、贤淑的形象，异化为趋于男性的女性形象，这其实也是女性想获得社会认可、男性尊重的一种潜意识反映。这一时期的女性虽然表面上看似颠覆了传统的女性形象，但这并不能说明女性群体的主体意识被激活，也掩盖不了"男尊女卑"意识对社会现实的影响。而获得社会角色的女性并没有获取更为先进的主体意识和本体意识，在现实行为与思想深处，"文革"中的女性处于错位的尴尬中，女性自身的性别意识被遮蔽。而且，"文革"时期的男女平等是以忽视女性与男性的生理差别为前提的，是以女性去做男性能办到的事为代价的，与之相伴的是女性"男性化"性别文化的出现和"不爱红装爱武装"审美趣味的形成。作为女性，她们不仅要获得政治、经济、文化上的平等权利，还要获得个人身心自由、健康、全面的发展，更要获得女性的主体意识，但是，要实现这个理想不是短时间能够完成的，只有认识到这一点，才能推动未来中国妇女运动更快、更好的发展。所以该书的出版，对推动未来中国女性史的研究与发展具有重要意义。

三 该书是目前中国学术界从社会文化史的女性视角研究"文革"史的重要历史学专著

长期以来，"文革"史一直作为中共党史、中华人民共和国史的重要研究内容，由于多种条件的限制，仍是较为薄弱的领域。就目前的研究现状看，主要集中这一时期的政治、经济、外交、军事等领域，对于普通民众的婚姻家庭、性别性伦、娱乐消费、文艺体育、衣食住行、宗教信仰等社会文化史研究的领域却鲜有涉足。同时对"文革"女性问题的研究局限在一些文学作品、艺术创作或篇幅较短的个别论文中，目前国内还没有从社会文化史的女性学视角考察"文革"史的历史学专著。目前在女性学研究中，社会性别理论逐渐得到学术界的接纳，尽管在新中国成立后的 60 多年里，我国在法律上确认了女性与男性平等的权利，但传统的价值观念和道德观念仍然根深蒂固，两性地位在现实生活中仍然存在较大差距，即便在女性看似强势的"文革"时代，男女真正意义上的平等也远未实现，所以只要我国的女性相对男性而言仍处于不平等的地位，就存在借鉴这个理论去分析男女不平等现象的可行性。

该书选取女性形象作为研究对象，从社会文化史的角度，从她们日常生活中的一言一行，试图揭示当时的政治、经济、文化之间复杂多变的关系。作者认为，该书研究对象中的大多数人属于基层民众，不属于权力核心的政治人物，更不处于当代历史的中心位置。但是，她们之中有的人却因为政治的需要而成为闻名全国的知名人物，又因为政治的需要而销声匿迹，她们的思想和行为已经深深打上了时代的烙印。作者以这些女性形象为切入点，从社会文化史的角度进行研究；其中作者发现，她们的形象已经和一个民族的命运轨迹紧密联系在一起，是一个民族在这一时代的群体雕像。她们的形象已经成为一种隐喻和象征，正是她们，在一个特殊的时代，影响了中国女性的群体形象。

四　该书是将历史档案文献和口述历史有机结合研究"文革"史的历史学专著

为了弥补档案、文献等官方史料的不足，作者注重收集口述史资料。通过收集"民间话语"和"女性话语"，注重当事人自身的体验与感受，力图再现真实的历史。通过对"文革"时期女性形象政治化问题的研究，从而获得对"文革"时期女性社会地位整体性的认识。从"被政治化的女性"这个特殊的角度出发，依据历史文献，配合个体的口述，从宏观到微观，再从微观到宏观，探究女性的心理状态、思维方式和社会生活，力求反映历史的多维面相。通过研究，作者发现，这一时期的广大女性在复杂的政治运动裹挟下，成为被动的"他者"和客体，她们的命运已不能由自己掌握，她们游离在自身认同的角色与男性认同的角色之中，挣扎于个人利益与革命利益之间。当尘埃落定，那些曾经受政治影响而红极一时的女性，从虚幻的革命激情中重新回到现实时，她们才发现，原来光环背后，还有那么多迷茫和困惑，而这也正是我们需要深深思索的问题。

该书选"文革"时期的女性形象为研究对象，从社会文化史的研究视角，对推动"文革"史和女性史的研究都具有重要意义。该书史料翔实，作者在写作此书的过程中，也付出了大量心血。但该书对有些问题还应深入研究，如文中描述的女性生活的政治化与女性在家庭生活中生儿育女的职能是否造成悖论？报刊及其他新闻媒体报道中的女性与普通女性的实际生活状况有何不同？"文革"前期与中后期有无差异？这些问题都需要作者在今后的研究中继续探讨，特别是作者日后要加强对口述史的研究。应该说，"文革"时期女性形象政治化的问题，不仅是学术界值得探讨的问题，也是社会各界经常探讨的话题，因为这个问题不仅涉及中国的政治、经济、文化、社会等诸多因素，同时也是考察"文革"史、中国女性史的一个重要线索。一个敢于直视自己历史的民族是伟大、有勇气的民族，正所谓历史是一面镜子，以史为鉴，就是其中的道理。

下编

纪要与综述 《

中国"性伦文化"研究述评

梁景和

中国改革开放以来，一些学科诸如社会学、伦理学、心理学、法学、文学、医学等开始关注并研究"性"的问题，史学虽然对此相对涉及较晚，但也逐渐了解和关注这一领域，认识到研究这一问题对于民生的重要意义。本文仅以首都师范大学历史学院中国近现代社会文化史研究中心的学术实践即学术活动为例，扼要介绍和评述二十多年来国内有关性伦文化的研究状态，这可以从某个侧面反映国内性伦文化的研究片段。

一　概念的提出与初始研究

1991 年梁景和在关注社会文化史并重点研究社会生活这一新视域的同时，开始设计与撰写博士学位论文《近代中国陋俗文化嬗变研究》，该论文第五部分为"性伦卷"，是探讨陋俗文化中的"性伦文化"问题，所以从历史学科的视角提出了"性伦文化"这一概念，认为"性伦文化是指反映异性间诸多联系的某种功能性模式"。[①] 后来作者对这一概念做了一个字的修改，指出所谓"性伦文化是反映两性间诸多关系的某种功能性模式"；[②] 并进而解释说，"两性间诸多关系即以两性为核心，或者由两性引发的，或者涉及到两性的一系列相关的问题；模式即关于两性关系在价值观、道德观、行为方式、心理趋向等方面于广大的人群中流行的标准或样式；功能性即这种标准或样式对社会和人生发挥着怎样的作用与效能"。[③] 根据这样一个界定，梁景和开始涉足"性伦文化"的讨论，其博士论文的"性伦卷"主

---

① 梁景和：《近代中国陋俗文化嬗变研究》，首都师范大学出版社，1998，第 263 页。
② 梁景和：《重视研究五四时期的性伦文化》，《光明日报》1999 年 8 月 20 日。
③ 梁景和：《重视研究五四时期的性伦文化》，《光明日报》1999 年 8 月 20 日。

要探讨了近代中国特别是五四时期"男女社交公开思潮"、"贞操观批判"和"性教育论"三个方面的问题。在"男女社交公开思潮"中重点讨论了"男女之大防"、"新时代的男女社交观"、"关于'男女社交公开'的大论战"和"迈出社交自由的第一步"几个问题;在"贞操观批判"中重点讨论了"贞操观的历史演变""五四思想界对贞操观的批判""贞操习俗的变革及其局限"几个问题;在"性教育论"中重点讨论了"传统中国社会与西方社会的性教育""五四时期的性教育思潮"等问题。① 2010 年出版的梁景和《五四时期社会文化嬗变研究》一书,有五个专题涉及了性论文化,主要包括"生育节制思潮""男女社交公开思潮""思想界对贞操观的批判""性教育思潮""关于性伦文化"。② 2013 年出版的梁景和等人合著的《现代中国社会文化嬗变研究(1919～1949)——以婚姻·家庭·妇女·性伦·娱乐为中心》一书,其中第五部分为"性伦卷",主要讨论了性教育问题,包括"20 世纪上半叶中国性教育的兴起""20 世纪上半叶教育界对性教育的讨论与实践""进步知识分子的性教育文化观""现代性教育兴起的二重归因和性话语的三重解析"。③ 在上述几本专著出版的前后,梁景和还公开发表了几篇"性伦文化"的论文,包括《五四时期"生育节制"思潮述略》④《论五四时期的"男女社交公开"思潮》⑤《五四时期思想界对"贞操观"的批判》⑥《二十年代关于"废婚"的论战》⑦《五四时期的"废婚主义"》⑧《重视研究五四时期的性伦文化》⑨《五四时期的"性教育"思潮》⑩《五四时期的"性伦"文化观》⑪《论五四时期的"性伦"文化》⑫《新中国三十年的性教育(1949～1979)》⑬《1949—1979:三十年性伦文化

---

① 参见梁景和《近代中国陋俗文化嬗变研究》,第 263～319 页。
② 参见梁景和《五四时期社会文化嬗变研究》,人民出版社,2010。
③ 参见梁景和等《现代中国社会文化嬗变研究(1919～1949)——以婚姻·家庭·妇女·性伦·娱乐为中心》,社会科学文献出版社,2013,第 373～450 页。
④ 该文发表于《史学月刊》1996 年第 3 期。
⑤ 该文发表于《史学月刊》1998 年第 1 期。
⑥ 该文发表于《首都师范大学学报》(社会科学版)1998 年第 2 期。
⑦ 该文发表于《光明日报》1998 年 8 月 14 日。
⑧ 该文发表于(香港)《二十一世纪》1999 年 6 月。
⑨ 该文发表于《光明日报》1999 年 8 月 20 日。
⑩ 该文发表于《山西师范大学学报》(社会科学版)2000 年第 3 期。
⑪ 该文发表于《首都师范大学史学研究》第 2 辑,中国文史出版社,2004。
⑫ 该文发表于《文史哲》2005 年第 1 期。
⑬ 该文发表于郑起东、史建云主编《晚清以降的经济与社会》,社会科学文献出版社,2008。

的误区》①《1949-1979：三十年性伦文化的政治批判与文化围剿》②《1949~1979：男女社交与贞操文化的演变及历史局限》③ 等。

以上论著是在"性伦文化"概念下的初步的研讨，问题意识与传统史学关系密切，仍是关注一般观念的变化以及带来的某些生活的变化，缺乏从更加独特的角度研究问题，对深刻的历史文化缘由虽有思考，但对性伦文化与政治和权力的关系问题还缺乏研讨。这些研究只是为后来深入探索做了一个前期的铺垫。

二 学位论文与《婚姻·家庭·性别研究》辑刊

首都师范大学历史学院中国近现代社会文化史研究中心培养的研究生，先后有几名学生是以"性伦文化"和"性伦理"为主题进行学术研究并撰写硕士学位论文的。主要有 2001 级硕士研究生李巧玲、2008 级硕士研究生廖熹晨、2009 级硕士研究生王唯、2012 级硕士研究生李琳等人的学位论文。

李巧玲的硕士论文《新中国三十年的性伦文化（1949—1979）》一文，认为共和国成立的 30 年间，有很多观念与行为方面的误区。当年如果男女两性热情交往、紧密接触甚至正常谈恋爱、女性被恶人骚扰等，都会被视为"流氓""破鞋""作风问题""乱搞两性关系""贱货""不正经"，等等。一些民众会用警告、跟踪、监视、汇报、揭发等方式来关注人们的两性交往和两性关系。这种观念与行为的误区，导致一些恶劣的后果发生，诸如断送当事人的前程、当事人遭受处分或判刑、性压抑导致性放纵和性犯罪。论文认为当年对"性伦文化"的政治批判主要集中在批判"破鞋"、批判"资产阶级思想和作风"、批判"男女交往过密"等方面，而文化围剿主要是对描写爱情的小说、剧本、电影、歌曲进行的批判。如对小说《苦菜花》《新儿女英雄传》《洼地上的"战役"》《在悬崖上》《红豆》《第二次握手》的批判，认为这些作品描写的爱情，是在散布消极、动摇、绝望的思想感情，散布抽象的人性伦；如对电影歌曲《上甘岭》插曲的批判，认为"姑娘好像花儿一样"是"资产阶级黄色歌曲"而被禁唱。论文还对共和国 30 年的性教育问题进行了讨论，强调了性的"人格"与人的"中

---

① 该文发表于王红旗主编《中国女性文化》第 9 期，首都师范大学出版社，2008。
② 该文发表于王红旗主编《中国女性文化》第 10 期，首都师范大学出版社，2009。
③ 该文发表于王红旗主编《中国女性文化》第 11 期，社会科学文献出版社，2009。

性"教育。同时论文还研讨了共和国 30 年男女社交与贞操文化的演变及历史局限。论文最后讨论了这一时期"性伦文化"变革的特征及其历史的经验教训。这是一篇较早探讨性伦文化的学术论文,当时没有太多参考的学术成果,也很少可资借鉴的研究方法和路径,在资料的搜集方面也有较大困难,所以作者为了寻求更有分量的史料,开始进行访谈工作,这在 21 世纪之初要采访"性"的话题,而且面对的受访者主要是 20 世纪 30 年代至 50 年代出生的人群,所以采访也是有一定困难的。这篇论文虽然只是一般性的宏观叙述,但开创之功不应小觑。

廖熹晨的硕士论文《新中国初期(1949—1966)北京地区性伦文化研究》一文重点研讨了三个方面的问题。第一个问题是"新中国的国家环境与性伦文化的变革",这里作者从"执政党与性伦文化的变革""性伦文化与社会稳定""苏联性伦文化对新中国的影响"等几个问题,说明了新中国国家内部、外部环境的变化,对新中国初期"性伦文化"的变革产生的深刻影响。国家执政党阶级性质的变化、社会安定本身的需要以及苏联"性伦文化"的外部辐射,共同决定了新中国初期"性伦文化"的变革和发展方向。第二个问题是"新中国成立初期北京地区性伦文化观念的变革",作者重点探讨了从男尊女卑到男女平等这一作为传统社会两性关系的变化,"以阶级斗争为纲"这一"性伦文化"价值观的变化,以及贞操观的变化。第三个问题是"新中国成立初期北京地区性伦文化的'新气象'",作者是从妇女解放、婚姻关系中的"性伦文化"、非婚性关系的"性伦文化"、色情淫秽文化和性禁忌、性教育等方面来讨论北京"性伦文化""新气象"的。作者最后从社会主义"性伦文化"的建立、"性伦文化"观念变革的意义与局限、"性伦文化"变化的历史规律、"性伦文化"建构的启示等方面来提升本文论证的主旨。这篇论文是一篇较为典型的历史学"性伦文化"的研究,论文在问题意识和理论探索方面也下了一定的功夫,虽然论文也是一篇初步的探讨。

王唯的硕士论文《北京地区性伦理探索(1966—1976)》是研讨北京"文革"时期性伦理问题的论文。论文首先界定和探索了一些学术定义和理论概念,认为性伦理是社会规约与"性"有关的一系列功能性模式;认为性伦理具有"阶级性与历史性的统一""社会性与私人性的统一""他律性与自律性的统一""感性与理性的统一";认为性伦理的功用体现在"社会功用"与"个体功用"上。论文还讨论了"文革"时期性伦理的特征,即性伦理的政治化、性伦理的身份化、性伦理的禁欲化、性伦理的"去私化"等，进而说明"文革"时期，性伦理是规训和惩罚的载体以及实施政治策略的手段。论文进一步讨论了"文革"时期性伦理特征的形成因素，主要是从政治因素、传统文化因素、当代思想文化因素等方面进行讨论的。论文最后论述了"文革"性伦理的当代启示，重点论述了当代对性权力的合理诉求以及性伦理与性教育的关系问题。这篇学位论文是早期运用跨学科的方法来进行"性伦理"问题的研究：其一，本文是以伦理学为本位进行性伦理研究，所以论文的理论性较强；其二，本文借鉴历史学的方法来研究"文革"这一历史时期的性伦理问题，所以论文查阅了相关的史料作为史实的佐证；其三，本文也同时借鉴社会学的访谈法来搜集并运用相关的资料，使论文生动有趣、逼真形象。本文为伦理学与史学的交叉互动研究做了一个有意义的尝试。

李琳的硕士论文《20世纪90年代中国性伦理嬗变研究》一文是以20世纪90年代性伦理的相关史实为背景，讨论我国社会转型时期性伦理的趋势化演变。论文运用伦理学、历史学、社会学以及心理学等学科的研究方法，试图对20世纪90年代性伦理演变的特征予以整体地把握，追寻社会变革时期经济、历史、思想文化对性伦理观的深刻影响。论文第一部分分别从不同学科的视角对"性"与"性伦理"进行了界定，归纳出性伦理的基本特征。论文第二部分结合个案及相关调查数据，以微观和宏观两个角度切入，分别从性教育、性观念、性关系以及性交往模式四个方面对20世纪90年代的性伦理的嬗变特征进行了概括分析。其中性教育的嬗变主要呈现在内容上渐趋完善、性教育体系初步形成、范围更加广泛，以及性教育方法的多渠道、多样化特点；性观念的嬗变则具体表现为传统与开放并存、泛自由化的倾向以及女性性观念的觉醒；性关系的嬗变主要表现为婚外性关系的扩大化、商业化以及性对象的多元化；性交往模式的嬗变体现为由现实到虚拟的演变趋势。论文第三部分针对上述得出的性伦理特征，结合20世纪90年代的社会发展状况，分别从经济因素、历史因素和社会文化因素三方面来分析其嬗变的成因。论文第四部分针对当前性现状，从20世纪90年代性伦理的演变中汲取经验和教训，得出性观念的转变具有长期性，性伦理的构建具有复杂性，现行的性教育模式有待转型的结论，力图为构建社会主义新时期性伦理规范提供借鉴意义。

以上硕士学位论文主要探讨的"性伦文化"时期，是新中国成立后的五十年，所以能够反映中国特定历史时期"性伦文化"的独特历史特征，这种研讨虽然还是宏观视角一般意义上的探索，但具有一定的学术前沿性，故值得肯定和关注。

首都师范大学历史学院中国近现代社会文化史研究中心从 2012 年开始陆续编辑出版《婚姻·家庭·性别研究》辑刊，至今已经出版了四辑。① 本刊是以婚姻、家庭、性别问题为重点研究的学术辑刊，平均每年出版一辑。它的编辑出版有如下特征：一是录用研究性学术论文；二是论文篇幅长短不限，可以收录长篇幅的学术论文，亦不弃短篇幅的学术论文；三是以发表 20 世纪婚姻、家庭、女性、男性、性伦问题的学术论文为主，兼及其他历史时期。该辑刊既可推进中国社会文化史的研究，特别是要在中国婚姻、家庭、女性、男性、性伦研究方面做一些有益的工作，同时也可以为今天和未来的生活提供借鉴与启发，鼓励人们去创造新的生活方式，因而也具有较强的现实意义。以上李巧玲的论文已在《婚姻·家庭·性别研究》第一辑中发表，廖熹晨的论文已在第二辑中发表，王唯的论文已在第三辑中发表，李琳的论文将在明年出版的第五辑中发表。该辑刊将继续发表有关"性伦文化"研究内容的学术论文。

三　学术会议与《社会生活探索》辑刊

首都师范大学历史学院中国近现代社会文化史研究中心自 2009 年开始连续编辑出版《社会生活探索》辑刊，至今已经出版了五辑，② 平均每年出版一辑。本刊的主要栏目有：理论卷、婚姻卷、家庭卷、性别卷、性伦卷、综合卷等，其中"性伦卷"是本辑刊的一个重要的学术栏目。该研究中心自 2011 年以来连续五年组织召开了五届"20 世纪婚姻·家庭·性别·性伦学术研讨会"③，每次会议都有一部分研究"性伦文化"的学术论文在会议上发表，其中绝大部分性伦文化研究的论文均在《社会生活探索》辑刊中发表。《社会生活探索》第一辑中发表"性伦文化"研究的论文有九篇，第二辑中发表"性伦文化"研究的论文有十篇，第三辑中有四篇，第四辑中

---

① 由社会科学文献出版社分别于 2012 年 1 月、2012 年 5 月、2013 年 3 月、2014 年 9 月出版。
② 由首都师范大学出版社分别于 2009 年 7 月、2010 年 6 月、2012 年 9 月、2013 年 7 月、2014 年 12 月出版。
③ 分别于 2011 年 3 月、2012 年 3 月、2013 年 3 月、2014 年 3 月、2015 年 3 月召开。

有五篇，第五辑中有五篇，一共已经发表了三十三篇，很多篇论文都是很有分量的学术论文。这些论文可以大致分为五大类别，下面按类别作以简要的介绍。

其一，关于"性伦文化"的理论探讨。王小平的《叙事自我视角："性"的解释功能》一文，是对一个个案的剖析，然后得出一个理论的认同，即认为"性"不单单是生理问题，更多的还是能够从个体或群体的性经验中解读当时社会政治、经济及文化背景。作者指出，我们可以通过现在的"我"的"性"的叙述，即日常生活实践中的具体"经验事实"折射叙述者所在那个时期社会的文化及文化背后的经济、政治背景。作者进而认为，性取向及我们对性的态度整体上出现了高速流动性的特点，即非固定化、漂移不定性。观念的变化实际上源于实践与体验，但那要回到"性快感"这个个体内心的渴望，自然其也需要建立在"爱"的基础之上。① 安云凤的论文《论性道德教育的基本理念》是对性伦理的理论探讨。论文指出，经济全球化背景下的性道德教育，要求教育工作者确立与现代社会发展以及人的全面发展相适应的现代教育理念，即道德调控的理念，以人为本的理念和终身教育的理念。所谓道德控制是指通过宣传教育，确立关于性关系、性行为的是非善恶标准，明确社会性道德的原则规范，用以指导规约人们思想行为的调控方式。以人为本的理念源于性与人类社会、性与人性以及人的全面发展的密切关系之中。以人为本的理念要求性道德教育必须体现人文主义的伦理关怀，促进人的全面自由发展。以人为本的理念要求性道德教育与性生理、性心理、性安全教育密切结合，促进人的性生理、性心理健康，实现性别人格的健全与发展。终身教育的理念是现代性道德教育的新理念，它是性生长发育规律的客观要求，是性道德动态发展的客观要求。②高永平的两篇论文《人的身体能出租吗》和《母亲们开始罢工了》是对新理论领域的一种探索。第一篇文章指出，所谓人体出租，就是一个人将自己的身体出租给他人，用自己身体的全部或者一部分来实现承租人的某种目的。与此同时，身体的出租者从承租人那里获得经济报偿。目前最常见的身体出租行为有三种：一是卖淫，二是代孕，三是奶妈。作者首先对这三种身体出租现象的负面、恶果和阴暗面做了分析，然后又论

① 梁景和主编《社会生活探索：以婚姻文化等为中心》第四辑，首都师范大学出版社，2013，第 277~282 页。
② 梁景和主编《社会生活探索》第一辑，首都师范大学出版社，2009，第 235~244 页。

及了它们的合理性与积极性。作者没有给出最后的结论，只是说明对于人类身体的出租行为，争论还在继续，即便政府最终立法或者禁止这种行为，争论也不会停息，因为这是一个聚集了如此之多的人类情感的领域。[①] 第二篇文章中，作者在分析了不同国家的一些女性为何选择了罢工而不愿意再去生育，这将给社会的健康发展带来灾难性的影响之后，提出了自己的建议，即政府必须出资"购买孩子"，也就是购买未来的社会成员。虽然购买孩子的钱仍然是公民的税负，羊毛出在羊身上，但是，只有政府有权力这样做，因为人口越来越成为一种社会的"公共品"。[②]

其二，研究近代文化精英们的性伦文化观。文化精英鲁迅、潘光旦、张竞生等是 20 世纪上半叶中国文化界"性伦文化"先驱者中的杰出代表，对他们的"性伦文化"观进行研究，会使我们深刻地认识和理解中国"性伦文化"在近代的变革。王家平撰写了《鲁迅的情爱思想与性学思想研究》[③]，吕文浩撰写了《潘光旦的"贞节"新解与五四后性道德的探讨趋势》[④]，王雪峰撰写了《张竞生与 20 世纪上半叶的性教育》[⑤]《潘光旦与张竞生：道德之辩还是知识之争？》[⑥]《鲁迅的性观念与性教育思想——近代性伦理思想解放的一个个案》[⑦]。这几篇论文对鲁迅、潘光旦和张竞生等人的一系列性伦主张、实践进行了阐述，包括对传统贞节观的批判、对虚伪性道德的批判、对性隔离习俗的批判、对国民性幻想和性变态心理的揭示、对"贞"与"节"的重新解释、倡导新的性道德、强调性教育的重要性、重视性审美、躬行性教育实践等。从中可以看到文化精英对中国近代"性伦文化"的变革所做的积极努力和特殊贡献。

其三，探讨传统性道德及其在近代的变革。余华林的论文《现代性爱观念与民国时期的非婚同居问题》[⑧]，重点讨论了现代性爱观念的具体内涵、前后变迁及其对当时婚姻生活的实际影响。论文是从"友谊与性欲""'新性道德'与'性交自由'""废除婚制与非婚同居""性解放与社会解放"

① 梁景和主编《社会生活探索》第一辑，第 302～307 页。
② 梁景和主编《社会生活探索》第一辑，第 227～232 页。
③ 梁景和主编《社会生活探索》第一辑，第 269～288 页。
④ 梁景和主编《社会生活探索》第二辑，首都师范大学出版社，2010，第 339～345 页。
⑤ 梁景和主编《社会生活探索》第二辑，第 376～386 页。
⑥ 梁景和主编《社会生活探索：以性伦文化等为中心》第五辑，首都师范大学出版社，2014，第 229～239 页。
⑦ 梁景和主编《社会生活探索》第二辑，第 387～395 页。
⑧ 梁景和主编《社会生活探索》第二辑，第 346～365 页。

四个方面进行阐述,指出当时社会出现了悲剧性问题,认为这是新旧性道德过渡时期不可避免的阵痛,它提醒人们应该对近代中国的现代性追求进行多角度的反思,注意反观其多元性和复杂性。王雪峰的论文《西学东渐与中国近代性教育的兴起》① 指出,古代的性知识、性观念和性技巧教育并非科学意义上的性教育,科学的性教育出现在近代,完成于西学东渐的过程之中。从西学东渐的视角研究和解释近代的性教育与性文化,显得尤其重要。作者在文中重点探索了西学东渐与性教育的兴起、近代性教育的特点及原因,指出性教育的兴起反映的是时人思想与心态的更动,折射出知识与教育观念的变化。

其四,探讨"性"与社会变革的相互关系。张弛的论文《民国医药广告中的性——以〈益世报〉(1915—1925)为例》② 一文即是如此。作者首先介绍了民国四大报之一《益世报》的基本情况,指出 1925 年《益世报》的广告篇幅比例已经占到总篇幅的 62%,作者统计其中医药广告占到了一半,而性的广告又占医药广告的一半。作者在对大量介绍性广告形式、语言、功效、个案分析之后,重点阐述了半殖民主义与性的焦虑,认为性的毛病成为百病之源,性病成为一种社会病,而这正与当时的殖民主义的社会大环境有关。西方男性总是以一种伟岸高大、强健有力的姿态出现,而中国男性的形象总是和病人相似,不是佝偻脊背便是头晕眼花,或是瘦小枯干、猥琐不堪。殖民主义与"现存西方的性原型"正好相符,这一原型所带来的文化共识是:对政治和经济的占领象征着男性与男性气质对女性及女性气质的支配。所以,殖民占领浸透着"性"的含义,由是,作为政治权力暗喻的男性气质和作为性权力的男性气质被混合在了一起。作者最后得出结论:"后五四"时代已被广泛接受的"化我"③ 趋势,使得中国男性在性实现方面受挫之后,无法跳出西方的话语逻辑,仍然沿着西方预设的殖民语境加速了东方男性气质向西方转化的进程。而"性"作为两种男性气质的最根本之不同,也被视为这一转变的关键所在;性能力强弱也决

---

① 梁景和主编《社会生活探索》第二辑,第 366～375 页。
② 梁景和主编《社会生活探索》第二辑,第 320～338 页。
③ 文学批评家张宇红提出了晚清和五四之间的明显区别,即晚清用西方文化来"我化"("我"转变,适应西方文化),而五四则用西方文化来"化我"(西方文化来改变"我")。这种区分不仅指出了中国遭遇西方过程中能动性的减少,同时也强调了五四在全新基础上(即西方)重塑自我的渴望。参见〔美〕史书美《现代的诱惑:书写半殖民地中国的现代主义(1917—937)》,何怡译,江苏人民出版社,2007,第 146～147 页。

定了性实现的可能与否，更能进一步反映民族国家在"性"甚至肌体方面的健康与否。因此，作为一种"欲望的想象"的商业广告，其反映的"性"的焦虑正是在殖民主义的影响下，中国社会在对西方文化的向往和对自身文化的彻底否定之后催生的、最为剧烈敏感的焦虑。

其五，关于"女性性犯罪"与"地下性文学"的研究。艾晶的论文《民国初年女性的教育问题与女性性犯罪探悉》[①] 一文从"良好教育的缺失"和"教育缺失促发女性性犯罪"两个方面探究了女性教育与女性性犯罪问题。文章认为，民国初年虽然在一定程度上赋予了女性以一定的受教育权利，但很显然这种权利只为上层社会中的部分女性所享有。因为缺乏教育尤其是缺乏职业教育，减低了女性在社会上生存的能力，而对法律知识的缺乏，便使得很多女性即使犯罪也不知道自己的行为触犯了法律。缺乏受教育，尤其是缺乏受职业教育，不能适应社会供给的需要，必不能有相当职业，于是又会因贫穷而增加犯罪的危险。而王唯的《抑不住的悸动：
"文革"时期"性伦"文化探微——以"文革"时期"手抄本"现象为例》[②] 一文指出，"文革"时期主流的"性伦文化"是禁止"性"的，禁止与性有关的任何形式的表达。"手抄本"是"文革"中产生的一个新的文学类别，用以填补那一段书籍遭禁毁、作家被歧视和匪夷所思的文化生活需求的一种新类型的文学作品，其中就有性文学的"手抄本"，诸如《少女之心》（《曼娜回忆录》）等。"文革"时期的"手抄本"现象反映了"文革"时期人们内心的真实渴望，表达了"文革"时期"性伦文化"两极化倾向和人们面对"性"的迷惘与矛盾。

《社会生活探索》所刊载的有关"性伦文化"的论文，反映了研究"性伦文化"的角度和问题域的新颖与多元化，从一定程度上也反映了前一阶段国内"性伦文化"研究的某种状态及研究水平。

四　学术讲座与《社会·文化与历史的思想交汇》辑刊

首都师范大学历史学院中国近现代社会文化史研究中心自 2008 年 6 月

---

① 梁景和主编《社会生活探索：以婚姻文化等为中心》第四辑，第 212~221 页。
② 梁景和主编《社会生活探索：以性别文化等为中心》第三辑，首都师范大学出版社，2012，第 277~282 页。

以来为了开拓学术视野和丰富学术滋养，每月举办一次学术讲座与沙龙活动，① 邀请国内外历史学、文学、哲学、经济学、法学、教育学、伦理学、社会学、政治学、艺术学、管理学的专家学者作为主讲，至今已经举办了82次。我们把主讲的内容编辑成书，以《社会·文化与历史的思想交汇：中国现当代社会文化学术沙龙辑录》的辑刊形式出版发行，至今已经出版了两辑，第三辑将于今年9月出版。在讲演中也有探究"性伦文化"问题的讲座，诸如李银河的《女性主义性政治》、余华林的《新思想旧道德：民国时期女性形象塑造之反思》、艾尤的《当代台湾女性小说的身体书写与女性欲望表达》、俞莲实的《民国时期城市知识妇女与生育节制》、方刚的《性人权与性多元》、蔡鑫的《我国已经进入婚姻困境集中出现期》、夏吟兰的《婚姻家庭法的伦理性及其立法延展》、佟玉洁的《中国女性主义视觉经验史》、王栋亮的《五四时期关于"爱情定则"的讨论》等。

李银河的讲演《女性主义性政治》表明，一个社会的女性的权力与男性的权力越接近，女性就享有越多的性自由；一个社会中女性权力越小，她的性行为越受到禁制。因此，女性的性自由是女性权力的一个重要标志；女性主义性政治的一个基本目标就是扩大女性的性自由权力。女性主义的性政治经历了一个从反性到性自由的过程，其中的一个过渡阶段是以女同性恋取代异性恋的政治实践阶段。也可以这样说，在女性主义性政治中，存在这样几种政治力量：一种是反性派女性主义，另一种是性自由派女性主义；女同性恋女性主义是一个特例，是介于二者之间的一个特殊政治群体。② 这个讲演从女性的性、女性的自由、女性的权力分析了彼此的关联，把女性的性状态视为女性权力大小的一个标志，展现了理论的深度。

余华林《新思想旧道德：民国时期女性形象塑造之反思》的演讲，讲述了1928年发生在上海的马振华和汪世昌事件。从马振华和汪世昌公开交往、自由恋爱、婚前性行为来看，马振华身上无疑具有新女性的某些特征，但是马振华之所以自杀是因为所谓"天字第一号"的处女问题，汪世昌事后怀疑马振华不是处女，马振华由此认为自己贞操既已被其破坏，清白又受到侮辱，决意自杀。马振华之死是死于自己的"新思想旧道德"，是死于

---

① 这是学术讲座与学术沙龙互动的学术活动，在讲座的基础上，展开广泛和自由的议论。
② 梁景和主编《社会·文化与历史的思想交汇：中国现当代社会文化学术沙龙辑录》第一辑，社会科学文献出版社，2011，第134~143页。

"新文化新得不彻底，旧道德旧得不彻底，是死于新旧相混中"。① 这个讲演意在揭示在"性伦文化"变革的过程中，人们的观念和行为往往具有新旧兼具的特性，这也是历史变革过程中一种过渡时期的一般性特征。

艾尤《当代台湾女性小说的身体书写与女性欲望表达》的讲演是从女性身体的"物化"与"反物化"、女性服饰的"取悦"与"自娱"两个角度，探讨了身体之于女性欲望表达和女性身体建构的独特意义。所谓"女性欲望"，就是指女性的自然欲望和社会欲望，是女性作为人的一种欲望，包含了女性自我对生存、安全、爱、自我实现等的一种本能以及文化的需要，是女性特有的不同于男性欲望的欲望。然而，在男权社会中，女性欲望总是被压抑而无以表达。男性总是想当然地认为女性没有欲望，或排除心理与情感的因素而以利益来定义女性的需要，只强调女性的妻性、母性等社会性的一面，却忽视了其作为人的自然本性、生命本真的一面。作者认为，女性身体虽说不是男权社会中性别歧视运作的唯一场域，但是极具代表性的一个场域。从女性写作的角度来看，对女性身体的书写本身就已经包含着对男权性禁忌的彻底解构，是对女性欲望的一种张扬。② 这个演讲虽说是对台湾女性小说的一种解读，但所揭示的主旨则是对男权压抑女性自然欲望的一种反抗和抨击。

方刚《性人权与性多元》的演讲强调人权是与生俱来的人人平等的权利，性是人权，应该充分全面地发展，只要不侵害他人既可。你在做事的时候，不能侵害别人的权益，你维持人权的时候也不能侵犯他人的人权。性人权的核心是性自由权、性平等权和追求性福的权利。性自由权就是我有自由做我想做的性，按我喜欢的方式去做爱；性平等权是指这样做或那样做，无论选择怎么做，人人都是平等的，异性恋的、一夫一妻制的、非婚性行为的、婚前性交的、同性恋的、双性恋的、其他各种各样的你能想到的和你想不到的，都是平等的；性福权是指每个人都有追求性的享受、性的高潮、性的幸福的权利。性革命不是淫荡，不是混乱，不是艾滋病，不等于性的传播疾病，不等于伦理道德的败坏，性革命仅仅是要革掉那些反人权势力的命，性自由仅仅是要找回自己身体决定权的自由。性革命最

---

① 梁景和主编《社会·文化与历史的思想交汇：中国现当代社会文化学术沙龙辑录》第一辑，第156~169页。
② 梁景和主编《社会·文化与历史的思想交汇：中国现当代社会文化学术沙龙辑录》第一辑，第201~214页。

明显的标志是：性的公开表达，婚前性行为大量增加，同性恋浮出水面，女性性自主权的伸张；传统性法律的改良。最后，方刚表示：第一，在性的领域没有一个普世的性道德；用多数人的性道德作为标准压制少数人是最不道德的。第二，性人权应该成为我们判断一个人的性行为选择是好还是坏的标准；只要没有侵犯到别人的性人权，就是他自己的性人权，就应该支持；侵犯了别人的性人权，就要反对，就要打击。第三，性革命；性自由不是坏事，它们是人类思想史上一次重要的革命，它总是和进步的势力结合在一起，它是让我们找到自己身体的自主权的革命，不是所谓性淫乱，不是所谓艾滋病泛滥的罪魁祸首。[①] 这个演讲告诫人们，性人权作为人权的内容之一，它是每个个体的自由权、平等权，也是每个个体追求享乐的权利。

以上这些演讲反映了多学科，包括社会学、历史学、文学等学科领域，都在从各自学科的领域和视角关注着"性伦文化"的问题，并在"性伦文化"的学术领域，从事探索和研究，且有着各自的学术成果和学术贡献。这些学术观点，可以进一步讨论和争辩，文化总是应该处于不断发展和变化的过程当中，只有不断地探索，解放思想，生活方式才能摆脱愚昧而更加文明。也只有不断地探索，才能让真理放射出自己独特的光芒。

五　结语

本文仅从一支学术队伍多年来从事学术活动所涉及的有关"性伦文化"的问题，做了一个简单的介绍和评述，它的确只是一个侧面，而且只是侧面中的一个片段，但是从我们的学术实践活动中仍然有一些自己的学术体会。

其一，百年来中国"性伦文化"的演变有一条大致的发展线索。近百年来中国"性伦文化"演变呈现一条基本的发展脉络，即从批判传统的"性伦文化"观，到主张与传统相悖逆的"性伦文化"观，再从谈性色变到开放前卫的"性伦文化"观这样一个基本的发展脉络。批判传统的"性伦文化"观主要指一部分文化精英对传统"性伦文化"观的批判，是文化精英最早意识到中国"性论文化"的诸多问题，进而开始批判中国传统的

---

① 梁景和主编《社会·文化与历史的思想交汇：中国现当代社会文化学术沙龙辑录》第二辑，社会科学文献出版社，2013，第238～257页。

"性论文化",诸如鲁迅对中国节烈观的批判、胡适对贞操观的批判、沈雁冰对"男女之大防"的批判,周建人对传统性禁忌的批判,等等,不一而足。主张与传统相悖逆的"性伦文化"观主要指一部分文化精英提出的与传统的"性伦文化"观相背相反的"性伦文化"的主张,这是中国历史上具有革命意义的"性伦文化"主张,诸如以上文化精英在批判中国传统"性论文化"的同时所主张的新式贞操观,主张男女社交公开,主张科学的性教育,主张科学的节制生育,等等。而开放前卫的"性伦文化"观主要指一部分文化精英彻底砸碎以往人们固有的传统封闭的"性伦文化"观,这是中国当今社会最具革命意义的"性伦文化"主张,提出了具有人权意义的"性伦文化"观。中国百年来之所以出现这么一条"性伦文化"的演变脉络,与中国经济的发展、科技的进步、西方文化的影响等诸多因素紧密相连。这种发展变化脉络的本质是对传统正统的"性伦文化"的否定,是一种文化某领域的颠覆和否定,或曰是一种文化的再造。否定和再造的意义都很重大,难度亦大。

其二,研究"性伦文化"的意义和价值。在一些学科,尤其在史学界,研究"性伦文化"还是一个较新的领域,被重视的程度并不高,当然学术研究呈现的这种状态实属自然与正常,它对于这一问题有一个逐渐认识的过程,同时对于任何一个重要的学术领域来说,也不必大帮哄似地扎堆搞研究。不过,人们还是要认识从事"性伦文化"研究的意义和价值,它绝不是猎奇,不是要吸引读者的眼球。"饮食男女,人之大欲存焉"。对于食,人们并不讳言,可以大谈食什么,怎么食,以往我们有哪些误区,应当怎样去纠正,今天我们增加了哪些新知识,怎样运用新知识。性亦如此,怎样进行性活动,如何从事性活动,与谁进行性活动,以往有哪些文化方面的误区,怎样去纠正,今天我们有了哪些新知识,如何改变我们的行为方式。从传统看,食性相比,食是外显的、公开的、较少回避的,性是内隐的、秘密的、是要尽量回避的。之所以如此,是因为这与生理结构有关,与文化有关。食色之于人,目的是要生活,生活得更好,要享受生活,提高生活质量。所以建立新的知识系统,改变影响人们生活质量的文化观念,就显得尤为重要,正是从这个意义上说,研究"性伦文化"与研究饮食文化有着同等的价值和意义。两者之于人,犹如车之两轮、鸟之双翼,缺一不可。

其三,史学应当进一步加强开展"性伦文化"的研究。从史学的视域来研究"性伦文化"尤显重要，它会给人以透彻地认识和理解我们为何会有这样的"性伦文化"观念，它的价值和误区是什么，有什么需要继承，有什么需要改变，怎样去改变，等等。史学研究"性伦文化"要注意它与政治统治的关系问题，传统社会的政治统治与"性伦文化"有着密切的联系，从传统统治者的角度看，统治的稳固与禁锢型的"性伦文化"是相辅相成的，能把人性最活跃的性欲望控制在最低水平上，再控制其他也就不会是非常棘手的事而令人犯难了。所以控制"性"的本身可视为一种传统的统治术，社会愈传统，"性"的控制愈严厉。史学研究"性伦文化"也要注意它与社会治理的关系问题。社会需要稳定与和谐，这涉及的相关因素自然很多，同时也包括"性伦文化"的因素，性资源的分配和"性伦文化"的导向将在社会稳定与和谐方面发挥着重要的作用，所以要着重研讨社会治理与"性伦文化"的问题。史学研究"性伦文化"还要注意它与婚姻、家庭的关系问题，性与婚姻、家庭在何种条件下是统一的，在何种条件下是非统一的，婚姻的本质与"性伦文化"的关系如何，历史的经验和教训是什么，这也是"性伦文化"需要探讨的重要问题。可见，"性伦文化"的问题既是政治问题、社会问题，也是婚姻家庭问题，万不可小觑，所以史学研究者显得更有责任和义务来认真从事"性伦文化"的研究工作。

中国本土社会文化史研究述论

——基于四个研究机构学术实践的回顾

徐全民

　　20 世纪 80 年代末，社会文化史研究为一些学者提出，90 年代末西方新社会文化史（新文化史）理论传入。过去，学者们就中西社会文化史的各自来路与发展或以单独或以对比的视角进行了探究分析，如李宏图的《当代西方新社会文化史述论》（《世界历史》2004 年第 1 期）、周兵的《西方新文化史的兴起与走向》（《河北学刊》2004 年第 6 期）、李长莉的《交叉视角与史学范式——中国"社会文化史"的反思与展望》（《学术月刊》2010 年第 4 期）等。还有些学者从文化史和社会史发展角度对社会文化史进行了考察，如韩晓莉的《从文化史到社会文化史——兼论文化人类学对社会文化史研究的影响》[《华东师范大学学报》（哲学社会科学版）2009 年第 1 期]、张俊峰的《也论社会史与新文化史的关系——新文化史及其在中国的发展》（《史林》2013 年第 2 期）。学者们或者以整体视野，或者从自身学术实践回顾了中国社会文化史的发展表现。中国社会文化史的发展路径既有从中国社会与学术背景生发而来并借鉴西方理论发展的，也有基于直接引进、借用西方新文化史理论发展的。中国 20 世纪 80 年代末自身生发的社会文化史被看作本土社会文化史。已有学者论述了中国社会文化史"萌发的本土性特征"。① 如果进一步参照西方社会文化史发展内涵进行认识，中国社会文化史发展中的文化史、社会史转向社会文化史研究，也属于"本土性"的发展。中国本土社会文化史的"本土性"体现在：其一，

---

① 梁景和：《中国社会文化史理论与实践》，社会科学文献出版社，2010，第 22 页。另外吕文浩《本土崛起与借镜域外——社会文化史在中国的若干发展》，《南京社会科学》2015 年第 5 期，第 136 页；该文也以本土视角梳理了中国社会文化史研究的早期发展。

"萌发的本土性"；其二，文化史与社会史转向社会文化史的"本土性"特点；其三，理论观点的"本土性"色彩。以往的中国社会文化史回顾未对此进行专门论述。随着中国社会文化史的深入发展与中西理论方法的交流、借鉴，中国社会文化史发展的不同路径也愈来愈模糊不清。而中西学术实践的社会与理论差异仍是现实存在的。为使中国社会文化史在清晰的历史认识中发展、创新，笔者欲将过去中国本土社会文化史发展进程进行一次整体探析。依本文主旨，为使论述集中、具体，笔者择选了中国社会科学院近代史研究所文化史研究室[①]、首都师范大学社会文化史研究中心、南开大学中国社会史研究中心、湖北大学中国思想文化史研究所四家研究机构，考察其相关研究实践，梳理中国本土社会文化史的发展脉络和理论观点，分析其阶段性特征，并就其未来发展问题提出几点建议。

一 中国社会文化史的生发

1988 年中国社会科学院近代史研究所文化史研究室刘志琴发表了《复兴社会史三议》和《社会史的复兴与史学变革——兼论社会史和文化史的共生共荣》两篇文章。这"标志着'社会文化史'这一新学科概念的最初形成"。[②] 而刘志琴提出"社会文化"论题是基于 20 世纪 80 年代中国史学自身的学术语境。

改革开放后文化史与社会史相继繁荣构成了社会文化史生发的学术基础。20 世纪 70 年代末思想解放潮流在学界引起的反应之一即是文化研究兴起。中国社会科学院近代史研究所文化史研究室于 1980 年成立。文化研究到 1984 年更是发展为全社会的"文化热"。因时得到发展的还有社会史。改革开放推动中国社会转型，中国社会史研究旋即由过去三十年冷寂折转为热盛。1986 年首届中国社会史研讨会召开后，社会史研究开始快速发展起来。前述两篇文章即是在此种社会与学术背景下出现的。在学界活跃沉寂多年的社会史研究室，刘志琴从文化史与社会史的"连带关系"角度探讨社会史的"复兴"问题，并于此间引出社会文化论题。"文化史从文化的结构和功能上认识文化现象，揭示社会文化的形态和特质，社会史从社会

---

① 该室于 2013 年更名为中国近代社会史研究室。
② 李长莉：《社会文化史的兴起》，《天津师范大学学报》2003 年第 4 期，第 31 页。

的结构和功能上认识社会现象，揭示社会文化的形态和特质。"① 她进而呼吁开展社会文化研究。

中国社会科学院近代史研究所文化史研究室在 20 世纪 80 年代后期对社会文化史理论观点进行了系统探讨。这些探讨反映了他们的早期理解与主张。在 1990 年中国社会史第三次年会上，该室李长莉就社会文化史基本理论问题如定义、研究对象、研究方法、研究意义等以专文做了系统阐述。② 1992 年该研究室联合中国社会科学院社会学研究所及其《社会学研究》编辑部召开了中国社会文化史主题的第一次学术研讨会，讨论了社会文化史学科建设、研究内容和方法等理论问题。③ 在 1998 年出版的《中国近代社会文化变迁录》中，中国社会科学院近代史研究所文化史研究室系统表述了关于社会文化史的认识。"它是中国社会科学院近代史研究所文化史研究室研究团队 10 年探索经验的总结"。④ 刘志琴在名为《青史有待垦天荒》的"代序"中说道，"社会文化史是文化史的分支，与文化史有相似的命运，不相同的背景和起点"。⑤ 社会文化史研究对象是大众文化、生活方式、社会风尚。中国社会科学院社会文化史学者们的研究实践活动分布在三个方向上，即社会生活、风俗习尚、文化信仰。⑥ 刘志琴对生活意识、礼俗文化等方面论述较深；李长莉在生活方式、城市生活、伦理观念等论题方面成果丰硕；左玉河研究了民国大众婚丧嫁娶；罗检秋研究视野宽阔，涉猎于民初京剧、宗教迷信等方面；李俊领对民间信仰研究用力较多。

20 世纪八九十年代，具有自觉意识的社会文化史研究者中，还有后来组织首都师范大学社会文化史研究中心的梁景和。从公开发文看，梁景和最早的社会文化史研究表现在一篇会议综述中。⑦ 此文章应是中国大陆地区最早的社会文化史综述专文。梁景和早期的社会文化史思考，表现于其题

① 刘志琴：《复兴社会史三议》，《天津社会科学》1988 年第 1 期，第 87、88 页。
② 李长莉：《社会文化史：历史研究的新角度》，梁景和主编《中国社会文化史理论与实践》，第 24 页。
③ 李长莉：《社会文化史：一门新生学科——"社会文化史研讨会纪要"》，《社会学研究》1993 年第 1 期，第 118 页。
④ 吕文浩：《本土崛起与借镜域外——社会文化史在中国的若干发展》，《南京社会科学》2015 年第 5 期，第 137 页。
⑤ 刘志琴：《青史有待垦天荒（代序）》，刘志琴主编、李长莉著《近代中国社会文化变迁录》第一卷，浙江人民出版社，1998，第 1、2 页。
⑥ 李长莉、唐仕春主编《社会文化史 30 年》，中国社会科学出版社，2017，第 1、2 页。
⑦ 梁景和：《辛亥革命 80 周年全国青年学术研讨会关于社会文化史问题的讨论述评》，《辽宁师范大学学报》1992 年第 2 期，第 81 页。

目为《近代中国陋俗文化嬗变研究》的博士论文。[1] 龚书铎先生评述说，"作者没有满足于陋俗文化现象的简单罗列，而是从社会文化史的角度，去探讨社会生活和观念形态之间的相互关系，既注重了显性的社会生活，又深入分析了隐形的精神状态，力图挖掘出社会精神面貌的深层结构"。[2] 首都师范大学历史学院中国近现代社会文化史研究中心于 2007 年成立。[3] 该中心组建前，梁景和系统阐述了其社会文化史理论观点。关于社会文化史的含义，梁景和解释是"研究社会生活与（其内在）观念形态之间相互关系的历史"。[4] 梁景和强调社会生活的研究，对"社会生活"做了专文论述。[5] 这也体现了其思考与主张的持续性。关于社会文化史的研究对象，梁景和指向"精英文化与大众文化的关系问题""社会文化与国家意志的关系问题""社会运动的社会文化意义"等内容。[6] 这些思想具体贯穿在该中心有关婚姻、家庭、性别、娱乐、礼俗等生活论题的研究成果中。

从内容看 20 世纪八九十年代一些学术论著也属于社会文化史研究成果。但从自觉意识的角度看，刘志琴、梁景和、李长莉等学者属于改革开放后社会文化史研究的开拓与探索者。他们的学术实践反映了中国社会文化史在此时期的发展特征。在 20 世纪 80 年代文化史与社会史相继发展的背景下，这些历史研究者发现了文化史与社会史研究的共同之处，研究社会文化，探析中国社会中的大众文化、生活习俗等内容，揭示在近代社会转变中社会生活与观念之间的影响、互动，拓出社会文化史这一史学研究的新领域。

二　从文化史、社会史到社会文化史

西方新文化史由西方文化史走过"经典"阶段、"艺术的社会史"阶

---

[1] 该博士论文已出版。梁景和：《近代中国陋俗文化嬗变研究》，首都师范大学出版社，1998年初版与 2009 年修订版。

[2] 《龚书铎序》，梁景和著《近代中国陋俗文化嬗变研究》，首都师范大学出版社，1998。

[3] 这也是中国第一个以社会文化史命名的学术机构，2016 年更名为"首都师范大学社会文化史研究中心"。

[4] 梁景和：《关于社会文化史的几个问题》，《首都师范大学史学研究》第二辑，首都师范大学出版社，2005。

[5] 梁景和：《社会生活：社会文化史研究中的一个重要概念》，《河北学刊》2009 年第 3 期，第 64 页。

[6] 梁景和：《关于社会文化史的几个问题》，《首都师范大学史学研究》第二辑，首都师范大学出版社，2005。

段、大众文化史阶段发展而来，也被称为"新社会文化史"。① 其理论来源之一是法国年鉴学派史学。法国年鉴学派 20 世纪七八十年代的"文化转向"既是自身由社会史发展到了新社会文化史阶段，也是构成了整个新文化史潮流的重要部分。改革开放后，中国复兴的文化史、社会史也在 20 世纪末转向了社会文化研究。但中国文化史、社会史的社会文化转向与西方不同，不是对以往路径的颠覆，不属于对西方新文化史的直接借鉴与利用，而是一种前后接续的深入发展。下面借湖北大学中国思想文化史研究所和南开大学中国社会史研究中心两个机构的学术实践来说明。

湖北大学中国思想文化史研究所于 1989 年成立。该所出版了冯天瑜、周积明、何晓明等著述的《中华文化史》《中华元典精神》等创新性强与影响力较大的文化研究专著。上列论著均属于思想文化史研究成果。湖北大学中国思想文化史研究所在 20 世纪 90 年代涉入社会文化领域。具体研究有，周积明探讨了中国社会现代化问题②；周积明、宋德金和郭莹主编了获得学界高度评价的《中国社会史论》（湖北教育出版社，2000）③；郭莹的研究涵盖中国传统社会"帮会文化""传统处世之道"和湖北地方文化。21世纪初，周积明、郭莹合著了《震荡与冲突：中国早期现代化进程中的思潮与社会》（商务印书馆，2003），进一步分析了中国早期现代化进程中的思潮与社会状况。湖北大学中国思想文化史研究所由思想文化史研究出发于 20 世纪 90 年代转向社会文化史研究，这样的发展路径与西方新社会文化史发展路径不同。④ 从文化史发展来看，中国文化史发展到社会文化史，是一种"递进"关系。这与西方新文化史走过的发展阶段不同。西方新文化史的论题包含了物质文化史、身体史、表象史、记忆史等。中国社会文化史从研究内容看，是从思想文化史到社会文化史的"递进"，其主要特征是研究内容扩展为包括社会文化事项或者大众文化。

南开大学历史系是改革开放后社会史研究的倡导者之一。在社会史研究起初级阶段，冯尔康等学者主张"社会史研究历史上社会结构与日常社

---

① 〔英〕彼得·伯克：《什么是文化史》，蔡玉辉译，北京大学出版社，2009，第 6、7 页。
② 周积明：《最初的纪元：中国早期现代化研究》，高等教育出版社，1996。
③ 小也整理《拓宽社会史领域 深化社会史研究——〈中国社会史论〉出版座谈会》，《光明日报》2001 年 4 月 3 日。
④ 〔英〕彼得·伯克：《什么是文化史》，蔡玉辉译，北京大学出版社，2009。

会生活的运动体系"。① 他们认为"社会生活研究，还历史以血肉"，而
"社会文化研究，揭示历史的精神面貌"，② 由此也将南开大学社会史研究着
重点做了说明。他们在社会生活、社会结构两方面推出了影响甚巨的研究
成果。③ 在改革开放后社会史研究发展了十年之际，常建华梳理总结了过去
成果，进而表明新的看法，"历史研究需要从社会文化的视角，揭示社会的
精神面貌"，而且"特别是文化人类学的一般分类中的制度文化，亦即社会
文化，是生活方式的重要部分，正是新时期社会史主要探讨的领域"。④ 21
世纪初冯尔康认为社会史研究走向深化需要研究"文化与社会"的互动关
系。⑤ 南开大学社会史研究的深入发展取向于社会文化史。常建华从提升社
会史研究的高度，指出"中国社会史研究再出发"要"从'社会生活'转
向'日常生活'"⑥，而"生活史研究的最大价值，应当是建立以人为中心
的历史学"⑦。社会生活史研究进一步发展，就需淡化结构史学的研究特征，
由以"物"为重点转向以"人"为核心。⑧ 这样的观点与社会文化史研究
主张相吻合。"如果说传统的社会科学设定了一个客观的关系体系，那么现
在则应该站在组成该关系的男人、女人和孩子的角度来研究社会和文化世
界。"⑨ 社会文化史主张人是历史的主体。现在日常生活史与医疗社会史已
成为南开大学社会史研究有影响的新拓领域。南开大学的医疗社会史研究
更属于国内该领域的领跑者。余新忠在《清代江南的瘟疫与社会：一项医
疗社会史的研究》（修订版）"重版序言"中反思道，"就研究视角来说，
本书可以说基本属于纯社会史的著作"，中国医疗史研究如与国际史学接
轨，就要在内容、方法与理念上展现新意，引入社会文化史与日常生活史

---

① 冯尔康：《社会史研究的探索精神与开放的研究领域》，周积明、宋德金主编《中国社会史
论》，湖北教育出版社，2000，第87页。
② 常建华：《中国社会史研究十年》，《历史研究》1997年第1期，第164、170页。
③ 著作有冯尔康主编《中国社会结构的演变》（河南人民出版社，1994），冯尔康、常建华
《清人社会生活》（天津人民出版社，1990）等。
④ 常建华：《中国社会史研究十年》，《历史研究》1997年第1期，第170页。
⑤ 冯尔康：《简述文化史与社会史研究的结合》，《历史教学》2001年第8期，第16页。
⑥ 常建华：《从社会生活到日常生活——中国社会史研究再出发》，《人民日报》2011年3月
31日。
⑦ 常建华：《中国社会生活史上生活的意义》，《历史教学》2012年第2期，第7页。
⑧ 常建华：《中国社会生活史上生活的意义》，《历史教学》2012年第2期，第7页。
⑨ Hans Medick and David Sabean, *Interest and Emotion*: *Essays on the Study of Famil and Kinship*,
Introduction, Cambridge UNIVERSITY PRESS, 1984, p. 41；转引自刘新成《日常生活史与西
欧中世纪日常生活》，《史学理论研究》2004年第1期，第39页。

的视角，探寻瘟疫的社会文化意涵。① 余新忠将医疗社会史深入研究的方向指向了社会文化史与日常生活史的视角与方法。② 除了日常生活史与医疗社会史外，南开大学中国社会史研究中心还在其他领域进行了社会文化史研究取向的拓展，这里不再一一罗举。③ 常建华、余新忠等学者的早期研究成果属于典型的社会史作品。进入 21 世纪后，他们转向探讨社会现象的文化意义。南开大学中国社会史研究中心在过去经历了由社会结构研究并关注社会文化到社会文化史的发展过程。但这不同于从以布罗代尔为代表的结构史或者总体史的社会史经第三代年鉴学派的心态史，到第四代年鉴学派发展为新社会文化史。西方社会文化史发展是一种"反叛"于传统社会史的发展。

无论湖北大学中国思想文化史研究所从文化史到社会文化史的发展，还是南开大学中国社会史研究中心从社会结构史到社会文化史的发展，均是有别于西方的由文化史和社会史到社会文化史的发展道路。中国社会史的社会文化转向，不可等同于法国年鉴学派社会史从结构史到新社会文化史的发展路数。其根本区别体现在历史研究依据的思想理论方面。这一点是中国文化史和社会史的共同发展特征。西方新文化史不仅是文化史发展的新阶段，而且是西方史学在 20 世纪七八十年代经历的一次"文化转向"的发展潮流。就其中理论主张来说，西方社会史的这一次转向表现为从经济决定论到文化决定论，甚至如后现代主义反对任何决定论。中国文化史、社会史研究也表现了新论题、新方法的特征，但这些应属于研究内容的丰富与扩展，或者说是适应中国社会发展需要的论题调整，以及对西方史学的一般借鉴；理论探讨尚未深入社会文化现象的根源、决定论等根本性问题层面。南开大学和湖北大学的社会文化史研究路径是"本土性"的发展。

三 延续与借鉴

"国内的社会文化史基本上是 20 世纪 80 年代末独立发展起来的，到 20

---

① 余新忠：《清代江南的瘟疫与社会：一项医疗社会史的研究》，"重版序言"，北京师范大学出版社，2014，第 5、6 页。

② 余新忠对社会文化史理论方法的重视也表现在他关于"史料""灾荒"等问题的探讨中。具体可参看余新忠《新文化史视野下的史料探论》，《历史研究》2014 年第 6 期；余新忠《文化史视野下的中国灾荒研究刍议》，《史学月刊》2014 年第 4 期。

③ 本文重点介绍该中心日常生活史和医疗社会文化史研究。

世纪末也受到了国外新文化史的影响。"① 在西方新文化史理论传来后，中国本土社会文化史在延续与借鉴中继续发展。中国社会科学院近代史研究所文化史研究室团队在 21 世纪又明确了他们的理论主张。在面对西方新文化史理论引入和本土社会文化史理论深化创新的问题上，刘志琴主张"从本土资源建树社会文化史理论"，认为"社会文化史既以研究生活为本，责无旁贷地要担当从生活中建构中国文化观念的系统、建立自己的学科理论的重任"。② 刘志琴也做出了较有影响的理论建设。在构建"百姓日用之学"的基础上，刘志琴剖析了生活日用与社会伦理观念的互动，认为"礼俗互动是中国社会文化史的特色"。③ 李长莉认为，"凡是从文化视角来研究历史上的社会问题，或用社会学的方法来研究文化史问题，把社会生活现象与思想观念结合起来进行研究，都可称为社会文化史"。④ 她在反省过去 25 年的社会文化史研究后，认为"民间社会""社会治理""生活方式""价值系统"可能是社会文化史未来理论实现创新的"关键论题"。⑤左玉河强调社会文化史研究应将重点放在"揭示社会现象背后的文化内涵"⑥ 上。

首都师范大学社会文化史研究中心成立后的学术实践特征，是注重社会生活研究；具体来说，就是专注于婚姻、家庭、性别、性伦、娱乐、身体等反映近代以来中国社会生活变迁的文化事项上。梁景和综合论述了"五四时期社会文化嬗变"和"现代中国社会文化嬗变"。⑦ 余华林研究了民国城市妇女婚姻问题。⑧ 韩晓莉的"秧歌小戏"研究揭示国家与乡村之间的互动联系。⑨ 宋卫忠与高永平分别对北京和村落社会文化探讨较深。该中

---

① （危兆盖主持访谈）《社会文化史：史学研究的又一新路径》，梁景和主编《中国社会文化史的理论与实践续编》，社会科学文献出版社，2015，第 107 页。
② 刘志琴：《从本土资源建树社会文化史理论》，《近代史研究》2014 年第 4 期，第 122 页。
③ 刘志琴：《从本土资源建树社会文化史理论》，《近代史研究》2014 年第 4 期，第 125 页。
④ 李长莉：《社会文化史的兴起》，《天津师范大学学报》（社会科学版）2003 年第 4 期，第 32 页。
⑤ 李长莉：《中国社会文化史研究：25 年反省与进路》，《安徽史学》2015 年第 1 期，第 150 页。
⑥ 左玉河：《着力揭示社会现象背后的文化内涵》，《晋阳学刊》2012 年第 3 期，第 105 页。
⑦ 梁景和：《五四时期社会文化嬗变研究》，人民出版社，2010；梁景和等：《现代中国社会文化嬗变研究（1919～1949）——以婚姻·家庭·妇女·性伦·娱乐为中心》，社会科学文献出版社，2013。梁景和在上述论述中进一步完善了他的"人类精神进化理论"。梁景和、殷定泉：《文化开放时代的精神进化——以五四时代的"个性主义"文化观为中心》，《首都师范大学学报》（社会科学版）2008 年第 4 期，第 1 页。
⑧ 余华林：《女性的重塑：民国城市妇女婚姻问题研究》，商务印书馆，2009。
⑨ 韩晓莉：《被改造的民间戏曲：以 20 世纪山西秧歌小戏为中心的社会史考察》，北京大学出版社，2012。

心的硕士、博士学位论文选题也多专注于上述领域。① 在《社会文化史行进的四重维度》一文中，梁景和就社会文化史的理论方法等问题表达了自己的最新思考："未来社会文化史在理论方法探索方面有很多发展趋向，而笔者的建议是：要注重一个关键词、一组概念、一种理论。一个关键词是'感受'；一组概念是'封闭'与'开放'；一种理论是'人的精神进化'理论。"② 梁景和近几年提出开展"生活质量"研究，进行了理论探讨。③ 该论题可能会成为首都师范大学社会文化史研究中心新的知识增长点。

湖北大学中国思想文化史研究所的社会文化研究，具体包括中国社会文化与湖北社会文化两个方面。除前述"社会现代化""帮会文化"研究成果外，湖北区域社会文化研究集中展现在《湖北文化史》④ 一书中。这套分为上下两卷的著作是一部综合性的地方社会文化史论著。湖北大学中国思想文化史研究所在 21 世纪的学术实践中，表现为坚持文化研究传统和吸收西方史学理论的特点。周积明"利用《汉口中西报》中发掘的史料，研究该报对湖北咨议局的监督和批评"，"由此展现了湖北立宪运动的历史轨迹以及湖北近代媒体在立宪风潮中的风貌"。⑤ 张卫东的《晚清报刊与粤汉铁路废约运动》也是一次关于新闻报刊与近代社会运动关系的论述。⑥ 周积明转换"麻城孝感乡"移民史研究的传统视角，从"历史记忆中的移民心态"着手分析，深化了"麻城孝感乡"移民史研究。⑦ 有学者评价说"这种研究取向已颇有西方新文化史的味道"。⑧ 湖北大学这一学术群体中的年轻学者

---

① 这里仅列举已出版的博士学位和博士后出站论著。具体有李慧波的《北京市婚姻文化嬗变研究（1949～1966）》（社会科学文献出版社，2014）、李秉奎的《狂澜与潜流——中国青年的性恋与婚姻（1966～1976）》（社会科学文献出版社，2015）、黄巍的《自我与他我——中国的女性与形象（1966～1976）》（社会科学文献出版社，2016）、王栋亮的《自由的维度：近代中国婚姻文化的嬗变（1860～1930）》（社会科学文献出版社，2016）、董怀良的《改革开放以来中国婚姻"私事化"研究（1978～2000）》（社会科学文献出版社，2016）。

② 梁景和：《社会文化史行进的四重维度》，《河北学刊》2017 年第 2 期，第 48 页。

③ 梁景和：《生活质量：社会文化史研究的新维度》，《近代史研究》2014 年第 4 期；梁景和、杜峰：《生活质量：社会文化史研究的新领域》，《史学理论研究》2016 年第 2 期。

④ 周积明主编《湖北文化史》（上、下），湖北教育出版社，2006。

⑤ 周积明、胡曦：《〈汉口中西报〉与湖北咨议局》，《江汉论坛》2013 年第 5 期，第 106 页。

⑥ 张卫东：《晚清报刊与粤汉铁路废约运动》，《光明日报》2016 年 12 月 24 日。

⑦ 周积明：《"麻城孝感乡"：历史记忆中的移民心态》，《中国社会科学报》2014 年 9 月 10 日。

⑧ 吕文浩：《社会文化史：一个有活力的研究领域》，梁景和主编《中国社会社会文化史理论与实践续编》，社会科学文献出版社，2015，第 359 页。

们将进一步推动其社会文化史研究走向繁荣，如郑维维的汉剧研究、卢文芸的宗教研究、刘元关于慈善事业和佛教寺庙的探讨等。

南开大学中国社会史研究中心和湖北大学中国思想文化史研究所在社会文化研究理论方法上，体现对西方史学的一些借鉴。近十多年来常建华呼吁并力行于日常生活史研究。常建华主张："社会文化史研究应把日常生活史作为研究的基础。"① 南开大学中国社会史研究中心从 2011 年起，围绕"日常生活"主题连续五年举办了系列学术会议②，推动日常生活史研究。日常生活已成为南开大学中国社会史研究中心的重点研究领域。③ 常建华总结为"新的社会生活史或者说日常生活史研究，很重要的一点是要借鉴'新文化史'或者说社会文化史"。④ 从社会文化史视角研究医疗史，余新忠选择了卫生与身体作为论题，倡导从身体史出发开展文化史取向的医疗史研究。⑤ 具体研究成果有《清代江南的卫生观念与行为及其近代变迁初探——以环境和用水卫生为中心》《卫生何为——中国近世的卫生史研究》《晚清的卫生行政与近代身体的形成——以卫生防疫为中心》等。⑥ 余新忠认为，"对于医疗史的发展来说，若能在国际学术发展的新理念的关照和指引下，打通学科壁垒，以跨学科的视野和理念，在医学与社会文化之间发现、思考和解决问题，创建相对独立的医史学科，无论是对医学还是历史学的深

① 常建华：《日常生活与社会文化史："新文化史"观照下的中国社会文化史研究》，《史学理论研究》2012 年第 2 期，第 79 页。

② 具体名称分别为"中国日常生活史的多样性""日常生活视野下的生命与健康""中国史上的日常生活与地方社会""中国史上的日常生活与民生问题""中国史上的日常生活与物质文化"。转引自常建华《开放与多元：新世纪中国社会史理论探讨与学科建设》，《南京社会科学》2017 年第 2 期，第 12 页。

③ 据笔者眼力所见，该中心已发表的围绕"日常生活"的属于教育部课题阶段性成果有：常建华《明代日常生活史研究的回顾与展望》，《史学集刊》2014 年第 3 期；李金铮《众生相：民国日常生活史研究》，《安徽史学》2015 年第 3 期；余新忠、郝晓丽《在具象而个性的日常生活中发现历史——清代日常生活史研究述评》，《中国社会科学评价》2017 年第 2 期。另有闫爱民《20 世纪以来的秦汉日常生活研究》，《中国史研究动态》2017 年第 5 期。

④ 常建华：《开放与多元：新世纪中国社会史理论探讨与学科建设》，《南京社会科学》2017 年第 2 期，第 11 页。

⑤ 余新忠：《从社会到生命——中国疾病、医疗社会史探索的过去、现实与可能》，杨念群、黄兴涛、毛丹主编《新史学：多学科对话的图景》，中国人民大学出版社，2003。

⑥ 余新忠：《清代江南的卫生观念与行为及其近代变迁初探——以环境和用水卫生为中心》，《清史研究》2006 年第 2 期；余新忠：《卫生何为——中国近世的卫生史研究》，《史学理论研究》2011 年第 3 期；余新忠：《晚清的卫生行政与近代身体的形成——以卫生防疫为中心》，《清史研究》2011 年第 3 期。

入发展来说，都将具有重要的意义"。①

社会文化史的学科性质问题可以进一步说明中国本土社会文化史发展中的延续与借鉴特征。刘志琴在《近代中国社会文化变迁录》（三卷）"代序"中表示，"社会文化史是文化史的分支，与文化史有相似的命运，不相同的背景和起点"。② 在 2001 年由中国社会科学院近代史研究所文化史研究室主办的"近代中国社会生活与观念变迁"学术研讨会上，社会文化史的学科性质曾被集中讨论。刘志琴认为"它有可能成为一门新兴的交叉性学科"。③ 李长莉主张将社会文化史看作一种研究视角，即"社会文化交叉视角"。④ 常建华和周积明等学者仍将社会文化研究看作社会史的一部分。还需具体说明的是，他们在社会史的性质上也存在观点分歧。冯尔康、常建华等认为社会史是一种专门史。周积明则认为，"'思想文化史'不是一个学科，而是一种视角、一种研究方法，正如'社会史'一样"。⑤ 2013 年在第五届中国近代社会史年会上，郭莹提文《社会文化史的学科定位》，认为社会文化史是"20 世纪西方'新史学'——社会史发展的新阶段；是以大众文化为内涵的新文化史；是与历史人类学紧密结合的后现代史学"。⑥ 郭莹的观点指明了中国社会文化史学科问题的新变化。

四　几点建议

在过去的三十年间，中国本土社会文化史经历了独立萌生与面对西方新文化史理论冲击的发展过程。本土社会文化史研究实现了长足发展，但各种制约中国本土社会文化史发展的问题也很显著，学科性质等问题均还在争论中，研究意义也未能以经典作品的直接说服力与影响力展示。西方

---

① 余新忠：《医学与社会文化之间——百年来清代医疗史研究述评》，《华中师范大学》2017年第 3 期，第 124 页。

② 刘志琴：《青史有待垦天荒（代序）》，刘志琴主编、李长莉著《近代中国社会文化变迁录》第一卷，浙江人民出版社，1998，第 1、2 页。

③ 左旦非：《"近代中国社会生活与观念变迁"学术研讨会综述》，《近代史研究》2002 年第 2期，第 308 页。

④ 左旦非：《"近代中国社会生活与观念变迁"学术研讨会综述》，《近代史研究》2002 年第 2期，第 307 页。

⑤ 周积明：《思想文化史的内涵与研究方法》，《史学月刊》2017 年第 9 期，第 10 页。

⑥ 雷平：《第五届中国近代社会史国际学术研讨会综述》，梁景和主编《中国社会文化史的理论与实践续编》，第 362 页。

新文化史理论的借鉴、利用问题，即西方理论的"本土化"问题尤为复杂。中国本土社会文化史在未来如何继续创新、发展？笔者认为需在以下几个方面进一步思考、努力。

其一，深研中国传统社会文化，创新本土社会文化史理论。人类社会各种文化孰优孰劣不能绝对看待已成共识。在近代以来中国社会的变迁转型中，传统逐渐褪色，现代性特征在社会的方方面面显现。不过当代的社会发展却促使人们对传统价值进行思考、重识。现代化不会是在简单摆脱传统束缚中就可完成的。无论理论还是现实，都要求我们关注传统社会文化。中国本土社会文化史理论创新必须在深研传统社会文化中实现，如此方能真正发掘中国历史的未明之处，为现实提供借鉴。

其二，审慎借用西方新文化史理论。中西方学术发展均离不开现实制约。西方新文化史之"新"体现于促其发生的后现代主义文化批评、文化人类学等多种理论与实现现代化后的社会背景，而本土社会文化史属于现代化史的一部分。中西方社会差异对相互间史学理论借鉴、利用几乎具有决定性的影响。一位学者由此而说，"中国的社会环境与学术语境目前还很难有这种研究的位置"。① 但从主张社会和文化的交叉研究来看，本土社会文化史与西方理论又有相合之处，所以我们应在明辨中西差异后引用西方理论。我们可以借用西方新文化史理论反思近代以来中国现代化发展中的社会文化现象与问题。

其三，提炼符合社会实际发展需要的论题加以研究。社会科学研究成果的价值不仅仅在于发现，还在于服务社会。史学研究须研究与中国社会发展进程相符的问题。余新忠在《清代江南的瘟疫与社会：一项医疗社会史的研究》"重版序言"中，详细说明了"非典"疫情的发生是自己著作能引起学界内外高频度关注的重要因素。② 近几年里常建华等呼吁的生命、生计和生态"三生"研究，梁景和提出的"生活质量"，李长莉主张的"社会治理"等论题都反映了这样的思路。史学研究论题多种多样，能引发共鸣的应是那些抓住了社会发展特征，且又具有前瞻性的主题。当一项研究的意义被大家认可时，论题细碎还是宏大均不再是问题。一个有意义

---

① 吕文浩：《本土崛起与借镜域外——社会文化史在中国的若干发展》，《南京社会科学》2015 年第 5 期，第 142 页。

② 余新忠：《清代江南的瘟疫与社会：一项医疗社会史的研究》，"重版序言"，北京师范大学出版社，2014，第 2 页。

的研究论题，也是切合于社会实际或者说能满足时代需求的论题。中国社会文化史的经典之作应会从中国发展实际中提炼出来，在能准确体现中国社会文化特点的论题中产生，而这样的成果也应是"本土化"的成功之作。

首都师范大学社会文化史研究中心
近年来举办学术会议综述

杜　峰等

自 2015 年至 2018 年，首都师范大学社会文化史研究中心举办了 8 次国际、国内学术研讨会，如下表所示。下面对这些学术会议分别加以介绍。

序号	会议名称	举办时间
1	第五届中国二十世纪婚姻·家庭·性别·性伦文化学术研讨会	2015 年 3 月 14～15 日
2	第二届中国社会文化史研究的回顾与走向座谈会	2015 年 6 月 6 日
3	第二届西方新文化史与中国社会文化史的理论与实践学术研讨会	2015 年 9 月 25～26 日
4	当代中国与社会（1966～1976）学术研讨会	2016 年 4 月 8～9 日
5	第四届中国近现代社会文化史国际学术研讨会	2016 年 9 月 23～24 日
6	第六届中国二十世纪婚姻·家庭·性别·性伦文化学术研讨会	2017 年 4 月 14～15 日
7	第二届全国青年学者社会文化史理论与方法学术研讨会	2017 年 9 月 22～23 日
8	第五届中国近现代社会文化史国际学术研讨会	2018 年 9 月 21～22 日

一　第五届中国二十世纪婚姻·家庭·性别·性伦文化
学术研讨会综述（杜峰）

婚姻、家庭、性别、性伦文化是社会文化史的重要领域和研究专题。近几年，首都师范大学以"中国二十世纪婚姻·家庭·性别·性伦文化"为主题的学术研讨会先后召开了四次，取得了一系列的学术成果。2015 年 3 月 14 日，由中国社会文化研究会和首都师范大学历史学院中国近现代社会文化史研究中心主办，首都师范大学社会科学处承办的第五届中国二十世纪婚姻·家庭·性别·性伦文化学术研讨会在北京召开，来自中国社会科学院当代中国研究所、全国妇女联合会妇女研究所、中央司法警官学院、华东师范大学、天津师范大学、山西师范大学、陕西师范大学、大连大学、西安美术学院以及首都师范大学的50余位学者参加了会议。与会者围绕婚姻、家庭、性别、性伦等专题，进行了深入的研讨。

关于中国二十世纪的婚姻问题，本次会议四篇论文分别从婚姻法、婚恋观、婚约、婚俗方面展开。中国社会科学院当代中国研究所的刘维芳论文《在立法与现实之间：新中国建立以来〈婚姻法〉的制定及其修改》，通过探讨新中国成立以来的三部主要《婚姻法》的制定与修改，认为婚姻法治是一个时代变迁和社会文化转型的晴雨表。新中国成立后婚姻立法的变化一定程度上是新中国社会历史的缩影，既体现了国家政权在不同时期对婚姻、家庭关系进行整合的制度安排，也表现了《婚姻法》日益脱离政治、走向民间、回归本位，更多地从法律自身角度规范婚姻行为，更多地关注婚姻、家庭发展中自身问题解决的趋势。她认为，婚姻法的变革历程还表明了这一事实：农村地区旧式婚姻习俗的根深蒂固和根除的任重道远。

华东师范大学的朱丽丽论文《首都高校男女硕士研究生婚恋观差异之调查分析——基于社会性别的视角》，通过对北京五所高校943名硕士研究生进行问卷调查研究，认为当下硕士研究生群体的婚恋观存在以下特点：男女生均主张婚姻自主，童贞情结减弱，看重夫妻的性和谐；男生更认同裸婚，更期待生育，更接受婚前同居；女生结婚时更看重父母意见，更看重丈夫未来发展。该群体婚恋观的差异固然体现了社会性别差异，但女性拥有的知识资本并不能颠覆社会两性关系的权力格局。

首都师大董怀良的论文《改革开放时期订婚的复兴与变迁（1978~2000）》关注订婚与解除婚约时当事人自由度的变化，订婚是否成为当事人的私事。通过分析他认为，1978年改革开放后推动了订婚现象复兴，订婚仪式迅速复苏，订婚的形式出现趋同发展的特征；婚约从订立到解除的过程中，单位、家庭、社会舆论等外部因素对当事人的影响日趋减弱，当事人自主程度日趋提高，个人本位正在凸显，婚约的订立与解除日趋向个人私事发展。

首都师范大学王栋亮的论文《试论19世纪中国出洋人员对欧美婚俗的观感——以"走向世界丛书"为分析蓝本》，以"走向世界丛书"为个案，重点考察出洋人员对欧美性伦文化、婚姻习俗的关注和感悟，以此来见证近代中国人婚姻观念变迁的源头。当中国逐步融入当时的世界体系中的时候，西方的物质文明和价值观念对中国与中国人的影响日益加深。他认为，这不仅促进了中国人思想的转向，还推动了他们的生活方式的转变。婚姻文化的变革逐渐成为近代中国社会不可遏制的内在冲动。

有关家庭问题的讨论，亦有四篇论文，涉及家庭评比、家庭劳力、家庭角色、家庭职业领域。全国妇女联合会妇女研究所周蕾的论文《塑造和表彰——对20世纪五六十年代"五好"活动的历史考察》，以20世纪五六十年代"五好"活动为研究对象，认为这一活动以独特的角度触及了家庭内部，用集体主义的道德规范改造家庭内部关系和邻里关系，同时将互助组这种集体主义合作形式广泛应用，在一定程度上减轻了妇女的家庭负担。"五好"活动是对马克思主义妇女解放理论中国化的探索。然而，家务劳动在"五好"宣传中成为妇女们的职责所在，无疑强化了家庭内部性别化分工。

首都师范大学李二苓的论文《民国北平郊区的"留守""空巢"现象》研究民国北平郊区的"留守"与"空巢"现象。文中指出，受到北平工商业的影响，北平城周边的青壮年人口势必被吸引入城。北平城乡的性比例因此受到北平工商业的影响，城、郊之间存在劳动力的竞争关系。民国时期，这种郊区向城市提供青壮年劳动力的现象，由于政治、经济、环境极不稳定，家庭经济日趋贫困，因此郊区男子晚婚和"候鸟式"迁徙的现象越来越占主导，妇女、儿童、老人被迫"留守"，甚至出现"空巢"现象。城市难以反哺农村，从农村向城市的单向资源流动是一场勤劳革命，一方面加剧了农业劳动力的流失，另一方面又无法彻底解决农村劳动力过剩的问题，造成城乡一损俱损的结果。

首都师范大学韩晓莉、张广丽的论文《1957～1958年的勤俭持家运动与妇女角色的塑造——以山西为中心的考察》，以山西为个案入手，通过对1957年到1958年勤俭持家运动的考察，探讨集体化时期，国家从社会、经济建设的需要出发对妇女角色的塑造过程，以及在这一过程中，处在国与家之间的妇女群体的身份认同。文章指出，勤俭持家运动中，无论农村妇女的"精打细算"，还是城市妇女的"退职回家"，都是高度政治干预下，国家对妇女角色的塑造。这种塑造是为满足国家建设需要的上层设计，具有明显的政治色彩。

首都师范大学余华林的论文《独立与贤良：论民国女性对职业与家事的两难抉择》，研究民国女性对职业与家事的两难选择。他认为，五四以来，随着男女平等思潮的传播，人们一方面极力论证妇女职业对于实现经济独立、人格独立的重要性，另一方面又将家事仍视作妇女的天职，从而形成了妇女职业与家事并立的观念。这不仅消弭了妇女职业所强调的独立精神，也使得民国妇女不得不面对职业与家事的双重负担或两难抉择。之所以出现这样的状况，一是因为传统男权意识的作祟，二是因为现实生活的逼迫，三是因为政策导向的游移，四是因为社会解放的需要。

性别问题研究的核心是妇女权益问题，三篇论文涉及此项主题。中央司法警官学院李玉娥的论文《服刑人员生育权研究》，从司法角度来探讨服刑人员生育权问题。该文在对服刑人员生育权进行理性审视的基础上，分析国外的相关规范和实践，提出我国对于服刑人员生育权保障的建议。

另两篇论文以邓颖超的妇女解放、妇女运动为研究对象来进行探讨。山西师范大学畅引婷、赵琰的论文《邓颖超妇女解放思想的社会实践基础——兼论妇女史研究的价值取向》，研究邓颖超的妇女解放思想。作者认为，邓颖超作为"一代伟大的女性"，对性别平等的追求和解放全人类的理想信念，贯穿在了她一生的革命实践当中。她的革命经历及其经验，不仅对当代中国的妇女解放实践有着重要的影响，而且也是世界妇女运动不可多得的一笔宝贵财富。该论文还尝试用汤尼·白露的"过去未来时"作为分析框架，通过探讨邓颖超妇女解放思想的社会实践基础，以期为今天的中国妇女解放提供历史的启迪和借鉴。

天津师范大学杜芳琴的论文《邓颖超妇女运动理论和实践——以争取农村妇女的土地权和婚姻自主权为中心》，则以争取农村土地权和婚姻自主权为中心研究邓颖超妇女运动思想。她认为，邓颖超的农村妇女运动思想、策略、方法既与政党的纲领、方针、路线保持一致性，又有自己的主体能动性。邓颖超农村妇女运动的指导思想和策略的"流"与"变"，农村妇女运动目标议程的坚定性和操作策略的灵活性对今天都有重要的启示。

此外，韩晓莉、张广丽的论文尽管考察的是勤俭持家运动等家庭问题，但也涉及妇女角色的塑造、妇女群体的身份认同等女性性别问题，是跨领域的研究成果。

关于性伦文化问题的文章，有五篇进行了讨论。首都师范大学王红旗的论文《以家族伦理重释性别文化——严歌苓〈妈阁是座城〉与张翎〈阵痛〉之比较》，主要论述两部小说以家族伦理寓言神话，女性情感体验与历史记忆，对两性个体人性的复杂嬗变进行批判与反思。运用历史与现实的性别对比，诠释纯洁的母性关爱伦理是人类"完整的人"的人性善根，以及男性"大我"赌性顽疾和金钱物欲的变异是对现世代人性的破坏力。从家族基因遗传入手，对民族性与人类性进行开掘，呼唤现世代人类心性的"母性归属"。以母亲强大自我内在性的、超验性的人性张力，揭示母亲以大地般的坚韧与顽强、博爱和圆融，迸发出的母爱精神的"永恒能量"。

首都师范大学廖熹晨的论文《"我们夫妇关系为什么破裂"读者大讨论——二十世纪五十年代性伦文化一瞥》，通过对 1955 年《中国妇女》杂志刊登的文章引起读者对性别伦理大讨论一事的起因、经过、结果等问题的分析，探讨了那次大讨论背后的性伦文化问题。

陕西师范大学郭海文、贾琳珂的论文《〈戒溺女文〉释读》解读了《戒溺女文》的价值。作为辛亥宣统年的雕版印刷的《戒溺女文》，作者认为其史料价值表现在四个方面：一是剖析溺女的原因；二是揭示了劝戒溺女内容；三是提供了雕版刊刻时间及地点的信息；四是《戒溺女文》与郑观应《劝戒溺女》的关系。溺女的思想根源是一种对生命的漠视和性别的歧视，《戒溺女文》就是对这种漠视及歧视发出的抗议，它呈现的历史真相、它提出的思想，都具有非常深远的含义。

西安美术学院佟玉洁的论文《身体政治的维度——中国女艺术家的行为艺术》向我们诠释了中国女艺术家的行为艺术。作者通过对一些案例分析认为，作为假想对象的身体在与历史或者现实的场景发生关系时，构成了身体的空间性、整体性和意向性，制造了不同身体维度的文化质疑性与批判性，最终在形成的身体权力的微观政治中，成为挑战社会宏观政治的一支重要的力量。她认为中国女艺术家通过对她们的身体社会性叙事与自传性叙事，不仅建立了一个文化的反省机制，同时也成为了中国当代艺术政治生态的一部分。

而大连大学王小健的论文《周代妇女三从的服制分析及人类学解读》，则从人类学角度研究周代妇女"三从"的服制。妇女"三从"是指女人的归属、从属身份——"未嫁从父，既嫁从夫，夫死从子"。这种从属身份在周代服制、婚制以及相关礼制中多有体现，是宗法制度下妇女地位的反映，也是《周礼》中两性关系的原则。宗法制度是对古老的父系继嗣方式的改造，重在政治身份的传递；妇女的从属身份为服务于这种改造而被制度化、规范化，并且去除了不符合男女有别的内容。战国以后宗法制度虽然衰落，但妇女"三从"在父系继嗣的家族体制中仍然得以延续。该文从 20 世纪以外的角度，尝试探讨了几千年礼制对妇女身份与地位的影响。

本次研讨会是第五届以"中国二十世纪婚姻·家庭·性别·性伦文化"为主题的学术研讨会，论文涉及的范围涵盖近代、现代和当代，延续整个20世纪，学科横跨史学、文学、法学、社会学、人类学等多个学科，研究视角广泛，研究方法与手段多样化。每篇论文虽对婚姻、家庭、性别、性伦文化的各自个案、专题或相关专题的讨论有所侧重、有所偏倚，但都是在从不同角度上推动了社会文化史研究的深入发展。相较而言，本次会议从总体上或宏观上来分析问题或是比较研究的论文偏少。相信随着本主题研讨会的持续开展，能够进一步推进婚姻、家庭、性别史的深入研究。

二　第二届中国社会文化史研究的回顾
与走向座谈会综述（李二苓）

第二届中国社会文化史研究的回顾与走向座谈会，于 2015 年 6 月 6 日上午在北京紫玉饭店召开。会议由首都师范大学教授梁景和召集并主持。第一届会议在 2010 年 9 月于北京召开，会议颁赠了《中国社会文化史的理论与实践》[①] 一书，本书总结了从 1988 年刘志琴提出中国社会文化史概念以来 22 年的社会文化史发展历程。距离第一届会议又过 5 年，此次会议的目的即在于总结这 5 年来中国社会文化史研究动态，以及为未来的发展做出展望和期待，并借此机会祝贺中国社会文化史的开创者刘志琴先生八十华诞。会议颁赠了《中国社会文化史的理论与实践续编》[②] 一书，本书总结了近 5 年来社会文化史的发展历程。参加此次会议的共有近 20 位来自中国社会科学院近代史研究所和首都师范大学历史学院的学者们。围绕"中国社会文化史研究的回顾与走向"这一主题，学者们畅所欲言，进行了颇有启发意义的探讨。

（一）学派意识

此次会议一改以往仅专注于讨论中国社会文化史的概念、方法、视角等问题，刘志琴先生大胆地提出了创建学派的说法。她认为："人生有限期，学业无止境。"要使得一个研究特色发扬光大，必须要有学派意识。她

---

① 梁景和主编《中国社会文化史的理论与实践》，社会科学文献出版社，2010。
② 梁景和主编《中国社会文化史的理论与实践续编》，社会科学文献出版社，2015。

以厦门大学的"华南学派"为例。"华南学派"的创始人是傅衣凌，主要研究社会经济史。傅衣凌的去世并未影响到其研究特色的发展，反而在他身后，这一学科大放异彩，形成了"华南学派"。现在"华南学派"的重心虽仍在厦门大学，但发展到中山大学，研究队伍日益扩大。刘志琴先生希望中国社会文化史也能像"华南学派"那样，若干年后形成社会文化史的"华北学派"。邓京力更是希望以后能有专门研究社会文化史的传承的成果出现，就如同一篇研究"华南学派"的博士学位论文一样，《华南学派探渊》① 理清了"华南学派"形成和发展的内在理路和学术诉求。

左玉河也认为要有学派意识。虽然现在学派还没有形成，但是现在已经形成了我们自己的研究特色，因此我们要力图形成我们的学派。他认为，要形成学派最关键的是建立自己的解释系统，即建立话语体系。中国很多理论和方法都是从国外进来的，所以我们要建立我们自己的话语体系。只有建立了中国人的话语体系，才能与西方话语体系进行对话。这样我们在理论方法上才能够逐渐成熟，并能指导我们的研究实践。如何建立话语体系呢？左玉河提出了三个方面。第一，是理论方法上的提升，社会文化史的核心概念是什么？有没有具有一定适用性的方法？第二，中国社会文化史要有特定的研究对象。第三，把我们的研究经验提升上去，在专题研究的成果中能够体现社会文化史的研究特色来。有了这些典范的著作，不用我们自己说，在外人看来我们都有一个一致的研究趋向，学派自然形成。要达到形成学派的目标虽任重而道远，但要有信心。会议还有很多学者对建立学派问题进行了探讨。

（二）本土化概念

刘志琴指出，一个学科要能够成熟，需要建树自己的理论，因为只有理论成熟了才能把碎片化的研究统合起来。然而，在建树理论的时候我们要避免走弯路，要借鉴中国哲学史的历史教训。20世纪前期，学界有一个颇具争议的问题"中国有没有哲学？"1918年胡适的《中国哲学史大纲》出版，这是用现代学术方法系统研究中国古代哲学史的第一部著作，它的出版被视为中国哲学史学科成立的标志。然而，当初的《中国哲学史大纲》在金岳霖看来是美国人写的中国哲学史②，是用西方概念套用中国内容。此

① 王传：《华南学派探渊》，博士学位论文，华东师范大学，2012。
② 金岳霖：《审查报告二》，冯友兰著《中国哲学史》，"附录"，中华书局，1981。

后中国哲学界出了很多大家，例如，冯友兰、杨荣国、任继愈等。但是，这些大家所写的哲学史，没有用一个中国传统文化的概念。至 100 年之后仍没有谁写出一本大家公认的中国哲学史，发展了一个世纪的哲学史竟然遭遇了是否具有合法性的诘难。所以，哲学史还是需要借鉴王国维提出的中国哲学即宋明理学①，要参照中国传统思想来认识哲学。

社会文化史是新兴学科，年轻一代应少走哲学史研究的弯路，要重概念的吸取。社会文化史存在优势，因为社会文化史在中国有本土的概念，一个是"礼"，一个是"俗"，而在中国哲学史、思想史上没有这些。这些是中国最有特色的东西，是物质分配和意识形态，既是物质也是意识且还是行为规范的道德。在 20 世纪 40 年代，柳诒徵、蔡尚思就提出中国传统文化是以礼为本②。因为礼的涵盖面太广，礼也是中国独有、外国没有相似概念。正好社会文化史可以把"礼俗"这一概念高高地举起，因为社会文化史以研究生活为本，日用之学发生、发展的过程，也是伦理观念不断渗透到日用器物的过程。刘志琴举了个例子，她曾要求将"民俗志"改称"风俗志"，但是民俗学的学者不同意。刘志琴认为今人用的"民俗"是 20 世纪初从西方传入的概念，是西方人类学兴起后才有的，而中国的观念是"风俗"。她查阅了很多典籍，帝王、将相、思想家大多都用风俗。但是"二十五史"为什么没有"风俗志"？关于这个问题，刘志琴还在《光明日报》上写了篇文章，指出中国的礼和俗是互动的，礼中有俗，俗中有礼，所以在"二十五史"记录的礼制当中包含了风俗的成分。③ 传统士大夫重视教化民众，即"以礼化俗"。礼也不是高高在上的，民间的习俗一定程度上影响到礼，即"习俗成礼"。所以礼俗在中国非常厚重，礼中包含了很多风俗成分。从礼俗互动的视角考察中国人的衣食住行，有助于深入认识中国的国情和民性。她认为社会文化史具有方法论的意义，能够拿着这个方法研究更多的学术领域。

关于礼俗互动的运用，余华林从自己的研究经验出发，强调礼法俗并举。他很赞同刘志琴所说的本土概念可以运用到民国婚姻礼俗变迁的研究中。以往民国婚姻变迁的研究，往往止步于纳妾、重婚等表象，但如若加入礼俗的概念，则可以更加深入地解剖问题。在传统婚姻里，礼与俗结合

① 佛雏校辑《王国维哲学美学论文辑佚》，华东师范大学出版社，1993，第 1 页。
② 柳诒徵：《中国礼俗史发凡》，《柳诒徵说文化》，上海古籍出版社，1999，第 270 页。
③ 刘志琴：《二十五史为何没有〈风俗志〉》，《光明日报》2004 年 9 月 14 日。

得水乳交融，法的作用并不大，或者是以礼代法。近代以来，礼俗出现背离的情况，所以需加入法，特别是沈家本修订新法时融入了西方的法律体系，所以礼、法、俗的冲突与融合在民间诉讼中很多见。例如，妻子告丈夫重婚，而丈夫认为他只是纳妾；也有辩解说是两头大的平妻，并不是重婚。

所以，社会文化史要建立成一个学科，就应该打出这些本土化的概念出来。刘志琴强调，思想史没有用的概念，我们要充分利用起来。礼俗应该是社会文化史的支撑。另外，还有道和器、义和利、理和欲。这些中国本土的概念，应大量引进社会文化史。因为与西方思辨的哲学不同，中国哲学史经验的形上学，经验源于生活，生活产生观念，而社会文化史的研究对象即生活与观念。这样有了理论的支撑，有利于社会文化史走向成熟。发掘中国固有的观念，将之提升到现代的水平，如果把这些概念运用起来，社会文化史就能有宏大的前途。

吕文浩提出，社会文化史的本土化，要求我们从社会出发，概括出有精神气质的东西，揭示中国文化的特征、中国本土的特色。例如，有人研究费孝通，认为他是一名非常西化的学者。[①] 但是费孝通本人却认为自己没有作者所写的那么西化，他的写作特色只是表象，而骨子里他是继承了中国传统知识分子的经世致用的。他觉得他的研究只有推动社会进步才是有意义的。可见，社会文化史应做揭示中国文化精神气质的研究。

（三）二元互动的方法论

此次会议在探讨社会文化史的方法论时，学者们仍然把眼光投向了如何解决二元对立的问题，即叙述与分析、国家与社会、碎片与整体、实证与理论、动态与常态等。并且，学者们普遍认为如何从社会文化史的角度处理好这些问题，恰恰是社会文化史的特色所在。

就叙述与分析这二元而言，与会者达成了共识，认为社会文化史即是这二元互动的结果。左玉河提出，我们的目标是把社会文化史建成学科，是文化史与社会史交叉的学科。但我们做的时候是把它当成一种视角、一种方法来运用的；同时也有我们自己研究的领地，即生活方式、大众文化。谈到社会文化史的研究方法时，左玉河回忆起了 2001 年在中国社会科学院

---

① 〔美〕大卫·阿古什：《费孝通传》，董天民译，河南人民出版社，2006。

近代史研究所开的"近代中国社会生活与观念变迁"学术研讨会。^① 当时有人对社会文化史提出质疑：社会文化史概念不清楚，社会史是个模糊的概念，文化史也是模糊的概念，社会文化史是非驴非马的东西。左玉河则认为，非驴非马是驴和马的杂交，即骡子。骡子的特长是既有马的力量，又有驴的耐力。也就是说，社会文化史即吸收了社会史善于分析的长处，也加入了文化史善于叙事的优点。社会文化史的深描法确实是个很好的东西，但是必须反思如何将深描法用到文化事象中，历史研究不做分析是不行的，那么分析和叙事又如何平衡。

叙述与分析的二元对立还包含着中西、新旧的对立内涵。现在学界有一部分青年学者讲的社会文化史，就是西方的新文化史。面对学界将社会文化史与新文化史混为一谈的现象，吕文浩认为，社会文化史要成为一个流派，应该要有自己独到的东西，即社会文化史就是将社会史的分析与文化史的阐释结合起来，只要具备这两个因素就是社会文化史。从 20 世纪 80 年代、20 世纪 90 年代的论文来看，社会文化史研究成果还是比较粗线条的。国内刘志琴、梁景和、李长莉等人开创的社会文化史的界定是比较宽泛的，简单概括是凡是从社会史的角度来研究文化现象，或者是对社会现象解释其文化内涵，即是社会文化史。吕文浩并不赞同李长莉在《史学月刊》发表的《交叉视角与史学范式》^② 一文的观点，他认为李文将社会文化史概括得太广。21 世纪以来增加了一些新的史学理论和史学实践，据此社会文化史一定要有新理论方法的视野，而不是所有涉及社会生活的都是社会文化史。韩晓莉也认为，社会文化史和新文化史不能一概而论。新文化史的问题是过度阐释，而中国人的习惯是论从史出，所以做社会文化史研究还是得用谨慎的态度去处理新文化史的适用性。

邹兆辰认为，历史细节的叙事要放入对历史大背景的分析中。他从史学理论的角度提出，历史学还是应该从历史学的整体角度来考虑社会文化史在其中的定位和作用。历史学本身就是一个整体，其中各个学科互相关联，不要特别强调自己学科的作用，排斥与其他学科的关系，否则会越走越窄。例如，搞访谈最终要达到什么目的？不应仅仅是以搜集材料为目的，

---

① 左日非：《"近代中国社会生活与观念变迁"学术研讨会综述》，《近代史研究》2002 年第 2 期。

② 李长莉：《交叉视角与史学范式——中国"社会文化史"的反思与展望》，《学术月刊》 2010 年第 4 期。

还是应该和历史学科的重大历史过程、历史事件、历史人物联系起来，这对解决历史学的问题有独特的作用。社会文化史还是要与重大历史事件联系起来，要能说明这些问题，不能仅停留在叙述上。如果只停留在叙述上，那么其成果还是史料，不是历史研究。梁景和认为，访谈录和口述史是两样东西，访谈录是史料，不是历史学；而口述史才是更高的一个层次，是历史学的一种研究了。有人直接把访谈作为历史是不准确的。

碎片化问题是此次会议讨论最为热烈的话题。刘志琴认为，社会文化史不能脱离微观，因为生活本身就是散漫的，但有必要提升，否则不能成为一门现代学科。李俊领则认为，不要担心研究的碎片化，反而是要有更多的碎片化研究，要拓宽视野，不给自己设局限，有了更多的细微研究，历史的整体便会水到渠成，带有全局性的解释便会自然呈现。韩晓莉认为，细节是要存在的，田野和乡村档案大家都很感兴趣，是因为它能带来有血有肉的史料。微观研究不仅可以补充史学研究的薄弱地方，还能看到活生生的人。梁景和认为，什么是碎片？以往的研究似乎没有给出明确的界定和回答。如果说"碎片"研究是相对于"宏大"研究的话，那么"碎片"研究和"宏大"研究孰有意义呢？其实这是不能回答的伪问题。"宏大"研究可能有意义，也可能没意义；"碎片"研究可能有意义，也可能没意义。这要看你研究什么，怎么研究。社会文化史的研究要处理好"碎片"与"整合"的关系，即多种"碎片"研究之后可连缀成一体，这是社会文化史尤其看重的一点，也是社会文化史研究的价值所在。这有些像孩童们的拼图游戏，拼图材料犹如"碎片"，只有把这些"碎片"材料拼合起来，才能让人豁然开朗，展现一幅崭新的并具有实际意义的图面，这是拼图的意义。而社会文化史把社会生活的"碎片"整合之后就有了历史研究的真正意义。比如，近三十年服饰的"碎片"研究，喇叭库、西装、夹克衫、牛仔服以及色彩斑斓款式多样的女装，等等，如果把这些"碎片"研究整合起来，就会发现人们服装生活的变迁、物质生活的改善、中外文化的交流、审美情趣的改变、精神自由的提升，等等，这不正是社会文化史研究的旨趣所在吗？

邓京力更是借鉴了大量西方史学的成果来讨论碎片化问题。她谈到的是"微观史学的理论视野"，希望社会文化史能够借鉴西方微观史学的经验。她指出微观史学的产生，即是基于破解现代性为中心的宏大叙事，是对概念化、机构化的总体史和固化因果分析的实证主义研究范式的质疑。

真正的微观史学研究是在注重整体化历史中发展出来的，是为了对抗简单真理，是复杂性研究的复兴，所以它的兴起就有理论的视角。微观史学的方法是个体化的叙事、显微镜式的研究，但事实上在小历史中有既定的宏大目标。邓京力还借鉴了法国年鉴学派的成果，法国年鉴学派的第三、四代学者认为，微观史学在一定程度上是解决他们问题的方案之一。吕文浩也赞同借鉴西方史学的经验，认为在理论方法上，我们还要对西方新文化史、微观史等相关领域做深入研读。西方史学有很深厚的根基，有很多典范性的作品，应该深入体会其方法论，好好吸收西方史学思考、架构历史的方式。

关于动态与常态的问题。社会文化史既研究动态问题，也研究常态问题，两者如何结合呢？梁景和谈了他的一个简单的设想，即分三步走：动态、常态以及动态与常态的结合。

唐仕春提出了理论与经验研究的悖论问题。他认为视角的传播需要有量的研究才有解释力，但如果用同一个视角研究多个对象，理论方面的新意则会递减。于是他提出了是坚持现有视角还是开拓新的领域的问题。梁景和回应称，理论与经验的互动是史学发展的规律，既要在条件许可下创新，同时又要经验研究对有些理论进行深化。不能搞盲目创新，不能用今天之"我"否定昨天之"我"，又用明天之"我"否定今天之"我"。

秦方将这种二元对立的现象总结为"他者焦虑"或"对比焦虑"，即在经验和理论方法之间，中国史实和西方理论之间，上层精英和下层百姓之间，碎片化与整体化之间，鲜活的人生和比较抽象的大历史之间，社会文化史与政治史、经济史之间等如何协调。她认为这种二元对立的东西是晚清以来西方的现代性和殖民主义带来的，但是现今我们仍没跳脱出去。这种焦虑与其说是我们要解决的问题，不如说焦虑本身是我们思维方式的症候。

（四）研究领域的扩展

大多社会文化史学者认为社会文化史的研究对象是普通人的社会生活，但是罗检秋提出社会生活中精英和大众不能分开，精英的社会文化史也很重要。社会文化史应该更具包容性，才能更加兴旺发达，不要完全局限于风俗习惯等大众的生活之中。精英的东西可以发展为大众的东西，大众的东西可以提升为精英的东西，而且有很多时候精英和大众的生活有共同性。

他认为，生活史也不仅局限于普通的日常器物生活，还应该注重精神生活，例如，琴棋书画、交游雅集等，这些研究领域还有很广阔的天地。梁景和也同意精英与民众的互动。精英文化源于大众文化，从大众生活和文化中产生，是对大众文化和意识的提炼与总结。精英在社会文化形成过程中起着重要的作用。精英文化同时又是对大众生活和大众文化的体认、关注和指导。所以，研究社会文化史既不能脱离大众文化，亦不能忽视精英文化。

邹兆辰提出，社会文化史的深入发展要向心理史的领域去。社会文化现象是一定社会心理的反映，将社会心理与社会文化联系起来有助于开拓社会文化史的研究领域，并深化研究，心理史有利于深化社会文化史的研究。邹兆辰还认为，社会文化也要谈政治文化，政治本身应该是社会文化史的研究对象，例如，官场文化，为什么今天有腐败现象，因为这不仅是贪官个人的问题，还与近百年来中国社会官场文化有着密切的关系。研究官场文化对我们今天的反腐败来说是一面历史的镜子，有利于我们寻找贪污的根源。官场文化深入社会生活的各个领域，是社会文化史可以开拓的新领地。吕文浩也认为，社会文化史在选择研究对象时应该放开思路，还有许多新的领域可以开拓，如社会生活领域里面可以找出许多新题目。

（五）发展脉络

唐仕春根据社会文化史学者的年龄分为三代。第一代就是刘志琴等，大多是 20 世纪二三十年代生人，是开创社会文化史研究的一代。但是在社会文化史兴起时已经快要步入退休年龄，有些学者的行政工作也非常繁忙，所以对社会文化史研究虽有很多设想，但研究的精力无法保障。第二代如李长莉、梁景和、左玉河、罗检秋等，许多社会文化史的课题都是由他们完成的。这一代引领了二十年的社会文化史研究，出了许多成熟作品，所以说二十多年的社会文化史是第二代的学术成长史。但是这一代的代表作大多出版于 90 年代，现在也已经快要退休。他们的研究生多为 20 世纪六七十年代生人，成为了社会文化史研究的第三代学者。他们细化了第二代学者的研究领域，在时间段上前后延伸，在研究领域和空间上也不断扩大。唐仕春还提出了目前第三代学者所面临的问题，包括视角与个案的悖论、多样性与整体史的关系等；其中他谈到的如何提高研究成果的识别度问题。唐仕春指出，现在学术环境已经与以前大为不同，现在很难找到学界没有运用过的视角、没有采用过的理论，加之现在资讯发达，信息量爆炸式增长，在众声喧哗中要出有影响力的作品更是难上加难。李俊领也根据自己的研究体会谈到了社会文化史研究的难点。一方面，跨学科。社会文化史不能就社会文化谈社会文化，还要了解思想史、政治史等。如果没有这些而单纯地看待社会文化，只能流于表象。另一方面，特别缺资料。虽然看似近代史的资料很多，但是要研究普通人生活时则很难查到资料，没有故事就难得出一个扎实的结论。所以，当前的任务之一是要考虑如何拓宽史料。梁景和提出要注意非文本史料的开发与运用，要注意不同形态信息的史料价值。

（六）走向与展望

首先，学者们普遍认为现在需要产生社会文化史的典范性论著。罗检秋认为一个学科的发展，一方面需要有扎实的研究成果，另一方面需要有研究机构来培养人才。首都师范大学有社会文化史研究中心，并培养了一批青年学者，是社会文化史发展的一个重镇，希望有实实在在的成果出来。

其次，很多学者提出社会文化史不应仅仅是丰富以往历史，还要有改写传统历史的雄心。刘志琴认为社会文化史可以改写思想史。她举了思想史中的道和器的例子，这是老子的形而上和形而下理论。目前学界对道和器的解释类似于物质与意识形态，道是器的反映，器是道的基础，这是用马克思主义物质和意识形态来解释。但是，我们要从中国本土的道和器来解释。中国本土的道器是物质，也是意识，意识就是物质，即王安石提出来的"即道即器""道器合一"，其实质是将伦理观念寓入日用器物之中，将有形可见的器物内化为理性的东西，使之秩序化、信仰化。在这内化的过程中，器物已超越其使用价值，成为人们沟通道器的媒介。因此形上有外在的形下表现，形下有内在的形上寓意。所以，以往的解释是不完全的，得用中国本土的资源重新解释。刘志琴还举了个明代妇女思想的例子。官方记载中明清两代在徽州树立的贞节牌坊最多，有6000多座，但是冯梦龙搜集的民歌、民谣中的女性却非常大胆，具有反叛个性，有关寡妇再嫁、尼姑思春、少女为了爱情要求私奔的作品在民间流行甚广。所以，民间和官方的记录不完全一样，从民俗来看是另一个中国。我们目前对官方研究很多，但是对民间的研究远远不够。刘志琴认为，社会文化史得注意充分利用新思想，比如，以往是以阶级斗争为纲，但是李泽厚却说"生活是历史的本体"，这个说法是前无古人的。刘志琴认为，搞社会文化史研究应充分利用这个哲学思考，因为没有生活就没有人的存在，这是我们社会文化史广阔的天地。社会文化史在补充原来所没有的历史的同时，还能帮我们解脱教条的束缚。我们从社会文化史考虑，能重新写一部有声有色的中国通史，从资料运用上展现另一个中国。

韩晓莉则从她的田野研究中体会到社会文化史与传统史学的区别。在田野中她发现历史是有血有肉的，并可以纠正原本想当然的观念。她在研究百年来的山西小戏时，感受到怎么去把国家的历史从小问题中表现出来，这也是历史研究的价值所在。如果只是丰富历史，势必会降低研究价值，所以还是需要理论的指导，从更高的层次去解释这些历史。

邹兆辰也认为社会文化史的研究能解决传统史学解决不了的问题，从新的角度来突破以往的历史研究。他写《英雄的悲剧：李秀成心理分析》①的研究目的，就是想突破传统的政治模式来判定李秀成，打破从政治史的角度来判断人物的惯习，通过研究典型事件说明社会心理对历史人物的影响比判断李秀成是不是叛徒更为有用。

吕文浩提到《梦醒子：一位华北乡居者的人生（1857—1942）》一书。②该书写的是山西的刘大鹏，作者将刘大鹏的思想与社会角色、生活经历、历史背景都结合得很好。该书呈现了人的方方面面，有血有肉。历史的研究不一定非要判定历史人物为哪种典型，因为贴上标签后就看不到鲜活的人。并且，该书从个案反思现代化，揭露了一个为进步所累的人。中国史学向来缺乏以人为本，缺乏人文关怀，不考虑人的喜怒哀乐，从这一点来看社会文化史就能重写一部历史。

李俊领认为，以人为本可以使历史研究从固有的革命史、现代化等研究范式中跳出来，由原来的从民族国家的立场中跳到以人为本的立场。正如梁景和《现代中国社会文化嬗变研究（1919～1949）——以婚姻·家庭·妇女·性伦·娱乐为中心》"首论卷"中提出的，社会文化史是史学范式，是以人为本的史学范式。③ 李俊领提出，以人为本使得社会文化史的研究更接地气，因为社会文化史研究社会生活，其中普通人所占份额最重，而我们研究者自己也是普通人，也有日常生活，所以更加容易打通，更容

① 邹兆辰：《英雄的悲剧：李秀成心理分析》，首都师范大学出版社，2016。
② 〔英〕沈艾娣：《梦醒子：一位华北乡居者的人生（1857—1942）》，赵妍杰译，北京大学出版社，2013。
③ 梁景和等：《现代中国社会文化嬗变研究（1919～1949）——以婚姻·家庭·妇女·性伦·娱乐为中心》，社会科学文献出版社，2013。

易体会个体生命的感受。例如，做民国城乡居住问题，一定会想到今天我们买房会受到商品房购买条件、公积金贷款规定等一系列国家政策的影响，我们的日常生活与国家制度密切相关。所以，他认为国家制度基本决定了人的生活方式。借用国家与社会的二元分析概念的局限很多，但如果把生活和制度放在一起就弹性很大，社会文化史研究可以从下向上、从边缘向中心看历史。

正因为社会文化史是研究社会生活、社会文化和处于其中的人，而社会生活和社会文化等往往具有惯性，生活习惯、文化传承必然对今天有一定的影响。因此，李二苓认为社会文化史的研究应成为解决现代问题的镜子，正如邹兆辰所提到的官场文化的研究就是很好的课题。

（七）结语

本次座谈会总结了以往的研究经验，展望了今后的研究方向。在以后的研究中要注意采用本土化的概念，将社会学的分析和文化史的叙事相结合。在新的研究理念指导下，努力产出具有典范性意义的社会文化史研究成果。在研究对象的探讨上，与会学者提出应向纵深方向发展，要开辟新材料及新视角，要放开思路寻找新题目。社会文化史的方法论也是本次座谈会热烈讨论的话题，主要问题仍然是二元对立的关系，其中碎片化研究与整体史的关系讨论尤多。借鉴西方微观史的经验，从碎片的分析中改写传统历史是社会文化史学者的信念所在。

三　第二届西方新文化史与中国社会文化史的理论与实践学术研讨会综述（廖熹晨）

2015年9月25~26日，第二届西方新文化史与中国社会文化史的理论与实践学术研讨会在北京召开，本次会议由中国社会文化研究会与首都师范大学历史学院中国近现代社会文化史研究中心主办，首都师范大学社会科学处承办，来自中国社会科学院、南开大学、湖北大学、北京师范大学、首都师范大学、《光明日报》理论部史学版、《近代史研究》杂志等单位的30多位学者参会，接收论文20余篇。

社会文化史是中国史学自身逻辑发展的产物，从20世纪80年代末萌发至今，已经取得了重要的研究成果，但在自身的理论建构和学术实践方面，仍然面临着突破瓶颈、需要出现更多优秀作品的问题。西方新文化史与中国社会文化史在学术旨趣和研究方法上有许多相似之处，而西方新文化史发展成熟，有许多值得借鉴之处，尤其是近十几年来，西方新文化史对中国社会文化史产生了不少有益的影响与启发。在本次会议上，我们发现，学者们的研究思路更加开阔，心态也更加开放，一方面，立足于既有的研究方向进行深入发掘，拓展研究的新视角、新内容，开发新史料；另一方面，努力建立自己的文化史解释，积极与西方新文化史开展对话；同时，在自觉总结和反思的基础上，不断开掘理论探索的深度。本次会议无论是理论探索还是具体的学术实践，都有了进一步发展。

（一）热点与前沿

医疗史研究一直是近年来学界的研究热点，从医疗史相关论文的数量来看，本次会议依然能够让大家感受到这一研究领域在国内的热度，学者们的研究既有区域医疗史，也有对医疗史研究方法和视野延伸出的理论思考。另外，对民国佛教慈善事业的研究也让与会学者耳目一新。

冯秋季（新乡医学院社会科学部）与王胜（河北省社会科院历史研究所）所提交的论文，都可以视作区域化视角下中国医疗史研究的具体实践。冯秋季从南京国民政府备战抗战时期的河南省公立医院的建设发展入手，对公立医院的发展速度、状况和实际社会作用、成效进行了具体的讨论与评议。他认为，军事需要促进了战略要地河南的卫生事业的发展，而实际医院的品质和防病、治病的效果却不明显，但是对于促进百姓健康仍有一定积极作用。王胜则是把目光放在了"文革"时期中国农村的"卫生革命"上，对"文革"时期农村"卫生革命"进行了自上而下和自下而上的双向透视。她认为，国家政治和政策推动了这一场农村的"卫生革命"，符合百姓的需要；"文革"时期的农村卫生政策具有革命性，大大提升了农村的医疗卫生水平和人们的健康状况。

余新忠（南开大学中国社会史研究中心）在中国医疗史研究领域已经取得了相当丰硕的成果，是该领域的代表性学者之一。在本次会议上，他提出应进一步将微观史与中国医疗史研究相结合。他分析了微观史与医疗史的关系，并对近二三十年来中国医疗史中的微观史研究进行了总结。他认为，微观史研究已经成为中国医疗史研究中一支极具生命力的潜流，若能及时总结和倡导，并适时更新学术理念与方法，必将成为医疗史研究中引人注目的潮流。

近几年，有关慈善事业的历史研究逐渐展开，明成满（安徽工业大学马克思主义学院）对民国佛教慈善团体的资金募捐情况进行了考察，总结了民国佛教慈善团体募捐资金的来源、募捐方式和监管资金的方法，意在通过研究民国佛教慈善团体的资金募捐增进对近代慈善事业的了解，为当代慈善事业的发展提供借鉴。

（二）社会生活的深入发掘

对社会生活的关注一直是社会文化史基本研究志趣之一。在本次会议中，我们欣喜地发现，相关论文在研究内容的丰富性和解读史料的深度、广度方面都有了进一步提升；与此同时，学者们在努力建立中国自身文化史解释的基础上，积极与西方新文化史展开对话。

关于君主生活的研究，西方新文化史有代表作《制造制造路易十四》（〔英〕彼得·伯克），作者彼得·伯克在书中对中国君主的形象是否存在制造与包装提出了问题。常建华（南开大学中国社会史研究中心）通过研究康熙帝御赐书法活动回应了彼得·伯克的问题，完成了一次与西方新文化史的学术对话。常建华认为，康熙帝的御赐书法活动，展现了其艺术生活与权力建构、施展的关系，即通过赏赐书法作品来与下属、亲信交流感情，连接基层乡绅，建立亲密关系，不断扩大自己权威的影响力；同时，借以表达自己的文化意志，体现帝王的文化修养和确立绝对权威。康熙皇帝崇儒重道、谙熟中国文化的圣君形象，具有制造与包装的机制，他的御赐书法活动就是这一机制的具体体现。

在身体史越发受到学界关注之际，李建华（江西省社会科学院）通过对民国上海电影女明星在媒体上的身体呈现，解读出了不同文化语境下女明星身体所承担的独特而复杂的含义。他观察到，电影女明星的身体语言是在社会文化与政治的变迁中不断流转中形成的一种包括文化、政治和商品的复杂属性和多重权力关系的复杂运作体系。

社交生活是人们社会生活的重要组成部分，石桂芳（北京信息科技大学政教学院）以民国时期北京公园中的社交活动为研究对象，对公园——新兴的公共空间中的社交活动和主要参与者进行了分类与考察，发现了城市居民生活与公共空间变迁之间的关系。

恋爱到底是个人生活的私事还是公共事务，是近代产生的新问题，王栋亮（河北民族师范学院）梳理了民国时期《新女性》杂志以小说《三代的恋爱》为引子所展开的大讨论，以此来剖析民国时期知识界恋爱思想的转变状态。他发现通过这次讨论，恋爱自由论有了深入发展，它为两性生活提供了更多可遵循的依据和选择，这是五四以来"人"的观念深化的结果，意味着个性主义的充分展现和自由度的提高。

儿童史研究在西方新文化史的影响下，越发受到国内学者的重视，张弛（南开大学）通过对中国现代玩具制造业发轫期的研究，发现了中国传统玩具没落的历史过程和原因；讨论了中国现代玩具业在受国外玩具冲击的情况下的起步和发展过程。

（三）社会文化史研究的扩展

在本次会议所接收的论文中，出现了一些有新的研究视角、研究思路和研究内容的论文，这些社会文化史研究的新扩展，或者受到西方新文化史的激发，或者直接反映着当代社会生活和文化的变化。

包来军（河北省社会科学院）立足于改革开放后一系列丝绸之路纪录片中的女性描述，从社会文化史的视角观察新时期人文纪录片对不同历史时期女性的形象呈现，以探讨丝绸之路纪录片中女性的历史作用和女性意识的觉醒。作者认为，关于丝绸之路的一系列纪录片在历史叙事和历史观上有了新的发展，具有了新文化史和社会文化史的特点。

随着数码产品在人们日常生活中的普及，信息的传递和储存方式逐渐发生了改变，人们的生活方式也随之发生巨大的改变，学者们的目光开始向数字化所带来的影响聚焦。刘静（江西科技师范大学）将研究视角聚集在了数字化社会与传统生活方式的变迁上，她认为数字化时代的到来使得人们在消费方式、社交与婚恋、就业观念和信息获取手段四个方面发生的转变。

虽然经过三十多年的发展，中国社会史已经成为史学界的"显学"，但吕文浩（中国社会科学院近代史研究所）仍然认为当前的研究水平依然未能达到民国时期的学术高度，因此重读民国时期历史学与社会学相结合的研究典范是必要的工作。他以《中国伶人血缘之研究》和《明清两代嘉兴的望族》这两本潘光旦的社会史著作为例，分析其理论预设，梳理其相关研究的脉络，以求对这两本经典著作的学术价值获得更深入的理解，为当前的多学科交叉研究提供借鉴。

网络时代，随着传播方式的改变，神学传播形式也更加多元化和世俗化，王宁川（华南农业大学珠江学院）就针对这种新现象做出了学术思辨，他以《魔兽世界》《幸存者》等网游文学为研究案例，认为这些文学作品以科学技术为沟通媒介，达到神学与世俗科学之间的兼容。这些文学作品，一方面体现了神学的多元性与开放性，神学本身从关注、维护自身权威的正统性等问题，转向关注人类自由、社会发展与人类道德的媒介选择等问题；另一方面也体现了新的传播方式依然能够促使受众产生宗教身份的存在感与认同感。

王征（济南社会科学院）以教会大学为研究对象，梳理了从 19 世纪末到 20 世纪 50 年代中国教会大学从兴起到壮大再到式微衰亡的历史发展过程，并指出教会大学在中国的兴盛是以中国丧失教育主权为代价的；尽管如此，教会大学还是推动了中国教育近代化的发展，传播了近现代文明。

（四）总结与反思

研究综述是学界最新动态的反馈，也是学者们反思、回应和理论思考的表达。经过近三十年的发展，社会文化史已经取得了丰富的研究成果，及时对这些成果进行总结、分析和反思，有利于进一步推进社会文化史的理论探索和学术实践的深化。从本次会议收到的相关论文来看，有些论文正体现着国内学者有从社会文化史各方面进行理论探索和反思的自觉。

梁景和（首都师范大学）对中国"性伦文化"的研究进行了总结并加以评述。梳理了中国"性伦文化"的概念以及学术探索，指出：近百年来中国"性伦文化"演变呈现一条基本的发展脉络，即从批判传统的"性伦文化"观，到主张与传统相悖逆的"性伦文化"观；或者说从"文革"时期的谈性色变再到开放前卫的"性伦文化"观这样一个基本的发展脉络。梁景和认为，史学研究"性伦文化"既要注意它与政治统治的关系问题，也要注意它与社会治理的关系问题，还要注意它与婚姻家庭的关系问题。可见，"性伦文化"的问题既是政治问题、社会问题也是婚姻家庭问题，万不可小觑，所以史学研究者显得更有责任和义务来认真从事"性伦文化"的研究工作。

何晓明（湖北大学中国思想文化史研究所）梳理了近三十年来社会文化史的历史源流和发展轨迹；他认为，面对外界质疑和社会文化史本身所存在的问题，应该从社会文化史本身的定位去深入思考；并提出社会文化史不是一个学科，也不是一种学术范式，而是一种学术理路，在社会文化史未来的发展中还需要注意研究对象的个别意义与普遍意义的关系、研究视野的微观与宏观的关系，以及研究主体的史家个人与学术派别的关系。

李长莉（中国社会科学院近代史研究所）对 20 世纪 30 年代中国近代生活史的发展脉络，主要研究领域，热点和特点进行了总结。她认为进行近代生活史研究，应当以探索中国近代化社会转型中的民众社会生活基础和深层文化机制为目标，为当今社会转型提出理论方面的创新成果，尽管近代生活史的研究已经取得丰富成果，但仍然具有理论分析和理论创新上的不足。

唐仕春（中国社会科学院近代史研究所）把总结的视角放在了三十年来中国社会史研究复兴和拓展的原因上，他注意到在视角与时空、师承与交游对中国社会史研究的复兴和拓展起了非常重要的作用。

张俊峰（山西大学中国社会史研究中心）则是以研究热点的转变为主线去梳理中国社会史的发展脉络。他将社会史发展脉络分为构建整体史和区域社会史兴起两个阶段，并分别对这两个阶段中的理论建构成果、各个学术流派的理论见解、实践成果、贡献和存在的问题做出了较为详细的分析与评价。

张昭军（北京师范大学历史学院）考察了文化史在近代中国的兴起，他认为近代中国文化史的兴起经历了 20 世纪初确立文明史观念，20 世纪 20 年代提出用科学方法研究文化史，20 世纪三四十年代致力于解决理论方法和学术实践相结合的问题这三个阶段。

（五）结语

综观本次会议，，学者们的研究，从时间上来看，所涉及的时间跨度大，从民国一直延伸到当代；从内容上来看，与会学者们的研究视野更加开阔，对于数字化社会、网络文学等新时代文化产物都有所考察；从史料的选择和运用上来看，与会学者利用的史料更加丰富和生动，除立足于一手史料和运用口述史的特色，还引入了现代大数据，既颇具新意也符合现代社会史料种类更新的趋势；从理论建构上来看，学者们仍在进一步充实社会文化史的理论内涵。通过这些方面，我们看到了当前社会文化史发展的方向和学者们学术兴趣的动向。经过学者们坚持不懈的努力，社会文化史在近几年取得了长足进步；未来，社会文化史研究者仍需不断深化本领域的理论建构，探索和活用多学科交叉的研究方法，学习与借鉴国内外优秀研究成果，不断推动社会文化史向前发展。

四　社会文化史研究的新起点

——第四届中国近现代社会文化史国际学术研讨会综述（敖凯）

2016 年 9 月 23～25 日，由中国社会文化研究会、首都师范大学社会文化史研究中心主办的第四届中国近现代社会文化史国际学术研讨会在北京举行。会议提交论文 17 篇。来自中日两国的 30 余位专家学者，就中国社会文化史的理论与方法以及中国近现代的社会生活、思想观念、婚姻、家庭、女性等议题展开了热烈而深入的讨论。

（一）社会文化史理论方法的回顾与展望

自 20 世纪 80 年代以来，社会文化史研究经过几代学人的辛勤耕耘，发展势头良好，已收获相当规模的丰硕成果。为进一步推动该领域研究的深化，开启研究的新历程，回顾与展望 30 年来的学科发展具有重要意义。

首都师范大学历史学院梁景和在《社会文化史在行进》① 一文中，就团队重镇、理论方法、领域维度、史料文风四个方面对于社会文化史研究的历程与未来趋向进行了提纲挈领式的总结与展望。指出研究中国社会文化史，特别是研究中国现当代社会文化史，要与政治史紧密结合，脱离政治视角来研讨中国社会、中国社会生活、中国社会文化史，既简单片面，又单纯幼稚。研究社会文化史的要义，最终应归于探索生活与观念的互动；研究社会文化史的方法，则要凭借真实的史料去研究客观的历史。

中国社会科学院近代史研究所李长莉撰写的《中国近代社会史三十年发展趋势及特征》②，通过统计分析指出，中国近代社会史的趋势和特征体现在四个方面：一是研究成果的数量呈现长期、持续大幅度增长的发展趋势；二是已从一个处于具有附属性、边缘性的弱小分支学科，发展成为一个大的分支学科；三是社会史研究的关注重心，由革命话语延伸论题，转为社会主体论题，完成了向社会本位的回归；四是在全国形成多个研究重镇和研究团队。这些趋势和特征标志着中国近代社会史已成为一门成熟学科。

---

① 见梁景和《社会文化史行进的四重维度》，《河北学刊》2017 年第 2 期。
② 见李长莉《中国近代社会史研究三十年发展趋势与瓶颈》，《南京社会科学》2017 年第 1 期。

中国社会科学院近代史研究所唐仕春提交的论文《心系整体史——中国区域社会史研究的学术定位及其反思》，以中国社会史学界既有的理论探索和论述为对象，追溯中国区域社会史兴起的过程与原委，重新检讨区域社会史与整体史、地方史的关系，指出以区域重构整体史，有助于解决宏大叙事之不足。以整体史区隔地方史有利于解决研究的碎片化，拓展研究的对话空间。探寻中国区域社会史研究的学术定位体现了学界重新书写整体史的强烈愿望。

中国社会科学院近代史研究所李俊领在《中国近代社会史研究的对象、视角与跨学科对话》一文中指出，日常生活史视角，不仅可以展现一个以生活为中心的近代中国社会面相，而且可能揭示更深层的社会变迁机制。日常生活可以成为历史学、社会学、哲学等学科进行对话的中心问题与公共平台。在跨学科对话中，进一步探讨日常生活可能具有的历史认识论与本体意义及其对当下日常生活文明进步的启示。

（二）婚姻、家庭与性别研究

婚姻、家庭和性别问题是人类社会生活的热点话题，历来受到研究者的关注，也是本次会议的主要议题。

传统中国受儒家文化影响，强调男女大防、男尊女卑，使得女性在历史上的作用与地位受到忽视。有鉴于此，中国社会科学院近代史研究所刘志琴在《女性意识与炎黄文化》一文中，梳理了女性意识在社会转型的表现，提出研究者要从社会文化史的角度来看待女性群体，以便发现一些值得深思的现象。诸如，为什么百年中国妇女解放的过程中，女性往往用性意识的觉醒向社会的不公进行最后的冲击？在性意识思潮中女性比男性更勇敢？原因又在那里？

龚自珍作为清代重要的思想家和诗人，其成就是如何获得的。对此，天津师范大学曹志敏另辟蹊径，从龚自珍的个人成长史来展开论述，其提交的论文《试论龚自珍诠释母爱与追寻童心的文化意蕴》，认为龚自珍一生依恋母亲，追求童心，这对其一生的个性发展与感情基调、仕途进取与诗文创作，皆产生了深远的影响。

西力东渐以后，随着通商口岸的日渐发展，当地人多地少的矛盾愈发凸显。由于户外游戏空间遭到极大压缩，儿童不得已在马路边玩耍，从而酿成多起交通事故。天津社会科学院张弛在《打造娱乐新天地——民国上海家庭"儿童游戏室"话语初探》一文中指出,为防范危险和不良的街头游戏,可能对儿童造成的身心伤害,幼儿教育专家呼吁父母在家中开辟儿童游戏室,为子女提供安全、卫生的游戏空间和健康、有益的娱乐活动,并借以改善家居环境,开展家庭教育。这说明儿童在小家庭中地位的上升以及良好的居家环境和寓教于乐的家庭教育等育儿观念渐为国人了解与接受。

自晚清至 20 世纪 20 年代,国人对家庭问题展开了诸多讨论。日本菲莉斯女学院大学江上幸子《近代中国废婚论与女性对"小家庭"之异议》一文,参照"近代家庭"概念探讨中国的"小家庭",以 20 世纪 20 年代上半期的女性声音为中心,考察各种对主流话语提出的不同见解和异议,并在梳理晚清以来"废家"论的基础上,重点探讨了 20 世纪 20 年代初期的"废婚"论。

五四以后,在新的性道德和婚姻伦理的指引下,许多追求恋爱自由、婚姻自由的新女性,不计名分地与有妇之夫结婚或同居,从而导致民国时期的婚外同居现象十分突出。首都师范大学历史学院余华林在《新式妇女"甘心作妾"?——民国时期婚外同居现象论析》一文中指出,这种婚外同居究竟是基于恋爱自由的新生活方式,还是另一种纳妾方式,时人对此认识不一。法律条文对于她们家庭角色的定位也出现前后反复的变化,执法者也莫衷一是。时人对于婚外同居问题在认识和理解上的冲突,一方面反映民国时期新旧生活方式所面临的多层夹缝和多维困境,另一方面也反映恋爱自由与纳妾并不是界限分明的,新旧性道德之间和婚姻伦理的过渡中有着内在的思想通道。

1950 年《中华人民共和国婚姻法》(简称《婚姻法》)颁布,新的婚姻法一方面引入西方的婚姻自由自主观念来取代传统的"家庭本位"婚姻观,另一方面又打破西方重视国家与家庭、公众与私人的界限来重塑男女之间的关系以及冲击嵌在传统伦理文化中的家庭传统。首都师范大学历史学院任耀星撰写的论文《共和国初山西婚姻生活的重建:从乡村案例透析》,以山西省民政厅 1949～1953 年的婚姻档案为基础,从乡村社会丰富多样的婚姻案例切入,观察"传统家庭""婚姻当事人""基层干部"三个社会群体在面对《婚姻法》时的独特表现及心理状态。

(三) 近代女子教育问题研究

清末民初是中国女子教育兴起的重要时期。女子教育的出现造就了一大批德才俱佳的女性，这不仅对女性自身的解放产生重大影响，而且对社会改造发挥着积极作用，因而受到不少研究者的青睐。本次会议有3篇相关论文。

清末时期，女学生在社会中的地位如何？对此，日本骏河台大学前山加奈子在《〈图画日报〉所呈现的晚清中国女学生之形象》一文中，通过分析《图画日报》中所反映的各阶层的女性群像，指出这些画像并不是在某种特定思想或意图指导下提取的画面，而是现实生活中随处可见的真实写照。进而认为，女学生作为新时代的新女性，受到社会的注目，可见她们已超越传统的社会性别规范，并有意识地开始新的行动。

首都师范大学历史学院秦方撰写的《晚清天津女子教育与女性形象建构——兼及方法论的一些探讨》一文，既对晚清天津女学和女性形象建构进行实证研究，又对性别在妇女史研究中的有效性进行一些初步反思。

日本立命馆大学杉本史子提交的论文《抗战时期的奈良女子高等师范学校留学生》，则根据奈良女子大学所收藏的《校史关系史料》，通过具体事例，从性别的观点来分析留学生的日常生活、心路历程、奈良女子高等师范学校与伪满的关系，以及日本女校应承担的战争责任等问题，颇有新意。

（四）其他议题

首都师范大学历史学院张淼《论20世纪初唯科学主义话语下的"人的神话"的观念》一文，重点考察了象征着理性与客观的科学主义话语体系，为何能够容忍"人的神话"这一观念的长期存在；二者又是如何相互渗透，交织成一股力量左右中国近代社会的。

中国社会科学院近代史研究所吕文浩《严景耀的犯罪社会学调查与研究（1927-1936）》一文，详细梳理了严景耀从事犯罪调查研究的基本脉络以及相关的教学、实践生涯，并分析其犯罪调查研究的学术价值。作者指出，严景耀是中国犯罪社会学的开创者，他以筚路蓝缕的精神深入调查研究中国的犯罪问题，且特别强调从文化接触引起的社会变迁的视角考察犯罪问题。

日本铃鹿国际大学国际人间科学院细井和彦《试论杨杰对日之战略——以步兵五团制的构想为中心》一文，简述了杨杰对日战略的构想，重点阐述步兵五团制的构想及其理由。文章指出，在杨氏的步兵五团构想中，以"五"为军队编制的做法遵循了中国的传统，似乎与日本的陆军编制没有关联。

首都师范大学历史学院韩晓莉在《时代变革中的职业记忆——对 20 世纪 50 年代以来晋中民间戏曲表演者的口述史研究》一文中指出，新中国成立后，从 20 世纪 50 年代"戏改"到 80 年代的改革开放，戏曲表演者的职业定位发生了从艺人到"革命的文艺工作者"，再到以营利为目的的职业演员的转变，职业定位的变化造成了从业者不同的职业感受和人生经历。戏曲表演者的职业记忆，反映了不同时期国家力量对民间文化、社会生活和个体命运的改造过程，而戏曲表演者对"戏改"的参与、对体制内身份的争取以及他们所经历的礼遇与刁难，都体现了下层民众对现实环境的认知和应对。

中国社会文化史是 20 世纪 80 年代以来在文化史、社会史发展的基础上形成的一个新的研究视角和研究领域。综观此次会议，不但有立意新、史料新、角度新的专题论文，还有老中青三代学者汇聚一堂，交流学术、研讨互动的盛况。这次会议不仅是社会文化史的深入研究的新起点，同时也是首都师范大学社会文化史研究中心在推动社会文化史研究以及建设国内社会文化史研究重镇中的又一次有益的探索与实践。

五 第六届中国二十世纪婚姻·家庭·性别·性伦文化学术研讨会综述（任耀星）

2017 年 4 月 14 ~ 15 日，中国社会文化研究会、首都师范大学社会文化史研究中心联合主办的第六届中国二十世纪婚姻·家庭·性别·性伦文化学术研讨会在北京举行。来自国内各高校和研究机构的 20 余位学者参加会议，并就其中的 13 篇论文展开了充分的讨论。自 2011 年 3 月 12 日首届中国二十世纪婚姻·家庭·性别·性伦文化学术研讨会在北京成功召开以来，会议主题逐渐得到了历史学、社会学、政治学、法学和哲学等多学科的广泛关注。借此学术平台，不同学科领域的学者济济一堂，一方面对社会生活探索领域的研究现状和已有成果进行了反思，另一方面也对新史料、新方法和新视角进行充分的探讨与交流。本文兹就参会论文的主要观点做一简单介绍。

（一）社会生活的反思与探索

"婚姻·家庭·性别·性伦文化"是一个内涵丰富的研究领域，在对其中的具体问题进行研究的前提是必须对整体婚姻家庭文化嬗变有一个宏观的认识和反思。首都师范大学女性文化研究中心编审、主任王红旗的《中国社会转型对婚姻家庭文化发展变化的影响》一文，以改革开放为时间节点，分析了在经济体制、法律制度改革与多元文化博弈的相互影响下，婚姻家庭文化作为社会文化的基本细胞呈现的纷繁复杂样态。在家庭结构关系上，一方面是传统与现代、过去与未来、民族与世界对接的现代新型家庭；另一方面仍然存在本土的、民族的、世代相传的、传统家庭模式。正是这种古今中西与新旧并存的婚姻家庭生活方式，以更多元、更深刻的方式影响着中国人的婚姻家庭文化观念，从而构成传统性与时代性相结合的新婚姻家庭文化。社会经济体制改革、思想启蒙和西方文化思潮、法律制度体系建设对婚姻家庭文化发展的影响，在已有的研究中均有不同程度的涉及与论述。但作者抓住文化在社会转型过程中的"变"与"不变"，从婚姻家庭文化的时代特色进行宏观的铺陈，应该说是对社会生活探索领域的反思和深化。

随着 20 世纪以来妇女运动和女权思潮在世界范围的兴起，妇女史的书写已成为当前学界最为关注的一个研究领域。山西师范大学历史系教授、《山西师大学报》主编畅引婷的《妇女史是怎样被书写出来的?》一文，以美国莱斯大学历史系教授汤尼·白露（Tani E. Barlow）《中国女性主义思想史中的妇女问题》[1] 一书在中国翻译出版以及由此而引发的一些讨论为基础，对"为什么要书写""怎样来书写""由谁来书写""书写成什么样"等一系列问题进行了探索和回答。作者认为这些问题的背后不仅涉及一个学术理论的探讨，而且关系到一个现实社会的改造。因为不论书写者还是被书写者，抑或阅读者，都对妇女史中所涉及的诸多人物和事实所做出的各种价值判断乃至接受的价值导向，既是个人自主性或主体性的充分展现，同时也是在相互间的制约与互动中建构新的人类历史，生成新的文本知识。以往国内对于妇女史的研究较多关注妇女在社会性别中的权利、地位变化，但畅引婷教授的这篇文章从历史书写的角度揭示了妇女史包括人类历史的书写，是文本和行动双向互动的结果。作者对这一问题的思考和探索，对开拓妇女史研究的视野极具参考价值与启发意义。

观念史、概念史和情感史作为一种新视角与新方法，在近年来的中国

① 〔美〕汤尼·白露:《中国女性主义思想史中的妇女问题》，沈齐齐译，上海人民出版社，2012。

学术界引发了较多关注。首都师范大学政法学院哲学系讲师叶磊蕾的《中国爱情观念词考与中国现代观念的反思方法》一文，从跨学科的角度对中国的爱情观念源流及其变迁进行了谱系学式的梳理探索。"爱情"这个词并不是中国本土词语，作者通过考察这个词与中国原有的"情"与"爱"的关系以及近代"自由恋爱"观念的形成，进而牵引出爱情观念背后从古至今、从西到东整个观念历史的图景。目前学术界对近代中国的探索已经达到了相当深入的程度，但对"现代化"的反思还没有进入情感层面，作者正是从个人的经验和情感入手，希图真正唤起个体的历史意识与反思意识，这种新理论、新方法的运用尤其值得社会文化史领域的研究学者加以关注。

（二）社会文化的断裂与延续

相较而言，以政治史为中心的研究更多展现的是历史断裂的一面，但从社会史和文化史的视角出发，则会发现历史断裂面背后隐藏的更多是延续脉络。因此，本次会议主题虽限定在中国的 20 世纪，但从文化延续的角度仍对 20 世纪之前的历史现象和问题给予了特别关注。

陕西师范大学历史文化学院副教授郭海文、2011 级毕业生贾琳珂的《近代陕西周至雕版〈戒溺女文〉释读》一文，以一块收藏于陕西师范大学妇女文化博物馆的雕版《戒溺女文》作为基本史料，采取实物资料和文献资料相互对照的方法，重点讨论其史料价值。作者从文献学的研究方法入手，对雕版《戒溺女文》刊刻的时间、地点、作者等信息进行了周密的追溯和考证，全面地展现了文本背后的时代性和文本所在地的地方性。

中国人民大学清史研究所副教授毛立平的《金枝玉叶与制度困局——性别视角下清代公主的经济境遇》一文，利用新近出版的《清宫内务府奏销档》中较为丰富的清代公主府收支问题的记载和一些生活细节资料，结合清代实录、会典、部院则例、内务府奏案、朱批奏折等相关材料，探讨这些天之骄女婚后所面临的经济困境、形成困境的深层原因，以及皇室为解决公主经济问题所做出的努力，借此揭示清代公主的经济境遇背后深层的制度和性别困局。清代公主府的经济困境，从性别间的差异对比反映的是公主在君臣、夫妇伦理与满汉文化之间的挣扎。作者的这项研究真正深入公主的婚姻及生活状态，改变了传统对公主群体的刻板印象，为以往相对集中于制度性和政治性的公主研究增加了性别视角和社会生活色彩。

沈阳师范大学社会学学院副教授艾晶的《清末女犯的收禁问题及其改

良研究》一文，梳理了清代女犯的监禁问题和晚清以来的女犯监禁改良。作者发现，清代官府对女犯的收禁一般较为谨慎，除犯杀人和其他少数重罪外，官府总是尽量避免收禁女犯，但被收禁的女犯却要忍受非人的待遇。清末由于社会动荡，女性犯罪剧增，但由于受西方近代法律思想和妇女权益思潮影响，社会各界要求清政府仿行西法，变革旧制。清政府因而实行了设立待质所、男女分监、废除官媒和设置习艺所等一系列措施，并取得了一定成效。但是在仿行西式的司法改良与传统司法思想的冲突中，妇女的生存状况仍在日益恶化。目前学界对近代女犯群体的研究少有涉及，该文作者对清末以来的女犯收禁制度进行全面的社会史分析，为今后相关研究的深入奠定了坚实的基础。

（三）性别秩序的松动与紧张

晚清以降，女性话语的"叙述中心"从作为男权的附属物，开始向拥有独立自主的人格转向。但是这个过程充满了各种因素的交叠、互动和博弈，其外在表现即为不同时期、不同群体对待性别秩序的松动与紧张。

北京大学历史学系博士研究高翔宇的《张竹君与清末民初性别解放的"中间路径"》一文，以清末民初的女性精英张竹君为研究对象，将研究视域"脉络化"，考察张竹君关于性别解放"中间路径"的论述及实践。作者发现张竹君在女性启蒙问题上，既有对于晚清女性解放话语的积极接纳，又有对于民初女子参政运动保持冷静的姿态，力求为女性在"女学与女权""职业与政治"之间寻求平衡。作者的这一研究为我们获悉清末民初女性社会多元而复杂的生态提供了视角，尤其在结语部分，作者还探讨了历史人物形象在时代语境变迁中发生的加工与重构过程。

首都师范大学历史学院余华林副教授的《新式妇女"甘心作妾"？——民国时期婚外同居现象论析》一文，以鲁迅与许广平之间的关系为引，重新展演了当时女权语境下废妾呼声与婚外同居、恋爱自由、甘心作妾和民国法律的两难选择等多种社会争议。时人对于婚外同居问题在认识和理解上的冲突，一方面反映民国时期新旧生活方式所面临的多层夹缝和多维困境；另一方面也反映新旧性道德间和婚姻伦理过渡中有着内在的思想通道。相比于以往学界对妾及其法律地位的研究，作者将新式妇女"甘心作妾"作为一种社会文化现象，更多从社会文化环境和社会观念争论的角度进行了新的理解与阐释。

家庭是社会网络中的一个基础单元，也是国家组织结构中的一个组成单位。因此家庭问题不仅是个人或社会问题，同样也与政治息息相关。中山大学马克思主义学院副教授胡雪莲的《家庭与政治：民国时期家制改革的"主义"之争》一文，通过梳理民国期间有关家制改革的论争及其背后隐藏的从家族秩序到政治秩序的考虑，揭示了中国的家庭问题与政治问题之间的密切联系。作者认为，在五四新文化运动与南京政府立法活动的考量和取舍当中，家庭并未如部分激进个人主义者所主张的那样脱离政治，而是继续被定位为政治秩序的基石，只是其服务对象已由"王朝"变成了"国家"。该文作者讨论民国时期家族秩序与国族秩序的关系，也从某种程度上反映了近年来学术界社会文化史与政治史研究相互吸收、相互借鉴的总体趋势。

（四）社会生活的新史料与新问题

妇女史、婚姻史始终是社会生活探索领域的重要组成部分，同时社会现实的复杂性决定了这些领域的研究仍具有极大的挖掘潜力。相较而言，儿童史和性伦文化属于社会生活探索领域的新课题，但随着新理论和新史料的发掘，这些课题同样引起部分学者的研究兴趣。

三峡大学马克思主义学院副教授潘大礼的《南京国民政府时期妇女的离婚权利与司法秩序：以湖北离婚案为中心》一文，以南京国民政府时期的湖北省离婚诉讼档案为中心资料，分析了妇女的离婚诉求、司法制度对妇女离婚权利的影响、司法实践与法律文本之间的张力问题。作者认为，在南京国民政府时期的湖北，由于有相关法律制度的保障，妇女可以自由提出离婚诉讼，但其离婚诉求不在于追求自由、平等或感情，而是为了生存下去。在妇女提请离婚的司法审判过程中，妇女的离婚权利还存在法律制度所规定的绝对自由与司法实践的相对自由之间的矛盾。在史料分析层面，本文作者注重运用档案资料剖析历史小人物的心路历程，突出个人的主体意识，这些方面均予人以启发。

福建师范大学马克思主义学院讲师汪炜伟的《教育利器抑或思想毒药：晚近城市儿童电影教育的困境与反思——以天津为例的分析》一文，从社会现实追溯历史，分析了中国20世纪二三十年代，天津社会各界对电影与儿童教育之间的复杂关系认识与反思。人们本欲将电影用作儿童教育利器，儿童却多重娱乐，甚至因盲目效仿电影人物或情节出现令人焦虑的"电影化"现象。为了化解这种困局，当时天津社会上兴起了制造儿童电影，规范儿童电影教育之议，且提供了各种儿童电影之标准，甚至将之付诸实践。但由于诸多原因，这些建议和实践并未起到治本之效。作者的这一研究在一定程度上展现了近代儿童史的复杂面相，也对今天人们理解这一延续到当下的社会问题有所助益。

以往的婚姻家庭研究较多关注普遍性问题，对婚姻家庭中的特殊群体甚少关注。山西师范大学政法学院副教授王小平、山西师范大学政法学院硕士研究生杨丁合作的《日常生活中男同性恋的亲密关系》和首都师范大学硕士研究生任耀星的《军婚里的政治：共和国初期山西军属妇女群体考察》两篇文章，分别使用口述访谈和地方档案，对新中国成立以来的男同性恋和军属妇女两种特殊群体进行了微观分析。两篇文章均在不同程度上突出了家庭和自我认同对家庭关系与个体行为选择的重要影响。尤其是《日常生活中男同性恋的亲密关系》一文，从跨学科的视角关注社会性别研究中男同性恋群体的性伦文化，较好地展现了社会生活探索领域的丰富性。

总之，本次研讨会在学术反思、方法探索和史料发掘等方面都进行了充分的讨论与友好的交流，为相关研究的进一步深入提供了建设性的意见。特别值得一提的是，会议学术氛围浓厚，主办方为保证会议的良好效果，保留充分讨论时间，简化了多余的会议流程，显示了社会文化史研究领域的热情和活力。

六 第二届全国青年学者社会文化史理论与 方法学术研讨会综述（徐全民）

由中国社会文化研究会、首都师范大学社会文化史研究中心共同主办的第二届全国青年学者社会文化史理论与方法学术研讨会，于 2017 年 9 月 22～23 日在北京召开。首都师范大学博士生导师梁景和教授主持会议。中国社会科学院近代史研究所李长莉研究员做主题发言《三十年来中国近代社会史研究范式转换》。来自全国各地科研院校与出版机构的 40 多位学者参加了讨论会。会议收到了 15 篇论文，从四个层面就社会文化史理论与方法进行了深入交流研讨。

（一）社会文化史研究的范式与史料

李长莉研究员首先为研讨会做了极具思想性的主题发言。针对社会史研究中当前存在的不足，李长莉研究员建议从研究范式层面促进学科发展与理论突破，指出中国近代社会史在过去的三十年中包含了"现代化""本土现代性""社会与国家""社会治理"等影响比较大的研究范式，并就其中的"社会治理"范式做了详细的阐释。李长莉研究员从"社会效果"这个作用点分析了"社会与国家"范式到"社会治理"范式的发展理路，解释了"社会治理"范式的来龙去脉，进而详细评述了该范式在乡村治理、城市治理、制度治理、社会问题治理这几个领域的研究成果。关于学科研究范式的未来发展趋向与理论创新，李长莉研究员认为将会表现在"全球化视野"与"社会建设和发展"这两个方面。

在思考宏观范式的同时，学者们就具体领域的研究展开讨论。如何应用多学科的理论与方法，提高史料发掘与解读能力，可谓史学理论探讨中常议常新的论题。来自社会科学文献出版社的李二苓与中国社会科学院的吕文浩、王毅就上述方面做了探索。把民国时期的社会调查报告作为解读中国近现代社会文化的史料，这在学界早已为之。如何发掘这些调查报告史料的新价值是当前阶段的着力方向。李二苓梳理了民国时期针对北京郊区的社会调查，认为其时的社会调查经历了一个嬗变过程，表现为京郊农村的形象在调查中曾被不断调整，所以这些调查成果具有反思城乡关系的重要史料价值。在整理、总结了著名社会调查专家李景汉关于民国时期中国人口调查及相关研究成果的基础上，吕文浩揭示了李景汉关于中国人口调查和研究工作的重要性，同时提醒我们要重视以社会学者为主体的学者所做的人口调查的意义。

作为中国近代社会文化新现象之一的新闻行业，是社会文化史研究的热点领域。中国社会科学院博士后王毅，利用法国社会学家布尔迪厄的"场域"理论对近代新闻业和社会的关系进行了不同于以往的分析。通过考察近代中国新闻业在其所处文化生产场与权力场中的活动情况，从近代新闻业自身特征入手，分析了造成其发展困境的社会根源，也从新的角度揭示了近代新闻业的发展状况。

（二）社会文化史视野中的政治

社会文化史研究包含对政治的研究，主张用新的视角、方法观察政治实践并加以解释。该领域也是青年学者尝试理论与方法突破的用力领域。首都师范大学韩晓莉考察了20世纪山西民间演剧活动组织方式的变化。通过对"写戏""送戏""抢戏"等戏班剧团与乡村社会之间联动方式的考察，论述了不同时期的中共政策对山西民间演剧活动组织方式变化的作用，以及由此对民间文化生活造成的影响。最后，作者留下了"政治力量究竟应该在多大程度上，以何种方式改造文化、介入民众生活"的思考。

通过深描民国以来北京东岳庙道士的漂浮命运，中国社会科学院近代史研究所李俊领用"自下向上"的视角，从道士的日常生活变迁角度，观察了中国近代史上政治近代化的表现与影响。"日常生活即政治"，道士群体的日常生活变迁折射出了中国政治近代化的历程。不同于李俊领的群体研究，来自山西大学的博士研究生张瑜选取了"普通人"个体，一个20世纪50年代被划为"右派分子"的乡村小人物白保顺进行研究。通过描述白宝顺的人生际遇，张瑜探讨了生活经历对其性格、心理的塑造，进一步从性格、心理层面解释了白保顺在那个年代中的表现，影响人物命运的政治运动则以背景的形式被展现出来。张瑜用社会史方法研究"右派分子"的尝试，突破了过去对"右派分子"研究多从政治运动角度完成的方法。

中国社会科学院近代史研究所唐仕春和北京师范大学湛晓白，分别以法制改革和文字改革为切入点，分析了政治的影响力。唐仕春针对目前学界以"分殊"的视角分析、研究民国时期国共司法制度的状况，并建议采用"合流"的视角来看待这一问题，即"把国共政权对司法制度建设的探索放在一起观察"。其目的是超越以往国共分峙研究的层次，从更宽广的视野里认识近代中国法制的演进，进而理解中国法制向何处去的宏大问题。湛晓白在梳理汉字拉丁化运动史实的基础上，探寻了汉字拉丁化运动与世界语、大众语的关联，以及汉字拉丁化运动背后的政治诉求和政治性特色，概括了中共介入该运动的意义。

（三）社会文化史领域的日常生活

日常生活是社会文化史研究的核心内容。目前日常生活研究的主流走向是考察不同人群。近代以来人口流动变大，城市租房者生活逐渐成了城市社会生活的主要构成部分。来自北京联合大学的李自典以民国时期"城市漂族"即城市租房者的生活为论题，从社会史的角度就租房者的规模、阶层分布、居住差异、房租水平、纠纷冲突和租房者增加的社会原因做了分析，描绘了社会各个阶层及其生活画面，表现了很强的学术价值与现实关怀。

山西大学的卫才华考察了太行山说书艺人近几十年的活动，总结了太行山说唱文艺的实践特点，探讨了乡土文化的传承路径，认为太行说书人依靠在不同历史时期文化政策互动、市场互动、礼俗互动保持并发展了说唱曲艺传统。该研究的深层价值是通过精细的个案研究实现了民俗文化研究由事项描述向人的关注转化。

北京信息科技大学石桂芳探讨了民国北京政府时期北京公园开放对社会生活的影响及其意义。她将民国时期北京公园的功能描述为中外游客的旅游胜地、新时代青年男女的社交空间、市民休闲的娱乐天堂，呈现了民国时期人们的休闲活动，总结了新型公共场所开放对社会生活的深远影响，以及对价值观念、风俗习惯转变所产生的不可估量的作用。

（四）继续深入的妇女性别研讨

妇女性别研究属于社会文化史研究的重要内容之一，并且成果累积丰厚。首都师范大学的秦方、殷志强、任耀星和中华女子学院的王颖四位学者在这方面进行了比以往更深入的探讨。秦方以长时段的视角考察了与20世纪政治形势紧密关联的三位知识阶层女性，把被各方塑造为"五四世代""妇女先锋"等具有整体性形象的这三位女性进行了多元的展示，同时探讨了如何思考历史书写的问题。该研究演示了"历史书写"是"怎样一层一层地累积起来"的。

王颖使用社会学理论对集体主义模式下的新疆生产建设兵团妇女做了研讨。王颖在构建兵团妇女劳动谱系的基础上，讨论了兵团组织确立妇女劳动谱系的活动、兵团妇女对劳动谱系的认同和抗争及由此彰显的主体性，揭示了革命和集体对妇女及妇女劳动多样化的塑造。

殷志强选取的研究对象是女性个体人物。通过梳理日本著名女性社会活动家——市川房枝在战争前中后的言行，勾勒出了市川房枝思想起伏变化的轨迹，即如何由反体制走向与体制靠拢，怎样通过适应形势来迂回坚持自己主张的过程。从而很成功地完成了一次个人思想史的研究。

与以往《婚姻法》研究关注女性性别或者阶级分析的视角不同，任耀星选取了1950年《婚姻法》实践中的男性角色作为考察对象，做了关于男性情感的分析。任耀星运用社会学情感理论对男性在《婚姻法》颁布后的情感表现进行了分析、展演，进行了一次男性情感的社会文化史研究实践。

本届研讨会是基于具体领域研究来进行社会文化史理论和方法探讨的。研讨会主持人梁景和教授强调，社会文化史是社会史中研究空间非常广阔的一个领域，希望青年学者深入探讨社会文化史的理论与方法，实现理论方法的创新性发展，这对社会文化史的深入研究意义重大。跬步千里，细流江海。相信青年学者在自身学术积淀的同时，将社会文化史研究向深入推进。

七　第五届中国近现代社会文化史国际学术研讨会综述（雷永强）

2018 年 9 月 21 ~ 22 日，由中国社会文化研究会和首都师范大学社会文化史研究中心联合主办的第五届中国近现代社会文化史国际学术研讨会在北京举行，来自海内外高校和科研出版机构的 70 余名学者参加了本次会议。与会学者围绕社会文化史这一主题，就婚姻家庭、性别伦理、宗族族谱、社会治理、社会生活，抗日战争时期的教育、文化名人，抗战后国民政府的复员，以及新中国时期的三线建设、知青等问题展开了讨论。

（一）婚姻·性别·性伦：社会文化史传统研究议题的再解读

婚姻、性别、性伦一直以来是社会文化史领域经久不衰的研究议题，本次与会学者对此类议题表现持久的关注。首都师范大学历史学院教授梁景和是中国大陆较早倡导并推进社会文化史研究的学者之一，他不仅从实证方面进行社会文化史研究，而且近年来也较多注重社会文化史理论探索。本次会议梁景和教授提交了《论康有为的大同婚思想》一文，分析了康有为大同婚姻思想及其理论依据，认为康有为在论证大同社会的婚姻问题时，思维方式处于一种意识流状态中，这种意识流状态一方面与其婚姻问题知识储备和多维思考有关，另一方面也造成大同婚姻思想论证的不严谨和不深入。

贞操观念及其话语体系的演变，是近代妇女解放运动的重要标志之一。首都师范大学历史学院副教授余华林《论 20 世纪二三十年代贞操观念的现代诠释》一文，考察了 20 世纪二三十年代新式贞操观的形成过程。在这一过程中，由于知识界使用了大量的基于现代知识的现代话语予以论证和阐释，因而它实际上反映此时中国的文化与学术已迈入近代学术体系转型的阶段。而首都师范大学历史学院副教授秦方《被记住的与被遗忘的：近代有关"七出""三不去"的话语演变》一文，则通过分析 19 世纪后半叶到 20 世纪 40 年代各个历史时期有关"七出""三不变"的话语转变，反映了近代妇女解放并不是一个已然形成、毋庸置疑的前提，而是一整套有关女性的知识生成。

史学研究利用数据库和定量研究法，可以从更广泛、更基层的角度发现隐藏的史实与规律。中国社会科学院近代史研究所助理研究员王康《量化历史如何可能？——刑科题本量化数据库与清代婚姻家庭问题研究》一文，将量化数据的研究方法引入清代婚姻家庭问题研究中，弥补了单纯使用传统史学研究法无法获得更为客观研究成果的不足；由此可见，数据库能为研究者提供长时段、大样本、跨区域的资料。

母亲形象通过在不同历史时期的塑造，被赋予了不同的内涵。陕西师范大学历史文化学院教授郭海文《百年共和的另类见证：现代中国母亲形象嬗变研究》一文，通过勾勒现代中国"走向共和"的百年历程中，女性在不同历史时期所扮演的母亲形象，认为母性是"生成的"，是被构建的；另外，作者也阐释了妇女解放是一个渐进的过程。

（二）社会生活与社会治理：社会文化史研究领域的拓展

社会文化史是研究社会生活与其内在观念形态之间相互关系的历史。社会生活包罗万象，所研究议题也呈现多而广的特点。社会治理是近年来中国社会科学院李长莉研究员提出的社会文化史研究的新领域和新视角。与会学者就"社会生活与社会治理"议题展开了讨论。

从社会文化史角度研究旅行史，有助于厘清旅行与政治、社会生活、精神世界等多方面的关系。日本立命馆大学非常勤讲师杉本史子在本次会议上提交的论文在这方面是一个有益的探索，其《浅析沦陷时期北平女学生的赴日参观旅行》一文，全景式地介绍了此次赴日旅行的背景与目的、参加的学生与教师、行程与参观地点，以及回国后的报告等。作者认为，《赴日印象记》表面上是赴日女学生赞美日本社会，实质上是通过含蓄的表达批评日本的侵略行为。

医疗卫生作为社会生活的一部分，受到史学界的广泛关注，并兴起医疗社会史研究热潮。国家图书馆出版社编辑徐晨光《女性、卫生与权力：

近代中国"助产士"定名问题探论稿》一文，从女性、卫生与权力三者的互动关系角度出发，尝试在近代中国"助产士"定名问题上引入"生命权力"概念，对其定名过程中涉及的一系列议题展开研究，从中探寻"生命权力"通过医疗卫生作用于女性，使其在近代中国拥有独特主客体地位的原因。

民众的饮食问题成为社会生活研究领域内最重要的研究议题之一。社会科学文献出版社编辑李二苓《民国时期北京郊区与城市农产品供给——社会调查视域下的西郊和北郊》一文，打破传统研究，得出民国时期北京发展停滞、城乡关系松散的结论，剖析了民国时期北京西北郊的物资流动及"郊区型农业"下北京西北郊农产品的供应状态。

中国社会科学院近代史研究所副研究员李俊领以社会治理为切入点，探讨道教与北洋政府时期城市社会转型问题，其《北洋时期的道教与社会治理——以北京东岳庙为中心》一文，认为在北洋政府时期，道教处于服务于儒家礼教的地位，且北洋政府主要将道教作为社会治理的对象，有限度地认可其社会治理主体的角色与作用。

抗战胜利后，复员问题作为社会治理中重要的一环被提上国民政府工作日程，对此史学界已有研究。日本铃鹿大学教授细井和彦《抗战胜利后的复员问题》一文，以新近发现的杨杰《复员问题》为线索，探讨了国民政府在抗日战争胜利后的复员问题，以及杨杰与国民政府复原计划之间的关联性。本文对于重新认识国民政府战后复原提供了新的史料，将会推动这一问题做新的讨论和认识。

（三）教育、宗族、群体与社会变迁

目前学界对清末民初教育用品陈列馆、制造所的研究多集中于对其产生－消亡历程的梳理。天津社会科学院助理研究员张弛《为教育提供原料——天津教育品陈列馆、制造所（1905—1919）与教育用品本土化的滥觞》一文，从物质文化史的角度研究了在清末教育改革的背景下，天津教育用品陈列馆、制造所对近代中国教育用品本土化的尝试，认为其作用并非"徒耗巨款、毫无成效"。

报刊作为近现代各派政治人物言论的载体，在启民智作用上的重要性，自不待言。台湾慈溪大学助理教授八百谷晃义提交的论文《关于〈湘学报〉再生产的研究》，探讨了《湘学报》再生产的原因、发行及样态问题。晚清书刊流通网络存在缺陷，而再生产的《湘学报》在一定程度上弥补了原刊在流通网络中的空白，是有积极意义的。

宗族族谱、科举制度与社会变迁历来是区域社会史的研究热点。本次会议提交的两篇论文以个案为切入点，考察其与家庭、社会之间的互动、变迁关系。湖北大学历史文化学院副教授李灵玢《羊楼洞雷氏宗族与族谱叙事》一文，从后结构主义的角度对雷氏一族的业茶发家、族源追溯及地方形象的塑造等文本内容进行了分析、考察。李灵玢一文为历史研究在使用地方文献中的历史叙事时，提出思考，即需要衡量其真实性与虚构性问题。中国社会科学院近代史研究所助理研究员张淑贤提交的论文《社会变迁与江南望族的科举策略》，揭示清代吴县潘氏一族科举仕官长盛不衰的家族机制，进而考察江南望族在近代社会变迁中的繁衍兴衰之因。

社会文化史不仅强调史料来源的多样性，而且注重群体研究，研究特定群体在特定历史时期的生存状态、精神世界乃至其生活质量。日本大谷大学教授李青《探析殖民语境下杨慈灯的军旅小说》一文，重新评估了殖民地统治语境下文学作品的内涵，透视作家群体在特定环境下所表现的心路历程及其精神世界。三峡大学马克思学院副教授潘大礼《日军侵略与文化名人应对：以林徽因、梁思成夫妇为例》一文，选取梁思成、林徽因为研究对象，通过梁、林夫妇抗战时期的经历，管窥当时名人群体的抗战态度、生活状况等问题。

（四）社会文化视域下的共和国史：三线建设与知青史研究

目前，中国当代社会史研究已引起越来越多学者的关注，被认为是具有拓荒性质的新兴研究领域。辽宁省社会科学院副研究员黄巍《社会文化史视域下的三线建设研究——以辽宁三线建设为例》一文，尝试从社会文化史视角解读辽宁支援三线建设的过程、得失、调整、工业布局、城市化进程、城乡关系，以及"三线人"的日常生活、婚姻状况、子女入学、文化传播等诸多问题。

知青问题是当代中国史的研究热点，研究成果层出不穷。传统的研究大多以"政策—应对—效果"为诠释框架，而首都师范大学历史学院硕士研究生任耀星《北京知青上山下乡的动机选择（1963—1965）》一文，尝试从城市知识青年主体地位出发，从"情景还原""心理分析""城市生活空间"等方面研究北京知青上山下乡的动机选择。

社会文化史由改革开放带来的社会高速发展所催生，现实社会生活环境的变化要求研究者在回顾历史发展的进程同时，不断提出新的问题和思路；于是社会文化史的研究领域从社会生活扩展到社会治理，进而关注到生活质量，其研究方法也呈现多元化的趋势。本次会议经过一天激烈紧张的讨论，圆满落幕。会议围绕"社会文化史"展开讨论，同时注重与其他学科的交融与互动。在史料来源上，不限于档案、报刊等传统文献史料，兼而采用访谈、文学作品、传记、日记等多元化史料，并善于运用新史料进行研究。在研究方法上，不拘泥于传统的文献分析法，出现了用量化数据的形式以及借鉴新文化史理论与中国本土研究相结合的研究方法。与会学者积极采用社会文化史的理论与方法进行史学研究，必将推动社会文化史理论与实践得到进一步发展。

后　记

　　社会科学文献出版社 2010 年 5 月出版了《中国社会文化史的理论与实践》一书，又于 2015 年 7 月出版了《中国社会文化史的理论与实践续编》一书，本书是《中国社会文化史的理论与实践三编》。

　　三本书作为一个整体，对 1988 年至 2018 年三十年间中国本土萌生的社会文化史整体发展进行了提炼、概括、分析和总结，并对这三十年的部分重要论文进行了集结，这对读者了解三十年间中国社会文化史的发展历程有着重要的参考价值。三本书的结构与体例基本相同，以理论与方法、书序与书评、纪要与综述三部分组成，可以让读者基本把握中国社会文化史的基本面貌、状态和趋向，将有益于推动社会文化史的深入研究。

　　本书存在着很多舛错与不足，敬请学者批评指教。谢谢各位！

梁景和

2019 年 6 月 30 日于幽乔书屋

图书在版编目（CIP）数据

中国社会文化史的理论与实践三编／梁景和主编
. -- 北京：社会科学文献出版社，2020.8
ISBN 978 - 7 - 5201 - 6438 - 2

Ⅰ.①中…　Ⅱ.①梁…　Ⅲ.①文化史 - 研究 - 中国
Ⅳ.①K203

中国版本图书馆 CIP 数据核字（2020）第 049732 号

中国社会文化史的理论与实践三编

主　　编／梁景和

出 版 人／谢寿光
组稿编辑／宋月华
责任编辑／吴　超

出　　版／社会科学文献出版社 · 人文分社（010）59367215
　　　　　地址：北京市北三环中路甲 29 号院华龙大厦　邮编：100029
　　　　　网址：www.ssap.com.cn
发　　行／市场营销中心（010）59367081　59367083
印　　装／三河市尚艺印装有限公司

规　　格／开　本：787mm×1092mm　1/16
　　　　　印　张：21.5　字　数：356 千字
版　　次／2020 年 8 月第 1 版　2020 年 8 月第 1 次印刷
书　　号／ISBN 978 - 7 - 5201 - 6438 - 2
定　　价／99.00 元

本书如有印装质量问题，请与读者服务中心（010 - 59367028）联系